Do Romance de Primeira Pessoa

Coordenação de texto: Luiz Henrique Soares e Elen Durando
Preparação de texto: Margarida Goldsztajn
Revisão: Luiz Henrique Soares
Capa: Sergio Kon
Editoração A Máquina de Ideias/Sergio Kon
Produção: Ricardo W. Neves e Sergio Kon

José Afonso
da Silva

DO
ROMANCE
DE PRIMEIRA
PESSOA

Dados Internacionais de Catalogação na Publicação (CIP)
(Câmara Brasileira do Livro, SP, Brasil)

Silva, José Afonso da
 Do romance de primeira pessoa / José Afonso da Silva. – São Paulo:
Perspectiva, 2019.

 Bibliografia.
 ISBN 978-85-273-1162-5

1. Crítica literária 2. Ensaios 3. Teoria literária I. Título.

19-29698   CDD-801.953

Índices para catálogo sistemático:
1. Crítica da narrativa : Teoria literária 801.953
Iolanda Rodrigues Biode - Bibliotecária - CRB-8/10014

1ª edição

Direitos reservados à
EDITORA PERSPECTIVA LTDA.
Av. Brigadeiro Luís Antônio, 3025
01401-000 São Paulo SP Brasil
Telefax: (11) 3885-8388
www.editoraperspectiva.com.br

2019

Ao meu neto
Nuno Nowinski Afonso,
que, com seu belo sorriso aberto
e sua simpatia contagiante,
nos enche a todos de encantamento.

Sumário

PREFÁCIO 11

INTRODUÇÃO. 13

1 A Tarefa da Crítica [13] § 2 O Romance [14] § 3 O Ponto de Vista do Narrador [15] § 4 Gêneros do Romance [16] § 5 O Romance Picaresco e o Nascimento do Romance de Primeira Pessoa [18] § 6 O Romance de Primeira Pessoa e a Liberdade de Criação [19]

Primeiro Capítulo
CARACTERIZAÇÃO DO ROMANCE DE PRIMEIRA PESSOA 21

1 Introdução [21] § 2 Dom Quixote [21] § 3 Tom Jones [27] § 4 Capitão Moscoso e Tenda dos Milagres [30] § 5 Gonzaga de Sá [34] § 6 Um Amor de Swann [40] § 7 Austerlitz [42] § 8 Casa Assassinada [46] § 9 Cinzas do Norte [50] § 10 O Sobrinho de Rameau [52] § 11 Werther [57] § 12 Adeus às Armas [58] § 13 Memorialismo, Subjetivismo, Intimismo [60]

Segundo Capítulo
AUTOBIOGRAFIAS E OUTRAS FORMAS DO "EU". 61

1 Generalidade [61] § 2 Biografia e Autobiografia [61] § 3 Memórias [62] § 4 Confissões [92] § 5 Recordações [110] § 6 Diários [119] § 7 Viagens [124] § 8 Biografia e Autobiografia Romanceadas [129] § 9 Romance Biográfico [137] § 10 Sentido Autobiográfico do Romance de Primeira Pessoa [139]

Terceiro Capítulo
O ROMANCE INGLÊS E O ROMANCE DE PRIMEIRA PESSOA 141

1 O Romance Inglês do Século XVIII e o Romance de Primeira Pessoa [141] § 2 Robinson Crusoé [143] § 3 Gulliver [147] § 4 Moll Flanders [150] § 5 Tristram Shandy [158]

Quarto Capítulo
ALGUNS ROMÂNTICOS. 167

1 As Irmãs Brontë [167] § **2** Jane Eyre [168] § **3** Os Ventos Uivantes [178] § **4** Agnes Grey [188] § **5** Raphaël (Rafael) [193] § **6** Lucíola e Diva [196]

Quinto Capítulo
ESTÉTICA DA AMBIGUIDADE E DO ABSURDO. 199

1 Questão de Ordem [199] § **2** Machado de Assis [200] § **3** Graciliano Ramos [242] § **4** O Estrangeiro [259]

Sexto Capítulo
O ROMANCE DE FORMAÇÃO: INFÂNCIA E COLEGIAIS. . . 265

1 L' Enfant [265] § **2** Infância [272] § **3** Ateneu [276] § **4** O Memorialismo de José Lins do Rego [280] § **5** Um Confronto Estimulante [281] § **6** Menino de Engenho [283] § **7** Doidinho [286] § **8** Banguê [291] § **9** Pureza [298]

Sétimo Capítulo
ESCRIVÃO E AMANUENSE 303

1 Isaías Caminha [303] § **2** Amanuense Belmiro [311]

Oitavo Capítulo
"OS BICHOS DO SUBTERRÂNEO". 319

1 Questão de Ordem [319] § **2** Memórias do Subsolo [319] § **3** Angústia [330] § **4** Um Homem Dentro do Mundo [335] § **5** Eurídice [345]

Nono Capítulo
POLIFONIA DAS ESTEPES 355

1 Introdução [355] § **2** Recordações da Casa dos Mortos [357] § **3** Humilhados e Ofendidos [363]

Décimo Capítulo
SINFONIA DOS SERTÕES 365

1 Introdução [365] § 2 A Linguagem [367] § 3 Estrutura Formal [370]
§ 4 O Menino Riobaldo Encontra o Menino Diadorim [376] §
5 Julgamento de Zé Bebelo [378] § 6 Estrutura Semântica [387] §
7 Jagunços [389] § 8 Um Amor Impossível? [392] § 9 Uma Grande
Metáfora [399]

Décimo Primeiro Capítulo
ORQUESTRA DE CATEDRAIS 401

1 Introdução [401] § 2 Narrador e Memória [403] § 3 Espaço
e Tempo em La Recherche [409] § 4 O Narrador e as Outras
Personagens [416] § 5 Amor e Morte [425] § 6 Descoberta
do Enigma [437] § 7 A Grande Metáfora [442] § 8 Textos
Complementares [443]

Décimo Segundo Capítulo
FENOMENOLOGIA DA FIGURA DO NARRADOR 461

1 Colocação do Tema [461] § 2 A Figura do Narrador [461] §
3 Tipologia dos Narradores [463] § 4 As Distâncias do Narrador [467]
§ 5 Personagem, Protagonista e Narrador [468]

BIBLIOGRAFIA 471

Prefácio

Trata-se aqui de obra de leitor empírico, um leitor comum, que gosta de ler de lápis em punho, fazendo anotações, não de um crítico literário que não sou. Dessas anotações é que proveio este trabalho.

A intenção e o método desta obra são bem modestos. O método será o da análise dos textos, com especial atenção à figura do narrador, que é o elemento primordial do romance de primeira pessoa. Por isso, também, no último capítulo, termino com modesta contribuição à fenomenologia dessa figura ficcional.

Quero acrescentar o seguinte:

Eu já vinha me dedicando a este trabalho, quando tive notícia do livro de René Démoris, *Le Roman à la première personne*. Fiquei bastante entusiasmado, pois supus que nele encontraria uma fonte importante para fundamentar, sobretudo, os aspectos teóricos do romance de primeira pessoa. Estava mesmo disposto a reelaborar boa parte do material já organizado em vários capítulos, para incluir o que fosse cabível daquele livro. Encomendei-o e o recebi em janeiro de 2015. De certo modo, foi uma frustração, porque minha suposição de que o livro de Démoris fosse uma teoria do romance de primeira pessoa não se confirmou. Como se vê do próprio subtítulo – *Du classicisme aux Lumières* –, o livro não chega a desenvolver um estudo abrangente do romance de primeira pessoa. Sua contribuição é bem menor do que eu esperava ao ter notícia da obra. Nos limites postos, no entanto, o livro é muito bem feito e importante, sobretudo para desvendar a origem desse tipo de romance, proveniente da narrativa de primeira pessoa autobiográfica de formação espanhola: o romance picaresco, que conheceu grande sucesso na Europa, então[1].

1   Genève: Librairie Droz, 2002, p. 13.

Introdução

> *A literatura, a verdadeira literatura, não deve ser tragada de um gole como uma poção que pode fazer bem ao coração ou ao cérebro – o cérebro, esse estômago da alma. A literatura deve ser partida em pedacinhos, desmembrada, amassada – para que, então, seu adorável aroma seja sentido na palma da mão, mastigado e lambido, com deleite; então, seu raro sabor será apreciado pelo que realmente vale, e os pedaços partidos e amassados voltarão a se unir em sua mente, revelando a beleza de uma unidade para a qual você contribuiu com um pouco do seu próprio sangue.*
>
> Vladimir Nabokov[1].

1. A TAREFA DA CRÍTICA

É tarefa da crítica entender e interpretar uma obra literária, tomando-a sempre como expressão linguística, seja segundo o método histórico-comparativo, seja segundo o método fenomenológico, dualidade metodológica que se manifesta em todas as ciências do espírito[2]. O romance é, sem dúvida, o tipo de obra literária de maior realce. Sua expressão linguística tem tanto relevo que, não raro, é nela que se

---

1 *Lições de Literatura Russa*, p. 150.
2 W. Kayser, *Fundamentos da Interpretação e da Análise Literária*, v. 1, p. 137.

concentra o interesse da crítica, porque é nela que se destaca o elemento marcante da arte literária. Uma boa história dá ao romance o seu centro de gravidade. A má linguagem, a linguagem vulgar, no entanto, põe a perder uma boa história. E, não raro, uma boa linguagem, uma boa expressão linguística, é capaz de valorizar uma história pouco relevante. A conjugação dos dois elementos cria romances poderosos, perenes, como *Grande Sertão: Veredas*, de Guimarães Rosa, ou *Ulysses*, de James Joyce; sem falar em *À la recherche du temps perdu* (Em Busca do Tempo Perdido), de Marcel Proust. Aí a arte se realiza em sua plenitude.

2. O ROMANCE

Mas o que se entende por romance? É uma narrativa do mundo particular em tom particular, dirá Wolfgang Kayser[3]. Isso significa: "o romance conta uma estória", como diz Forster. Mas isso não diz o que o romance é, diz o que ele faz. Certo, porém Forster acrescenta: "Este é o aspecto fundamental sem o que ele não pode existir." Dizer que o romance conta uma história envolve uma petição de princípio, qual seja, saber o que é uma "estória" (usarei essa forma apenas aqui), daí por que Forster acrescentou depois: "A estória pode ser definida: é uma narrativa de acontecimentos dispostos em sua sequência no tempo."[4] Bem, na verdade, toda sequência pressupõe um tempo no qual se desenrola. Dizer que o romance é uma narrativa já traz implícita a ideia de história. Mas o romance não se define apenas por ser uma simples narrativa, coisa que o conto também é. O romance é, sim, uma narrativa rítmica com padrão estético de uma trama entre personagens que protagonizam uma história aparentemente verídica.

Permito-me, não obstante, oferecer a concepção de romance que me orientará nas análises que seguem, independentemente das especificações do tópico 4 a seguir ("Gêneros do Romance").

---

3 Ibidem, p. 230.
4 E.M. Forster, *Aspectos do Romance*, p. 20. A forma "estória" denota a narrativa de ficção, em contraste com "história", reservada à narrativa de acontecimentos reais, bem à moda inglesa, *story* e *history*. Atualmente, usamos apenas "história".

O conceito de romance, como todo conceito, há de ter limites e objetividade. Um livro não pode ser considerado romance só porque o autor escreveu a palavra "romance" em sua capa ou página de rosto. Um livro, para ser conceituado como romance, há de, no mínimo, criar um mundo ficcional em que as personagens e suas condutas, o tempo, os espaços e os ambientes se convertam em signos de um mundo coerente e fechado (sem embargo do conceito de obra aberta); ou seja, o romance se caracteriza por apresentar um mundo reduzido a limites segundo a vontade do autor, claro, e como testemunho de sua visão da vida[5], mundo esse em que uma coligação de indivíduos (fictícios, já se vê) em seu interior promove uma dialogação dramática, explícita ou implícita, da qual decorre o colorido plurilinguístico da obra de arte literária.

3. O PONTO DE VISTA DO NARRADOR

Aqui já surge um elemento do nosso tema: a *narrativa*, que, por óbvio, pressupõe um *narrador*, aquele que conta a história e suas peripécias, de acordo com certo *ponto de vista*. Esse é o ponto central de minha pesquisa neste ensaio. Por isso, desde logo, destaco sua importância. Há mesmo quem entenda que a "questão do método, no ofício da ficção, é governada pela questão do ponto de vista" que revela a posição do narrador em relação à história. Ou seja, "[o] romancista pode descrever as personagens do *ponto de vista exterior*, como um espectador parcial ou imparcial; ou pode assumir a onisciência e descrevê-las do *ponto de vista interior*; ou ainda pode colocar-se na posição de uma delas e fingir estar no escuro, em relação aos motivos das outras; existem também certas atitudes intermediárias"[6]. A propósito, Afrânio Coutinho anota que o problema da maior relevância na técnica da narrativa consiste em o narrador, ao contar a sua história, se colocar dentro ou fora dos limites da ação, dependendo de um ponto de vista interno ou externo. "Situando-se internamente, faz o relato em

---

5 M.C. Bobes Naves, *Teoría General de la Novela*, p. 15-16.
6 P. Lubbock, The Craft of Fiction, em E.M. Forster, op. cit., p. 62.

primeira pessoa, empregando o artifício de assumir a personalidade da personagem da história, seja a personagem principal ou uma figura menor, ou ainda uma série de personagens."[7]

Aí se situa o tema deste livro: *o romance de primeira pessoa*, romance em que o narrador se coloca dentro dos limites da história por ele narrada, quer como protagonista, quer como testemunha do seu desenrolar.

Essa constatação, porém, nos leva a outra questão, qual seja, a de saber se é arbitrária a escolha do ponto de vista ou, ao contrário, se ele é imposto por certo tipo de narrativa. Quer-se saber se o autor é absolutamente livre para decidir sobre o ponto de vista do narrador ou se isso depende do tipo de romance que planejou escrever. Afrânio Coutinho, ao tratar da questão do ponto de vista do narrador, o fez em relação aos limites da ação, com o que se pensa que todo romance é romance de ação. Ora, há certos tipos de romance cuja narrativa se coloca inevitavelmente externa ao narrador, como o romance histórico. Isso impõe a necessidade, ainda como premissa do tema desta obra, de fazer a classificação do romance em relação à natureza de seu conteúdo.

4. GÊNEROS DO ROMANCE

A narrativa romanesca nasceu, pelo menos em língua portuguesa, no século XVI, como *novelas de cavalaria, novelas pastorais, novelas alegóricas, novelas sentimentais* e *novelas picarescas*[8]. E aqui se emprega o termo "novela" no mesmo sentido que veio a ter a palavra "romance", ou seja, o romance de cavalaria ou de aventura se desenvolveu em *romance histórico*, que teve em Alexandre Herculano, em Portugal, o seu melhor representante, combinando-o com o romance de tese, com *Eurico, o Presbítero, O Monge de Cister* (ambos com a tese do celibato clerical), e o *Bobo*, incluindo-se *Lendas e Narrativa*; o romance

---

7   A. Coutinho, Estudo Crítico: Machado de Assis na Literatura Brasileira, em Machado de Assis, *Obra Completa*, v. 1, p. 45.

8   F. de Figueiredo, *História da Literatura Clássica*, v. II, p. 27s.

INTRODUÇÃO

pastoral, por outro lado, se transformou no *romance campesino*, que teve em Júlio Dinis seu máximo representante em Portugal, com o lírico *Morgadinha dos Canaviais*, categoria em que se pode incluir também o romance do francês Bernardin de Saint-Pierre, *Paul et Virginie* (Paulo e Virgínia) e mesmo *A Cidade e as Serras*, de Eça de Queirós.

Não se trata de fazer uma classificação lógica do romance, coisa que talvez nem seja possível. Trata-se de distinguir *tipos* de romance. Fala-se, por exemplo, em *romance de costume, romance de análise, romance de formação, romance psicológico, romance histórico*. Kayser, a propósito, observa que são três os *gêneros* do romance: *romance de ação, romance de figura* e *romance de espaço*[9]. O *romance de ação* nasceu e se desenvolveu como romance de amor, no qual se realiza a dialética entre protagonista e antagonista, num movimento que conduz à solução, resultado ou síntese. "O *romance de figura* diferencia-se estruturalmente do romance de ação já pela figura principal única, enquanto que no outro é uso serem duas."[10] *Dom Quixote de la Mancha* é citado como o "representante imortal do romance de figura". Já o *romance de espaço*, ainda segundo aquele autor, se especifica nos *romances de época* e *de sociedade*[11]. Nesse gênero, pode-se incluir, no Brasil, os *romances regionalistas*, em função de sua temática (seca, engenho, usina de açúcar) e, até certo ponto, de sua linguagem.

São interessantes essas especificações de tipos ou gêneros de romances, mas, para os objetivos deste ensaio, parece-me suficiente distinguir os romances em *romances de acontecimentos*, em que entram os de ação, históricos etc., e *romances de pensamento*, em que se incluem os psicológicos, os de análise etc.

9   W. Kayser, op. cit., v. 2, p. 230s.
10   Ibidem, p. 232
11   Ibidem, p. 236.

5. O ROMANCE PICARESCO E O NASCIMENTO DO ROMANCE DE PRIMEIRA PESSOA

O *romance picaresco* é um produto da cultura espanhola que mereceu grande desenvolvimento na obra de René Démoris[12], que aqui só terá ligeira referência. Narrativa picaresca é um gênero literário que consiste em descrever a vida dos *pícaros*, quais sejam, aquelas pessoas ardilosas, astutas, velhacas. O termo espanhol *pícaro* designa os aventureiros de toda categoria que, sem escrúpulo ou embaraço, correm o mundo, vivendo à margem da sociedade, e tanto quanto possível dela dependendo; por conseguinte, *picaresco* é o romance que tem um desses tipos como protagonista, romance geralmente autobiográfico, no sentido de que é o pícaro por si mesmo quem conta ao público suas boas e más fortunas. Não é raro que o romance picaresco seja um testemunho do estado da sociedade em que vive seu narrador[13]. Não digo "em que vive seu herói", pois o narrador de um romance picaresco não tem a grandeza do herói, sendo mesmo um anti-herói, pelo menos em relação aos heróis do romance cavalheiresco.

> Nesse heroísmo negativo, um fato é essencial: a tomada da palavra que supõe a narrativa pessoal. Em relação à linguagem, o herói nobre e o herói "cômico" não têm o mesmo estatuto: o primeiro vive gravemente as aventuras graves e o ponto de vista do autor coincide com o seu; ele é contado na sua própria linguagem. O segundo vive muito seriamente as experiências que se têm por destituídas de valor, ligadas geralmente às atividades inferiores. A gravidade do herói é, pois, deslocada para o valor real da experiência de vida. Desse deslocamento pode nascer o riso. Suas aventuras guardam interesse na medida em que constituem um contraponto ao heroísmo verdadeiro.[14]

12 R. Démoris, op. cit., p. 11s.
13 Ibidem.
14 Ibidem, p. 18.

6. O ROMANCE DE PRIMEIRA PESSOA
   E A LIBERDADE DE CRIAÇÃO

A questão[15] que temos que investigar visa saber se o *romance de primeira pessoa* se presta a todos esses tipos ou se apenas é adequado a algum deles. O que suscitou em mim a curiosidade a respeito foi a leitura de *A Farewell to Arms* (*Adeus às Armas*), de Ernest Hemingway, que é um romance de acontecimentos, de intensa ação, até porque suas personagens estão envolvidas na guerra (de 1914-1918), e é escrito na primeira pessoa. Seu protagonista, Frederic Henry, situado dentro dos limites da ação, conta a história, relata, pois, em primeira pessoa, os acontecimentos de sua vida durante aquele período. Vamos examinar adiante essa obra de forma mais pormenorizada, para verificar se a narrativa na primeira pessoa, pelo protagonista, foi a mais adequada.

Para isso, tenho que definir melhor o que seja um *romance de primeira pessoa*.

---

15 Já suscitada no final do tópico 3 supra.

PRIMEIRO CAPÍTULO

Caracterização do Romance de Primeira Pessoa

1. INTRODUÇÃO

Este capítulo se destina a caracterizar o romance de primeira pessoa. Não será ainda o seu conceito formal e acabado. São pressupostos indispensáveis à compreensão de seu conceito. Aqui examinaremos hipóteses de romances que aparentam ser de primeira pessoa, mas não o são: *Dom Quixote, Tom Jones,* por exemplo. Também serão discutidas peculiaridades inerentes aos romances de primeira pessoa, caso de *Werther*.

2. DOM QUIXOTE

Don Quijote de la Mancha, ou, de forma mais completa, *Del Ingenioso Hidalgo Don Quijote de la Mancha,* ou, na tradução portuguesa, *O Engenhoso Fidalgo Dom Quixote de la Mancha,* de Miguel de Cervantes Saavedra (1547-1616)[1], marco inicial do romance moderno, tem

1 Na língua original do romance vamos utilizar a reprodução da Edición del IV Centenario da Real Academia Española Associación de Academias de la Lengua Española (com tradução nossa); cf. Miguel de Cervantes, *Don Quijote de la Mancha,* impresso em São Paulo, Brasil, em 2004, com "Prólogo" de Mario Vargas Llosa, sob o título de ▶

estrutura complexa. Está dividido em duas partes, publicadas em épocas diferentes. A primeira, sob o título *El Ingenioso Hidalgo Don Quijote de la Mancha*, está também subdividida em partes, com 52 capítulos, foi publicada em 1605 e é dedicada ao duque de Béjar. A segunda, sob o título *Del Ingenioso Cavallero Don Quijote de la Mancha*, não está sybdividida em partes, contém 74 capítulos, foi publicada em 1615 e é dedicada ao conde de Lemos.

A primeira parte começa com o seguinte período: "Em um lugar da Mancha, de cujo nome não *quero recordar-me*, não faz muito tempo vivia um fidalgo desses de lança no cabide, adarga antiga, pangaré magro e galgo corredor."[2]

Foi aqui empregada a primeira pessoa do singular. Ainda nessa parte, no capítulo IX, temos: "*Deixamos* na primeira parte desta história o valoroso biscainho e o famoso dom Quixote"[3], sendo usada a primeira pessoa do plural, mas, em seguida, é retomada a primeira pessoa do singular:

> *Causou-me* isto muito pesar [...] *Pareceu-me* [...] que houvesse faltado a esse excelente cavaleiro algum mago que se encarregasse de escrever suas façanhas nunca vistas, coisa que não faltou a nenhum dos cavaleiros andantes [...] Digo, então, que por essas e muitas outras coisas, nosso garboso Quixote é digno de louvores contínuos e memoráveis, e até a mim não devem ser negados, pelo trabalho e diligência que empenhei na busca do fim desta história tão agradável, embora saiba muito bem que se o céu, o acaso ou a sorte não me ajudassem, ao mundo faltariam o passatempo e o prazer que bem poderá ter por quase duas horas quem a ler com atenção. Enfim, achei-a desta maneira [...].[4]

▷ "Una Novela para el Siglo XXI" e ainda apresentação de Martin de Riquer, "Cervante y el 'Quijote'". Há uma tradução portuguesa dos Viscondes de Castilho e de Azevedo, *O Engenhoso Fidalgo Dom Quixote de la Mancha*, em três volumes, de 1960.

2 "En un lugar de la Mancha, de cuyo nombre no quiero acordarme, no ha mucho tiempo que vivía un Hidalgo de los de lanza en astillero, adarga antigua, rocín flaco y galgo corredor"; grifo nosso.

3 "Dejamos en la primera parte de esta historia al valeroso vizcaíno y famoso don Quijote"; grifo nosso.

4 "Causóme esto mucha pesadumbre [...] Parecióme [...] que a tan buen caballero le hubiese faltado algún sabio que tomara a cargo el escribir sus nunca vistas hazañas, cosa que no faltó a ninguno de los caballeros andantes." [...] "Digo, pues, que por estos y otros muchos ▸

I CARACTERIZAÇÃO DO ROMANCE DE PRIMEIRA PESSOA

Esse narrador conta que, em Toledo, encontrou um árabe com um cartapácio em que se lia o nome de Dulcineia del Toboso. Quando ouviu esse nome se lhe representou que aquele cartapácio contivesse a história de dom Quixote. Tratava-se de um manuscrito que dizia: *História de Dom Quixote de la Mancha, escrita por Cide Hamete Benengeli, historiador árabe.*

Daí por diante sempre se invoca o autor do manuscrito, com expressões tais como:

> Real e verdadeiramente, todos os que gostam de histórias como esta devem se mostrar realmente agradecidos a Cide Hamete, seu primeiro autor"; "Dizem que no original desta história se lê que Cide Hamete, chegando a este capítulo, escreveu que seu intérprete não o traduziu como ele o havia escrito"; "Diz Cide Hamete, meticuloso investigador das minúcias desta história verídica, que [...]"[5]

Tudo isso dá a impressão de que há dois narradores. O narrador exposto no manuscrito, Cide Hamete Benengeli, e o narrador que expõe a história por ele narrada: história da história, narrador do narrador. Trata-se de um artifício que parte da doutrina denominada metaficção ou processo metaficcional. Claudia Amigo Pino se serve dele para ilustrar o conceito de metaficção:

> Ao remeter-se a um suposto autor, ao contar como o narrador encontra os manuscritos dessa história cuja continuação ainda não foi decifrada, a narrativa produz no leitor a sensação de que o livro não corresponde a outro universo, mas ao seu próprio. Assim, por alguns segundos, ele pode ter a ilusão de que também poderia encontrar os manuscritos de dom Quixote, traduzi-los e ser seu novo

▷ respetos es digno nuestro gallardo Quijote de continuas y memorables alabanzas, ya aun a mí no se me deben negar, por el trabajo y diligencia que puse en buscar el fin de esta agradable historia; aunque bien sé que si el cielo, el caso y la fortuna no me ayudan, el mundo quedará falto y sin el pasatiempo y gusto que bien casi dos horas podrá tener el que con atención la leyere. Pasó, pues, a hallarla en esta manera [...]; grifos nossos.

5 "Real y verdaderamente, todos los que gustan de semejantes historias como esta deben de mostrarse agradecidos a Cide Hamete, su autor primero"; "Dicen que en el original de esta historia se lee que llegando Cide Hamete a escribir este capítulo no le tradujo su intérprete como él le había escrito"; "Dice Cide Hamete, pontualíssimo escudriñador de los átomos de esta verdadera historia, que [...]".

autor, como o famoso Pierre Menard borgiano. Essa nova cumplicidade e aproximação (para não dizer identificação) entre autor e
leitor é uma das características mais importantes da metaficção.[6]

Vimos que o romance começa com alguém dizendo na primeira
pessoa do singular: "Em um lugar da Mancha, de cujo nome não
quero recordar-me". Logo: "*Deixamos* na primeira parte desta história", na primeira pessoa do plural, que não é o plural majestático,
sinal de modéstia do falante; aqui, o "deixamos" envolve os leitores,
a dizer "nós, eu e vocês que me acompanharam na primeira parte
desta história, deixamos o valoroso biscainho e o famoso dom Quixote". Mas, nessa mesma página, tal narrador retoma a primeira pessoa
do singular: "*Causou-me* isso muito pesar". Um narrador na primeira
pessoa que, no entanto, não se identifica com o protagonista. Quem é
esse narrador de primeira pessoa? Será o autor do manuscrito, Cide
Hamete Benengeli? No final do romance, porém, ele foi identificado
como "escritor fingido":

> Só para mim nasceu dom Quixote, e eu para ele: ele para praticar
> as ações; e eu para as escrever. Somos um só, a despeito e apesar do
> escritor *fingido* e tordesilesco, que se atreveu, ou se há de atrever,
> a contar com pena de avestruz, grosseira e mal aparada, as façanhas
> do meu valoroso cavaleiro, porque não é cargo para os seus ombros,
> nem assunto para o seu frio engenho.[7]

Esse "eu" aqui se identifica com aquele "eu" oculto do início do
romance que, como visto, não identifica o protagonista nem qualquer
outra personagem do romance, nem *Dom Quixote* é narrado na primeira pessoa. Esse "eu" não indica subjetivismo na história, vale como
se o autor dissesse: "Olha, *eu* vou lhes contar uma história, vou lhes

---

6 C.A. Pino, *A Ficção da Escrita*, p. 37.

7 "Para mí sola nació don Quijote, y yo para él; él supo obrar y yo escribir; solos los dos
somos para en uno, a despecho y pesar del escritor fingido y tordesillesco que se atrevió
o se há de atrever a escribir con pluma de avestruz grosera y mal deliñada las hazañas
de mi valeroso caballero, porque no es carga de sus hombros, ni assunto de su resfriado
ingenio"; grifo nosso. (Cf. *O Engenhoso Fidalgo Dom Quixote de la Mancha*, v. 3, p. 1.224,
tradução dos Viscondes de Castilho e de Azevedo.)

contar a história de um biscainho chamado dom Quixote de la Mancha", e passa a narrar essa história na terceira pessoa. *Dom Quixote* não é, pois, um romance de primeira pessoa. Diz-se que "o narrador conhece o povoado inominado e reside no entorno em que se desenvolve a história"[8]. O importante é notar é que o "eu" só denota o contador da história, o escritor da história, não que ela seja narrada na primeira pessoa. O narrador, no caso, está fora do âmbito da história. Portanto, a narra de um ponto de vista externo e objetivo, não obstante Claudio Guillén dizer que o narrador está *dentro* do mundo de dom Quixote, como uma personagem a mais[9]. Não me parece assim, tanto é que ele narra a história na terceira pessoa e, por isso, é dotado de onisciência, para descrever acontecimentos e cenas, sem deles participar, e até pensamentos e imaginações do protagonista, o que prova, além do mais, que *Dom Quixote* é um romance de *acontecimentos*, não propriamente um romance de *pensamento*.

Há, contudo, outros narradores no correr do romance: narradores de episódios ou de contos populares, bastando aqui lembrar a história contada pela mulher de dom Antônio Moreno: "A mulher de dom Antônio Moreno teve grande satisfação ao ver Ana Félix em sua casa" etc.

Esse problema do narrador foi realçado por Vargas Llosa como o aspecto mais inovador de *Dom Quixote*:

> Talvez o aspecto mais inovador da forma narrativa no *Quixote* seja a maneira como Cervantes encarou o problema do narrador, o problema básico que deve resolver todo aquele que se dispõe a escrever um romance: quem vai contar a história? A resposta que Cervantes deu a essa pergunta inaugurou uma sutileza e complexidade no gênero que ainda segue enriquecendo os romancistas modernos e foi para sua época o que, para a nossa, foram o *Ulisses*, de Joyce, *Em Busca do Tempo Perdido*, de Proust, *Cem Anos de Solidão*, de García Márquez, ou *Rayuela*, de Cortázar.

8 C. Guillén, Cauces de la Novela Cervantina, no "Apêndice" à citada edição espanhola de *Dom Quixote*, p. 1.145.
9 Ibidem.

São afirmativas que temos de averiguar. Por enquanto, vale a pena transcrever outra indagação de Vargas Llosa e sua resposta, porque mexe com o nosso tema:

> Quem conta a história de dom Quixote e Sancho Pança? Dois narradores: o misterioso Cide Hamete Benengeli, a quem nunca lemos diretamente, pois seu manuscrito original está na Arábia, e um narrador anônimo, que fala, às vezes, na primeira pessoa, porém mais frequentemente na terceira pessoa dos narradores oniscientes, que, supostamente, traduz para o espanhol e, ao mesmo tempo, adapta, edita e, às vezes, comenta o manuscrito daquele.[10]

É certo isso, mas também temos que lembrar o final do romance, no qual o narrador explícito chama o autor do manuscrito de "escritor fingido", ou seja, escritor fictício, criação fictícia do autor. Isso pode sugerir que a intenção do autor foi apenas a de inventar um manuscrito que não existe e, portanto, vale a sua narrativa como tal. Aqui, um ponto importante da interpretação de texto, o de que a intenção do autor é irrelevante à sua compreensão. Ou seja, a norma para a compreensão de um livro não é a intenção do autor, segundo Gadamer, pois, como os homens não podem abranger tudo com sua visão, seus escritos também podem significar algo que eles próprios não tiveram a intenção de escrever[11]. Não cabe aqui descer a pormenores sobre esse tema, mas é pertinente lembrar que Umberto Eco também assevera que a intenção pré-textual do autor não pode fornecer a pedra de toque da interpretação e pode, inclusive, ser enganosa como guia para o significado de um texto[12]. De resto, isso é do consenso da doutrina hermenêutica.

O que vale é a vivência estética do texto, conferida por sua intencionalidade direta, a despeito do que pretendeu o autor. Se o autor de *Dom Quixote* inventou um manuscrito e seu autor, isso passou a integrar o contexto ficcional do romance, essa compreensão passa a integrar a emoção estética do leitor, que tem papel ativo na interpretação de obra

---

10 M. Vargas Llosa, Prólogo, em M. de Cervantes, *Don Quijote de la Mancha*, p. xxiv.
11 H.G. Gadamer, *Verdade e Método*, p. 187.
12 U. Eco, *Interpretação e Superinterpretação*, p. 1.

I CARACTERIZAÇÃO DO ROMANCE DE PRIMEIRA PESSOA

aberta, qual seja, aquela dotada de valor estético[13]. Pois, ainda como diz Eco, "quando o texto é produzido para uma comunidade de leitores, seu autor deverá saber que será interpretado, não segundo sua intenção, mas de acordo com um complexo de interações que também envolve os leitores"[14].

3. TOM JONES

The History of Tom Jones, a Foundling, é um romance de Henry Fielding (1707-1754)[15]. Publicado em 1749, não é rigorosamente um romance de primeira pessoa. Sob esse ponto de vista, é muito parecido com *Dom Quixote.* Aliás, não é apenas nesse aspecto que Fielding se aproxima de Cervantes.

Veremos que ele não usou a primeira pessoa como escape a eventuais acusações de imoralidade. Ele se escudou no prólogo dedicado a George Lyttelton, lorde comissário do Tesouro, conforme a seguinte passagem:

> Espero, com efeito, que, em virtude do nome do meu patrono, o leitor se convença, no próprio limiar desta obra, de que não encontrará em todo o seu discurso nada de prejudicial à causa da religião e da virtude, nada que não condiga com as regras mais severas da decência, nem coisa que ofenda sequer os olhos mais castos em sua leitura.

O romance se divide em dezoito "livros", cada qual introduzido por um capítulo com caraterísticas de prólogo, em que o autor, dirigindo-se ao leitor, expõe algumas ideias pertinentes àquela parte. Serve-se da primeira pessoa do singular e, às vezes, do plural. Aliás, o autor sempre dialoga com o leitor:

---

13 Ibidem, p. 27.
14 Ibidem, p. 79-80.
15 H. Fielding, *Tom Jones*. Todas as citações foram extraídas da edição de 1971 da Abril Cultural, tradução de Octavio Mendes Cajado.

> Toma tento, leitor. Eu te conduzi, inconsideradamente, ao cimo de uma colina tão alta como a do sr. Allworthy, e já não sei como te fazer descer sem te quebrar o pescoço. Arrisquemo-nos, contudo, a resvalar juntos encosta abaixo; pois a sra. Bridget toca a sua campainha, e o sr. Allworthy é chamado para o desjejum, ao qual preciso assistir e no qual, se me fizeres o favor, terei o prazer da tua companhia.

Tom era filho de Jenny Jones, criada de um professor, que por ele foi instruída em línguas e outras habilidades. Vantagens que redundavam em desvantagens numa sociedade hierarquizada como a inglesa da época, não sendo, assim, de admirar que

> uma jovem tão prendada encontrasse pouca satisfação na sociedade dos que a fortuna fizera seus iguais, mas que a educação tornara tão inferiores; também não é motivo para grande espanto que essa superioridade de Jenny, aliada ao modo de proceder que é a sua consequência natural, produzisse entre os outros alguma inveja e má vontade contra ela.

O certo é que acabou sendo seduzida e tendo um filho, que depositou na porta da casa do sr. Allworthy, casa que ela frequentava bastante. Encontrada a criança, o dono da casa assumiu o encargo de criá-la: "Quanto ao vosso filho, não vos preocupeis com ele. Tratá-lo-ei melhor do que jamais poderíeis esperar. E agora resta-vos apenas dizer-me quem foi o vosso perverso sedutor; pois a minha cólera contra ele será muito maior do que a cólera que acabais de experimentar". Ela se negou a indicar o sedutor.

No capítulo introdutório do Livro Segundo, o autor dá ao leitor informações sobre o conteúdo da obra, que ele intitulou de "história de um enjeitado", e não de biografia, assim como o método por ele utilizado:

> Não há de surpreender-se, portanto, o leitor se, no decurso desta obra, encontrar capítulos muito curtos, e outros muito longos; alguns que contêm apenas o espaço de um dia, e outros que compreendem anos; em outras palavras, se minha história parecer, às vezes, que não sai do lugar e, outras, que voa. Pelo que não me considerei responsável perante nenhum tribunal nem jurisdição crítica nenhuma; pois, como

I CARACTERIZAÇÃO DO ROMANCE DE PRIMEIRA PESSOA

sou, em realidade, o fundador de uma nova província do escrever, posso ditar-lhe livremente as leis que me aprouverem.[16]

É sabido que *Tom Jones* teve, como chave, *Dom Quixote*[17]. Como ele é um cavaleiro andante e tem em Sofia a sua Dulcineia. O autor comparece a todo instante na primeira pessoa, mas o seu "eu" não é de um narrador delegado. O protagonista é Tom Jones, porém ele não é o narrador da história; nem Allworthy; nem Thwackum, reverendo importante; nem Square, filósofo; nem Partridge; nem o capitão Blifil. Nenhuma das personagens é o narrador, porque o livro é narrado em terceira pessoa pelo próprio autor que, no entanto, mantém constante diálogo com o leitor, para informá-lo de alguma coisa.

Surge ele em cena como no capítulo VII do Livro Terceiro, com a rubrica: "Eis que surge em cena o próprio autor", e lá no fim:

> Peço que me perdoem este breve aparecimento em cena, à guisa de coro. É, em realidade, por mim mesmo para que, enquanto mostro os arrecifes onde soçobram amiúde a inocência e a bondade, não seja mal compreendido recomendando esses meios aos meus dignos leitores, pelos quais tenciono mostrar-lhes que poderão perder-se. E, como não pude persuadir nenhum dos meus atores a proferir esta fala, fui eu mesmo obrigado a fazê-lo.

O certo é que o sr. Allworthy criou Tom Jones até que ele, já rapaz, foi obrigado a deixar o lar e entregar-se a uma vida errante.

> Enfrenta problemas sem conta, envolve-se em mil tramas amorosas, despedaça corações, ajuda as pessoas em dificuldades, e por fim é acusado de um crime. A característica principal do herói – um cavaleiro andante generoso, mas fraco – e o ambiente de vagabundos, aos incidentes tragicômicos e o tom irreverente e cheio de argúcia vinculam-se à novela picaresca", muito próxima de *Dom Quixote*.[18]

16 O próprio Fielding indicou o capítulo VII do Livro Quarto como o mais curto da obra, pouco menos de uma página. Os mais longos giram em torno de quatro páginas.

17 Num romance posterior, a influência, se não a imitação, de *Dom Quixote* foi reconhecida pelo autor já no próprio título da obra. Cf. H. Fielding, *The History of the Adventures of Joseph Andrews, and of his Friend Mr. Abraham Adams. Written in Imitation of the Manner of Cervantes, Author of Don Quixote.*

18 Folheto n. 9 que acompanha *Tom Jones*, p. 49-50.

4. CAPITÃO MOSCOSO E TENDA DOS MILAGRES

Igual procedimento encontramos em "A Completa Verdade sobre as Discutidas Aventuras do Comandante Vasco Moscoso de Aragão, Capitão de Longo Curso", que é uma das novelas que integram *Os Velhos Marinheiros* de Jorge Amado[19]. Essa novela (chamo-a assim porque o próprio autor o fez) está dividida em *três episódios*, com amplas rubricas em caixa alta:

Primeiro Episódio

DA CHEGADA DO COMANDANTE AO SUBÚRBIO DE PERIPERI, NA BAHIA, DO RELATO DE SUAS MAIS FAMOSAS AVENTURAS NOS CINCO OCEANOS, EM MARES E PORTOS LONGÍNQUOS, COM RUDES MARINHEIROS E MULHERES APAIXONADAS E DA INFLUÊNCIA DO CRONÓGRAFO E DO TELESCÓPIO SOBRE A PACATA COMUNIDADE SUBURBANA.

Segundo Episódio

FIEL E COMPLETA REPRODUÇÃO DA NARRATIVA DE CHICO PACHECO, APRESENTANDO SUBSTANCIOSO QUADRO DOS COSTUMES E DA VIDA DA CIDADE DE SALVADOR NOS COMEÇOS DO SÉCULO, COM ILUSTRES FIGURAS DO GOVERNO E RICOS COMERCIANTES, ENJOADAS DONZELAS E EXCELENTES RAPARIGAS.

Terceiro Episódio

MINUCIOSA DESCRIÇÃO DA IMORTAL VIAGEM DO COMANDANTE A COMANDAR UM ITA, DOS MÚLTIPLOS SUCESSOS DE BORDO, ROMÂNTICOS AMORES, DISCUSSÕES POLÍTICAS. VISITA GRATUITA ÀS CIDADES NAS ESCALAS, COM A CÉLEBRE TEORIA DAS BAQUEANAS E OS VENTOS EM FÚRIA DESATADOS.

Esses enunciados já de si mostram que Jorge Amado tinha deixado para trás o romance de combate, os heróis ideológicos, da primeira

---

19 J. Amado, *Os Velhos Marinheiros*. Todas as citações foram extraídas da edição de 1961 da Martins Fontes.

I CARACTERIZAÇÃO DO ROMANCE DE PRIMEIRA PESSOA

fase de seu processo ficcional, quando a estética literária do autor denunciava as injustiças sociais. O experimentalismo marxista se voltava aos excluídos e às discriminações sociais e raciais, traduzidos nos seus romances, de *O País do Carnaval, Cacau, Suor, Jubiabá, Capitães da Areia, São Jorge dos Ilhéus*, até *Seara Vermelha*. Aí seus heróis eram lutadores em busca da igualdade social. Fase que Fábio Lucas chamou de "sonho do futuro", "presença da utopia na representação da realidade", "humanismo visionário"[20].

As novelas de *Os Velhos Marinheiros* já se encontram na última fase do processo ficcionista de Jorge Amado, denominada por Lucas "Estética do Riso e do Sonho", quando "seus heróis deixam de ser marcadamente ideológicos e se tornam pândegos, insistentemente alegres"[21]. Não é, porém, sob esses aspectos estéticos que desejo examinar a novela de que me ocupo nesta oportunidade, que investiga a verdade sobre as aventuras do comandante Vasco Moscoso de Aragão. Interessa saber qual o ponto de vista do narrador.

Há nessa novela muita semelhança com a de Cervantes. Ambas carecem de trama novelesca, não havendo protagonismos e antagonismos conflituosos que requeiram uma solução final. Dom Quixote é um fidalgo que ficou louco e, por acreditar que é um cavaleiro andante, sai de sua aldeia em busca de aventuras, a combater moinhos de vento. O capitão Moscoso é um desvairado fanfarrão que inventa aventuras pelos cinco oceanos e, ao final, comanda um ita até Belém do Pará. Em *Quixote*, há títulos e subtítulos longos, tais como: *Donde se cuenta la graciosa manera que tuvo don Quijote en armarse caballero* ou *Donde se prosigue la narración de la desgracia de nuestro caballero* etc. Em *Capitão Moscoso* também, por exemplo: "De como o narrador, com certa experiência anterior e agradável, dispõe-se a retirar a verdade do fundo do poço", ou "Do comandante imerso em profundo devaneio e do que lhe foi dado ver na sombra do barco de salvamento." São técnicas narrativas bem-parecidas, de duas novelas com temas semelhantes: aventuras de heróis desvairados. Não se faz aqui juízo de

20 F. Lucas, Contribuição Amadiana ao Romance Social Brasileiro, *Cadernos de Literatura Brasileira*, n. 3, p. 98-119.
21 Idem, *Caros Autores*, p. 136.

valor sobre elas nem se pretende estabelecer comparação para definir qual a melhor, até porque *Dom Quixote* levaria a vantagem de ser um clássico inovador da novelística moderna.

Em ambas, contudo, o narrador é um tanto quanto misterioso. Já vimos como Vargas Llosa fala dos narradores em *Dom Quixote* e a opinião que expendi sobre isso. Vejamos agora o que diz Fábio Lucas sobre o narrador na história de Vasco Moscoso de Aragão:

> A fim de realizar a história de Vasco Moscoso de Aragão, Jorge Amado construiu uma estrutura de segmentos narrativos que se desenvolvem num jogo de espelhos. É de assinalar-se, por exemplo, a função do narrador, irrequieto interventor, de certa forma o titular de uma das versões da história. Além de relatar o episódio do comandante, na qualidade de "historiador" em choque com outros relatos de personagens igualmente confiáveis, o narrador é personagem de outro relato, também espantoso. Isto é: há um relator superposto que supervisiona o seu depoimento em primeira pessoa. Um narrador que narra o narrador, digamos assim. Ao mesmo tempo, o testemunho do "historiador" visa simultaneamente a ironizar a historiografia ingênua, baseada num rol de eventos sem base documentada e sem apoio crítico.[22]

Vejamos. O primeiro episódio começa na primeira pessoa: "Minha intenção, minha única intenção, acreditem, é apenas estabelecer a verdade." Logo, passa à terceira pessoa e, assim, vai até que uma espécie de supervisor (o autor) interfere, com o seguinte subtítulo: *Onde o nosso narrador revela-se um tanto ou quanto salafrário*. Depois de um pequeno discurso narrativo, retoma a primeira pessoa: "Tenho a prova diante de mim", entrecortada com a terceira pessoa (p. 62-66). A partir dali, emprega a terceira pessoa até que novamente o supervisor interfere no relato, como que alertando o narrador, que retoma a primeira pessoa durante umas quatro páginas até o fim do primeiro episódio.

O segundo episódio começa com outro narrador, Chico Pacheco, mas a narrativa é feita na terceira pessoa, até que o supervisor invoca o narrador inicial: *Onde volta a aparecer a besta do narrador tentando*

---

22 Ibidem.

I CARACTERIZAÇÃO DO ROMANCE DE PRIMEIRA PESSOA

impingir-nos um livro, o qual retoma a narrativa na primeira pessoa, apenas nesse tópico, porque, quatro páginas à frente, a narrativa volta à terceira pessoa (p. 106-127): *Onde o narrador, atrapalhado e oportunista, recorre ao destino*, e faz um discurso para criticar a narrativa do Chico Pacheco.

O terceiro episódio é narrado apenas com uma breve intervenção do narrador de primeira pessoa: *Onde o narrador interrompe a história sem nenhum pretexto, mas na maior aflição.* "Perdoem-me os senhores a interrupção [...]." (p. 166). E, como sempre, logo abandona a primeira pessoa e segue na terceira até o fim (p. 171-200). Aí o narrador, em conclusão, discorre sobre a moral da história e a moral corrente: "E aqui aporto ao fim do meu trabalho, desta pesquisa em tão controvertida história. Que posso acrescentar? Notícias da chegada do Comandante ao cais da Bahia, com banda de música a esperá-lo, representante do Governador, o Capitão-dos-portos e Américo Antunes em delirante euforia?"

O jogo narrativo confere uma dinâmica especial à história, dotando-a de certo mistério, como a de um narrador oculto que, de vez em quando, aparece para retomar o fio da meada. Não se trata, porém, um romance de primeira pessoa cujo narrador é sempre uma das personagens a contar sua própria história ou uma história de que faça parte. Nas "Aventuras do Comandante Vasco Moscoso de Aragão, Capitão de Longo Curso", os narradores, ocultos ou não, são simples delegados do autor. Ou seja, o romance é tecnicamente de terceira pessoa. É uma técnica bem comum. Inventa-se um amigo que deixou um manuscrito e pediu sua publicação, e aí se tem a ilusão de que o narrador é o autor do manuscrito, como em *Dom Quixote*.

Tenda dos Milagres[23] segue a mesma técnica, com a diferença de que nele o narrador é identificado, o *poeta Fausto Pena, bacharel em ciências sociais*, que foi encarregado de pesquisar sobre a vida e a obra de Pedro Arcanjo, trabalho "encomendado pelo grande James D. Levenson, e pago em dólares". Também aqui existe a alternância entre primeira e terceira pessoas. O narrador Fausto Pena começa na

---

23 J. Amado, *Tenda dos Milagres*. Todas as citações são extraídas da edição de 1969 da Martins.

página 10 narrando na primeira pessoa e assim vai até a página 14. Dali em diante o relato se faz na terceira pessoa até a página 74, quando o poeta-narrador retoma a primeira pessoa por três páginas apenas. Segue a narrativa na terceira pessoa até a página 117 e na página 121, onde Fausto Pena conta sua experiência teatral e outras na primeira pessoa, passando logo à terceira até a página 209, quando se despede desanimado: "É obvio que o talento e o saber não bastam para assegurar o êxito, a vitória nas letras, nas artes, na ciência. Difícil é a luta de um jovem pela notoriedade, áspero seu caminho. Lugar-comum? Certamente. Tenho o coração pesado e busco somente expressar meu pensamento sem me preocupar com pompas de estilo e fantasia."

É um trecho que revela, na verdade, o modo de ser do escritor Jorge Amado, cujos romances não se preocupam com pompas de estilo, mas se caracterizam pela "engenhosidade do relato, o modo simples e magnificamente bem arquitetado de conduzir o enredo, a ponto de envolver e cativar o leitor"[24]. Fábio Lucas faz também rápida apreciação desse romance como sequência da temática de *Jubiabá*, denotando que ambos apresentam algo de novo na ficção brasileira: a superioridade da raça negra[25].

5. GONZAGA DE SÁ

Lima Barreto, em *Vida e Morte de M.J. Gonzaga de Sá*[26], utiliza a técnica de conferir a outro a tarefa de desvendar sua obra. Ele o diz, em advertência: "Encarregou-me o meu antigo colega de escola, e, hoje, de ofício, Augusto Machado, de publicar-lhe esta pequena obra."

Assim, também aqui, o escritor é um (Lima Barreto), o narrador é outro (Augusto Machado). Mas este se apresenta como o autor e, nessa qualidade, dá explicação sobre o surgimento do livro: "A ideia de escrever esta monografia nasceu-me da leitura diurna e noturna das biografias do

24 F. Lucas, *Caros Autores*, p. 124.
25 Ibidem, p. 125.
26 L. Barreto, *Vida e Morte de M.J. Gonzaga de Sá*. Todas as citações foram extraídas da edição de 1949 da Mérito.

dr. Pelino Guedes. São biografias de ministros, todas elas, e eu entendi fazer as dos escribas ministeriais. Por ora, dou unicamente subsídios para uma", que é precisamente esta, da *Vida e Morte de M.J. Gonzaga de Sá*, na verdade Manoel Joaquim Gonzaga de Sá, bacharel em letras pelo antigo Imperial Colégio D. Pedro II, funcionário da Secretaria dos Cultos. O fingido autor, mas narrador de primeira pessoa, Augusto Machado, também funcionário ministerial, foi mandado àquela Secretaria para solucionar a angustiosa questão de saber quantas salvas de tiro deveria receber um cardeal. O livro é narrado na primeira pessoa.

O problema é que a narrativa na primeira pessoa, em si, não define o gênero literário de um livro, sobretudo porque é um tratamento próprio das autobiografias, das confissões, das recordações, das memórias. Isso significa que um ensaio sobre o romance de primeira pessoa tem de partir de um pressuposto fundamental, já acenado na introdução: *o que é romance?* Só depois de responder a essa indagação será possível discernir entre romance de primeira pessoa e aqueles outros gêneros literários.

Como vamos saber se as obras *O Adolescente* e *Humilhados e Ofendidos*, de Dostoiévski, ambas de primeira pessoa, são romances ou não, se não soubermos com alguma precisão o que é romance? Como vamos saber se *Memórias do Cárcere*, de Graciliano Ramos, escrito também na primeira pessoa, é uma autobiografia ou um romance?

A questão se põe com frequência em face de narrativas na primeira pessoa. Foi suscitada com relação *À la recherche du temps perdu*, de Marcel Proust. Afirma-se que a obra repousa inteiramente na memória; seu herói, o narrador, se lembra e escreve[27]. Então, não é romance, mas memória, autobiografia. Proust, contudo, afirmou que "se trata de um romance, não de uma autobiografia". Refuta a ideia de que "seu livro sirva para ler sua própria vida"[28]. Não obstante essas negativas do autor, os analistas, fundados talvez na tese de que a intenção do autor não tem valor decisivo, insistem em discutir o tema. O próprio Jean-Yves Tadié começa seu livro indagando: "A que gênero literário

---

27 Cf. P.M.Thiriet, Quid de Marcel Proust, em M. Proust, *À la recherche du temps perdu*, v. 1, p. 214.
28 J.Y. Tadié, *Proust et le roman*, p. 18.

pertence *À la recherche du temps perdu*?" E, mesmo depois de transcrever aquelas refutações de Proust, volta a perguntar:

> Qual é esse gênero, que não é nem diário, nem autobiografia, nem romance pessoal, e que, entretanto, diz "eu"? Não é isso o romance?[29]
>
> Para além das afirmações do autor, se o problema do gênero da obra está oculto nesse emprego da primeira pessoa, desde a primeira frase, é preciso verificar quem ela designa se não é Proust, pelo menos o homem Proust[30].
>
> Para resolver a questão Jean-Yves Tadié escreveu seu livro *Proust et le roman*. Com base na ideia de que memória é o passado do autor recontado e autobiografia, seu passado reconstruído, *en gommant les répères temporels* ("colando marcas temporais"), ou seja, memória e autobiografia são narrativas sobre realidades e fatos concretos pertinentes à vida do autor, consubstanciando uma identidade total entre narrador e autor, a autobiografia "justapõe de maneira linear acontecimentos e pensamentos, personagens e experiências", o que não se verifica em *À la recherche du temps perdu*; e que o caráter autobiográfico da conversa entre o narrador e sua mãe nas primeiras páginas do livro é um fato ilusório[31], narrativa, pois, puramente imaginária. Para excluir o caráter autobiográfico do livro, Tadié lança mão de um argumento pouco convincente: o de que não foi simples, para Proust, escrever na primeira pessoa, e essa dificuldade ele não encontraria se quisesse escrever sua autobiografia[32]. Mas já é um argumento ponderável a afirmativa de que "o eu cujo emprego ele descobre não é mais o da confidência, é um eu que é também um ele; passado pelo purgatório da terceira pessoa, ele [o narrador] rompe com o eu [*le moi*] de Proust para se tornar personagem"[33]. O narrador, assim, é o meio e a forma pelos quais, antes de tudo, se encarna a abstração. Pois *La Recherche* retraça a evolução de um pensamento, evolução que Proust não quis analisar abstratamente, mas a recria, fá-la viver. A generalidade, encontrada pelos heróis ou tornada personagem, é, pois, subjetiva, é ficção. Assim, Tardié conclui: "A poesia não deixa, por outra parte, subsistir a personagem do narrador; se este último tem por fim permitir ao leitor decifrar o mundo, o *eu* do romance proustiano é um *eu* poético... Todas as sensações e todas as palavras

29 Ibidem.
30 Ibidem, p. 18-19.
31 M. Proust, *No Caminho de Swann*.
32 J.Y. Tadié, op. cit., p. 21.
33 Ibidem.

são postas lado a lado pelo *eu*, metafórico dos homens, nesta metáfora do mundo, que é o romance."[34]

Tadié, no entanto, não mostra conceitualmente o que é o romance. Só na introdução oferece alguns de seus traços fundamentais:

> Os principais "traços" da arte do romance serão, pois, considerados como construção do espaço e do tempo da narrativa, e como evasão desses dados, como posição de personagens e relações entre elas, como produção de uma linguagem interna, aquela dos heróis, e como desaparecimento dessa linguagem na narrativa; como ritmo dessa narrativa, e destruição da narrativa na fantasia; como a abstração e a poesia; como arquitetura da obra, forma das formas.[35]

Álvaro Lins abordou a questão. Começou dizendo que o próprio Marcel Proust lançou o problema afirmando ser incapaz de dizer o gênero de *À la recherche du temps perdu*[36]. Ele discute amplamente a controvérsia. Uns negam a Proust o caráter de autêntico romancista, outros dizem que o livro só tem de romance a forma, pertencendo antes ao gênero memória[37].

Álvaro Lins retoma a questão da intenção do autor. "Numa obra, porém, o essencial é aquilo que o autor realizou, não aquilo que ele pretendeu fazer ou anunciou ter feito. Assim, devemos confrontar a obra de Marcel Proust com certos elementos fundamentais do romance, fixando em seguida alguns dos traços mais característicos dos seus processos e recursos ficcionais." E diz logo que "não há gênero de mais difícil conceituação do que o romance"[38]. Lins escreveu quase cinquenta anos antes de Jean-Yves Tadié. No entanto, os elementos fundamentais que, para ele, conceituam o romance, são muito parecidos com os de Tadié, de forma mais precisa:

> O poder de apresentar pela imaginação uma realidade humana verossímil sobre uma realidade humana existente, a capacidade de

---

34 Ibidem, p. 418.
35 Ibidem, p. 13.
36 A. Lins, *A Técnica do Romance em Marcel Proust*, p. 47.
37 Ibidem, p. 49.
38 Ibidem, p. 50.

produzir e movimentar personagens que transmitam a impressão de seres vivos, o lançamento das personagens como determinantes da ação, a integração das personagens e da ação numa ambiência, os dons poéticos da criação, a estrutura psicológica, a construção técnica, a unidade própria que faz de cada verdadeiro romance um pequeno mundo particular e fechado em si mesmo. A nosso ver, são três os elementos básicos do romance: a personagem, a ambiência e a ação.[39]

Logo conclui: "O que há de mais particular no romancista é a sua capacidade de caracterizar figuras humanas, dar-lhes uma existência própria, fazer que vivam uma ação e se desenvolvam num ambiente"[40], passando, daí por diante, à análise de *À la recherche du temps perdu* para mostrar que Proust preenche esses requisitos de um romancista e que sua obra é inequivocamente um romance.

Esses dados são suficientes para os nossos objetivos agora: saber se *Vida e Morte de M.J. Gonzaga de Sá* é mesmo um romance. Os analistas levantam muitas dúvidas a respeito, mesmo quando reconhecem ser esse livro o mais bem elaborado por Lima Barreto, "o mais bem escrito de seus romances", admite Lúcia Miguel Pereira[41]. Mas ela própria acha que o livro foi desviado do seu rumo, perde o fio e o sentido do romance, "que começa introspectivo e se transforma bruscamente em panfleto caricatural"[42]. Basta a esse propósito o capítulo sobre o barão do Rio Branco, "egoísta, vaidoso e ingrato"; "faz do Rio de Janeiro a sua chácara", de mistura com as costureiras e outras coisas[43]. Uma inserção gratuita sem para quê nem por quê. Falta a unidade de um romance, faltam personagens de romance, falta enredo, como bem disse Paulo Rónai: "Não há enredo, pois não se pode chamar assim ao fato de o jovem Augusto Machado, rapaz de uns vinte anos, e seu venerando amigo, o sexagenário Gonzaga de Sá, trocarem ideias e impressões passeando pelas ruas do Rio de Janeiro ou sentados num banco do Passeio Público."[44] Mais adiante completa: "Se o romance

39 Ibidem, p. 52.
40 Ibidem.
41 L.M. Pereira, *Prosa de Ficção*, p. 294.
42 Ibidem, p. 303.
43 L. Barreto, *Vida e Morte de M.J. Gonzaga de Sá*.
44 P. Rónai, Prefácio, em A.H. de Lima Barreto, *Vida e Morte de M.J. Gonzaga de Sá*, p. 9.

I CARACTERIZAÇÃO DO ROMANCE DE PRIMEIRA PESSOA

não possui enredo propriamente dito, tampouco tem personagens, a não ser o herói que lhe dá o nome. Este, sem dúvida, é caracterizado esplendidamente e por uma técnica estranha. O autor recomeça-lhe o retrato umas quatro vezes".[45]

Lúcia Miguel Pereira, apesar de chamar o livro de romance mais de uma vez, acabou dizendo que ele "é menos um romance do que um pretexto para, por meio das conversas de Gonzaga, expor Lima Barreto e muitas das ideias que debateu incansavelmente"[46]. Enfim, levando em conta o conceito de romance que esbocei na introdução, também acho que faltam a esse livro as características básicas do romance. Ele não conta uma história, faltam-lhe personagens determinantes de uma ação numa ambiência. Augusto Machado, o Narrador, incumbido de contar a vida e a morte de seu amigo Manoel Joaquim Gonzaga de Sá, não é caracterizado como uma verdadeira personagem. Rigorosamente, não passa de um nome. Gonzaga de Sá foi algumas vezes caracterizado. Eulália ora aparece como tia, ora como irmã de Gonzaga de Sá. Não é uma personagem, mas uma referência nominal. O livro parece mais uma crônica ou uma sucessão de crônicas do Rio de Janeiro. Crônicas dialogadas. Ou: "Pintura animada e crônica mordente da sociedade carioca, esse livro constitui, com o seu visível desalinhavo, a mais curiosa síntese de documentário e ideologia que conheceu o romance brasileiro antes do Modernismo", segundo Alfredo Bosi[47], que, aí, ainda o qualifica de romance.

"Este Rio é muito estrambólico. Estende-se pra aqui, pra ali; as partes não se unem bem, vivem tão segregadas que, por mais que aumente a população, nunca apresentará o aspecto de uma grande capital, movimentada densamente", observa Augusto Machado, com expressões que bem poderiam se aplicar ao livro: "partes que não se unem bem", "vivem tão segregadas que nunca apresentará o aspecto de uma grande capital", ou de um grande romance.

Gonzaga de Sá responde:

---

45 Ibidem, p. 11.
46 L.M. Pereira, op. cit., p. 300-301.
47 A. Bosi, *História Concisa da Literatura Brasileira*, p. 320.

Pense que toda cidade deve ter sua fisionomia própria. Isso de todas se parecerem é gosto dos Estados Unidos; e Deus me livre que tal peste venha a pegar-nos. O Rio, meu caro Machado, é lógico com ele mesmo, como a sua baía o é com ela mesma, por ser um vale submerso. A baía é bela por isso; e o Rio o é também porque está de acordo com o local em que se assentou. Reflitamos um pouco.

Daí por diante, saem os dois pela cidade a mostrar suas belezas, seus encantos, praças, passeios etc. As páginas sobre o barão do Rio Branco não se enquadram na linha do livro. O autor põe na boca de Gonzaga de Sá uma de suas diatribes: "Este Juca Paranhos [...] faz do Rio de Janeiro a sua chácara [...] Não dá satisfação a ninguém [...] Julga-se acima da Constituição e das leis... Distribui dinheiro do Tesouro como bem entende".

Volta-se contra os jornais na fala de Gonzaga de Sá: "Um jornal, dos grandes, tu bem sabes o que é: uma empresa de gente poderosa, que se quer adulada e só tem certeza naquelas inteligências já firmadas, registradas, carimbadas etc. etc.".

No entanto, há páginas encantadoras. Como as reflexões do narrador sobre as costureiras: "Um vestido possui sempre um imenso poder vibratório na nossa sociedade; é um estado d'alma; é uma manifestação do insondável mistério da nossa natureza, a provocar outras em outros." Magníficas as páginas sobre o enterro na voz do narrador com pouca interferência do protagonista. As páginas sobre a parada militar são também empolgantes, nas quais se delineia a face social do livro.

6. UM AMOR DE SWANN

À la recherche du temps perdu, de Marcel Proust, como veremos, é um romance composto de sete volumes. É narrado na primeira pessoa, com exceção da segunda seção de Du côté de chez Swann (No Caminho de Swann), sob o título "Un Amour de Swann" ("Um Amor de Swann"), que é narrado na terceira pessoa[48].

---

48 B. Raffalli, Introduccion, À la recherche du temps perdu, v. I, p. II. As citações foram extraídas da edição de 2006 da Globo, tradução de Mario Quintana.

I CARACTERIZAÇÃO DO ROMANCE DE PRIMEIRA PESSOA

A narrativa, nessa parte, inicia estabelecendo as condições necessárias para

> fazer parte do "pequeno núcleo", do "pequeno grupo", do "pequeno clã" dos Verdurin, bastava uma condição, mas esta indispensável: aderir tacitamente a um credo entre cujos artigos figurava o de que o pianista protegido naquele ano pela sra. Verdurin, e de quem ela dizia: "Não devia ser permitido tocar Wagner tão bem!", "enterrava" ao mesmo tempo a Planté e a Rubinstein e que o dr. Cottard tinha mais diagnóstico que Potain.

Swann amava as mulheres. Um dia, no teatro, foi apresentado por um de seus amigos a Odette de Crécy como uma mulher charmosa com quem ele poderia talvez chegar a alguma coisa, a quem ele esnobou, ainda que visse nela certa beleza, "mas de um gênero de beleza que lhe era indiferente, que não lhe inspirava nenhum desejo, que até lhe causava uma espécie de repulsa física, uma dessas mulheres como todo mundo as tem, diferentes para cada um, e que são o oposto do tipo que nossos sentidos reclamam". Outras vezes Odette se aproximou dele; falou dele para os Verdurin a cuja casa o levou. Ali, por influência da sra. Verdurin, eles se aproximaram ainda mais. Nesse meio artificial da pequena burguesia, com reuniões imitando a aristocracia decadente, Swann passou a simpatizar com Odette, a amá-la, a frequentar a casa dela à noite, a gostar de coisas que ela apreciava, a ter ciúmes, imaginando que ela fosse amante de Forcheville. Seu amor, porém, não se estendia muito para além das regiões do desejo físico. Com ela, enfim, teve uma filha, Gilberte. Ele amou Odette por tanto tempo que até se esqueceu da primeira imagem que teve dela. Enfim, termina com este pensamento: ""E dizer que eu estraguei anos inteiros de minha vida, que desejei a morte, que tive o meu maior amor, por uma mulher que não me agradava, que não era o meu tipo!"

"Um Amor de Swann" é, pois, narrado na terceira pessoa, por um narrador inominado. Vou ter que enfrentar, quando de minhas reflexões sobre *La Recherche*, a questão do narrador na obra de Proust, pois há quem afirme ser ele o próprio autor[49]. Ao contrário, dizem outros: "O narrador não é Proust, mas a personagem central, uma personagem inventada." Aqui só interessa o narrador oculto de "Um Amor de Swann", em terceira pessoa, que é, aí sim, o próprio Proust[50]. Não me importaria com isso, se não houvesse, em duas oportunidades, a interferência daquele narrador central e inventado. Falando de Swann:

> Muitos anos depois, quando comecei a interessar-me por seu caráter, devido a semelhanças que sob outros aspectos oferecia com o meu, gostava de ouvir contar que quando ele escrevia a meu avô (que ainda não o era, pois foi pela época de meu nascimento que começou o grande caso amoroso de Swann, interrompendo por algum tempo essas práticas) [...][51]

Mais adiante ele volta a intrometer-se: "Meu tio aconselhou Swann que passasse algum tempo sem ver Odette, que com isso apenas poderia amá-lo ainda mais, e a Odette que deixasse Swann encontrá-la onde ele bem quisesse."[52]

7. AUSTERLITZ

Austerlitz[53] é um romance estranho a diversos títulos. É romance de primeira pessoa, com alguma peculiaridade. O narrador inominado, portanto, conta a história do professor Jacques Austerlitz. A primeira novidade é que o romance é ilustrado. Assim, o narrador visitou o

---

49 L. Gautier-Vignal, *Proust connu et inconnu*, p. 186: "narrateur qui est Proust lui-même".
50 Ressalva-se o que eu direi a propósito do narrador de terceira pessoa no capítulo XII, quando falo do narrador extradiegético.
51 "Je me suis souvient fait raconter bien des années plus tard, quand je commençai à m'intéresser à son caractère à cause des ressemblances qu'en de tout autres parties il offrait avec le mien, que quand il écrivait à mon grand-père (qui ne l'était pas encore, car c'est vers l'époque de ma naissance la grande liaison de Swann, et elle interrompit longtemps ces pratiques)."
52 "Mon oncle conseilla à Swann de rester un peu sans voir Odette qui ne l'en aimerait que plus, et à Odette de laisser Swann la retrouver partout où cela lui plairait."
53 W.G. Sebald, *Austerlitz*. As citações foram extraídas da edição de 2008 da Companhia das Letras, tradução de José Marcos Macedo.

I CARACTERIZAÇÃO DO ROMANCE DE PRIMEIRA PESSOA

Nocturama de Antuérpia, viu animais de olhos admiravelmente grandes, fixos e esquisitos, como de certos pintores e filósofos. Ilustra, então, o dito com a foto dos olhos de uma coruja e de dois homens, supostamente um pintor e um filósofo. Se fala da Centraal Station de Antuérpia, com seu telhado de aço e vidro, lá vem a foto ilustrativa. Desse modo, o livro está cheio de fotos de casas, de escadas de casas, de crânios, rosáceas de igreja. Enfim, como diz a orelha do livro: "Com uma prosa inventiva e potente, salpicada por fotografias mais ou menos enigmáticas, W.G. Sebald misturou gêneros literários – memórias, relatos de viagem, história – e abriu novos caminhos para a ficção." A verificar. De fato, resta saber o quanto esses ingredientes contribuem para formar um bom romance ou o quanto atrapalham.

O livro está dividido não em capítulos, mas em parágrafos extensos de páginas e mais páginas corridas, uma massa de palavras, como ondas de um lago não encapelado. O leitor, à margem, olha, e pensa "vou ou não vou" enfrentar a massa maciça, não raro maçante. Há parágrafos que cobrem mais de setenta páginas.

Os textos, de qualquer natureza, costumam ser distribuídos equilibradamente em parágrafos, como unidade de sentido. Como o compasso na música. Os parágrafos, em períodos, e estes, em orações ou frases. Essa distribuição do conteúdo, quando bem realizada, dá estética ao texto, que atrai a leitura, facilita a compreensão e possibilita fôlego ao leitor, certo repouso como as pausas nas partituras musicais.

Nesse particular, *Austerlitz* não é atraente.

A contracapa transcreve opinião do *The Time* e do *The New York Times*, dizendo o primeiro que o autor é "o Joyce do século XXI", o segundo, que o livro remete às "perturbadoras fábulas de Kafka sobre culpa e temor e, claro, a *Em Busca do Tempo Perdido*, de Proust". Exagero, porque não é nada disso.

Interessa aqui é saber se se trata ou não de romance de primeira pessoa. Ele é narrado na primeira pessoa, por um narrador inominado, como dito anteriormente.

> Na segunda metade dos anos de 1960, viajei com frequência da Inglaterra à Bélgica, em parte por motivo de estudos, em parte por

outras razões que a mim mesmo não me ficaram inteiramente claras, às vezes apenas por um dia ou dois, às vezes por várias semanas.

Numa dessas excursões, esse narrador chega à cidade belga de Antuérpia. Guarda na memória a chamada Salle des pas perdus na Estação Central de Antuérpia. Ali encontra "um homem que então, em 1967, tinha uma aparência quase juvenil, com cabelos loiros curiosamente ondulados". Era Austerlitz, que

> usava pesadas botas de caminhada e um tipo de calça de operário feita de chita azul desbotada, embora há tempos fora de moda, e, além da aparência exterior, ele se distinguia também dos demais viajantes por ser o único que não mirava apático o vazio, mas se ocupava em traçar apontamentos e esboços que se relacionavam obviamente à sala onde ambos estávamos.

Ali travaram conhecimento, quando Austerlitz começou a contar sua história para o narrador e este a transmiti-la a nós, leitores, segundo o seguinte modelo: "Lá pelo final do século XIX, assim começou Austerlitz em resposta à minha pergunta sobre as origens da estação de Antuérpia"; dali em diante, a narrativa é entrecortada de "disse Austerlitz" ou "disse Austerlitz após um instante", ou "Austerlitz falou", ou "disse ele ainda", em cada discurso feito ao narrador. O primeiro foi realmente sobre a estação de Antuérpia. De tempo em tempo, o narrador perdia Austerlitz de vista, mas o reencontrava por acaso, e então Austerlitz prosseguia em suas narrativas, que se desenvolviam como um rolo de pergaminho que se vai desenrolando para descobrir histórias.

Adiante-se que o narrador, no caso, não é o protagonista, é o ouvinte. Protagonista é Austerlitz, se é que existe protagonista numa narrativa plana, sem drama, sem diálogos, porque não há um diálogo, visto que também não há antagonista. Nesse desenrolar da narrativa, Austerlitz vai contando sua história, suas viagens, nas quais, não raro, os dois se encontram: em Antuérpia, Londres, Paris, Munique, porque também o narrador viaja muito pela Europa. Como ele mesmo observa na passagem em que fala das histórias que Austerlitz costumava contar,

I CARACTERIZAÇÃO DO ROMANCE DE PRIMEIRA PESSOA

"e não poucas, em nossos sucessivos encontros, por exemplo, quando passamos uma tranquila tarde de novembro em um café com mesa de bilhar em Temeuzen". Pouco se sabe do narrador, como disse o próprio autor, apenas que estudava arquitetura, especialidade também de Austerlitz.

Às vezes, passava um tempo sem que se encontrassem, como mostra esta passagem, na qual, em um grande aglomerado de pessoas,

> percebi então subitamente, à margem da horda que já se desfazia, uma figura solitária que não poderia ser ninguém mais senão Austerlitz, que eu não via, como me dei conta naquele instante, fazia quase vinte anos. Na aparência, ele permanecera o mesmo, tanto nas maneiras quanto no modo de vestir, e até mesmo a mochila continuava suspensa do ombro. Apenas o cabelo loiro e ondulado, que como antes se projetava de forma curiosa de sua cabeça, ficara mais pálido".

Naquela noite, no bar do Great Eastern Hotel, Austerlitz retomou a conversa onde ela fora interrompida vinte anos antes! Começou fazendo um discurso sobre aquele hotel, com os mesmos "disse Austerlitz", "prosseguiu Austerlitz" e expressões semelhantes. A novidade é que, a partir de certo momento, o próprio Austerlitz começa a contar a história para o narrador na primeira pessoa. "Desde minha infância e minha juventude", começou ele finalmente, tornando a dirigir o olhar para mim, "eu nunca soube quem na verdade sou". E assim prossegue por mais e mais páginas, discorrendo sobre sua história. Apesar de ele mesmo contar a história, na primeira pessoa, o narrador sempre intercala os "disse Austerlitz", "prosseguiu Austerlitz", numa notória superposição de narradores. Austerlitz narra para o narrador inominado e este narra para os leitores. Esse método continua também quando alguém narra uma história ou um episódio a Austerlitz e este o transmite ao narrador, que o relata aos leitores, segundo o seguinte modelo: "Eu me lembro, disse Vera, disse Austerlitz, de um desses mascates." Ou:

> O que nos aborreceu particularmente, notou Vera, disse Austerlitz, foi a mudança instantânea da mão do tráfego, pela direita. Eu costumava sentir um aperto no coração, disse ela, quando via um

carro disparar pelo lado direito da rua, porque inevitavelmente me ocorria que, daquele momento em diante, teríamos de viver em um mundo de ponta-cabeça.

Adler também contou coisas a Austerlitz, que ele recontou ao narrador e este aos leitores: "após a visita em um filme, que, como relata Adler, disse Austerlitz, recebeu uma trilha sonora de música folclórica judaica".

Assim vai, "disse Vera, disse Austerlitz", "contou Vera, disse Austerlitz", numa superposição de camadas narrativas feitas por três narradores. O texto, enfim, se desenvolve de discurso em discurso: discurso sobre mariposas (p. 94), sobre o tempo (p. 102-104), sobre pombos (p. 115), discurso sobre história natural, sobre história galesa, enfim, o último e longo discurso sobre a Biblioteca Nacional da França (p. 206s) com fotos das estantes e tudo o mais.

Enfim, o que merece destaque, para os objetivos deste ensaio, é notar essa superposição de narradores, de um modo que, às vezes, torna ambíguo o ponto de vista da narração.

8. CASA ASSASSINADA

Crônica da Casa Assassinada é um romance de Lúcio Cardoso (1913-1968)[54]. O autor é de Curvelo, cidade da região central do estado de Minas Gerais, onde morei por alguns anos. Acho que, por isso, quando li o romance pela primeira vez, imaginei que a chácara dos Meneses, onde se desenrolam a trama e o drama das personagens, ficava ali nas cercanias, que eu conhecia. O nome da família Meneses também me induzia a isso, por ser gente de meu conhecimento nas redondezas, sobretudo no município vizinho de Pompéu, do outro lado do rio Paraopeba, que divide os dois municípios, aliás, mencionado na primeira carta de Nina a Valdo, como "velho tronco cujas raízes se aprofundam nos primórdios de Minas Gerais". Ali mesmo já se define

---

54 J.L. Cardoso Filho, *Crônica da Casa Assassinada*. As citações foram extraídas da edição de 1979 da Nova Fronteira.

I CARACTERIZAÇÃO DO ROMANCE DE PRIMEIRA PESSOA

o modo de ser dos Meneses, que "são parcos de gestos, e inauguram poucas situações no decorrer do tempo".

Mais recentemente, quando reli o romance, essa imagem me vinha com força total. Nisso é que deve consistir o que Umberto Eco chama de intenção do leitor, quando diz que entre a intenção inacessível do autor e a *intenção discutível do leitor* está a intenção do texto[55]. Intenção que, no fundo, revela a participação do leitor no processo criativo do romance. Cada leitor formula, segundo suas vivências, imagens próprias da obra que está lendo. No caso, é possível que outros leitores imaginem a casa em algum sítio diferente de sua experiência de vida. O farmacêutico, o médico, o padre se me afiguraram pessoas que conheci em Curvelo, que não é mencionado no romance, cuja cidade é chamada Vila Velha.

A casa da *Crônica da Casa Assassinada* situa-se nos arredores de Vila Velha, num amplo terreno arborizado, com alamedas, um pouco distante de uma antiga fazenda, ao lado da serra do Baú. Casa comprida ao lado de um pasto, com um jardim na frente, um pavilhão um pouco afastado da edificação principal, com um canteiro lateral de violetas. A casa compreende varanda, escritório, sala, numa das pontas; cozinha na ponta oposta; um corredor que liga varanda e sala à cozinha. De quem vai da sala para a cozinha pelo corredor, à direita está o quarto de Demétrio com banheiro, seguido dos quartos de seus irmãos Valdo e Timóteo; do lado esquerdo, em frente ao quarto de Demétrio, fica o quarto de André com banheiro, seguido do quarto de Betty, de cubículo e despensa. São "os da Chácara". Entra-se na casa por uma escada que dá na varanda[56].

Essa descrição é importante, porque lá o romance é ambientado. Nunca li romance em que o ambiente tivesse tanto relevo no processo ficcional, na construção das personagens e da trama. Isso mesmo é denotado no título da obra, *Crônica da "Casa" Assassinada*, ambiente sombrio em que vivem personagens sombrias, "numa construção admirável do clima de morbidez que envolve os ambientes (quem esquecerá o fundo esverdinhado da velha chácara onde há mofo e sangue?) e os seres (indelével, a figura de Nina, atraída pela

---

55 U. Eco, op. cit., p. 92.
56 Descrição baseada no desenho que antecede o texto do romance.

vertigem da dissolução do próprio eros)", para usar justa interpretação de Alfredo Bosi.

Crônica da Casa Assassinada não é um típico romance de primeira pessoa, em que o protagonista ou outra personagem narra a história, mas tampouco é romance de terceira pessoa. Múltiplos narradores tecem a trama, por meio de diários, cartas, depoimentos, testemunhos, confissões, que se repetem ao longo do texto, inclusive cartas da protagonista Nina, tudo na primeira pessoa, numa estrutura ideológico-estilística inédita, como observa o editor, que também se exprime na contracapa, com justa interpretação: "Lúcio Cardoso leva a introspecção psicológica de seus personagens a um ponto de tensão e exasperação raro em nossa literatura, ao mesmo tempo que, através de suas vidas, desvenda implacavelmente o panorama de decadência social em que se movem."

Nina, a protagonista, é uma estranha naquele meio. Valdo Meneses foi ao Rio de Janeiro, conheceu Nina, cujo pai estava à morte. Apaixonou-se por ela. Apresentou-se como homem rico, não como membro de uma família decadente. Enfim, casaram-se, e ela veio morar na chácara, onde viviam os irmãos dele: Demétrio, com a mulher Ana, e Timóteo, solteirão neurótico. Reclamava para a empregada Betty: "Não me sinto bem desde que cheguei. Talvez seja o ambiente desta casa. Tenho medo de não suportá-lo. Ah, Betty, se você soubesse como sou infeliz!"

Demétrio, mandão, uma figura de aspecto doentio "próprio dos seres que vivem à sombra, segregado do mundo", conforme narrativa do farmacêutico, um dos narradores. Ana, desde logo, antipatizou com Nina. Tinha ciúmes dela, sobretudo por verificar que o jardineiro, Alberto, se apaixonara por ela; "continuava a vigiar Nina, e só me interessava o que ela poderia estar fazendo". Nina viu que Valdo a enganara. Betty registra em seu diário o diálogo em que Nina relata sua decepção:

> Sozinhos à mesa, o sr. Demétrio e dona Ana tomaram café e, através do silêncio em que se conservavam, percebi que havia entre eles um novo e tácito entendimento.

Horas mais tarde, indo à varanda a fim de sacudir a toalha, encontrei a patroa estendida numa rede. Seu aspecto era de inteiro aniquilamento. Dir-se-ia mesmo que havia chorado, pois os olhos ainda se mostravam vermelhos.

"Venha até aqui, Betty", pediu ela.

Encaminhei-me para o seu lado e ela me tomou as mãos.

"Como tudo começa mal, Deus do céu. Você não viu como me trataram hoje?"

"O sr. Demétrio é sempre assim", asseverei, tentando um pálido consolo.

Largou-me e deu um pequeno impulso à rede:

"E, no entanto, Valdo realmente me disse que era um homem rico, que aqui nesta casa eu não teria necessidade de coisa alguma. Para que fez isto, por que me enganou deste modo?"

Enfim, Nina engravidou e teve um filho, a quem deu o nome de André. Depois, praticamente expulsa da chácara, voltou para o Rio. Após alguns anos regressou, com a saúde abalada. Encontrou o filho moço. Começa então um amor incestuoso entre filho e mãe. Basta esta passagem do diário de André para se ver como os dois tiveram entre si uma louca paixão e se entregaram um ao outro como dois amantes:

A mim, que fui seu filho mais do que idolatrado, que tantas vezes cobri de beijos e de soluços aquelas têmporas que agora o calor já vai embranquecendo, que colei meus lábios aos seus lábios duramente apertados, que aflorei com minhas mãos a curva canada do seu seio, que lhe beijei o ventre, as pernas e os pés, que só vivi para a sua ternura.

Noutro diário ele conta que se encontraram no quintal e ela o levou a um quarto, mãe e filho:

Docemente escorreguei a mão ao longo de seu tronco, sentindo encrespar-se a macieza de sua pele – e como se fosse um caminho sabido de há muito, e ali devessem desaguar, unidas, as dissonâncias do mundo, coloquei-a sobre seu sexo, que palpitou a esse contato com uma ventosa de lã. Ela estremeceu, ondulou como à chegada de um espasmo – e sob meus dedos que se faziam mais duros, e mais precisos no seu afago, senti abrir-se aquela flor oculta, e desnudar-se o mistério de sua natureza, exposta e franca, como uma boca que dissesse, não o seu nome, mas o nome do seu convite. Subi a mão, voltei a afagar-lhe o talhe, dobrei-a, venci-a ao poder do meu carinho – e afinal como um grito rompeu-se o encanto, e entreabriu-se a fenda escura e vermelha daquele corpo, num riso tão moço e tão vibrátil, que através dele parecia ressoar toda a música existente.

9. CINZAS DO NORTE

Cinzas do Norte, romance de Milton Hatoum[57], está aqui em razão das peculiaridades no método da narrativa. Luz Pinheiro analisou os manuscritos do romance com o objetivo específico de rastrear indícios da invenção dos três narradores: Lavo, Mundo e Ranulfo. Não tive acesso aos manuscritos, nem era intenção fazer uma crítica genérica. Tenho o produto acabado, que é suficiente para os fins que tenho em mente. O romance é narrado na primeira pessoa. Maria Luz Pinheiro fala em três narradores e indica a participação de cada um deles:

> Lavo é o narrador principal. Ele conta a história de duas famílias de classes diferentes que vivem um mesmo processo de decadência. Seu ponto de vista é o de um observador que ouve vários segredos que envolvem a história dessas famílias. Ele pertence à família pobre e é amigo de infância de Mundo, filho da família rica. Depois de um distanciamento temporal, ele resolve contar esta história.
>
> Mundo, na verdade Raimundo, é o protagonista da narrativa. Sua construção se dá a partir de três pontos de vista: o do narrador principal, o seu próprio, através de trechos de seu diário, cartões-postais e cartas, e Ranulfo [tio Ran], tio de Lavo, por meio de uma longa carta que é inserida, em fragmentos, ao longo do texto.[58]

Lavo conta a história do amigo Mundo, os conflitos com o pai, as incompatibilidades com os estudos nos colégios, dos quais era expulso, as relações com Arana, um pintor que tio Ran achava ser um malandro. Mundo, desde tenra idade, demonstrou queda para

---

57 M. Hatoum, *Cinzas do Norte*. Todas as citações são extraídas da edição de 2012.
58 Os Narradores de "Cinzas do Norte", em Adelaide Calhman de Miranda et al., *Protocolos Críticos*, p. 150.

I CARACTERIZAÇÃO DO ROMANCE DE PRIMEIRA PESSOA

o desenho, e a isso se dedicava intensamente, para desespero do pai, Jano (Trajano), que o recriminava, pois queria que o filho se dedicasse aos seus negócios, como exportador de juta. Esse o motivo dos graves conflitos entre pai e filho. A mãe, Alícia, protegia o filho, estava sempre em desacordo com o marido. Mas Lavo também narra aspectos de sua própria história. Órfão de pai e mãe, que morreram num acidente de barco, foi criado pela tia Ramira, que vivia na sua máquina de costura, cosendo roupa para fora. Tio Ran, irmão dela, era um boa-vida, que vivia lhe tomando dinheiro.

Lavo é o principal narrador, é verdade, mas não o narrador-protagonista. Sua função consiste em relatar a história do amigo Mundo, que é o protagonista. Trata-se, portanto, de uma narrativa do ponto de vista interno, porque o narrador participa da história como testemunha.

Ranulfo não é, propriamente, um narrador do romance. Sua participação consiste em escrever uma longa carta a Mundo, em que conta suas relações amorosas com a mãe dele, Alícia, antes e depois que ela se casou com Jano, pai do protagonista. Fragmentos da carta são inseridos entre os capítulos do romance. É um narrador estranho ao romance em si. Por assim dizer, corre por fora, com uma história própria.

Mundo não é, rigorosamente, narrador. Sua participação na narrativa consiste em escrever uma carta a Lavo, de Brixton, Londres, na qual conta sua viagem à França e à Inglaterra, suas peripécias, suas dificuldades (capítulos XVI e XX), carta essa à qual Lavo respondeu.

Por que razão o autor introduziu num romance de primeira pessoa esses ingredientes: a longa carta de Ranulfo e a carta de Mundo, narradas ambas, naturalmente, em primeira pessoa? Pode ver-se, nessa técnica, aquilo que parte da doutrina chamada de metaficção, ficção dentro da ficção. Assim, dentro do processo ficcional, narrado por Lavo, imiscuiu-se a ficção narrada por Ranulfo e, em certo sentido, também a carta de Mundo, narrando sua história na Europa.

Ora, *Cinzas do Norte* é romance de acontecimentos. Não é romance psicológico nem autobiográfico, de sorte que o narrador, Lavo, não conta a sua história, as suas lembranças, as suas memórias, não há nele introspecção, mas uma simples descrição da vida alheia. Sendo romance de primeira pessoa o narrador, seja protagonista ou mero relator de fatos alheios, não é dotado de onisciência, mas de onipresença. Isso significa que, desse ponto de vista, não poderia ele contar as coisas do tio Ran, porque o narrador de primeira pessoa não tem o poder de penetrar no íntimo das personagens. Pode-se questionar as vantagens ou desvantagens da introdução, no interior da narrativa, desse romancelho particular do tio Ran com Alícia. Do meu ponto de vista, não me parece ter trazido vantagem alguma para o romance, talvez o tenha empobrecido. Mas essa é outra história.

Pela mesma razão, o narrador de primeira pessoa, Lavo, não tendo acompanhado Mundo na viagem pela Europa, nem sendo dotado de onisciência, não tinha como narrá-la. O autor lançou mão da técnica da carta de Mundo ao narrador, de sorte que, por essa carta, recebida pelo narrador, Lavo, pôde ele incluir na sua narrativa aquela parte da história de Mundo, até a morte dele, que lhe foi contada por Ranulfo.

Se essa técnica tivesse sido usada por Ernest Hemingway em *Adeus às Armas*, não haveria nenhum vácuo quando Henry deixou o hospital e foi para a frente de batalha, sem que o leitor tivesse notícia de Catherine, que ficara para trás; uma carta dele para ela, uma carta dela para ele, teria resolvido o problema.

10. O SOBRINHO DE RAMEAU

Le Neveu de Rameau é um livro de Denis Diderot (1713-1784), escrito, em forma de diálogo, entre 1761 e 1774, mas a data de sua publicação é bem confusa. Sabe-se que Goethe o traduziu para o alemão segundo uma cópia hoje perdida. Essa tradução para o alemão foi publicada em 1805, e reproduzida em francês em 1821. Em 1823, apareceu na sua redação original de acordo com uma cópia fornecida pela sra. Vandeul, filha de Diderot. Enfim, em 1890 se encontrou na caixa de um livreiro (*bouquiniste*) uma cópia feita à mão por Diderot, que foi o texto utilizado para a edição de 1891, e tem sido, daí por diante a cópia das reedições[59].

---

59 D. Diderot, *Oeuvres*, texto estabelecido e anotado por André Billy, p. 981n1. As citações de *O Sobrinho de Rameau* foram extraídas da edição de 2000 da Perspectiva.

I CARACTERIZAÇÃO DO ROMANCE DE PRIMEIRA PESSOA

A leitura suscita logo a questão do gênero. André Billy diz que *Rameau* "não é conto nem romance, mas uma arte aparentada com a ficção"[60]. Bem, isso não diz grande coisa. Há quem o chame de conto realista. Isso também não diz muito. Romance não é porque não tem um "caso", não tem uma história, nem personagens. Tampouco importa muito essa discussão para os objetivos deste ensaio. Basta-nos verificar que é uma narrativa, sem dúvida ficcional, de primeira pessoa. E é por isso que ele está aqui, por sua aparência de romance de primeira pessoa. Trata-se de um diálogo entre dois sujeitos, dos quais um é o narrador (Eu) que relata a entrevista, o outro é o sobrinho de Rameau, ou seja, sobrinho de Jean-Phillippe Rameau, famoso músico francês do século XVIII, tido como a maior expressão do classicismo musical da França.

O narrador, desde logo, nos informa: "Faça bom ou faça mau tempo, é de meu hábito ir às cinco da tarde passear no Palais-Royal."[61] Conta ele que, nesses passeios, se entretinha consigo próprio sobre política, amor, opinião ou filosofia. Abandonava seu espírito a toda a sua libertinagem. Refugiava-se no café de la Régence, então na praça do Palais-Royal, e ali se divertia assistindo ao jogo de xadrez. "Uma noite, após o jantar, eu estava lá, olhando muito, falando pouco, e ouvindo o menos possível; foi quando fui abordado por uma das mais esquisitas personagens desse país em que Deus não as deixou faltar. É um composto de altivez e de baixeza, de bom senso e desrazão."[62]

Ali se trava o diálogo entre "Eu", o filósofo (o próprio Diderot), e essa personagem bizarra, "Ele", que é o sobrinho de Rameau (Jean--François Rameau), ou seja, sobrinho de Jean-Phillippe Rameau que, no correr do diálogo, se identifica como "o pequeno Rameau", "o bonito Rameau", o "louco Rameau, o impertinente, o ignorante, o preguiçoso, o guloso, o bufão, a grande besta", ou "Eu, Rameau, filho de M. Rameau, boticário de Dijon, que é um homem de bem e que jamais dobrou o joelho diante de quem quer que seja. Eu, Rameau, o sobrinho daquele a quem denominam o grande Rameau."

---

60 A. Billy, Introdução, em D. Diderot, *Oeuvres*, p. 30n1.
61 *O Sobrinho de Rameau*, p. 39.
62 Ibidem, p. 40.

Ele me aborda. "Ah, ah, ei-lo, senhor filósofo; e que fazeis aqui no meio desse bando de vadios? Será que também perdeis o vosso tempo empurrando a madeira?" É assim que se chama por desprezo jogar xadrez ou damas. [note-se aí uma interferência do narrador].

Eu: "Não; mas quando eu não tenho nada de melhor a fazer, divirto-me olhando um instante os que sabem empurrá-las bem."

Ele: "Nesse caso, vós vos divertis raramente; exceto Philidor e Légal, o resto nada entende disso."

Eu: "E o senhor de Bissy, então?"

Ele: "Esse aí é como jogador de xadrez o que a senhorita Clairon é como atriz. Eles sabem a respeito desses jogos, um e outro, tudo o que se pode aprender."[63]

É um diálogo semelhante aos diálogos platônicos, com a diferença de que aqui há um narrador de primeira pessoa que interfere como parte no diálogo, enquanto nos diálogos platônicos não há narrador. Existe o expositor dos diálogos, que é Platão. É certo que alguns diálogos de Platão são muito parecidos com peças de teatro. Émile Chambry observa que *Protágoras* poderia ser chamado de uma comédia filosófica, com a distribuição do assunto em atos destacados por cenas, pintura dos caracteres, o toque exato e pitoresco na invenção do pormenor, a ironia fina e leve, a paródia e a caricatura, em uma palavra, todos os recursos da arte dramática[64]. A respeito de *Mênon* também diz ele que o diálogo (a conversação) se engaja diretamente, como no teatro, entre Mênon e Sócrates. De fato, sem preâmbulo, Mênon abre o diálogo com uma longa indagação sobre a virtude: "Poderias tu me dizer, Sócrates, se a virtude pode ser ensinada, ou se, não podendo ser, ela se adquire pela prática, ou, enfim, se ela não resulta nem da prática nem do ensinamento, mas vem aos homens naturalmente ou de qualquer outra maneira?"[65]

Sócrates dá uma longa resposta que provoca nova indagação de Mênon, e assim se desenrola o diálogo. Na verdade, os diálogos platônicos se desenvolvem impulsionados por um processo maiêutico dialético. Começam em geral por uma pergunta de Sócrates (ou de

63 Ibidem, p. 44.
64 Notice sur le Protagoras, Platon, *Oeuvres complètes*, tomo II, p. 1.
65 "Notice sur le Ménon", ibidem, p. 553, 365.

outro interlocutor) sobre alguma coisa, como visto anteriormente em *Mênon*. Obtida a resposta, passa-se a outro tema conexo, e assim por diante até o interlocutor cair em contradição. O processo servia também para levar alguém a aprender algo, pelo qual se extraía do discípulo o conhecimento ou a verdade que, segundo Sócrates, já existia nele, consistindo, pois, em relembrar (reminiscência) o conhecimento que está na alma do interlocutor. "Minha arte maiêutica, diz Sócrates, tem as mesmas características gerais da arte das parteiras, com a diferença de que faz parir os homens e não as mulheres."[66] Em *Rameau*, "Eu", o filósofo, exerce igualmente um papel maiêutico.

A temática também é muito semelhante à dos diálogos platônicos. No fundo, há sempre uma questão filosófica. De fato, *Rameau* apresenta quatro momentos: 1. sobre os gênios; 2. o choque de loucura em Bertini; 3. o elogio do cinismo; 4. sobre a música. Tudo, na verdade, se reduz a dois assuntos: a moral e a música. Ou a oposição da razão filosófica e a razão cínica. A razão e a desrazão, o bom senso e a loucura. No fundo, observa André Billy, "está essencialmente o protesto de um anarquista contra os abusos e os preconceitos de uma sociedade corrompida, e esse anarquista é Diderot mesmo; Rameau, o sobrinho, não foi para ele senão um interlocutor cômodo"[67]. Afirma-se que se trata de uma sátira; há até quem diga que, ao ler o diálogo, riu do início ao fim. O texto, contudo, não tem nada de cômico. É um texto sério, que envolve discussões filosóficas relevantes. O certo é que o "Ele", *le neveu*, é um tanto debochado, mas não é nada tolo. Ao contrário, é bem preparado e sustenta com galhardia a conversação. De fato, é ele quem sustenta todos os pontos de vista relevantes do diálogo. É um cético, ao responder ao "Eu" a respeito de alguns conhecimentos (de gramática, história, geografia etc.): "Como me seria fácil vos provar a inutilidade de todos esses conhecimentos aí, num mundo como o nosso." Noutro momento, diz ele, um pouco como Hobbes: "Na natureza, todas as espécies devoram-se, todas as condições se devoram na sociedade." Às vezes, ele é realista:

---

66 J.F. Mora, Mayeutica, *Diccionario Filosófico*, v. 3, p. 2.158.
67 Introdução, em D. Diderot, *Oeuvres*.

Ele: "Mas, a vosso ver, cumpriria, portanto, sermos pessoas honestas?"

Eu: "Para ser feliz? Com certeza."

Ele: "Entretanto, vejo uma infinidade de pessoas honestas que não são felizes; e uma infinidade de pessoas que são felizes sem serem honestas."

Eu: "É o que vos parece."

Ele: "E não foi por ter tido bom senso comum e franqueza por um momento que eu não sei onde ir jantar essa noite?"[68]

Não raro ele é irônico, mesmo quando depreciado:

Eu: "Vós não duvidais quanto ao julgamento que faço de vosso caráter?"

Ele: "Não tenho dúvida nenhuma. Sou a vossos olhos um ser muito abjeto, dos mais desprezíveis, e eu o sou também por vezes as meus; mas raramente. Eu me felicito mais frequentemente pelos meus vícios do que me censuro por eles. Vós sois mais constante em vosso menosprezo."[69]

O diálogo revela também a desafeição de Diderot pelo grande músico Rameau, o tio. Essa antipatia se mostra clara e expressamente por meio de uma fala do "Eu":

Eu: "Devagar, meu caro. Vamos, diga-me; não tomarei vosso tio como exemplo; ele é um homem duro; é um sujeito brutal; não tem humanidade; é avaro; é mau pai, mau esposo; mau tio; mas ainda não está suficientemente decidido que seja um homem de gênio; que tenha levado sua arte muito longe, e que se discutam suas obras dentro de dez anos." [70]

"Eu", é, pois, o interlocutor do diálogo e o narrador, porque relata as ocorrências do diálogo, presta informações, conforme já mostrei no início. Essa identidade entre uma personagem, aqui "Eu", e o narrador é um fenômeno típico do romance de primeira pessoa. Em geral, como muitas vezes mencionado, o narrador, no romance, é o protagonista, a personagem principal. No diálogo em apreço, não existe propriamente personagens, mas sujeitos. Há, sim, o condutor do diálogo, "Eu", que é também o narrador. Mas suas funções não se confundem. "Eu" é interlocutor, interroga e responde a seu contraposto, "Ele". O narrador

68 *O Sobrinho de Rameau*, p. 80-81.
69 Ibidem, p. 107.
70 Ibidem, p. 48-49.

tem a função de narrar os acontecimentos e de intervir quando é preciso algum esclarecimento. Diderot começa a obra contando que toda tarde ia ao Café de la Régence etc. Assim é que, depois de uma fala do "Ele", o narrador informa: "Então, ["Ele"] recomeçou a golpear-se na fronte, com um dos punhos, a morder os lábios e a revirar para o teto os olhos desnorteados; acrescentando."[71]

Logo adiante, o narrador torna a entrar, depois de outra fala do "Ele": "E enquanto dizia isso, com a mão direita ele pegara os dedos e o punho da mão esquerda, e os virava para cima e para baixo; a extremidade dos dedos tocava o braço."[72]

Há vários outros exemplos, mas esses são suficientes à finalidade deste ensaio. O diálogo termina com "Ele" se despedindo: "Adeus, senhor filósofo. Não é verdade que sou sempre o mesmo? Eu: "Por infelicidade, sim, desgraçadamente!" Ele: "Que eu tenha essa desgraça aí somente por uns quarenta anos ainda. Rirá melhor quem rir por último."[73]

11. WERTHER

Werther é considerado um *romance epistolar*, por isso irei analisá-lo em outro volume. Aqui apenas faço referência a ele como romance de primeira pessoa, a fim de destacar uma peculiaridade que interessa à definição desse tipo de romance. O jovem Werther é o protagonista-narrador. E é essa a referida peculiaridade. No romance de primeira pessoa, o narrador não pode morrer sem criar sérios problemas à narrativa[74]. Em *Werther*, entretanto, o próprio narrador se mata, o que

---

71 Ibidem, p. 62.
72 Ibidem, p. 63.
73 Ibidem, p. 144.
74 Em *L' Étranger*, de Albert Camus, o narrador é condenado à morte. O romance termina não com sua morte, mas com a insinuação de como ele queria que a execução fosse: "Por achá-lo tão parecido comigo, tão fraternal, senti que fora feliz e que ainda o era. Para que tudo ficasse consumado, para que me sentisse menos só, faltava-me desejar que houvesse muito público no dia da minha execução e que os espectadores me recebessem com gritos de ódio." ("De l'éprouver si pareil à moi, si fraternel enfin, j'ai senti que j'avais été heureux, et que je l'étais encore. Pour que tout soit consommé, pour ▶

gerou um problema que Goethe teve que resolver. E como o fez? Basta dizer que o narrador-protagonista não pode morrer, senão quem continua a história, quem conta as circunstâncias de sua morte, a não ser uma terceira pessoa? E foi essa a solução dada por Goethe, quebrando de modo abrupto a narrativa, com o editor retomando a palavra numa como que terceira parte sob o título "Do Editor a seu Leitor", onde se contam, agora na *terceira pessoa*, as circunstâncias da morte de Werther, o narrador-protagonista, e essa conversão da narrativa de primeira pessoa para a terceira pessoa quebra a unidade do romance, tanto que foi necessário interromper o fluxo da narração, com a alteração da figura do narrador.

12. ADEUS ÀS ARMAS

Adeus às Armas, romance de Ernest Hemingway (1899-1961)[75], lançado em 1929, é tido como um dos melhores romances até então produzidos por um escritor americano. É um romance de primeira pessoa, cujo narrador, Frederic Henry, se alistara no exército italiano, na guerra de 1914-1918, como motorista de ambulância. Ferido no campo de batalha, foi tratar-se num hospital em Milão, onde se apaixonou pela enfermeira Catherine Barkley, tal como se deu com o próprio Hemingway que, ferido na guerra e recolhido num hospital, se apaixonou pela enfermeira Agnes Hannah von Kurowsky. Aspecto, portanto, autobiográfico.

Foi a leitura desse livro que me chamou a atenção para o romance de primeira pessoa, por ter sentido uma espécie de vácuo na narrativa. Trata-se de romance de acontecimentos, de ação, não romance de pensamento. Os autênticos romances de primeira pessoa são aqueles que a doutrina chama de romances de pensamento, que incluem variadas formas: psicológicos, subjetivos, intimistas, autobiográficos

---

▷ que je me sente moins seul, il me restait à souhaiter qu'il y ait beaucoup de spectateurs le jour de mon exécution et qu'ils m'accueillent avec des cris de haine.")

75 Todas as citações são extraídas da edição de 2012 da Bertrand Brasil, tradução de Monteiro Lobato.

I CARACTERIZAÇÃO DO ROMANCE DE PRIMEIRA PESSOA

etc., enquanto os romances de acontecimentos, romances de ação, são primordialmente narrados na terceira pessoa, porque o ponto de vista externo possibilita maior liberdade ao narrador pela sua onisciência, enquanto o narrador de primeira pessoa tem que ser onipresente, como partícipe ou testemunha, de todos os fatos e cenas.

Por isso, em *Adeus às Armas*, por ser romance de ação, o leitor sente certo vácuo quando o narrador se ausenta do cenário. Assim, por exemplo, quando Frederic Henry recebe alta do hospital e retorna à frente de batalha, fica um vácuo no que diz respeito à enfermeira. Num romance de terceira pessoa, isso não aconteceria porque o narrador, com sua capacidade de onisciência, verificaria o que estaria acontecendo com a enfermeira. Esse esmo vácuo se faz sentir em outro momento. Quando, mais adiante, Henry se reúne a Catherine Barkley e deserta do exército, é informado de que será preso no dia seguinte de madrugada. Diante disso, foge em um barco para a Suíça. Não se fica sabendo se era certo ou não que viriam pessoas do exército para prendê-lo como desertor. Não se fica sabendo se de fato vieram e se frustraram por não mais encontrá-lo.

Não se está aqui arguindo nenhum defeito do romance. É reconhecidamente um dos melhores romances produzidos no século xx. A qualidade de seus diálogos é simplesmente estupenda. Sobretudo os da última parte. O primeiro deles, entre Frederic Henry e Catherine (p. 313s), é de um lirismo comovente, com um leve toque de ingenuidade, semelhante às conversas de amor entre adolescentes. Esse diálogo maravilhoso segue no capítulo seguinte (capítulo 39), sobre coisas muito simples, tudo dito com ternura. Falam da gravidez de Catherine, do filho ou filha que ia ter. Os últimos diálogos são travados já na maternidade, onde Catherine tentava dar à luz. As dificuldades foram terríveis, tudo entrecortado de diálogos, não raro pungentes, ou até ásperos, quando médicos e enfermeiros expulsavam Henry do quarto da parturiente. Ele saía, dava uma volta, comia. Numa dessas vezes, quando voltou, a mulher tinha dado à luz um menino robusto que lhe foi apresentado e ele nada sentiu, como se a criança nada tivesse com ele. Mais tarde, a enfermeira contou-lhe que a criança nascera morta. Não manifestou sentimento. Perguntou pela mulher.

Estava bem. Outra vez se afastou e quando regressou ela estava mal, tinha sofrido uma forte hemorragia. "Parece que as hemorragias se sucederam, uma depois da outra, e os médicos não puderam sustá--las. Entrei para o quarto e permaneci ali até ter certeza de que estava morta. Já estava inconsciente. Não demorou muito."[76]

13. MEMORIALISMO, SUBJETIVISMO, INTIMISMO

Esse tópico só quer reafirmar que o romance de primeira pessoa é uma técnica ficcional propícia à construção de *romance de pensamento*, compreendendo-se, nesta expressão, o *memorialismo*, o *subjetivismo* e o *intimismo*, realizados por várias técnicas romanescas, preponderantemente, por fluxos de consciência via monólogos e diálogos interiores, solilóquios, e outras formas de expressão psicológica em que o "eu" é a diretriz da estética.

---

[76] Antes de *Adeus às Armas*, Ernest Hemingway publicou, também narrado na primeira pessoa, o romance *The Sun Also Rises* (*O Sol Também se Levanta*, 1926, tradução de Berenice Xavier), obra de um naturalismo vulgar, como uma reportagem jornalística de acontecimentos cotidianos, de um bando de personagens calcadas nos representantes da "geração perdida" em Paris, que vivem de bar em bar e de restaurante em restaurante, bebendo e comendo, cujo enredo é essa espécie de *dolce vita*, com deslocamento para Pamplona, na Espanha, para ver as festas e touradas que ali se realizam tradicionalmente. Nesse particular, Hemingway nada mais fez do que romancear acontecimentos que ele testemunhou em sua viagem a Pamplona no verão de 1924. O romance tem um fim chocho com o narrador Jacob Barnes (Jack), o reatamento com sua ex-namorada Brett, depois de ela passear por vários homens, incluindo o toureiro Pedro Romero, de 19 anos, que a deixou num hotel em Madri.

SEGUNDO CAPÍTULO

Autobiografias e Outras Formas do "Eu"

1. GENERALIDADE

Diversos tipos de livros são escritos na primeira pessoa, sem que sejam romances. Assim sendo, é necessário examinar essas diversas formas do "eu", para depurar o conceito de romance de primeira pessoa. É o que procurarei fazer neste capítulo.

2. BIOGRAFIA E AUTOBIOGRAFIA

Biografia não é ficção, é reprodução da realidade. Pessoas biografadas não são personagens, mas personalidades, individualidades, que têm ou tiveram vida real. Atuam ou atuaram no meio social, ou político, ou cultural, ou econômico, conforme a natureza de suas atividades. Pode-se dizer que a biografia é a história de uma personalidade que se destaca ou se destacou na sociedade por suas ações e obras. É a história de uma existência humana, contada por outra pessoa. É criação, mas não criação ficcional, não criação artística; pode-se até reconhecê-la como criação literária, porque se exprime por uma linguagem escrita, mas não é arte literária. "Uma biografia pode ser literária ou artística pelo seu 'estilo', mas não deve pretender a categoria de 'obra de arte"[1], porque é a reprodução da realidade referente a uma pessoa concreta, é uma cópia da realidade, mesmo quando feita numa linguagem agradável ou bela. Ora, a arte literária, a obra literária, ainda que intuição da realidade, recria essa realidade, expressa uma suprarrealidade.[2]

Não cabe ampliar esta pesquisa sobre a biografia[3] para chegarmos à autobiografia, que é escrita na primeira pessoa, como os romances de primeira pessoa, porém se trata de gêneros diferentes. Se a biografia é a história da vida de uma pessoa, contada por outra, a autobiografia é a história da vida de uma pessoa, contada por ela própria. Essa é uma diferença formal, mas há distinções substanciais. As autênticas biografias são escritas na terceira pessoa e tendem a ser objetivas, uma vez que o autor se coloca num ponto de vista externo e conta a história de outrem. As autobiografias são escritas na primeira pessoa e tendem a ser subjetivas, pois, o autor se coloca num ponto de vista interno, conta a sua própria história. É evidente, porém, que, a rigor, se trata do mesmo gênero literário quanto ao conteúdo, à metodologia, à estrutura.

3. MEMÓRIAS

3.1. Questão de Ordem

Memória é um gênero literário que reproduz a realidade da existência de uma pessoa com suas circunstâncias. Tem caráter subjetivo,

---

1 A. Lins, *O Relógio e o Quadrante (1940-1960)*, p. 346.
2 A.S. Amora, *Teoria da Literatura*, p. 28.
3 Devo, no entanto, de passagem, observar que tem havido bons biógrafos e excelentes biografias. As excelentes biografias de autoria de Luís Viana Filho (*A Vida de Ruy Barbosa*; *A Vida de Joaquim Nabuco*; *A Vida do Barão de Rio Branco*); as escritas por Lira Neto (*O Inimigo do Rei*, biografia de José de Alencar; *Getúlio*); a biografia de João Goulart, escrita por Jorge Ferreira (*João Goulart: Uma Biografia*), sem falar dos dois clássicos do gênero: *Um Estadista do Império*, biografia de José Tomaz Nabuco de Araújo, escrita por seu filho Joaquim Nabuco, e *Um Estadista da República*, biografia de Afrânio de Melo Franco, escrita por seu filho Afonso Arinos de Melo Franco. Há, porém, centenas de biografias muito ruins, que não vale a pena mencionar.

na medida em que é o próprio memorialista quem conta sua história dentro de sua época. Ressalvam-se, porém, as memórias de uma personagem fictícia de romance, como *Memórias de um Sargento de Milícias*[4], *Memórias do Sobrinho do Meu Tio*[5] e *Memórias Póstumas de Brás Cubas*[6]. É gênero antigo. Epicteto, Sêneca, Marco Aurélio escreveram suas memórias. Qual a diferença entre autobiografia e memória? Não há uma diferença essencial. A autobiografia é mais centrada na pessoa do autobiografado, sua família, suas origens, seus feitos, suas atividades, sua situação na ordem social, política etc. As memórias são lembranças do memorialista, reminiscências, portanto estão mais voltadas às circunstâncias, às observações do que ocorre à sua volta[7]. Um bom exemplo: *Minha Formação*, de Joaquim Nabuco[8]. Ele fala

4 M.A. de Almeida, *Memórias de um Sargento de Milícias*.

5 J.M. de Macedo (1820-1882), *Memórias do Sobrinho de Meu Tio*, publicado em 1ª edição em 1868. Uma sátira política, na qual há passagens que parecem escritas para os costumes políticos dos nossos dias; assim diz o sobrinho-narrador: "Eu não conheço no mundo país como o Brasil, onde se fale mais em partidos políticos, e onde menos se façam sentir os partidos políticos na governação do Estado." (p. 178). Depois, recorrendo ao que dizia Benjamin Constant, que há mais moralidade política nos governos da Inglaterra e da Bélgica, responde o narrador-sobrinho: "A isso respondo eu com duas poderosas observações: primeiramente se assim é, tanto melhor para mim no Brasil, pois não tenho lucros a tirar, nem posições a conquistar com as absurdas teorias da moralidade política; e, em segundo lugar, onde não há, el-ei o perde: se o Brasil não tem partidos políticos legítimos, o remédio é arranjar o seu sistema representativo sem eles e dar graças a Deus por ter vida constitucional de comédia em vez da realidade constitucional" (p. 179). "A verdade é que felizmente para os egoístas e especuladores políticos, entre os quais me desvaneço de contar-me, não há desde muitos anos partidos legítimos governando franca e lealmente o Estado, há sucessivamente no poder uma polifarmácia de homens que não podem decentemente entender-se, de ideias que não se combinam, de aspirações que se repelem, imbroglio político que faz as delícias dos egoístas e especuladores e por consequência a fonte aberta da imoralidade política, fonte para mim dulcíssima, onde hei de beber, beber, e beber até a saciedade" (p. 179-180). O narrador termina seu sermão, pedindo três Ave-Marias "para que Deus Nosso Senhor dê mais juízo ao nosso governo e aos nossos homens políticos. Amém". Estou escrevendo em plena crise política do governo Dilma e as lambanças de Eduardo Cunha e de outros "próceres" da política brasileira.

6 M. de Assis, *Memórias Póstumas de Brás Cubas*. A 1.ª edição foi feita em folhetins na Revista Brasileira, em 1880; em 1881, saiu publicado em livro.

7 O memorialista é o "profeta do passado ainda não acontecido e colocado num futuro que já é passado [...] Escrever memórias é animar e prolongar nosso alter ego. É transfundir vida". Cf. P. Nava, *Beira-Mar*, p. 193, 198.

8 J. Nabuco, *Minha Formação*. As citações foram extraídas da edição de 1957 da José Olympio.

de si mesmo, do pai, do colégio, da Academia (Faculdade de Direito de São Paulo), dos líderes da Academia: Ferreira de Meneses, Castro Alves, Rui Barbosa.

Fala mais dos outros, das influências que sofreu. "Não sei a quem devo a fortuna de ter conhecido a obra de Bagehot, ou se a encontrei por acaso entre as *novidades* da livraria Lailhacar, no Recife. Se soubesse quem me pôs em comunicação com aquele grande pensador inglês, eu lhe agradeceria as relações que fiz com ele em 1869."

Ao falar sobre a obra de Bagehot, Joaquim Nabuco discorre amplamente sobre a Constituição inglesa. Fala de suas viagens. Em cada lugar que chega, analisa a vida política e social, os homens de destaque, um pouco de sua história política. Assim, quando de sua primeira vez em Paris, numa época em que era historicamente tão interessante que um espírito como o dele, sujeito a fortes tentações políticas, não poderia deixar de voltar-se para o espetáculo dos acontecimentos, não obstante seus deslumbramentos artísticos e literários. Ele descreve a efervescência política e os grandes homens que a manobravam: o duque de Broglie, Thiers, o marechal de Mac-Mahon. Ali conheceu Ernest Renan e discorre longamente sobre ele e suas obras. "Na minha vida tenho conversado com muito homem de espírito e muito homem ilustre: ainda não se repetiu, entretanto, para mim, a impressão dessa primeira conversa de Renan. Foi uma impressão de encantamento; imagine-se um espetáculo incomparável de que eu fosse espectador único, eis aí a impressão."

Nabuco abre um capítulo sobre sua crise poética e dá as razões por que ele sempre naufragaria no verso. "Se o que estava nas páginas de *Amour et dieu* fosse novo, eu poderia, decerto, orgulhar-me do meu pensamento: ainda assim, entretanto, não seria poeta. Não era novo, porém", e ele transcreve umas quadras para demonstrá-lo. Há um capítulo sobre Londres, onde recebeu a mais forte influência para fortalecer seu monarquismo. Discorre em outros capítulos sobre a Inglaterra. Aprecia, não muito favoravelmente, a vida política dos Estados Unidos. Abre um capítulo para seu pai, de quem já tinha feito a biografia. Ali transcreve uma opinião do pai sobre magistratura: "Prefiro mil vezes ser julgado por um magistrado venal, porém

II AUTOBIOGRAFIAS E OUTRAS FORMAS DO "EU"

capaz, a sê-lo por um magistrado honesto, porém ignorante, porque o magistrado venal não faltará à justiça senão nas causas em que tiver interesse em fazê-lo, enquanto que o magistrado ignorante só por um mero acaso pronunciará uma boa sentença."

Enfim, fala mais dos outros do que dele, embora tenha um capítulo sobre sua infância até os oito anos em Massangana, engenho de sua madrinha que o criou até essa idade. São páginas de recordações de um tempo feliz, que resultou triste com a morte da madrinha, porém ali Joaquin Nabuco teve experiências que o levaram a ser um combatente tenaz pela abolição da escravatura.

3.2. Mémoires d'Outre-Tombe

Foi Chateaubriand (François-René, visconde de Chateaubriand, 1768-1848), com certeza, quem deu dignidade literária às memórias com suas famosas *Mémoires d'outre-tombe* (Memórias de Além-Túmulo)[9]. Essas *Mémoires,* no entender de Julien Gracq, "abrem verdadeiramente os tempos modernos da literatura"[10]. Em verdade, Chateaubriand, quando escreveu suas *Mémoires*, já tinha uma carreira literária consolidada, com reputação consagrada por *Atala* (1801), *René* (1802) e sobretudo por *Le Génie du christianisme* (O Gênio do Cristianismo, 1802), e *Les Martyrs* (Os Mártires, 1809), *Les Natchez* (1826), *Les Aventures du dernier Abencérage* (1826), além de ensaios, viagens e poesias. Essas obras revelaram um estilo novo, fundado na imaginação, que uniu paixão ao colorido das descrições e a sublimação da morte, pelas quais exerceu profunda influência no movimento romântico, que despontava na literatura europeia.

O título *Mémoires d'outre-tombe* foi escolhido quando Chateaubriand decidiu que elas só deveriam ser publicadas após sua morte: "Estas Memórias serão um templo da morte elevado à claridade de

---

9 F.R. de Chateaubriand, *Mémoires d'outre-tombe*, edição de 1982 da Flammarion, de onde são extraídas as citações. Também me servi muito dos "Extraits" das *Mémoires d'outre--tombe*. Salvo informação em contrário, as traduções, geralmente livres, são de minha autoria.

10 J. Gracq, Le Grand Paon, Prefácio, em F.R. de Chateuabriand, op. cit., p. XI.

minhas lembranças."[11] Sua imaginação gostaria assim de manter sua presença e sua voz para além da morte: "eu prefiro falar do fundo de minha sepultura; minha narração será então acompanhada dessas vozes que são algumas coisas de sagradas porque saem do sepulcro"[12]. E ainda:

> Quando a morte baixar o véu entre mim e o mundo, saber-se-á que meu drama se divide em três atos.
> De minha juventude até 1800, eu fui soldado e viajante; de 1800 até 1814, sob o consulado e o império, fui escritor; da restauração até hoje, tenho sido político.

Esse conteúdo está distribuído em quatro volumes da edição do centenário de sua morte[13]. No primeiro, narra sua juventude, sua carreira de soldado e de viajante; no segundo, sua carreira literária; no terceiro, sua carreira política; o quarto é uma mescla de resumos, cartas e viagens (Praga, Veneza etc.). Abre a obra assim:

> Ao sair do tumulto das três jornadas, eu me admirei ao abrir com profunda calma a quarta parte desta obra; é como se eu tivesse dobrado o cabo da Boa Esperança e penetrado numa região de paz e de silêncio. Se eu estivesse morto em 7 de agosto deste ano [1830], as últimas palavras de meu discurso na Câmara dos Pares teriam sido as derradeiras linhas de minha história; minha catástrofe, sendo aquela mesma de um passado de doze séculos, teria ampliado minha memória: meu drama terminado magnificamente por uma tormenta.

As *Mémoires*, repositório de uma vida rica, foram compostas em diferentes datas e países. Vida rica, multifacetada e cambiante, como ele mesmo reconhece:

> Os variados eventos e as formas cambiantes de minha vida entram assim umas nas outras: sucede que, nos meus instantes de

11 "Ces Mémoires seront un temple de la mort élevé à la clarté de mes souvenirs."
12 "Je préfère parler du fond de mon cercueil; ma narration sera alors accompagnée de ces voix qui ont quelque chose de sacré, parce qu'elles sortent du sépulcre".
13 F.R. de Chateaubriand, Préface testamentaire, op. cit., p. 3.

prosperidade, eu tenho a falar de meus tempos de miséria; nos meus dias de tribulação, a retraçar meus dias de felicidade. Os diferentes sentimentos de minhas diversas idades, minha juventude penetrando na minha velhice, a gravidade de meus anos de experiência entristecendo meus anos suaves, os raios de meu sol, desde sua aurora até seu poente, cruzando-se e confundindo-se como os reflexos espaços de minha existência, produzem em minha narrativa uma sorte de confusão, ou, se se quiser, uma sorte de unidade indefinível: meu berço tem algo de meu túmulo, meu túmulo algo de meu berço; meus sofrimentos se tornam prazeres, meus prazeres dores, e eu não sei mais, em acabando de ler estas *Mémoires*, se elas são de uma cabeça escura ou encanecida.

O estilo das *Mémoires* é algo novo, porque põe no centro, não os acontecimentos, como nas autobiografias, mas o "eu" e seus sentimentos[14]: O estilo difere das *Confissões* de Rousseau, que impôs outro modelo de memórias que não têm por objeto questões políticas, mas exclusivamente acontecimentos da vida privada, conforme as *Confissões* de S. Agostinho. Além da confissão de suas faltas, se tratava, para S. Agostinho e, depois dele, Rousseau, de reencontrar nela o sentido da vida.

Mémoires d'outre-tombe é uma obra de grande beleza literária, um poema autobiográfico, diz Thérèse Delarouzée, que acrescenta:

> Chateaubriand queria também "explorar seu inexplicável coração", "prestar conta de si a si mesmo". Por isso, ele se orientava para a confissão já esboçada em *Les Martyrs* [Os Mártires] sob a fabulação antiga e romanesca. Ele não diria "o que é conveniente à sua dignidade de homem", "à elevação de seu coração". Esta reserva aristocrática o impedirá de prover para a posteridade, como Rousseau, do "pormenor de suas fraquezas".[15]

As *Mémoires* são um esforço para sobreviver fazendo reviver um René sem ficção, observa ainda Thérèse Delarouzée, lembrando o romance *René*, que pressentiu e fixou o tipo moral e literário do tempo,

---

14 "J'entreprends d'ailleurs l'histoire de mes idées et de mes sentiments plutôt que l'histoire de ma vie."

15 Notice, em F.-R. de Chateaubriand, op. cit., p. 9.

aquele do herói fatal, que prenunciou o Romantismo. Chateaubriand determinou que suas *Mémoires* só fossem publicadas cinquenta anos após sua morte, o que coincidiu com a efervescência dos anos de 1848-1850, "no meio de lutas de tribuna, eleições movimentadas, processos políticos, insurreições"[16], que obnubilaram a importância da obra que aparecia naquele tumulto.

Naquele momento histórico de transformação do século XVIII para o século XIX, há a posição muito peculiar do autor, homem da aristocracia do velho regime, sobrenadando nas águas turbulentas dos novos tempos dominados pela Revolução Francesa e o bonapartismo.

Infância triste a de Chateaubriand no castelo de Combourg que ele, apesar de tudo, amava, onde a boa Villeneuve cuidava dele e sua adorada irmã Lucile o ajudava a consertar sua roupa. Sua figura era tão estranha que sua mãe, em meio à cólera, não podia deixar de rir e exclamar: "Como é feio!" (*Qu'il est laid!*) Seu pai, taciturno e insociável, em vez de encerrar sua família e sua gente em torno dele, a dispersava a todos os ares do edifício.

Tímido, não podia ver uma mulher sem se perturbar, ruborizava se ela lhe dirigisse a palavra, compunha uma mulher de todas as mulheres que vira: tinha a inocência da irmã, o carinho da mãe e, aos dezesseis anos, seu primeiro encantamento. Esse delírio durou dois anos, nos quais ele falava pouco, atirou-se aos livros, a solidão redobrou. Tivera o sintoma de uma paixão violenta, olhos fundos, magreza, insônia, estava distraído, triste.

A descrição da caça que Chateaubriand fez com Luís XVI é um momento em que sua veia literária brilha. Ele fora convidado a caçar com o rei na floresta de Saint-Germain. De manhã, encaminhou-se ao grande suplício trajando um uniforme de "debutante", roupa cinza, jaqueta e culote vermelhos. No ponto do ajuntamento, onde diversos cavalos sob árvores testemunhavam sua impaciência, a ele destinaram uma jumenta chamada "Heureuse" ("Venturosa"), animal ligeiro, mas de queixo duro, passarinheiro, que refuga o freio, caprichoso. Refugou-se ao ser montada. O rei pôs-se em sela e partiu. A caça o seguia. Ele

16 Ibidem, p. 10.

II AUTOBIOGRAFIAS E OUTRAS FORMAS DO "EU"

ficou para trás a se debater com "Heureuse". A caça está longe. Enfim, escanchou-se no animal, que saiu a correr de galope, pescoço abaixado (passarinheiro); sacudia a brida esbranquiçada de espuma, avançava de través os pequenos bosques. Porém, quando ele se aproximou do lugar da ação, não houve meio de fazê-la deter-se. "Ela alonga a testeira, me arrebata a mão na cerneira, vem a grande galope dar num grupo de caçadores, passando por todos, não se detendo senão quando se choca com o cavalo de uma mulher, quase a derrubá-la, tudo em meio às gargalhadas de uns, gritos de susto de outros."

Enfim, estoura a Revolução de 1789, que Chateaubriand recebe com uma exortação: "Passa agora, leitor, atravessa o rio de sangue que separa para sempre o velho mundo de que tu sais, do mundo novo na entrada do qual tu morrerás."

Chateaubriand acompanha com paixão os acontecimentos da Assembleia Nacional e das ruas, que ele descreve com pormenores e termina com um período de bela forma em que, sutilmente, denuncia o fim de uma era e o nascimento de um mundo novo.

Chateaubriand, contudo, era um homem do *Ancien Régime*, dificilmente se acomodaria a esses novos tempos. Por isso, sob o pretexto da descoberta da passagem norte-oeste dos mares polares, decidiu viajar para os Estados Unidos, em abril de 1791. Em dezembro desse mesmo ano, regressa à França ao saber da prisão do rei. Na viagem, sofreu forte tempestade que ele, como sempre, descreve com riqueza de pormenores. Faz alguma ironia, quando, ao chegar aos Estados Unidos, uma negra de treze ou catorze anos, quase nua, de beleza singular, lhe abriu uma passagem. Faz comparações. Washington, que ele visitou, e Bonaparte. "A república de Washington subsiste; o império de Bonaparte está destruído. Washington e Bonaparte saíram do seio da democracia: nascidos os dois da liberdade, o primeiro lhe foi fiel, o segundo a traiu."

Casa-se em março de 1792, um casamento de conveniência, arranjado por sua irmã Lucile. Céleste Buisson de Lavigne, de dezessete anos, era a pretendida. "Ela era branca, delicada, delgada, e muito bonita; deixava pender, como uma criança, os belos cabelos loiros naturalmente anelados. Sua fortuna era estimada em seiscentos mil francos", ele mesmo o diz.

Sua situação de nobre piorou. Teve que escapar com o irmão para Bruxelas. Procura asilo em Londres, onde, vivendo de traduções, conheceu a miséria e até passou fome.

Nessa época, para agravar mais seus sofrimentos, Chateaubriand soube da execução de seu irmão e dos Malesherbes, muito ligados à sua família.

Publica *Essai historique sur les révolutions* e, logo depois, sua obra prima, *Génie du christianisme*. Abandona a Inglaterra, não sem antes fazer uma pequena resenha do romance inglês do século XVIII e volta à sua pátria em maio de 1800, agora, sob o domínio de Napoleão Bonaparte. Como sempre, faz suas reflexões sobre o momento desse mundo que renasce.

Está começando sua carreira literária. Depois de *Génie du christianisme*, vem *Atala*, "no meio da literatura do Império, daquela escola clássica, velha rejuvenescida, cuja contemplação inspirava o tédio, era uma espécie de produção de um gênero desconhecido. Não se sabia se se devia classificá-la entre as *monstruosidades* ou entre as *belezas*; era ela górgone ou Vênus? [...] O velho século a repeliu, o novo a acolheu".

A terceira parte das *Mémoires* refere-se à carreira política de Chateaubriand, que se inicia com a queda de Napoleão.

Abre-se essa parte com um prólogo sobre "La Jeunesse", que é um hino à juventude, como uma coisa charmosa, um começo de vida coroada de flores. E termina com uma página literária sobre sua própria juventude.

> Vistes a minha juventude deixar a margem, como um barco que se afasta; ela não tinha a beleza do pupilo de Péricles, elevado sobre os joelhos de Aspásia; mas tinha dela as horas matinais: e os desejos e os sonhos, Deus sabe! Eu lhes pintei esses sonhos: hoje, retornando

à terra depois de muitos exílios, eu não tenho nada a vos contar senão verdades tristes como a minha idade. Se por vezes eu ainda me faço ouvir os acordes da lira, eles são as últimas harmonias do poeta que busca curar-se da ferida das flechas dos tempos, ou se consolar da servidão dos anos.

Napoleão ainda estava no poder quando Chateaubriand lança contra ele sua famosa brochura: *De Buonaparte et des Bourbons* (30 de março de 1814). Vê, em seguida, o triste espetáculo que foi a entrada de Luís XVIII em Paris no dia 2 de maio de 1814. Napoleão, porém, volta da ilha de Elba e marcha sobre Paris. Ele tem grande destaque nas *Mémoires*, sendo-lhe dedicadas quase quatrocentas páginas do volume 2, concluindo com uma síntese muito expressiva de quem realmente conhecia o homem.

> Bonaparte não é mais o verdadeiro Bonaparte, porque é uma figura lendária composta dos caprichos do poeta, dos orçamentos do soldado e das contas do povo [...] Bonaparte era tão absolutamente dominante que, após ter sofrido o despotismo de sua pessoa, ele ainda nos impõe o despotismo de sua memória. [...] Nenhum poder legítimo pode afastar do espírito do homem o espectro usurpador: o soldado e o cidadão, o republicano e o monarquista, o rico e o pobre, colocam igualmente os bustos e as fotos de Napoleão nos seus lares, nos seus palácios e nas suas choupanas.
> [...]
> Bonaparte não é grande por suas palavras, seus discursos, seus escritos, pelo amor das liberdades que ele nunca pretendeu estabelecer; ele é grande por ter criado um governo regular e poderoso, um código de leis adotado em diversos países, cortes de justiça, escolas, uma administração forte, ativa, inteligente, e sobre a qual nós ainda vivemos; ele é grande por ter ressuscitado, esclarecido e gerido superiormente a Itália; ele é grande por fazer renascer na França a ordem, do seio do caos, por ter restabelecido os altares, por ter reduzido os furiosos demagogos, os sábios orgulhosos, os literatos anarquistas, os ateus voltairianos, os oradores de cruzamentos, os degoladores das prisões e das ruas, os miseráveis de tribunas, de clubes e de tablados, por tê-los reduzido a servir sob ele [...] ele é grande sobretudo por se ter feito por si próprio, por ter sabido, sem outra autoridade senão aquela de seu gênio, por ter sabido, ele

> mesmo, se fazer obedecer por trinta e seis milhões de pessoas, numa época em que nenhuma ilusão circundava os tronos [...] Napoleão não tinha necessidade alguma de que se lhe atribuíssem méritos, ele foi bastante dotado de nascença.

Em muitos desses elogios se ouve a voz do aristocrata, do antirrevolucionário.

A quarta parte refere-se aos últimos anos de vida de Chateaubriand quando, exilado o rei Carlos x, sua vida política também acabou. Entra num período de angústia e miséria. Instala-se nos arrabaldes de Genebra com grande dificuldade financeira, que causa as mais agudas misérias de sua vida.

Encaminha-se para o fim, triste ou alegre? Ora, o fim do homem, qualquer que seja, é sempre melancólico. O fim de um homem de espírito e de vida atribulada, como era a de Chateaubriand, é ainda mais triste. As apóstrofes anteriores o revelam. Um homem de espírito tende a projetar para a posteridade alguns sinais do porvir, ao mesmo tempo em que se volta para a sua juventude.

Depois disso, vem a visão do futuro, sob um título por si já pessimista, *L'Avenir: Dificulté de le comprendre*. A velha Europa não reviverá jamais. Terá a nova Europa uma chance? Para ele não, por falta de autoridade consagrada. Chateaubriand está pensando na autoridade monárquica ou imperial. Talvez esperar o futuro do sistema de Saint-Simon, de Fourier, de Owen, dos socialistas, dos comunistas, dos unionistas, dos igualitaristas etc., ou seja, o futuro das propostas dos socialistas utópicos, cujas ideias e até experiências fervilhavam na velha Europa do tempo de Chateaubriand. Para ele, no entanto, não haveria porvir senão no cristianismo, e no cristianismo católico. Enfim, começa a despedida.

> Graças à exorbitância de meus anos, meu monumento está terminado. Isso me é de grande alívio; eu sentia que alguém me impulsionava; o dono da barca sobre a qual meu lugar estava reservado me advertia que não restava mais do que um momento para subir a bordo. Se

II AUTOBIOGRAFIAS E OUTRAS FORMAS DO "EU"

eu fosse um mestre de Roma, diria como Sila [ditador romano] que terminei minhas *Mémoires* na véspera mesmo de minha morte; mas eu não concluiria meu relato por estas palavras, como ele concluiu o seu: "Eu vi em sonho uma de minhas crianças que me mostrava Métella, sua mãe, e me exortava a vir gozar do repouso no seio de uma felicidade eterna." Se eu fosse Sila, a glória jamais me poderia dar o repouso e a felicidade.

E termina sua última página com visão trágica. "Novas tempestades formarão; pressentem-se calamidades que sobrepujarão as aflições que nos cumularam."

Enfim, as últimas palavras:

Traçando estas últimas palavras, a 16 de novembro de 1841, minha janela que dá para o oeste sobre os jardins das Missões estrangeiras, estava aberta: são seis horas da manhã; percebo a lua pálida e cheia; ela se abaixa sobre a forma dos Inválidos apenas revelada pelo primeiro raio dourado do Oriente: dir-se-ia que o velho mundo acabou e que o novo começa. Eu vejo os reflexos de uma aurora em que não verei elevar-se o sol. Só me resta assentar-me na borda de minha campa, após o que descerei audaciosamente com o Crucifixo na mão para a Eternidade.

3.3. Um Pobre Homem do Caminho Novo das Minas Gerais

A memorialística brasileira inclui algumas obras de grande significação[17]. Estudarei somente as memórias de um "pobre homem do caminho novo das Minas Gerais": *Memórias*, de Pedro Nava[18] – memórias à altura das *Mémoires d'outre-tombe*, de qualidade literária muito boa. Há mesmo quem afirme que Pedro Nava é mais importante para a cultura brasileira que Marcel Proust para a cultura francesa. Eu diria que as memórias de Pedro Nava estão para a literatura brasileira como *À la recherche du temps perdu* está para a literatura francesa. Pedro

---

17 Para mencionar apenas três, as *Memórias* de João Neves da Fontoura, de Miguel Reale, e de Cândido Motta Filho.

18 As *Memórias* são compostas de seis volumes: Memórias 1 – *Baú de Ossos*; Memórias 2 – *Balão Cativo*; Memórias 3 – *Chão de Ferro*; Memórias 4 – *Beira-Mar*; Memórias 5 – *Galo das Trevas*; Memórias 6 – *O Círio Perfeito*.

Nava conhecia profundamente a obra de Marcel Proust, que leu seis vezes[19], e a ela se refere com frequência, mediante intertextualidades que se espalham por sua coleção, *Memórias*. Pedro Nava é o Proust brasileiro por seu processo de criação fundado na conquista do passado mediante a proustiana memória involuntária, "porque ele é quem deu forma poética decisiva e lancinante a esse sistema de recuperação do tempo. Essa retomada, a percepção desse processo de utilização da lembrança"[20], porque só essa nos vem sem querer, sem uma vocação desejada, só ela é memória realmente profunda, porque se localiza não na inteligência ou na sensibilidade, mas no espírito profundo; a memória voluntária só nos traz aos acontecimentos uma evocação pobre e mesquinha[21]. "Na recordação voluntária", diz Pedro Nava, "não podemos forçar a mecânica com que as lembranças nos são dosadas. Os fatos sumidos nos repentes, em vez de todos, em cadeia, voltam de um em um. Às vezes, um só"[22].

Como *La Recherche* é a história da vida do narrador, da infância à maturidade, as *Memórias* são a história de Pedro Nava também da infância à maturidade. Nava também tem sua *madeleine*, o craquenel, "um sequilho torrado por fora, pulverulento por dentro que o calor do fogo arredondava em corola"[23].

Cada uma das sete partes de *La Recherche* corresponde a uma etapa da vida do narrador, uma época, um lugar, um meio e personagens. As *Memórias* também teriam sete partes, com o sétimo volume – *Cera das Almas* – em preparação, que talvez fosse a redescoberta do tempo perdido de Pedro Nava, mas ele morreu antes de terminá-lo. Ele o confessa: "O relato de memórias não é o de estória única, mas de várias e, para contar as minhas, tenho de separar os naipes de paus de meus estudos, os de espadas de minha formação

---

19 P. Nava, *Beira-Mar*, p. 82. "Durante muito tempo coloquei *Os Sertões* como meu livro de cabeceira. Fiz com ele o que os protestantes fazem com a Bíblia, o que faço hoje com Proust. Depois de reler, que eu me lembre, Euclides umas vinte vezes e a La Recherche seis – toda noite, umas páginas ao acaso do livro apanhado na estante."

20 P. Nava, *Baú de Ossos*, p. 343.

21 Cf. T. de Athayde, Marcel Proust, *Estudos*, p. 136, 137.

22 P. Nava, *Baú de Ossos*, p. 343.

23 Idem, *Balão Cativo*, p. 248.

II AUTOBIOGRAFIAS E OUTRAS FORMAS DO "EU"

médica, os de ouros de minha convivência literária e os de corações do movimento modernista."[24]

Seu processo de construção do texto é tão castigado como o de Proust:

> A imaginação sem limite, os recuos da escrita, os borrões, o espaço no qual a face escondida da criação deixa transparecer o fulgor e a paixão da obra em processo. Páginas brancas, marcadas de signos negros, tornam-se a imagem do espelho que refletiria as relações pessoais do escritor com a escrita, onde se supõe que tudo é permitido. Pela liberdade de rasurar, de escrever entre as linhas, de acrescentar aos originais margens desordenadas e rebeldes, este laboratório experimental desempenha papel importante na história da crítica contemporânea.[25]

O romance de Marcel Proust tem tanto de memórias quanto as *Memórias* de Pedro Nava têm de ficção romanesca. Ele próprio o diz, quando admite que a memória é algo que fica entre a realidade e a ficção, e romance não seria algo que fica entre a ficção e a realidade? "Não ficção no sentido da invencionice pura, mentira gratuita. Mas a ficção feita com a massa de lembranças elaboradas, logo, com a experiência artística e pessoal do autor." Acrescenta: "O memorialista é forma anfíbia de historiador e ficcionista e ora tem de palmilhar as securas desérticas da verdade, ora nadar nas possibilidades oceânicas de sua interpretação. Transfigurar, explicar, interpretar o acontecimento é que é arte do memorialista."[26]

As *Memórias* são, pois, histórias de família, dos ancestrais, de personalidades e escritores das relações do autor, de seus amigos; histórias dos lugares em que o autor viveu e estudou: Juiz de Fora, onde nasceu, com seus jardins, parques, ruas, a avenida Rio Branco, as casas onde morou, o morro do Imperador, Alto dos Passos, o rio Paraibuna, as vizinhanças; o Rio de Janeiro, para onde foi ainda muito criança, aí

---

24 Apud E.R. Pugas Panichi; M.L. Contani, *Pedro Nava e a Construção do Texto*, p. 53.

25 E.M. de Souza, Por que os Rascunhos?, em E. Panichi e M.L. Contani, *Pedro Nava e a Construção do Texto*, p. VII. Este livro mostra o processo criativo de Pedro Nava mediante análise profunda dos manuscritos de *Beira-Mar*.

26 Apud E. Panichi; M.L. Contani, op. cit., p. 12.

o rio Comprido, a casa da rua Aristides Lobo, 106, o colégio; retorno a Juiz de Fora, mudança para Belo Horizonte, volta ao Rio para estudar no colégio Pedro II, novamente Belo Horizonte.

Baú de Ossos[27] é o tempo e o espaço de Juiz de Fora, com referências literárias de *Guerra e Paz* (Tolstói) e *José Bálsamo* (Alexandre Dumas). A rua Direita onde nasceu, em 5 de junho de 1903, filho do médico cearense dr. José Pedro Nava e a mineira dona Diva Mariana Jaguaribe Nava (sinhá Pequena). Fala liricamente dos pais:

> O calor do meio-dia seria insuportável sem o vento que não para. Ele entra pelas portas e janelas abertas – em corrente, em trombadas, em golpes, em lufadas e rodamoinhos e numa de suas rajadas chega o moreno amado, vestido de claro, colarinho largo e o vasto chapéu Manilha que lhe empastou, na testa, a cabeleira revolta [...] Encontra tudo pronto para seu repouso de emir, de jovem soberano. A alcova fechada conservou a doçura da noite [...] Fora da camarinha também tudo parou. O vento ficou esperando, amarrado na soleira da porta. A esposa anda de meias (o rei está repousando), as criadas deslizam descalças (o moço patriarca dorme). Solidifica-se o silêncio enorme que parece feito de cera plasmável onde ficaram grudados os ruídos-lares que dentro em pouco vão ser libertados.

Baú de Ossos são as memórias da primeira infância de Pedro Nava, passada em Juiz de Fora e no Rio de Janeiro, e a história de sua família: trisavós, bisavós, avós, tios, tias, primos, primas, contada não como genealogia, de gerações em gerações, mas como acontecimentos espontâneos que desenrolam no tempo e no espaço, do Ceará para o Rio, do Rio para Juiz de Fora, com clareza e honestidade, sem louvação nem recriminação. Se feio, feio; se bonito, bonito; se mau, mau; se bom, a bondade é revelada. Se desonesto, desonesto.

> As famílias mais probas têm sempre seu gatuno, como face oposta, à que aparece, da moeda. As mais santas, sua vagabunda. As mais pias, seu blasfemador. As mais brandas, seu assassino. Quando se

27 Todas as citações foram extraídas da edição de 1984 da Nova Fronteira.

II AUTOBIOGRAFIAS E OUTRAS FORMAS DO "EU"

> supõe que não têm, é que esconderam, escamotearam, exilaram ou
> suprimiram a testemunha do Senhor. E seu cadáver lá está – guar-
> dado e fedendo – no armário do fariseu [...] O meu está aberto,
> com suas prateleiras à vista.

E vai computando seus mortos, para a colheita dos ossos para o
baú. Tudo com suavidade:

> a 31 de maio de 1880, aos trinta e cinco anos, sete meses e doze dias
> de existência, Pedro da Silva Nava pesou nos braços da amada com
> a violência e a densidade marmóreas do Cristo da *Pietà* e rolou no
> tempo que não conta – recuando de repente às distâncias fabulosas
> e cicloidais onde estavam seu pai, seu avô imigrante, seus antepas-
> sados milaneses, genoveses, lombardos, germanos orientais [...]
> A 1º junho de 1880 meu avô sai de casa para sempre.

A família do pai veio do Ceará, a da mãe deitou raízes naquela
zona que está para Minas e para o Brasil como a Toscana para a Itália,
naquele círculo mágico onde se fala a língua do *uai*, com "inflexões,
cadências, jeitos de frase, uns sincopados, uns sustenidos e uns esta-
cados que nos permitem conversar diante dos demais brasileiros e até
dos mineiros extremos do Norte, do Triângulo do Sul e da Mata, num
código, numa cifra, numa criptofonia – cujo sentido só é percebido
pelos iniciados do Curral".

Dedica ao pai muitas páginas do livro. O pai começou o curso de
Farmácia e Medicina em Salvador e veio concluí-lo no Rio. Aí vem a
vida acadêmica de José da Silva Nava. Seus professores, seus colegas.
Nem tudo numa ordem lógica, porque

> é impossível colocar em série exata os fatos da infância, pois há
> aqueles que já aconteceram permanentes, que vêm para ficar e doer,
> e nunca mais são esquecidos, que são sempre trazidos tempo afora,
> como se fossem dagora. É a carga. Os outros, miúdos fatos, inco-
> lores e quase sem som – que mal se deram, a memória os atira nos
> abismos do esquecimento [...]. Surgem às vezes, na lembrança,
> como se fossem uma incongruência. Só aparentemente sem razão
> porque não há associação de ideias que seja ilógica. O que assim
> parece, em verdade, liga-se e harmoniza-se no subconsciente pelas

raízes subterrâneas – raízes lógicas! – de que emergem os pequenos caules isolados – aparentemente ilógicos! Só aparentemente! –
às vezes chegados à memória, vindos do esquecimento que é outra
função ativa dessa mesma memória.

O livro termina com a narração, muito tocante da doença do pai.
"Vi quando ele chegou em casa e quando um instinto profundo man-
dou-me gravar o que estava vendo." Morreu aos 35 anos de idade:

> Não sei se sofri na hora. Mas sei que venho sofrendo dessas horas,
> a vida inteira. Ali eu estava sendo mutilado e reduzido a um pedaço
> de mim mesmo, sem perceber, como o paciente anestesiado que não
> sente quando amputam sua mão. Depois a ferida cicatriza, mas a
> mão perdida é dor permanente e renovada, cada vez que a intenção
> de um gesto não se pode completar.

Balão Cativo[28] começa com a volta a Juiz de Fora, após a morte do pai,
para viver com a avó materna Inhá Luísa que, má, vivia espancando
as negras com vara de marmelo ou com palmatória de cabiúna, tão
igual à velha Sinhazinha, tia-avó do narrador de *Menino de Engenho*.
A escravidão havia acabado, mas as negras continuavam trabalhando
de graça e apanhando…

Em *Balão Cativo*, a figura de sua avó se destaca. Começou a acompanhá-la nas andanças domésticas. Ela ria dele.

> Pois ela olhou para mim com aquele sorriso esquisito, de selo de cor-
> reio e eu bobo já ia rir também quando senti, ao seu silêncio e à demora
> de seu olhar, que ela não estava se rindo para mim não, ria de mim,
> ria mesmo mais longe, isto é, através de mim, ria do genro detestado
> e defunto [que era o pai do autor.] Me encolhi […], me encolhi como
> ameba em meio ácido. Ali mesmo dos meus oito anos contei, pesei e
> medi a Inhá Luísa. Logo valorizei a surra que ela tinha dado, de vara, na
> Deolinda. Certo pontapé que tentara mandar no meu mano José […].

Mas é a figura do major Joaquim José Nogueira Jaguaribe, terceiro
marido de sua avó, que mereceu dele sempre um tratamento carinhoso:

---

28 Todas as citações foram extraídas da edição de 1986, da Nova Fronteira.

era uma esplêndida figura de macho [...], bigodarras de jaguar, mãos tratadas, olhos largos e sorridentes, muita papa – não admirava sua extração com as mulheres e a facilidade com que ele as culbutava e comia por quanto lugar onde passasse. Tinha principalmente a habilidade prodigiosa de inspirar confiança aos maridos e ficava logo íntimo, comensal, hóspede dos cornos.

O centro de interesse de *Balão Cativo* é, porém, a vida escolar do autor. Iniciou-se no colégio André de Juiz de Fora, por pouco tempo, porque houve alguma coisa entre sua mãe e as professoras, que ficaram dentro dele, resguardadas pelas primeiras impressões do colégio e pelas doces lembranças de sua sala de jantar onde aprendeu a ler. Foi para o colégio Lucindo Filho, que "era duma caceteação mortal e só tinha de luminosa a presença de Antonieta [...] que possuía uma faiscação nos dentes e nos olhos e nos risos que lembrava as cascatas luminosas, as alvoradas, as chuvas frescas em dia claro quando aparece resplendente o arco-íris".

Nessa época, sua tia Nonoca lhe deu o livro de Edmundo de Amicis: *Coração*, que o comoveu profundamente. "Sofri com aquelas crianças e professores simbólicos, aquelas mães e pais emblemáticos." Começa aí certamente a sua vida de grande ledor, de devorador de livros, que lhe dera a ampla e profunda cultura que suas *Memórias* revelam, tal um Rousseau!

A vida de Juiz de Fora foi truncada com a morte da avó, que ele narra numa descrição idêntica à da morte da avó do narrador de *La Recherche*, admitindo aí um pseudoplágio inevitável.

Tinha dez anos quando a avó morreu.

> Com dez anos subi o nosso Caminho Novo, mudado para Belo Horizonte. Já tinha provado tudo que nasce do contato com o semelhante. Amizade, carinho, ódio, rancor, ciúme, rudimentos de amor. Experimentara proteção, ajuda, perseguição, desamparo e a gelatina da indiferença [...] Conhecia, pois, a vida em suas verdades essenciais e estava pronto para a transida solidão da poesia. Vai, Pedro! toma tua carga nas costas e segue.

Pura ficção. "Para quem escreve memórias, onde acaba a lembrança? onde começa a ficção? Talvez sejam inseparáveis." Em Belo

Horizonte, matriculou-se no ginásio Anglo-Mineiro, onde ia morar como interno. "Todo o colégio era claro e alegre, recendendo ao pinho--de-riga dos assoalhos, à tinta a óleo dos portais e à cal fresca das paredes. Nunca eu tinha morado em casa tão nova e aquele cheiro ficou, para sempre, em minha lembrança, associado a ideias inaugurais e juvenis." Tinha que começar pelo começo, isto é, entrando no colégio. "Cheguei nos primeiros dias de março de 1914, levado por minha mãe. Meu enxoval vinha numa canastra de cedro das antigas, das de encaixe, sem um prego, ferro só nas dobradiças e fechadura – objeto que me desesperava e que vejo, hoje, era peça de museu." Daí por diante, vem um longo discurso, recheado de frases inglesas, sobre a vida do colégio, frases longas, períodos extensos, em minúcias e pormenores não raro cansativos, tão parecido com Proust. Então, a linguagem fica densa, um pouco pesada. Mas isso não o incomodava:

> Não me incomodo quando me acham chato nas genealogias e que provavelmente vão me pôr de prolixo quando cito inteiros os nomes palmariais e eu poderia reduzir a dois ou até a uma inicial, ponto e sobrenome. Desculpem! é que nessa hora estou escrevendo para mim [...].

Mas o Anglo fechou as portas.

> A data bissexta está num caderno do meu tio Antônio Salles: "29 de fevereiro de 1916 – Pedro veio para a nossa companhia." Foi o dia em que despenquei Caminho Novo abaixo para me matricular no internato do colégio Pedro II. Saí de Belo Horizonte, às quatro e vinte da tarde, hora clássica do noturno do Rio de Janeiro. Minha primeira viagem sozinho. Quando largamos, debruçado na janela, fiquei dando adeus até que uma curva fez desaparecer a silhueta fina de minha Mãe e com ela a infância que eu deixava.

Saído de um colégio como o Anglo, que discriminava, estranhou a mistura democrática que iria depois admirar como uma das grandes tônicas do Pedro II. Demais, aqui não tinha palmatórias, não tinha castigos corporais. O diretor pouco aparecia. Na sua narrativa, Pedro Nava faz frequentes referências a *O Ateneu*, de Raul Pompeia,

II AUTOBIOGRAFIAS E OUTRAS FORMAS DO "EU"

mas não há termo de comparação. Em *O Ateneu*, Sérgio, o narrador, convivia mal com seus colegas, e pior ainda com o diretor, Aristarco, que pegava alunos pelo cangote e que, certa vez, arremessou-o ao chão. Pior ainda, era o colégio do *Doidinho*, de José Lins do Rego, em que o diretor Maciel tinha prazer em distribuir bolo de palmatória pelas mãos dos alunos. No Pedro ii, Pedro Nava tinha boa convivência com seus colegas, inclusive para fazer peraltices e obscenidades. O diretor não aparecia, não castigava, por mais antipático que fosse. O único castigo era a não saída aos sábados, de que Pedro Nava foi vítima várias vezes.

Uma das técnicas da narrativa de Pedro Nava é que, ao expor um tema mais polêmico ou um pouco delicado, este é antecedido por alguma teoria. Seguem dois exemplos. O primeiro é sobre o problema da pornografia, da obscenidade, da educação sexual, adotando nos seus escritos o seguinte critério: "Não fugir da palavra obscena quando ela está implícita e tem de chegar na cambulhada do assunto, mas não criar um período, uma linha, postos de propósito e para servir de engaste à expressão pornográfica." Ainda assim, admitia que seus textos iam "escandalizar a hipocrisia automática dos velhos, semivelhos, dos restimoços. Mas aos verdadeiramente jovens, não".

Sobre a educação sexual da criança, expendeu a seguinte opinião:

> Acho que contar o sexo, a gestação, o aborto e o parto a uma criança de cinco ou seis anos é uma maldade tão grande como explicar-lhe que não existe Anjo da Guarda, que Papai Noel é invenção e que o Diabo é criação dos padres. Deixemos-lhes mais alguns anos de poesia – que acreditem no Deus vestido de estrelas, no Diabo todo vermelho, nas cegonhas e nas couves, origem das criaturas dum mundo de não-paridos. Deixá-la descobrir sozinha, aprender depois, na sua medida, com os amigos e amigas – os melhores professores. A legítima educação sexual de colégio é feita no intercâmbio dos recreios, no tacteio das conversas, muito melhor que quando dada por professores e professoras.

Depois, como tudo isso se dava com a meninada do Pedro ii.

Em *Chão de Ferro*[29], quando quis contar um sonho, primeiro teorizou sobre o assunto:

> O rio do subconsciente não para de correr como não param a circulação, a respiração, as funções misteriosas da regulação da economia. Aquele curso subterrâneo aflora às vezes em sonhos ora brandos, ora duros – geralmente duros. Flui refletindo no seu bojo líquido nuvens e estrelas que ficaram: impressões do aparentemente esquecido, mas incorporado para sempre. Suas águas sem compromisso independem do modo de ser do consciente vígil que só pode ser – sendo em tempo e espaço. Existir como representação é ser coisa cronológica. As outras águas, as fundas, aí! de nós, que não... Quando sobem no vulcão marinho dos sonhos e pesadelos, abrolham misturando alhos e bugalhos, são capazes de todas as aposições oposições posições, de sequências tão imprevistas e arbitrárias como as dos números adoidados de um jogo de dados sem face cubos súcubos feitos de ovoides viscosos abafando na paralisia claustral que explode acordando no longo e difícil urro do maior horror. Entretanto essa coisa hedionda conserva ganchos e amarras que à falta de expressão adequada – chamarei duma certa lógica.

Balão Cativo é dominado por três temas fundamentais: o colégio Anglo, o tio Sales e o colégio Pedro II. O tio Sales (Antônio Sales) é tão presente como o tio Toby, de *A Vida e as Opiniões do Cavalheiro Tristram Shandy*, de Laurence Sterne.

A vida do colégio Pedro II continua objeto de *Chão de Ferro*, mas aí já não eram as relações internas do colégio, mas o externo, o Rio. Então, o memorialista se tornou um cronista do Rio de Janeiro, o carioca.

> Era dessas idas e vindas à Cidade, à Quinta, Cancela, ruas de São Cristóvão, Tijuca, Engenho de Dentro e Zona Sul – vendo, reparando e ouvindo o povo – que cada segunda-feira eu voltava para o Colégio mais penetrado dessa coisa sutil, rara, *exquise*, polimórfica indefinível (porque não é forma palpável, e o que não tem de material, tem de luminosidade e perfume e vida) – que é o sentimento carioca, a alma carioca que nasce dessa paisagem, dessas ruas (oh! "A alma encantadora das ruas"), desses bairros ricos e pobres,

---

[29] Todas as citações foram extraídas da edição de 1976 da Nova Fronteira.

II AUTOBIOGRAFIAS E OUTRAS FORMAS DO "EU"

sobretudo dos pobres, desses morros, dessa mistura de gente da terra, da do sul, do centro e do norte.

Passava as férias em Belo Horizonte. Lindas férias, quando teve seus primeiros contatos com pessoas que viriam a formar com ele o Grupo do Estrela, que será objeto de páginas de *Beira-Mar*. Entra em nova fase das memórias, a partir da pergunta de Pilatos: *Que é a verdade?* E nos dá mais uma lição sobre a natureza de narrativa memorialística.

> É com essa pergunta que entro nesta fase de minhas memórias, fase tão irreal e mágica e adolescente como se tivesse sido inventada e não vivida. Se eu fosse historiador, tudo se resolveria. Se ficcionista, também. A questão é que o memorialista é forma anfíbia dos dois e ora tem de palmilhar as securas desérticas da verdade, ora nadar nas possibilidades oceânicas de sua interpretação. E como interpretar? o acontecido, o vivido, o FATO, já que ele, verdadeiro ou falso, visão palpável ou só boato, tem importância igual! – seja um, seja outro. Porque sua relevância é extrínseca e depende do impacto psicológico que provoca. Essa emoção, desprezível para o historiador, é tudo para o memorialista cujo material criador pode, pois, sair do zero.

E vêm almoços e jantares e festas, como Proust. Formidável jantar da tia Eugênia, com música, dueto de piano e flauta, na *sala de música* como os que aconteciam no salão da sra. Verdurin, em *La Recherche*. E vagas referências à guerra de 1914-1918 e à gripe espanhola no Rio. E ligeira menção à campanha política de 1919, em decorrência da morte de Rodrigues Alves antes de tomar posse. As opiniões se dividiam, na rua e no colégio, entre Rui Barbosa e Epitácio Pessoa. Ficou com este, cujo governo elogia.

Finalmente colou grau de bacharel do Pedro II. Ia, pois, galgar o Caminho Novo, subir a serra do Mar, regressar a Belo Horizonte:

> Eu estava num momento de grande euforia. Vencera uma página da vida, flutuava dentro dum ar azul entre duas etapas. Pensava que tudo continuaria em Belo Horizonte e na Faculdade, fácil e doce como tinha sido naqueles anos de Pedro II entrecortados de férias paradisíacas. Mal sabia eu o que ia sofrer na rua da Bahia, no bar do

Ponto, na praça da Liberdade, na rua Guaicurus, na rua Niquelina, na Lagoinha, Qalter e Serra: o martírio, paixão, morte e ressurreição do moço mineiro Pedro da Silva Nava ainda descuidado das lambadas, dos escárnios, das quedas e das sete chagas de sua Via Dolorosa.

Entrou na Faculdade de Medicina de Belo Horizonte. "Tinha dezessete anos e Belorizonte ao meu alcance. Eia pois." Começava o ano de 1921. "Era o primeiro ano da década fundamental da vida de minha geração. Eu iniciaria minha medicina com o entusiasmo que nunca mais me deixaria pela profissão admirável."

Fecho os olhos para recuperar cada detalhe desta época. Belo Horizonte me vem em vagas. Elas me atiram pra lá, pra cá, a este, àquele, a cada recanto da cidade e da nossa Serra. Ia a todos com os amigos, ora uns, ora outros, ora todos […] Pela primeira vez, nessas andanças senti que um passado me seguia e comecei a explorá-lo detalhe por detalhe. Logo uma saudade, saudade de mim, de meus eus sucessivos começou naquela ocasião, uma saudade vácuo como a que tenho de meus mortos e que me surpreendi, dado ao *mim mesmo* também irrecuperável, como se eu fosse sendo uma enfiada de mortos – eu. Tudo tão recente mas já tão longe e logo deformado. Eu via o Anglo e seus caminhos, mas já tornados lá longe, diferentes, pela interposição da lente aberrante do Tempo. Já minha memória começava a mentir, sobretudo para mim e eu fazia como os primitivos que representavam cristo, a Virgem, São José, os Magos, os Pastores, com as roupas e o décor do tempo deles, pintores.

Aí entra em *Beira-Mar*[30], empolgado por dois temas: a Faculdade de Medicina e o Grupo do Estrela, alternando e até misturando literatura e medicina, e mais a crônica de Belo Horizonte, bar do Ponto e suas cercanias, o café e confeitaria Estrela, o cine Odeon, o Grande Hotel, cabarés; rua da Bahia, avenida Afonso Pena, ruas Espírito Santo, Rio de Janeiro e São Paulo, quadrilátero da Zona, que compreendia tudo que ficava entre as ruas da Bahia, já evocada em *Chão de Ferro*, Caetés, Curitiba e Oiapoque, Guaicurus: "Jamais poderei esquecer de ti, Belo

---

30 Todas as citações foram extraídas da edição de 1978 da Nova Fronteira.

II AUTOBIOGRAFIAS E OUTRAS FORMAS DO "EU"

Horizonte, de ti nos teus anos vinte. E, se isso acontecer, que, como no salmo, minha mão direita se resseque e que a língua se me prega no céu da boca, Belo, Belo – Belorizonte. Minas – minha confissão."

Tinha baralhado as cartas e ia soltando-as na ordem baralhada. Era o seu método de construção do texto, como ele próprio explica:

> Os caprichos de minha narrativa, certas analogias, algumas associações, muita estória puxa estória vieram me trazendo até aos albores de 1924 antes que eu desse por findo tudo que teria de dizer sobre 1922 e 1923. Tinha de ser assim, para narrar meus estudos e a formação do Grupo do Estrela. Para fazer um relato absolutamente cronológico teria de cair no que tenho evitado, que é o diário. Prefiro deixar a memória vogar, ir, vir, parar, voltar. Para *cortar* um baralho de cartas a única coisa a fazer seria arrumá-lo diante do interlocutor, naipe por naipe e, destes, colocar a seriação que vai do dois ao ás, ao curinga. Mas para explicar um jogo, um simples basta, para dizer duma dama é preciso falar no cinco, no seis, no valete, no rei; é necessário mostrar a barafunda das cartas e depois como elas vão saindo ao acaso e organizando-se em pares, trincas, sequências. Assim os fatos da memória. Para apresentá-los, cumpre dar sua raiz no passado, sua projeção no futuro. Seu desenrolar não é o de estória única mas o de várias, e é por isto que vim separando os paus de meus estudos, as espadas de minha formação médica, os ouros de minhas convivências literárias e os corações [as copas] do Movimento Modernista em Minas.

Tinha dezessete anos quando entrou na Faculdade de Medicina. Logo se enturmou: Joaquim Nunes Coutinho Cavalcanti, Isador Coutinho, Zegão, Sá Pires. "Estávamos amalgamados para a vida inteira." Com eles rodava a cidade, frequentava o bar do Ponto e, sobretudo, o café do Estrela. Com eles ia ao cabaré, aos salões, aos bailes, como Proust ia aos salões em Paris. Com eles *descia*, naquele "significado especial de descer dado pelos belorizontinos à ação de ir à zona, à patuscada, à farra, ao cabaré lá embaixo – e, por extensão, à de ter coito. Vamos descer. Há dias que não desço. Esse mês tenho descido demais. Você desce hoje? Desço. Não desço. Não sei se desço. Descer ou não descer – eis a questão".

Para ser amigo, diz ele,

é preciso dons inatos de solidariedade, bondade, compreensão, a que se juntam também momentos especiais de superação – momentos que podem ser fugazes ou transformarem-se em duração de vida inteira. Esses momentos foram vividos pelo Cavalcanti, Isador, Xico Pires, Cisalpino, Zegão e eu naqueles anos do curso, culminando em 1926, em que para lá de parentes num extraordinário "altereguismo", fomos mais que irmãos, éramos uns, os outros, cada eu, o eu do outro. Que queríamos nós? Nada senão morder o momento presente. Nossa disponibilidade era total. Descuidados, boêmios, um tanto artistas, gostando da nossa medicina (todos éramos bons alunos) porque ela nos dava certo violento material estético e, mostrando a Morte, mais nos fazia amar a Vida, sujeitos à alegria ruidosa logo mudada na mais cascuda dor de corno; independentes, revoltados, insolentes, iconoclastas, generosos, donos do dia e da noite impecuniosos, encalacrados com os agiotas, mas duma prodigalidade de nababos, devendo aos donos dos botequins para dar gorjetas de rei aos garçons, longânimos, prestimosos, cavalheirescos – valorizando uns nos outros essas qualidades e defeitos – amorosos, apaixonados, sexomaníacos, imorais, pornográficos – éramos inseparáveis naqueles anos do fim de curso, e descobrimos o bairro do Quartel com todos seus encantos recantos e proclamamos a independência da sua rua Niquelina. E tínhamos varrido de nossa vida a hipocrisia: fazíamos às claras aquilo que todos os outros estudantes praticavam espavoridos e se vermesgueirando na sombra.

Inclinado às artes (era bom desenhista), à literatura, é natural que se agregasse ao movimento literário de Belo Horizonte dos anos vinte, a começar por seu contato com Aníbal Machado: "ainda um aspecto importantíssimo na minha vida, também coevo das idas ao Aníbal e ao Lula. Foi a simpatia e logo a amizade que começaram a me unir a Carlos Drummond de Andrade". Carlos era o líder de um grupo de escritores, denominado Grupo do Estrela, porque se encontravam no café e confeitaria do Estrela: "no meio da turma, um moço, muito calado, óculos redondos, aros de tartaruga, olhos muito claros, pele muito branca. Parecia fraco, pela magreza. Mas atentando bem sentia-se-lhe a forte ossatura e os músculos ágeis, finos e rijos como tiras de couro. Paulo baixou a voz para dizer que era Drummond. Carlos Drummond, o amigo do Aníbal, e que este me recomendara com

II AUTOBIOGRAFIAS E OUTRAS FORMAS DO "EU"

conhecer". Assim Pedro Nava se integrava ao modernismo literário mineiro, uma de suas paixões. Nesse ambiente cultural, de efervescência literária, Pedro Nava transcende sua vocação profissional para além da medicina. Suas memórias relatam essas vivências: "sua convivência social, seu trabalho em medicina, as reuniões literárias de que participava, personalidades com que se relacionou, locais onde viveu e trabalhou, viagens que realizou"[31].

O quinto volume das *Memórias* de Pedro Nava, *Galo das Trevas*[32], toma outro rumo. Divide-se em duas partes: "Negro" e "O Branco e o Marrom". A primeira parte ainda é a sequência de suas memórias já agora no Rio de Janeiro, para onde voltou. Sintetiza:

> Esse encanto pelo Rio, eu o encontro em cada bairro que morei. Infância em Visconde de Figueiredo e Aristides Lobo. Depois Haddock Lobo e São Cristóvão. Voltei a Minas para ficar meus anos de Faculdade, meus anos de indecisão. Fui à aventura do Oeste Paulista. Reconquistei minha *Beira-Mar* definitivamente, quando para aqui voltei no dia 10 de março de 1933. Desde meu nascimento subindo e descendo o Caminho Novo – morei vinte anos em Minas. Dois, em São Paulo. Finalmente cinquenta e três nesta Muy Leal e Heroica. Sou mineiro dos que dizem – mineiro graças a Deus! Mas por minha mãe tenho origens paulistas, montanhesas, baianas e cearenses. Por meu pai, maranhenses e outra vez cearenses. Sou um brasileiro integrado na tricromia da raça. Com tantos sangues provincianos de que me orgulho tenho aspiração a mais: quero ser ainda – carioca amador [...] E o que é? o Rio para mim. São aquelas quatro paisagens que encheram minha infância e albores da adolescência e que têm cor azul-escuro noturno, ouro rosazul e prata dos seus dias gradis; som de ondas batendo, notas argentinas de vareta raspada contra serralherias e as sete da escala da siringe de tantos tubos dos doceiros passando. E seu velho perfume de frutas, flores, folhas, madeiras, resinas dos jardins suburbanos, da subida da Tijuca, das chácaras de São Clemente, das maresias da baía e dos ares salgados de Copacabana.

31 E. Panichi; M.L. Contani, op. cit., p. 2.
32 Todas as citações foram extraídas da edição de 1981 da José Olympio.

No mais, são crônicas do Rio, do velho Rio, dos bairros. "Os que estão tendo a paciência de me acompanhar nestas minhas voltas vão perguntar por que sou tão fatigante e ando a empregar técnica de mostrar o bairro a Baedeker e ao *Guide Bleu*. É justamente porque estou tentando fazer um guia do velho Rio diluído, dispersado e oculto pelo Rio moderno."

De resto, são o exercício da medicina suas alegrias, decepções, a percepção de seu envelhecimento:

O vidro [do espelho] me manda a cara espessa dum velho onde já não descubro o longo pescoço do adolescente e do moço que fui, nem seus cabelos tão densos que pareciam dois fios nascidos de cada bulbo. Castanho. Meu velho moreno corado. A beiçalhada sadia. Nunca fui bonito mas tinha olhos alegres e ria mostrando dentes dum marfim admirável. Hoje o pescoço encurtou, como se a massa dos ombros tivesse subido por ele, como cheia em torno de pilastra de ponte. Cabelos brancos tão rarefeitos que o crânio aparece dentro da transparência que eles fazem. E afinaram. Meu moreno ficou fosco e baço. Olhos avermelhados, escleróticas sujas. Sua expressão dentro do empapuçamento e sob o cenho fechado é de tristeza e tem um quê de máscara de choro de teatro. As sobrancelhas continuam escuras, e isso me gratifica porque penso no que a sabedoria popular conota à conservação dessa pigmentação. Antes fosse. São duas sarças espessas que quando deixo de tesourar esticam-se em linha demoníaca. Par de sulcos fundos saem dos lados das ventas arreganhadas e seguem com as bochechas caídas até o contorno da cara. A boca também despenca e tem mais ou menos a forma de um V muito aberto. Dolorosamente encaro o velho que toma conta de mim e vejo que ele foi configurado à custa de uma espécie de desbarrancamento, avalanche, desmonte – queda dos traços e das partes moles deslizando sobre o esqueleto permanente. Erosão. A pele frontal caiu sobre os olhos e tornou o cenho severo. Dobrou-se uma sinistra ruga transversal sobre a raiz do nariz. As bochechas desabaram, parecem coisa não minha, pospostas; colocadas depois como as camadas sucessivas que o escultor vai aplicando num busto de barro. Dentes? O velho riso? Viro e ponho em posição as duas faces laterais do espelho e considero amargamente meu perfil. O topete ralo já não disfarçando a forma fugidia do crânio. As longas orelhas iguais às de minha avó Inhá Luísa, as pelancas barbelas muxibadas do pescoço breve, o *dos rond* [dorso redondo], quase corcunda, dos

II AUTOBIOGRAFIAS E OUTRAS FORMAS DO "EU"

> Nava. As bochechonas como que empurrando para a frente os olhos lineares, o nariz sinuoso e as ventas enormes querendo aspirar ainda toda vida do mundo. Pedaço dum, pedaço doutro – Nava, Pamplona, Jaguaribe, Pinto Coelho – reconheço os fragmentos do meu Frankenstein familiar. Médico, não posso enganar a mim mesmo e sei que já estou contado, pesado e medido. Mas consola-me pensar que nós só somos em função do nosso princípio vital. Só somos enquanto vivos.

Texto profundamente realista e triste, porque, no fundo, é uma descrição de todo envelhecimento, de todos nós. Texto de fim de memória, e de fato o é, não sem antes mostrar as mazelas da medicina,

> odiamos no colega não só suas inferioridades específicas, mas o retrato das nossas – nele estampadas. A inevitabilidade desse sentimento gerou no instinto de conservação da coletividade médica a afirmação, proclamação, sublimação de pensamento contrário e o nosso COLEGUISMO é tapume a esconder uma das misérias de nossa classe que é o ódio do médico pelo médico.

A segunda parte de *Galo das Trevas* e *O Círio Perfeito*, sexto e último volume das *Memórias* de Pedro Nava, já não são rigorosamente suas memórias, mas memórias de outro, tanto que são escritas na terceira pessoa. "O doutor José Egon Barros da Cunha abriu as janelas e o dia sol entrou de roldão. Belo Horizonte estava começando uma de suas manhãs ourazul em que tudo faísca e se torna mais leve. Ele chegou-se ao peitoril e sorriu para a vida, para o dia rompente."[33] Daí por diante o memorialista cede lugar ao ficcionista. "A mim – memorialista, cuja condição é ter um pé na história e outro na ficção"[34], com uma narrativa descritiva mais própria de ficção que de memórias, entremeada de casos, incluindo a paixão do Egon por Lenora, que o rejeitava, porque não queria machucá-lo, não queria que ele sofresse, mas também não queira que ele se fosse, até que ela própria foi com os pais para o Rio e aí se matou, quando, então, o mistério se desfez, com a informação de que ela tinha leucemia e estava com os dias contados. *O Círio Perfeito* prossegue na história do Egon, em terceira pessoa, na qual o narrador dotado

---

33 Ibidem.
34 "Sou a Sabina", Anexo II de *Beira-Mar*, p. 406.

de onisciência penetra até em seus pensamentos, em seus sonhos, o que é próprio dos romances de terceira pessoa. O autor se afasta do contexto do romance e narra a história do Egon do ponto de vista externo, a ponto de falar de si mesmo na terceira pessoa, o "Nava", não "eu".

Abre, porém, espaço para narrar aspectos da vida de outro amigo, Joaquim Nunes Coutinho Cavalcanti que, como visto antes, era colega da Faculdade de Medicina de Belo Horizonte e com outros se reunia na casa do narrador para estudar pontos para os exames. Os três – Nava, Egon e Cavalcanti – têm ainda em comum o fato de terem sido médicos do oeste paulista, Monte Aprazível e Engenheiro Schmidt, região de Rio Preto. Mas as *Memórias* de Pedro Nava nada revelam de sua experiência em Monte Azul. Apenas de passagem diz que lá esteve dois anos, período que corresponde àquele do Egon e do Coutinho Cavalcanti, seus colegas de faculdade. Talvez Pedro Nava reservasse a narrativa para o sétimo volume de suas *Memórias*, sob o nome de *Cera das Almas*, conforme nota no fim de *Círio Perfeito*: "A continuação destas memórias estará em Pedro Nava: *Cera das Almas* (em preparo)", que sua morte não permitiu se realizasse.

Coutinho Cavalcanti foi muito conhecido em São Paulo, por sua atuação política preocupada com os problemas sociais do povo. Como deputado federal, na década de 1950, apresentou um projeto de reforma agrária que foi tido como revolucionário, como se vê já da concepção traduzida no art. 10:

> Política Agrária é o conjunto de medidas governamentais que tem por fim resolver os problemas agropecuários, regulando, dentro de princípios de justiça social e de um plano econômico orgânico, a distribuição, o uso e a exploração da propriedade agrícola, assistindo ao agricultor e amparando o trabalhador rural, no interesse da produção e do bem-estar social.
>
> Parágrafo único. O instrumento de realização da Política Agrária é a Reforma Agrária.

Claro que um projeto desse tipo não poderia ser aprovado. O autor divulgou seu projeto por um livro que escreveu, a que tive acesso em 1959[35].

---

35 J.N.C. Cavalcanti, *Um Projeto de Reforma Agrária*.

A verdade sem disfarce é que eu me sinto na contingência de recorrer à solução do livro para que desta forma o projeto de Reforma Agrária possa alcançar aquele mínimo de repercussão que pelo menos a atividade legislativa poderia ter-lhe garantido. Mas não garantiu. Não é hora de discutir aqui por que, diante de certas iniciativas de inegável profundidade nacional, o Poder Legislativo praticamente se ausente.

Tal como hoje e sempre.

Enfim, para concluir essas longas considerações sobre as *Memórias* de Pedro Nava, que falou menos de si que dos outros, falou muito de sua mãe, dona Diva, mas pouco de sua mulher, Nieta, duas ou três breves passagens, nada melhor do que um trecho do livro já citado de Edina Panichi e Miguel L. Contani, escrito para mostrar a técnica de Pedro Nava de construção do texto de *Beira-Mar*, válido, porém, para toda a sua obra memorialística.

> A obra de Pedro Nava é considerada, na sua forma original, livros de memórias, mas transcende essa limitação para invadir a crônica de costumes, a história das cidades e das gerações que nelas viveram, o desenvolvimento sociocultural e econômico, a medicina, a política, a literatura e até mesmo a ficção, tirando-a do simples retrato documentado de uma época. Os fatos, dessa forma, adquirem uma dimensão artística graças à capacidade de reconstrução do autor a partir do momento em que domina o movimento de espiralação. Ou seja, constrói formas que mais tarde serão convertidas em texto definitivo tendo passado por definições provisórias.[36]

Nele, não raro, a realidade adquire uma dimensão ficcional. As páginas sobre a história de Egon são expressivas nesse sentido. Egon, uma pessoa real, se transforma em personagem de uma história real, plena de imaginação, de criação literária. História minuciosa, entremeada de casos cirúrgicos, e inserção de pequenas biografias de personalidades com quem autor e personagem conviveram, como Afonso Arinos de

---

36 E. Panichi; M.L. Contani, op. cit., p. 13.

Melo Franco e o médico Fernando Paulino. Pôs-se Egon a vagar pelas ruas do Rio, com descrições dos logradouros, de casas e prédios, com que ia fazendo a crônica da cidade, tal fosse um personagem de Lima Barreto. Detalhismo exagerado e cansativo. Aí, quando o leitor começa a enjoar de tantas minúcias e detalhes, depara com severa reprimenda:

> Há que insistir nestes detalhes de roupa, atitude, bela presença, simpatia, porque tudo isto é de suma importância no médico. Não é preciso remoer e nem venham os bestalhões acusar o narrador de detalhista porque ele lhes responderá com os textos em que Hipócrates dá os conselhos sobre a aparência que deviam ter os médicos, sobre sua atitude, sua barba, até quanto aos perfumes que deviam usar para agrado dos doentes.[37]

E logo o autor engata algum caso, como o caso saboroso e um pouco cômico do comendador, a história da caída na vida tão pungente quanto comum nesses sertões brasileiros da Rosária e o triste evento do moço que subiu num pé de mamão pensando fosse árvore firme. O pé de mamão se quebrou e ele caiu sentado num estrepe que se enterrou no seu corpo desde o ânus até o esterno.

O leitor comum tropeça com algumas dificuldades terminológicas, dada a proliferação de termos médicos e outros menos conhecidos, além dos construídos pelo autor, que aqui não tem cabimento estender-se para esmiuçá-los.

4. CONFISSÕES

Confissões[38], formas do "eu", são tidas como autobiografias, "narrativa retrospectiva em prosa que alguém faz de sua própria existência,

---

37 P. Nava, *O Círio Perfeito*.

38 No Brasil, só lembro, de importante, as *Confissões* de Darcy Ribeiro: "Termino essa minha vida exausto de viver, mas querendo mais vida, mais amor, mais saber, mais travessura. A você que fica aí, inútil, vivendo vida insossa, só digo: 'Coragem! Mais vale errar, se arrebentando, do que poupar-se para nada. O único clamor da vida é por mais vida bem vivida. Essa é, aqui e agora, a nossa parte. Depois, seremos matéria cósmica,

quando põe o acento sobre a história de sua própria personalidade"[39]. As *Confissões* de S. Agostinho, que parece ser o primeiro livro no gênero, é mais do que sua autobiografia, são mesmo pouco autobiográficas. Outro livro famoso, sob o título de *Confissões*, é o de Jean-Jacques Rousseau. A leitura de ambos os livros mostra que "confissões" têm um quê de invocação e exposição dos próprios pecados, das mazelas pessoais e de uma espécie de pedido de perdão.

4.1. Confissões de S. Agostinho

De fato, a palavra *confissão* "[é] empregada por S. Agostinho (Aurélio Augusto) para indicar o reconhecimento de Deus como Deus (da verdade como verdade) quanto para indicar o reconhecimento dos próprios pecados enquanto tais"[40].

As *Confissões* de S. Agostinho comprovam esse conceito. Suas páginas são plenas de invocação a Deus, desde a primeira linha: "Senhor, vossa grandeza é infinita, e sois infinitamente digno de ser louvado [...] E o homem, digo, que não é mais do que pequena parte de vossa criação, ousa querer vos louvar."[41]

Mais adiante: "A morada de minha alma é bem estreita e pequena para vós, meu Senhor e meu Deus; mas eu vos peço para expandi-la, para que ela seja capaz de vos receber. Ela cai em ruínas, mas peço para restaurá-la."[42]

Assim por diante, invoca o Senhor Deus ao mesmo tempo que vai confessando seus desregramentos. Confessa que na flor de sua juventude queimava de ardor e de paixão para se saciar das voluptuosidades baixas, terrenas, e desbordou muito dos amores obscenos que procuravam se ocultar nas trevas. Punha seu grande prazer em amar e ser amado, mas não ficava no amor casto e luminoso onde só os espíritos

---

sem memória de virtudes ou de gozos. Apagados, minerais. Para sempre mortos." Cf. D. Ribeiro, Prólogo, em *Confissões*, p. 12.

39 P. Sallier, em S. Agostinho, *Confessions*, p. 12.

40 N. Abbagnano, Confissão, *Dicionário de Filosofia*, tradução de Alfredo Bosi.

41 Todas as citações são extraídas da edição de 1993 da Gallimard, tradução de Arnaud d'Andilly. As traduções para o português são de minha autoria.

42 *Confessions*, p. 31.

se entreamam de maneira espiritual. Os desejos grosseiros e impuros lhe ferviam na alma. Incidia nos erros de uma seita de homens soberbos e insensatos, isto é, caíra na heresia dos maniqueístas, pois ainda não sabia que Deus é puro espírito que não tem membros, que não tem nem comprimento nem largura, nem essa extensão que é própria dos corpos. Confessa que, por vários anos, teve uma mulher a quem, no entanto, não era ligado por um casamento legítimo, mas que ele escolhera por um ardor pouco sério e imprudente de uma paixão amorosa desregrada. Então, aos vinte e nove anos, pede a seu Deus que receba essas confissões como um sacrifício.

Vai para Milão. Sua mãe, canonizada depois como santa Mônica, para cuja piedade generosa nada era difícil, atravessou o mar em busca do filho. Ela o encontrou em grande perigo por causa do desespero para conhecer a verdade, quando ele lhe declarou que não era mais maniqueísta, mas que ainda não era um cristão católico. Mônica se alegrou muito, pois era o primeiro sinal de afastamento de suas misérias que tantas lágrimas lhe provocaram e que a tinha obrigado por longo tempo a chorá-lo como um morto, mas como um morto que seu íntimo devia ressuscitar. Tinha ele, então, trinta anos de idade, quando começou seu processo de conversão. Os amigos e a mãe trabalhavam com afinco para casá-lo. "Minha mãe fez tudo que pôde para a realização desse casamento. Pensava que, depois de casado, eu receberia o batismo. Em razão do batismo, ela, com grande alegria, achava que eu me disporia cada vez mais à conversão, esperando encontrar assim na minha profissão de fé o cumprimento de seus votos e de suas promessas."

Assim, declara que a idade na qual se deixava conduzir a todas as espécies de desbordamento e de vícios estava terminada. Por outro lado, abandonou as enganosas predições astrológicas e a impiedade de seus sonhos. Caíram em suas mãos alguns livros de filosofia neoplatônica, nos quais leu que o Verbo era desde o começo; que o Verbo era Deus; que todas as coisas eram feitas por Ele, enfim tinha encontrado a divindade do Verbo. Nisso também se encontra o princípio da filosofia idealista de S. Agostinho, derivada da filosofia de Platão. Admirou-se ao ver que começava a amar a Deus, e não mais um fantasma em seu lugar: entretanto, não podia gozar dele continuamente.

II AUTOBIOGRAFIAS E OUTRAS FORMAS DO "EU"

No entanto, ainda tinha dúvida sobre a divindade de Jesus Cristo, do qual não tinha outra crença senão que era um homem de uma sabedoria admirável, à qual nada se podia igualar, parecendo-lhe que sua conduta toda divina sobre nós possuía o mérito dessa autoridade soberana que o tornava o mestre do mundo, a fim de nos ensinar pelo exemplo a desprezar os bens temporais para adquirir a imortalidade.

Passo a passo ia se aproximando de Deus, até encontrar Simpliciano, que lhe contou a conversão de Vitorino, um célebre professor de retórica de Roma, e seu batizado.

> Santo Agostinho, então, se sentiu tocado de um ardente desejo de imitar Vitorino, convertendo-se e batizando-se também. Era o que ele queria, mas não conseguia, por que seu espírito debatia-se em dúvidas e contradições; quando comandava o corpo, encontrava nele pronta obediência; mas quando comandava ao próprio espírito, encontrava nele mesmo forte resistência.[43]

Debatia-se em aflição e angústia. Chorava, não podia conter as lágrimas, que saíam de seus olhos como um rio em torrente. Chorava amargamente com profunda aflição no coração, quando, certa vez, saindo de casa, ouviu uma voz que dizia:

> TOMAI E LEDE, TOMAI E LEDE [...] "Não viveis em banquetes e embriaguez, nem nos prazeres impuros e orgias, nem em contendas e rixas; mas revesti-vos de nosso Senhor Jesus Cristo, e não cuideis de satisfazer os desejos da carne". Não quis ler mais, e também não era necessário, pois, quando cheguei ao fim das poucas linhas, uma espécie de luz cheia de paz se espalhou em meu coração, dissipando todas as trevas de minhas dúvidas.[44]

Fechou o livro e foi contar à mãe o que lhe sucedera. Ela lhe disse que a única coisa que a fazia viver era a de vê-lo cristão e católico. E ela o viu, e estremecia de alegria, e louvava a misericórdia de Deus, que o fez converter-se. Assim, substituiu os choros pela alegria, muito mais do que ela ousou desejar, e de maneira a mais agradável, como

43 Ibidem, p. 281.
44 Ibidem, p. 290.

se tivesse visto nascer as crianças que lhe desejava de um casamento legítimo. O ato de consagração de sua conversão se deu sete meses depois. Sua alegria, no entanto, foi toldada de profunda tristeza com a morte da mãe, Mônica, canonizada santa Mônica.

Enfim, convertido, se entrega inteiramente à religião católica e à contemplação divina e as confissões assumem a característica de uma obra teológica e de filosofia idealista.

4.2. Confissões de Rousseau

Minha leitura das *Confissões* de Rousseau se deu pela tradução italiana: *Le Confessioni*, mas, para estas notas, também utilizei o original francês, *Les Confessions*. A versão italiana traz uma boa introdução do tradutor, Andrea Calzolari, em que faz interessantes considerações sobre a natureza autobiográfica da obra, em comparação com anteriores da mesma natureza:

> A autobiografia é, antes de tudo, a história de uma alma e dos fatos de que é constituída, enquanto sejam importantes, enquanto "causas ocasionais" como chama Jean-Jacques, de uma vivência interior: é isto que torna digna de ser narrada também a cotidianidade de um indivíduo, pois que só sob esta óptica as circunstâncias aparentemente banais podem revelar o significado espiritual profundo que eventualmente tenham tido para quem as tenha vivido.[45]

O livro de Rousseau, acrescenta Calzolari, rompe com o passado, porque não propõe nenhuma exemplaridade filosófica ou religiosa, como as *Recordações* de Marco Aurélio ou as *Confissões* de S. Agostinho em busca da verdade, mas em função de uma doutrina (ou historicismo ou cristianismo). A esse respeito a crítica tem indagado sobre o efetivo grau de veracidade das *Confissões* e das implicações éticas da conduta assumida pelo genebrino[46].

---

45 Em J.J. Rousseau, *Le Confessioni*. Todas as citações foram extraídas da edição italiana.
46 Ibidem, p. 13.

II AUTOBIOGRAFIAS E OUTRAS FORMAS DO "EU"

Rousseau garante dizer tudo, confessar a verdade, "mostrar aos meus semelhantes um homem em toda a verdade da natureza; e este homem sou eu"[47]. E logo,

> irei apresentar-me diante do juiz soberano com este livro nas mãos. Direi em voz alta: "Isto é o quanto fiz, o quanto pensei, o que eu fui. Disse o bem e o mal com a mesma franqueza. Não calei nada de mau, nada acresci de bom e, se me aconteceu de usar algum ornamento irrelevante, fi-lo só para colmar um vazio ocasionado pela minha falta de memória; pude supor verdadeiro o que sabia ter podido ser, jamais aquilo que eu sabia ser falso. Mostrei-me tal qual fui, desprezível e vil quando o fora; bom, generoso, sublime, quando o fui: revelei meu íntimo como Tu mesmo o tivesse sido. Ser eterno, agrupa, em torno de mim, a multidão inumerável dos meus semelhantes: escutam essas minhas confissões, gemem por minhas indignidades, envergonham--se de minhas misérias. Que cada um deles descubra à sua volta o seu coração ao pé de teu trono com a mesma sinceridade; e, depois, que um só ouse dizer-te: *Eu fui melhor do que aquele homem*.[48]

Por isso, as *Confissões* são tidas como "verdadeiro romance do 'eu' sujeito a eternas controvérsias quanto à veracidade dos fatos, um estilista cuja linguagem é enganosa e transporta seu leitor a um universo quimérico"[49].

Filho de Isaac Rousseau e de Suzanne Bernard, nasceu em Genebra em 28 de junho de 1712, enfermiço e doente. Sua mãe morreu nove dias depois de seu nascimento, daí confessa com tristeza: "Custei a vida de minha mãe, e o meu nascimento foi a primeira das minhas desventuras."[50] Por volta dos cinco anos aprendeu a ler, sem saber como. Recorda só do efeito de suas primeiras leituras sobre si. Sua mãe, que era inteligente e preparada, tinha alguns romances. Seu pai e ele se puseram a lê-los depois do jantar. A leitura desses romances

---

47 *Le Confessioni*, p. 55. Apesar disso, Antonio Candido fala em "mentiradas" das *Confissões* de Rousseau. Cf. *Ficção e Confissão*, p. 69.
48 *Le Confessioni*, p. 56.
49 B. Louïchon, *Romancières sentimentales*, p. 52.
50 *Le Confessioni*, p. 57.

terminou em 1719, quando ele tinha sete anos. Recorreram, então, à biblioteca do avô materno, que era pastor protestante, onde encontraram bons livros. Dessas interessantes leituras e das discussões que elas provocaram entre ele e o pai se formou nele aquele espírito livre, aquele caráter indomável e fero, intolerante a qualquer jugo e qualquer servidão que "me atormentou por todo o tempo da minha vida nas situações menos aptas a dar-lhe impulso"[51].

Rousseau confessa algumas traquinagens que praticou quando criança e adolescente, como ter urinado na marmita de uma vizinha chamada Clot. Furtou aspargos, que vendia barato; furtou também uma caixa de maças e roubou sete libras. Aos dezesseis anos, cometeu uma ação muito feia: roubou uma fitinha; pior é que, apanhado em flagrante, disse tê-la ganhado de uma garota chamada Marion. Acusou-a frontalmente diante de uma assembleia sindicante. Ela negou com firmeza; encolerizada, apostrofou Rousseau: "Ah, Rousseau! Pensei que tivesses bom caráter. Fizeste-me muito infeliz, mas não queria estar no teu lugar."[52] O furto era uma bagatela, diz ele, mas era um furto. Ignorava o que aconteceu com a vítima de sua calúnia. Confessa enfim:

> Essa lembrança cruel me perturba e me atormenta a tal ponto de ver nas minhas insônias aquela pobre garota vir reprovar o meu delito como se o houvesse cometido ontem mesmo [...] Tudo que posso fazer é confessar que eu tinha a reprovar-me uma ação atroz. Esse peso permanece ainda em minha consciência e posso dizer que o desejo de livrar-me dele de algum modo contribuiu muito na resolução que tomei de escrever minhas confissões [...] Temia pouco a punição, só a vergonha, mais do que a morte [...] Via só o erro de ser reconhecido; declarado publicamente, de apresentar-me como ladrão, mentiroso, caluniador.[53]

O período de adolescência foi de vagabundagem, mas ele continuava suas leituras. Saiu de Genebra e foi para Annecy, daí para Turim. Vivia na casa da sra. de Warens (Louise-Eleonore de Warens): "Alojado na casa de uma bela mulher, acariciando-lhe a imagem no fundo do coração,

51 Ibidem, p. 59.
52 Ibidem, p. 140.
53 Ibidem, p. 141-142.

II AUTOBIOGRAFIAS E OUTRAS FORMAS DO "EU"

vendo-a sem descanso durante o dia; à noite, circundado por objetos que me rodeiam, deitado em um leito onde sabia que ela tinha dormido."

Vivia, então, em crise religiosa. Seu pai era protestante e ele tinha horror ao papismo. Não obstante, se inclinava para o catolicismo. "Os protestantes", ponderava, "são em geral mais instruídos do que os católicos; assim deve ser: a doutrina de uns exige a discussão, a dos outros a submissão. O católico deve adotar a resolução que se lhe impõe, o protestante deve aprender a resolver-se." No fim se converteu ao catolicismo, foi batizado com grande pompa na igreja de San Giovanni, no dia 23 de abril de 1728, vestido de branco dos pés à cabeça, para representar a candura da sua alma regenerada. Confessa que lhe agradava a religião católica pela serenidade de ânimo com a qual se cumprem seus deveres, sem negligência e sem afetação.

Deu aula de canto sem saber decifrar uma ária, tendo tido só seis meses de aulas de música. Resolveu trocar de nome, como havia trocado de religião. Passou a chamar-se Vaussore de Villeneuve, anagrama de Venture de Villeneuve, que era seu modelo de compositor. Fez-se também passar por compositor, apoderando-se de composição alheia. No entanto, tornou-se grande conhecedor de música.

Rousseau enfrentou novo período de crise. Passou fome, pois a sra. de Warens, a quem ele chamava de "mamãe" e que lhe dava tudo, viajara para Paris sem dar notícia. Sentia falta dela. Amava-a. "Não a amava nem por dever nem por interesse nem por conveniência; amava-a porque nascera para amá-la." Conseguiu uma viagem para Paris. Deram-lhe cem libras. Fez a viagem a pé, apreciando a paisagem, uma quinzena de dias, que "posso contar como os dias felizes de minha vida. Eu era jovem, tinha boa saúde, tinha bastante dinheiro, muita esperança, viajava a pé, e viajava só"[54]. Em Paris, procurou pela sra. de Warens. Foi informado de que ela viajara para Saboia. Na época, o ducado de Saboia era um Estado independente, cujo território compreendia o atual território francês da cidade de Nice e a região italiana do Piemonte. Tinha duas cidades importantes: Turim e Chambéry. Chambéry é atualmente uma comuna francesa, capital do departamento de Saboia na região

---

54 Ibidem, p. 219.

Rhône-Alpes. Foi, pois, para Chambéry, então capital do ducado de Saboia, à procura da sra. de Warens. Seguiu via Lion. Sem dinheiro para pagar alojamento, preparou-se para dormir no banco de uma praça e, enquanto se acomodava, passou um abade que se sentou perto dele e começou a conversar; muito agradável, disse-lhe que morava perto, só tinha um quarto, mas não poderia deixá-lo dormir ao relento. Rousseau aceitou a oferta e o acompanhou. Lá comeram alguma coisa e foram para a cama. O abade era homossexual e tentou seduzi-lo. Rousseau fingiu ignorar, mas, com jeito, mostrou aborrecimento com suas carícias. Não quis fazê-lo com violência, pois, se não tolerava que ele avançasse na sua intenção libidinosa, tampouco queria ser expulso da cama para o relento. O abade se conteve. No entanto, não voltou para lá e passou várias noites dormindo na rua:

> O céu de meu leito era constituído pelas grimpas das árvores, um rouxinol estava exatamente sobre mim; adormeci embalado com o seu canto. Meu sono foi doce, e mais ainda o meu despertar. Já era pleno dia; meus olhos, abrindo-se, viram a água, o verde, uma paisagem admirável. Levantei-me, logo veio a fome, encaminhei-me para a cidade, decidido a gastar em um bom café as duas moedas que ainda me restavam.[55]

Teve notícia de que sua "mamãe" estava em Chambéry. Ia acabar a miséria e a fome.

> Queiram-me torrentes, rochas, abetos, bosques escuros, montanhas, caminhos íngremes a subir e descer, precipícios ao meu lado que me incutem um grande medo. Experimentei aquele prazer e o saboreei em todo o seu fascínio aproximando-me de Chambéry. [...] Chego, finalmente, vejo-a. Ela não estava só. No momento em que entrei, o intendente geral estava com ela. Sem falar comigo, ela me tomou pela mão e me apresentou a ele com aquela graça que lhe abria todos os corações.[56]

Foi acolhido pela sra. de Warens em sua casa. Tinha vinte anos de idade. Empregou-se no cadastro a serviço do rei. Era uma incoerência:

55 Ibidem, p. 230-231.
56 Ibidem, p. 234-235.

II AUTOBIOGRAFIAS E OUTRAS FORMAS DO "EU"

um republicano a serviço de um monarca: o rei de Saboia. Ali na casa da sra. de Warens tinha tudo, mas até então era só amizade. Nunca haviam feito amor. Mas isso aconteceu. Ele conta como foi a experiência:

> Aquele dia, mais temido que esperado, enfim chegou. Prometi tudo e não menti. Meu coração confirmava os meus empenhos sem desejar-lhe o ônus. Obtive-o, todavia. Vi-me pela primeira vez nos braços de uma mulher, e de uma mulher que eu adorava. Fui feliz? Não, gostei do prazer. Não sei que invisível tristeza lhe envenenava o encanto. Sentia-me como se tivesse cometido um incesto.[57]

Nesse período, aprofundou seus estudos de música e de composição. A música era para ele uma paixão. Formou um grupo de músicos, sob sua regência. Fazia concertos na casa da sra. de Warens. Lia muito. Encantou-se com a leitura das *Lettres Philosophiques*, de Voltaire, publicadas em 1734. "O gosto que tomei com essas leituras me inspirou o desejo de aprender a escrever com elegância e de procurar imitar o belo colorido daquele autor, pelo qual eu estava fascinado."[58]

No entanto, queixava-se de que a necessidade do amor o devorava. Tinha uma "mamãe" terna, uma amiga dileta, mas queria uma amante.

Acompanhou a sra. de Warens, que se mudou para Charmettes, às portas de Chambéry, mas apartada e solitária como se fosse a cem léguas. "O primeiro dia em que dormimos ali fiquei inebriado. 'Ó mamãe', disse à cara amiga, abraçando-a e inundando-a de lágrimas de comoção e de alegria, 'esta é a morada da felicidade e da inocência. Se não a encontrarmos aqui, uma como a outra, não deveremos procurá-las em nenhum lugar.'"[59]

Ali, diz, teve início a breve felicidade de sua vida; ali viveram os tranquilos, mas rápidos, momentos que lhe deram o direito de dizer que viveu. "Levantava-me com o sol e era feliz; passeava e era feliz, via a mamãe e era feliz, deixava-a e era feliz, percorria os bosques, as colinas, errava pelos vales, lia, trabalhava no jardim, colhia fruta, ajudava na casa, e a felicidade

---

57 Ibidem, p. 260.
58 Ibidem, p. 278.
59 Ibidem, p. 289.

me seguia por todo lado, ela não estava em alguma coisa determinável, estava toda em mim mesmo, não podia deixar-me um só instante."

Essa grande felicidade foi rompida, quando, em razão de doença, Rousseau teve que viajar para Montpellier para consultar um especialista. Longa viagem que fez em companhia de várias pessoas, quando conheceu a sra. de Larnage, a ponto de esquecer a "mamãe". Reconheceu, contudo, que os amores de viagem não são feitos para durar. Tinham, pois, que se separar, e não era sem tempo. Regressou à casa da sra. de Warens. Ao chegar estranhou, porque estava acostumado com uma espécie de festinha, e não viu ninguém no quintal, ninguém na porta nem na janela. "Subo, finalmente vejo aquela cara mamãe tão ternamente, tão vivamente, tão puramente amada; acorro, me lanço a seus pés. 'Ah! eis aqui, o pequeno', me disse, abraçando-me. 'Fez boa viagem? Como está?'. Um jovem estava com ela: frívolo, estulto, ignorante, insolente, mas, pelo resto, o melhor rapaz deste mundo: 'Tal foi o substituto que me foi dado durante a minha ausência e o sócio que me foi oferecido depois do meu retorno'."

Deixou tudo. Partiu para Paris. Aí começa nova fase de sua vida. Um período bastante fértil. Tinha ideado um sistema de notação musical que, chegando à capital, apresentou a uma comissão da Academia das Ciências. Seus membros, contudo, nada sabiam de música. A Academia só lhe deu um certificado de bons cumprimentos, que de nada lhe serviam. Diante disso, decidiu publicar seu trabalho sob o título "Projet concernant de nouveaux signes pour la musique", sistema que consiste em apresentar as notas musicais por via de algarismos: 1 (dó), 2 (ré), 3 (mi), 4 (fá), 5 (sol), 6 (lá), 7 (si)[60]. Na verdade, o sistema é usado ainda hoje no ensino da música, considerando o número 1 sempre como a nota fundamental do tom.

Em 1743, deixou Paris para assumir o cargo de secretário da embaixada francesa em Veneza, mas não tardou a entrar em conflito com o embaixador. Por isso, retornou a Paris e se empenhou na composição

---

60 J.J. Rousseau, *Oeuvres complètes*, v: *Écris sur la musique, la langue et le théâtre*, 122s.

II AUTOBIOGRAFIAS E OUTRAS FORMAS DO "EU"

de uma ópera, música e libreto, sob o título *Le Muses galantes* (As Musas Galantes), que foi apresentada com algum sucesso.

Conhece Marie-Thérèse Le Vasseur (1757), que se torna sua companheira para o resto da vida. "A afinidade dos nossos corações e o encontro de nossas disposições causou rápido efeito natural. Ela acreditou ver em mim um homem honesto, não se enganou. Eu acreditei ver nela uma moça sensível, simples e sem luxo, também não me enganei. Declarei-lhe, desde logo, que nunca haveria de abandoná-la nem de casar-me com ela."[61] Confessa ter encontrado nela o suplemento que lhe faltava; graças a ela, vivia feliz quanto podia sê-lo, segundo o curso dos acontecimentos. A inteligência dela era como a natureza fez; sua cultura era limitada. Nunca soube ler bem, conquanto escrevesse discretamente. Não sabia sequer reconhecer as horas no quadrante de um relógio. Nunca soube seguir a ordem dos doze meses do ano. Não sabia nem contar o dinheiro, nem avaliar o preço de alguma coisa.

> Mas essa pessoa assim limitada e, se quiserem, tão estúpida, era uma excelente conselheira nas ocasiões mais difíceis. Frequentemente na Suíça, na Inglaterra, na França, nas catástrofes em que me achava, ela via aquilo que eu não via, me dava os melhores conselhos a seguir, e junto às senhoras de mais alto grau, junto aos graúdos e aos príncipes, os seus sentimentos, o seu bom senso, as suas respostas e o seu comportamento atraíam para ela a estima universal, e a mim, a sinceridade.[62]

Confessa, enfim, que vivia com ela com o mesmo prazer que teria provado com o mais belo gênio do universo. Tudo isso o fez superar a tola vergonha de não ousar mostrar-se com ela em público.

Nesse período, conheceu Voltaire e até musicou um de seus textos. Fez amizade com Diderot, Condillac e D'Alembert. Colaborou na *Encyclopédie* com um artigo sobre música a pedido de Diderot. É também nessa época que lhe morre o pai. E nasce seu primeiro filho, que ele

---

61 *Le Confessioni*, p. 401.
62 Ibidem, p. 415.

confessa ter sido levado pela parteira ao Hôpital des Enfants-Trouvés, onde se encontrava a "roda", como nas Santas Casas brasileiras da Colônia e até do Império, sistema constituído de uma espécie de tambor rodante de madeira voltado para fora do edifício diante de uma janela com uma grade, sob a qual se colocavam as crianças enjeitadas, de sorte que, uma vez girada, era possível recolher o neonato no interior da estrutura. Assim Rousseau procedeu com os cinco filhos que teve com Thérèse. "Não houve maior reflexão da minha parte, nem maior aprovação da parte da mãe; ela obedecia, chorando. Veremos sucessivamente todas as vicissitudes que essa fatal conduta produziu no meu modo de pensar assim como no meu destino."[63]

Andrea Calzolari, em nota n. 103 ao livro VII das *Confissões*, declara que nunca mais foi possível encontrar algum traço dos cinco filhos abandonados por Rousseau. Então, quando ele diz, a certa altura, que "minha família é composta só de três pessoas e não é muito custosa", o leitor sempre lembra que isso se deveu ao fato de ele ter abandonado os filhos mal tinham nascido, e, no entanto, ele amava a mulher. "O coração de minha Thérèse era de um anjo: nosso afeto crescia com a nossa intimidade."[64]

Rousseau lutava bravamente pela vida, sobretudo porque queria ser um homem independente, mas sentia o quanto é difícil ser independente quando se é pobre. Para consegui-lo, cogitou de um meio de vida simplíssimo, qual foi o de copista de partituras musicais, a certo valor por página. Despojou-se da vaidade. Começou, pois, sua reforma pessoal pela vestimenta. Abandonou os objetos dourados e as calças brancas. Pôs uma peruca redonda. Desfez-se da espada. Vendeu o relógio, dizendo com incrível alegria: "Graça ao céu, não terei mais necessidade de saber que hora é."[65] Embora severa, sua reforma conservou a roupa branca, que era bela e copiosa, pela qual tinha um afeto particular. Eram quarenta camisas belíssimas, de onde se vê que, apesar das dificuldades financeiras, sua vaidade não dispensava vestimentas finas e caras.

63 Ibidem, p. 416.
64 Ibidem, p. 426.
65 Ibidem, p. 437

II AUTOBIOGRAFIAS E OUTRAS FORMAS DO "EU"

Foi nessa época, enquanto copista de música aos quarenta anos de idade, que compôs a ópera *Le Devin du village* (O Adivinho da Aldeia). Temendo seu fracasso, como acontecera com *As Musas Galantes*, não a apresentou em seu nome. No entanto, a representação no palácio de Fontainebleau e outros teatros foi um sucesso, em razão do que o rei Luís xv lhe concedeu uma pensão, que ele recusou, pois, se a recebesse, deveria só adular ou calar-se. Nessa época também publicou *Émile ou De l'Éducation* (Emílio, ou Da Educação), famoso livro, que, segundo informa, lhe custou vinte anos de meditação e três de trabalho. "Depois de seu sucesso, não notei nem em Grimm nem em Diderot nem em quase nenhum outro literato que conhecia aquela cordialidade, aquela franqueza, aquele prazer em me ver, que eu acreditava encontrar neles até aquele momento."[66] A essa altura já estava ele brigado com Grimm, Diderot e Voltaire.

Foi um período fértil, pois foi nesse tempo que ele elaborou seu famoso *Discours sur l'origine et les fondements de l'inégalité parmi les hommes* (Discurso Sobre a Origem e os Fundamentos da Desigualdade Entre os Homens).

Vale a pena recordar o processo de criação desse *Discurso*, inclusive porque serviu de pressupostos para a formulação de *Du Contrat Social* (O Contrato Social). O tema foi proposto pela Academia de Dijon. "Tocado por aquela questão, fiquei maravilhado que aquela academia tivesse ousado propô-la; e, posto que ela tivesse tido aquela coragem, eu poderia ter a coragem, e me preparei."[67]

Para meditar sobre o grande assunto, fez uma viagem de sete a oito dias a Saint-Germain com Thérèse, para a casa de uma amiga. Ali se embrenhava na floresta, onde buscava encontrar a imagem dos tempos primitivos de que traçava orgulhosamente a história. Procurava a natureza dos homens, o seu progresso no tempo, as coisas que o haviam desfigurado e, confrontando o homem do homem com o homem natural, para mostrar no seu suposto aperfeiçoamento, a verdadeira origem das suas misérias. O seu ânimo, exaltado por aquelas sublimes contemplações, se elevava até a Divindade e, vendo lá de cima

66 Ibidem, p. 461.
67 Ibidem, p. 463.

os seus semelhantes seguirem o triste caminho de seus preconceitos, dos seus erros, e de suas desventuras, de seus delitos, gritava com voz fraca que eles não podiam ouvir: "Ó, insensatos, que se queixam sem trégua da natureza, saibam que todos os seus males lhes advêm de vós mesmos."[68] E conclui que essas meditações tiveram como resultado o *Discurso Sobre a Origem e os Fundamentos da Desigualdade Entre os Homens*, obra que agradou a Diderot e mereceu carta elogiosa de Voltaire, mas não teve sucesso de público.

O Livro IX das *Confissões* é inteiramente do período em que Rousseau morou em Hermitage, aonde chegou no dia 9 de abril de 1756, a convite da sra. Épinay, que em dezembro de 1757 o convidou a deixá-la, depois de vários desentendimentos. Esse foi um período tormentoso e conflitivo para Rousseau. Tinha, no entanto, e manteve, a consciência de sua missão e de sua honestidade intelectual. Daí a angústia de sentir que escrever para buscar o pão teria logo sufocado o seu gênio e morto o seu talento, que estava mais no coração do que na pena, nascido exclusivamente de um modo de pensar elevado e orgulhoso, único capaz de nutri-lo. Nada de vigoroso, nada de grande pode nascer de uma pena venal.

> Se a necessidade de sucesso não me tivesse aprofundado nas intrigas, ter-me-ia impelido a dizer mais coisas que agradassem a multidão do que coisas úteis e verdadeiras e, em vez de um autor distinto qual podia ser, teria sido somente um rabiscador. Não, não, sempre pensei que a condição de autor era e podia ser ilustre e respeitável só enquanto não fosse uma profissão. É muito difícil pensar nobremente quando se pensa somente para viver [...]. Deixava os meus livros entre o público com a certeza de haver falado para o bem comum, sem nenhuma preocupação do resto.[69]

Como observei anteriormente, esse foi um período conturbado, mas, também curiosamente, um dos mais férteis. Ele o diz:

> A partir daqui se difunde nos meus livros aquele fogo verdadeiramente celeste que me incendiava. [...] Sentia-me transformado [...]; não era mais aquele homem tímido, mais envergonhado que

68 Ibidem, p. 464.
69 Ibidem, p. 478-479.

II AUTOBIOGRAFIAS E OUTRAS FORMAS DO "EU"

> modesto, que não ousava nem se apresentar nem falar; que uma troça desconcertava, que um olhar de mulher fazia corar. Audaz, orgulhoso, intrépido, carregava por todo lado uma segurança tanto mais firme quanto era simples e residia no meu ânimo mais do que no meu comportamento. [...] Que mudança! [70]

No entanto, seu modo de agir naquele período não comprovou essa fantástica mudança; ao contrário, mostrou que ele continuava aquele homem tímido e vergonhoso que tremia diante do olhar de uma mulher e, como tal, facilmente se envolvia em paixões infelizes, ainda que confessasse que considerava o dia em que se uniu a Thérèse como aquele no qual estabeleceu seu ser moral. Como todo tímido, enxergava em qualquer gesto gentil de uma mulher um sinal de amor. Assim é que se apaixonou rapidamente pela condessa de Houdetot. Sophie d'Houdetot era casada e tinha um amante, como a sra. Épinay, hábito nas altas rodas francesas do século XVIII. Ela o visitou em Hermitage. "Esta visita teve um pouco o ar de um início de romance [...] o motivo foi tão alegre que ela a apreciou e pareceu disposta a voltar."[71] Curtiu sua paixão por longo tempo. Sua timidez o tolhia. Chegando a primavera, seu terno delírio o envolveu e, em seus ímpetos amorosos, compôs, para a última parte de seu romance *Julie ou la Nouvelle Héloïse*, diversas cartas (é um romance por cartas) entre as quais aquelas do Eliseu e do passeio no lago. "Quem, lendo essas duas cartas, não sente amolecer e derreter seu coração pela ternura que me inspiraram, feche o livro: não é feito para julgar coisas de sentimentos."[72] Nesse mesmo período, recebeu a visita da sra. de Houdetot. Mais uma vez seu coração se encheu de ternura. Estava ébrio de amor sem objeto; essa embriaguez fascinava seus olhos. Via sua Julie na sra. de Houdetot. Mas ela só falava do amante, apaixonada. Ficou arrasado e hesitava como confessar-se a ela. Tremia diante dela. Não ousava abrir a boca nem elevar os olhos. Inexprimível perturbação. Tomou a determinação de confessar-lhe seu amor. "Tinha estima por mim e benevolência. Teve piedade da minha loucura; sem elogiá-la, compadeceu-se e procurou

70 Ibidem, p. 494.
71 Ibidem, p. 511.
72 Ibidem, p. 518.

curar-me dela. Estava bem satisfeita em conservar, ao seu amante e a si mesma, um amigo pelo qual tinha estima."[73]

Segundo Rousseau, aí começa a longa trama da desventura de sua vida. Esse relacionamento com a sra. de Houdetot o desequilibrou. Trocou cartas amargas com a sra. de Épinay. Desculpou-se e se reconciliaram. Muitos desses dissabores provieram de seu temperamento desconfiado e de sua mania de perseguição, que o levaram a romper com quase todos os amigos.

Assim é que Diderot, seu amigo, lhe enviou um exemplar de *Fils Natural*, que ele diz ter lido com o interesse e a atenção que se prestam à obra de um amigo, e encontrou uma máxima: "Somente os maus são solitários". Pois ele, na sua solidão, tomou a máxima como se a ele se referisse. Ficou amargurado e entristecido, pois queria muito bem a Diderot e confiava em que ele também o estimasse. Sentiu-se profundamente ofendido. Escreveu a Diderot, de certo modo justificando seu isolamento fora da capital: "No campo se aprende a bem-querer e a servir a humanidade; na cidade se aprende somente a desprezá-la."[74] Diderot vivia momento conturbado com a tempestade desencadeada contra a *Encyclopédie* e mais uma violentíssima acusação de plágio a uma obra de Goldoni.

Desencadeiam-se sucessivos desentendimentos de Rousseau com seus amigos. Uma das razões parece ter sido o modo como ele dispôs de seus filhos:

> O modo como havia disposto dos meus filhos não ditava a necessidade da ajuda de ninguém. Não obstante, contei aos meus amigos, unicamente para informá-los, para não parecer a seus olhos melhor do que era. Esses amigos eram três: Diderot, Grimm e a sra. de Épinay. Duclos, o mais digno de minha confiança, foi o único a quem não contei. Soube-o, contudo; por quem? Ignoro-o. Não era provável que fosse pela sra. de Épinay [...] Restam Grimm e Diderot, então unidos em tantas coisas contra mim, e é mais do que provável que essa culpa tenha sido de ambos. Apostaria que Duclos, ao

---

73 Ibidem, p. 521. Chateaubriand faz algumas referências à Senhora Houdetot e seu amante, e sua relação com Rousseau em *Memoires d'outre-tombe*, v. 2, p. 61-62

74 Ibidem, p. 539.

II AUTOBIOGRAFIAS E OUTRAS FORMAS DO "EU"

qual não tinha dito meu segredo e que, no entanto, dele era senhor, foi o único que o guardou.[75]

Mais tarde ele se desentendeu com Voltaire, que publicamente o acusou de ter abandonado os filhos.

Enfim, vivia atormentado, sentindo-se perseguido: "Soube que me imputavam atrocidades nefandas, sem jamais saber em que coisa consistiam". Fazia suposições. A certa altura, confessou que a morte não o espaventava, pois, a via aproximar-se com alegria. Talvez aqui esteja um elemento que justifique a suposição de que Rousseau se tenha suicidado.

O período das agruras se intensificava, além do agravamento de seu mal constante: retenção urinária. Foi expulso de Hermitage pela sra. de Épinay. Instalou-se em Montmorency. Então, estava elaborando suas obras. A primeira, *Instituições Políticas*, da qual ele desistiu por requerer vários anos de trabalho, extraindo dela o que fosse possível utilizar e queimando o resto. Foi daí que surgiu *Du contrat social* (Do Contrato Social). Outra obra foi *Emílio*, sem falar de *Julie ou La Nouvelle Héloïse* (Júlia ou A Nova Heloísa), romance que já estava bastante adiantado, a ponto de poder mostrar os originais à sra. de Luxembourg: "O sucesso deste expediente superou a minha expectativa. A sra. de Luxembourg ficou encantada com *Julie* e seu autor; falava somente de mim, se ocupava apenas de mim, me dizia palavras doces o dia todo, me abraçava dez vezes ao dia"[76].

O Contrato Social e *Emílio* foram publicados quase ao mesmo tempo. Uma diferença de dois meses. Ambos desencadearam fortes reações contra Rousseau e suscitaram perseguições. *O Contrato Social*, evidentemente por seu conteúdo político-revolucionário. *Emílio*, por questões morais. Este último chegou a Paris antes do primeiro. Rousseau recebeu uma carta do príncipe de Conti que lhe anunciava a tormenta, pois, não obstante todo o seu esforço, resolveram proceder contra ele: "Nada pode parar o golpe, a corte o exige, o Parlamento o quer"; Parlamento, no Antigo Regime, não era órgão político, mas uma espécie de Palácio

75 Ibidem, p. 550-551.
76 J.J. Rousseau, *Julie ou la Nouvelle Héloïse*. Romance epistolar, não será objeto de consideração neste estudo.

da Justiça, por meio do qual o rei praticava sua justiça: "Às sete horas da manhã será expedido o mandado de captura e mandarão imediatamente prendê-lo; consegui que não o fizessem se se afastasse".

Rousseau foge para Yverdon (1762). *Emílio* e *O Contrato Social* são condenados pelas autoridades genebrinas, que também ordenam o autor à prisão. O governo de Berna, contudo, o expulsa de seu território. Assim, escorraçado de Yverdon, Jean-Jacques Rousseau se refugia em Motiers, no território de Neuchâtel, então sob o domínio de Frederico II da Prússia. Sob a proteção das autoridades de Neuchâtel, Rousseau se naturaliza e renuncia à cidadania de Genebra. Divulga (1764) *Lettres écrites de la Campagne* (Cartas Escritas da Montanha), de caráter político, que suscitam novas condenações. Em 1765, perseguido, decide aceitar o convite de Hume para ir para a Inglaterra, e já em 1766 instala-se em Wootton com Thérèse; aí dá início às *Confissões*; rompe com Hume. O rei Jorge III da Inglaterra confere-lhe uma pensão, mas Rousseau abandona o país.

Morre em 2 de julho de 1778.

5. RECORDAÇÕES

Há quem faça a seguinte distinção entre recordação e memória. A primeira seria o ato de recordar ou o recordado, a lembrança de tudo o que se viveu; a segunda seria a capacidade, disposição, faculdade, função de recordar. A recordação seria o processo psicológico. A memória seria, pois, a faculdade de recordação sensível, a retenção das impressões, enquanto a recordação (reminiscência) seria o espiritual, o ato por meio do qual a alma vê no sensível o inteligível. São considerações filosóficas nas quais não entrarei aqui. Para os fins deste ensaio, considerarei *recordação* como uma espécie da memória de um momento específico.

A expressão tem sido usada como parte de título de romances. Assim, *Recordações do Escrivão Isaías Caminha*, de Lima Barreto, *Recordações da Casa dos Mortos*, de Dostoiévski[77].

---

77 F. Dostoiévski, *Recordações da Casa dos Mortos*. Há edições desse livro com o título *Memórias da Casa dos Mortos*, sendo que a nomenclatura depende do tradutor.

II AUTOBIOGRAFIAS E OUTRAS FORMAS DO "EU"

Nessa linha, a obra *Memórias do Cárcere*, de Graciliano Ramos, pode ser considerada como *Recordações do Cárcere*, memórias de uma situação específica, limitada no tempo[78]. Bem o reconhece o autor: "Resolvo-me a contar, depois de muita hesitação, casos passados há dez anos – e, antes de começar, digo os motivos por que silenciei e por que me decido. Não conservo notas: algumas que tomei foram inutilizadas, e assim, com o decorrer do tempo, ia-me parecendo cada vez mais difícil, quase impossível, redigir esta narrativa."[79]

São lembranças de sua prisão, recordações de um tempo doloroso, tempo real, fatos reais. Narrativa na primeira pessoa, mas não é ficção, o autor o diz: "Desgosta-me usar a primeira pessoa. Se se tratasse de ficção, bem: fala um sujeito mais ou menos imaginário; fora daí é desagradável adotar o pronomezinho irritante, embora se façam malabarismos por evitá-lo. Desculpo-me alegando que ele me facilita a narração."[80]

O título nem foi uma escolha definitiva de Graciliano, já que nem sequer havia terminado a obra. Faltou o último capítulo, mas ele deixou uma ideia do que trataria, conforme informa seu filho Ricardo Ramos em "Explicação Final", no fim do quarto volume: "Que é que você pretende com o último capítulo?", perguntou ao pai, e este respondeu: "Sensações da liberdade. A saída, uns restos de prisão a acompanhá-lo em ruas quase estranhas."

A obra se divide em quatro volumes.

O primeiro – *Viagens* – descreve sua prisão e o seu deslocamento para diversas prisões, prisão num navio, prisão em Recife, prisão no Rio de Janeiro, sem explicações, sem sequer lhe indicarem os motivos da prisão e mesmo sequer o interrogarem sobre a prática de algum ato que justificasse a prisão. Sabia que era prisão política porque com ele políticos

---

78 R. Ramos, Explicação Final, no final do volume 4 de *Memórias do Cárcere*, p. 162s.: "Faltava apenas um capítulo destas memórias, quando morreu Graciliano Ramos." O leitor percebe, ao chegar ao fim da obra, que falta alguma coisa, sobre sua saída da prisão, que fossem, pelo menos, "as primeiras sensações da liberdade"(p. 164).

79 G. Ramos, *Memórias do Cárcere*. Todas as citações são extraídas da edição de 1953 da José Olympio.

80 Observe-se, de passagem, que Graciliano Ramos escreveu cinco romances, dos quais quatro de primeira pessoa, se incluirmos *Infância*, como veremos infra.

conhecidos estiveram na prisão. Telefonemas estranhos o ameaçavam. No dia 3 de março de 1936, um amigo "cochichou rapidamente que iam prender-me e era urgente afastar-me. Não me arredaria, esperaria tranquilo que me viessem buscar". Estava convencido de que não tinha cometido falta grave, pelo menos não se lembrava disso, ainda que ambicionasse ver a desgraça do capitalismo, "se quisessem transformar em obras os meus pensamentos, descobririam com facilidade matéria para condenação. Não me repugnava a ideia de fuzilar um proprietário por ser proprietário. Era razoável que a propriedade me castigasse as intenções".

Foi preso no dia 3 de março de 1936. Triste. Vigorava a Constituição de 1934, promulgada pela Assembleia Constituinte de 1933-1934. O Congresso estava funcionando; não obstante, os direitos humanos eram desrespeitados. Não era ainda o Estado Novo, mas já era uma forma de governo autoritário a que o Congresso dera poderes extraordinários, que ele utilizava ditatorialmente. Uma pergunta verrumava-lhe o espírito: "Por que vinha prender-me o sujeito que um mês antes me fora amolar com insistências desarrazoadas?" Graciliano trabalhava na Inspetoria do Ensino em Alagoas; o tenente que o fora prender tinha estado com ele para pleitear a aprovação de uma sobrinha que fora reprovada, e ele recusara. Preso, começou uma situação kafkaniana. Ele conta: "Começava a esboçar-se a terrível situação que ia perdurar: uma curiosidade louca a emaranhar-se em cordas, embrenhar-se em labirintos, marrar paredes, e ali perto o informe necessário, imperceptível nas linhas de uma cara enigmática e fria. Chegamos afinal diante de um vasto edifício, saltamos." Em seguida reembarcaram, porque ali não tinha lugar. Depois, uma segunda parada, "e mergulhamos num casarão, subimos e descemos numerosos degraus de cimento, dobramos esquinas, fomos acordar o sujeito que dormia num quarto pequeno situado no fim de um alpendre. Levantou-se bocejando, a cara enferrujada. E travou-se um diálogo de que nada consegui entender". Também ali não havia lugar. Na verdade estava ele agora num mundo estranho.

O segundo volume – *Pavilhão dos Primários*.

> Saímos, andamos um pedaço de pátio, alcançamos o nosso destino, alto edifício de fachada nova. Entramos. Salas à esquerda e à direita

do vestíbulo espaçoso. Uma grade ocupava toda a largura do prédio. No meio dela escancarou-se enorme porta. Introduzimo-nos por aí, desembocamos num vasto recinto para onde se abriam células, aparentemente desertas: era provável terem todos os inquilinos vindo receber-nos. Avançamos entre duas filas de homens que, de punhos erguidos, se puseram a cantar.

Eis aí o *Pavilhão dos Primários*. Ali chegaram depois de longa viagem de navio desde Recife, sempre sem saber para onde eram levados. Graciliano reconheceu a Guanabara. Desembarcaram. Tomaram ônibus. Repetiram-se aquelas cenas de parar numa prisão e não ter lugar, seguir para outra e outra. "Insensível", diz Graciliano, "nem tentei informar-me a respeito daquelas paragens; em roda as conjecturas diminuíram. Apesar da indiferença, espantava-me ignorarem completamente onde ficaríamos, andarem à toa em busca de cárceres para nós".

Encontrou Rodolfo Ghioldi entre os presos. Secretário-geral do Partido Comunista argentino. Grande orador, comenta Graciliano.

> Despertaram-me pancadas de tamancos. Ergui-me, fui ao passadiço, vi aglomeração lá embaixo, desci, agreguei-me ao semicírculo que se formava junto à escada. Rodolfo Ghioldi subiu alguns degraus. Tinha de pano em cima do corpo uma cueca e um lenço. Começou a falar em espanhol, de quando em quando lançando os olhos a um cartão de cinco centímetros, onde fizera o esquema da palestra. Referiu-se à política sul-americana, e logo no princípio tomei-me de verdadeiro espanto: nunca ouvira ninguém expressar-se com tanta facilidade. Enérgico e sereno, dominava perfeitamente o assunto, as palavras fluíam sem descontinuar, singelas e precisas. Admiravam-me a rapidez do pensamento e a elegância da frase. Curvado sobre o papel, a suar na composição, emendando, ampliando, eliminando, não me seria possível construir aquilo.

O que é de espantar: como era possível, numa prisão, algum preso fazer tais pronunciamentos? Na verdade, lá havia até uma Rádio Libertadora, que tocava música, na qual a presa Beatriz Bandeira cantava o *Hino do Brasileiro Pobre*. Não obstante, relata violências policiais: "Olhávamos pesarosos a vítima, imaginávamos compridos interrogatórios,

indícios, provas, testemunhas, acareações, um pobre vivente a defender-
-se às cegas, buscando evitar ciladas imprevisíveis. Depoimentos longos
partidos, recomeçados, pedaços de confissão arrancados sob tortura."
E ainda:

> Agarrado, o infeliz volta-se para um lado e para outro, inutilmente:
> a declaração estampou-se na folha, sem o emprego de violência
> física. Contudo, as violências estão próximas, e talvez a frase incon-
> veniente seja o reflexo de gritos e uivos causados por agulhas a
> penetrar unhas, maçaricos abrasando músculos. Não pensamos
> nisso. A palavra solta entre o suplício material e o suplício moral
> tem semelhança de voluntária, e, se prejudicou alguém, podemos
> julgá-la delação. Emergiu de nervos exaustos e carne moída: ao
> sair do pesadelo, o miserável feixe de ruínas conjuga uns restos de
> consciência e horroriza-se de si mesmo.

Graciliano assim descobriu que ali também havia mulheres. Na
verdade, mulheres importantes: Eneida, Olga Prestes, Elisa Berger,
Cármen Ghioldi, Maria Werneck, Rosa Meireles. E homens conhecidos
como Agildo Barata, minguado, mirrado, a voz fraca, moreno, rosto
impassível, exíguo, possuía qualidade rara de apreender um instante
as disposições coletivas; Lourenço Moreira Lima e Hercolino Cascardo
(da Coluna Prestes), Tavares Bastos; Hermes Lima; Febus Gikovate;
Maurício Lacerda; Francisco Mangabeira e outros.

O terceiro volume – *Colônia Correcional*. Foi chamado. Ia sair dali.
Para a liberdade? Não acreditava. Para a ilha Grande, para a Colônia?

> Absurdo mandarem-me para semelhante lugar. […] por que diabo
> me mandavam para aquele inferno? Pergunta néscia. Dispensa-
> vam-se razões: ia, como numerosas insignificâncias da minha laia,
> fátuas e vazias, tinham ido […] Burrice misturar com vagabundos
> e malandros um sujeito razoável, mais ou menos digno, absoluta-
> mente alheio a essas criaturas. Tencionariam corrigir-me na Colô-
> nia? Havia lá uma escola. Iriam meter-me nessa escola, coagir-me
> a frequentar as aulas dos vagabundos e malandros? O pensamento
> burlesco afastou-me para longe […].

Era o autointerrogatório da incerteza e do absurdo daquela situação toda. A pergunta aflita, sem resposta: "Para onde?". Saíram.

II AUTOBIOGRAFIAS E OUTRAS FORMAS DO "EU"

Ziguezaguearam entre as árvores, viraram becos, subiram e desceram calçadas, mas não transpuseram os muros da prisão. "Diante de um cárcere fumarento e sujo, retardei o passo, vi mulheres de cócoras. Uma preta velha encarou-me, fingiu desapontar-se, exclamou com simpatia burlesca: 'Meu filho, que foi que você fez?'"

Viu figuras tristes num curral de arame. Uma notícia começou a circular: embarcariam para o Sul! Que diabo ia ele fazer no Paraná?

> Despertaram-nos antes do amanhecer, ordenaram que nos vestísse-mos sem rumor. Lavagem precipitada na torneira, rápida mudança de roupa, leve tilintar de chaves, um sujeito invisível à porta, a exi-gir pressa. Findamos os arranjos, tomamos as bagagens, saímos. Escuridão lá fora, com certeza o dia estava longe, os pardais ainda não tinham acordado. Movemo-nos algum tempo entre as árvores, deixamos a prisão.

Entraram num tintureiro. Desceram em fila de soldados. Estavam em uma estação ferroviária. O trem moveu-se: para onde? Novamente a pergunta, sempre sem resposta. No diálogo com um dos soldados, ficaram sabendo que iam para um lugar destinado apenas a presos políticos. Tornou a perguntar: Para onde vamos?

> Olhou-me surpreendido, certamente a duvidar da minha ignorân-cia, e permaneceu calado.
> "Vamos para a Colônia?"
> Balançou a cabeça afirmando.
> "Horrível, hem?
> [...]
> "Não é tanto como dizem, não. Agora está melhor.'"

Estavam na ilha Grande, na Colônia Correcional. Acomodou-se. Mas logo assistiu a um episódio típico, que o tirou do enleio:

> Vi a dois passos um soldado cafuzo a sacudir violentamente o pri-meiro sujeito da fila vizinha. Muxicões [sacudidelas] terríveis. A mão esquerda, segura à roupa de zebra, arrastou o paciente des-conchavado, o punho direito malhou-o com fúria na cara e no peito. A fisionomia do agressor estampava cólera bestial; não me lembro de focinho tão repulsivo, espuma nos beiços grossos, os bugalhos,

duas postas de sangue. Os músculos rijos cresciam no exercício, mostrando imenso vigor. Presa e inerme, a vítima era um boneco a desconjuntar-se: nenhuma defesa, nem sequer o gesto maquinal de proteger alguma parte mais sensível. Foi atirada ao chão, e o enorme bruto pôs-se a dar-lhe pontapés. Longo tempo as biqueiras dos sapatos golpearam rijo as costelas e o crânio pelado. Cansaram-se enfim desse jogo, e o cafuzo parou, deu as costas pisando forte, soprando com ruído, a consumir uns restos de furor.

Deram-lhe um número: 3535. Um sujeito miúdo, estrábico e manco a compensar todas as deficiências com uma arenga enérgica, em discurso incisivo e rápido, dirigido aos recém-chegados:

> Aqui não há direito. Escutem. Nenhum direito. Quem foi grande esqueça-se disto. Aqui não há grandes. Tudo igual. Os que têm protetores ficam lá fora. Atenção. Vocês não vêm corrigir-se, estão ouvindo? Não vêm corrigir-se: vêm morrer.
> Embora não me restasse ilusão, a franqueza nua abalou-me: sem papas na língua, suprimiam-nos de chofre qualquer direito e anunciavam friamente o desígnio de matar-nos.

Despois de meses vivendo naquela miséria, sem alimento, sem banho, encurralado como bicho, sugado por mosquitos e piolhos, resguardando-me com trapos sujos de hemoptises, chegou a hora de ir para outro lugar. Para onde?

O quarto volume – *Casa de Correção*.

> Partimos, lá fui claudicando até a Casa de Correção, a pequena distância, entramos. Surpreso e inquieto, perguntei a mim mesmo por que me enviavam àquela prisão. Deviam estar ali, supus, as criaturas forçadas a cumprir sentença, e ainda não me haviam dito uma palavra a respeito dos meus possíveis crimes. Tinham-me obrigado longos meses a rolar para cima e para baixo; aplicavam-me agora uma condenação enigmática. Desapareceriam talvez as mudanças, as relações instáveis com vagabundos e malandros; estabelecer-me-iam num dos cárceres habitados por assassinos e ladrões perigosos. Chegamos à secretaria; um tipo de farda recebeu o ofício que ordenava a minha permanência ali, e os condutores se retiraram.

II AUTOBIOGRAFIAS E OUTRAS FORMAS DO "EU"

Essa é uma síntese expressiva do arbítrio e do absurdo. Só Joseph K., de *O Processo*, de Franz Kafka, teve uma situação tão absurda, mas ele pelo menos foi julgado; Graciliano nem sequer foi interrogado, nem sequer sabia por que estava preso!

Ficou, então, surpreso quando lhe disseram que o diretor estava à sua espera. "Finalmente, pensou, vou ser interrogado, vão me dizer por que estou ali." Nada disso, o homem foi atencioso, disse ser coestaduano dele, pois era de Pilar. Apresentaram-lhe um juiz de direito de Niterói. Deram-lhe café, leite e um tabuleiro cheio de pão. Bebeu sôfrego a caneca de leite e comeu vorazmente os pães. Nada mais.

Viu ali vários conhecidos de outras prisões: Hermes Lima, Leônidas Resende, Gikovate, Francisco Mangabeira, Agildo, Moreira Lima, Sisson, Apporelly, Cascardo, que formavam grupos na sala vasta.

Um depoimento importante:

> Uma noite chegaram-nos gritos medonhos do Pavilhão dos Primários, informações confusas de vozes numerosas. Aplicando o ouvido, percebemos que Olga Prestes e Elisa Berger iam ser entregues à Gestapo: àquela hora tentavam arrancá-las da sala 4. As mulheres resistiam, e, perto, os homens se desmandavam em terrível barulho. Tinham recebido aviso, e daí o furioso protesto, embora a polícia jurasse que haveria apenas mudança de prisão.
>
> "Mudança de prisão para a Alemanha, bandidos."
>
> Frases incompletas erguiam-se no tumulto, suspenso às vezes com a transmissão de pormenores. Isso durou muito. Pancadas secas nos mostravam de longe homens fortes balançando varões de grades, tentando quebrar fechaduras. No dia seguinte vários cubículos estariam arrombados, imprestáveis algum tempo. Na sala da capela um rumor de cortiço zangado cresceu rápido, aumentou a algazarra. Apesar da manifestação ruidosa, inclinava-me a recusar a notícia: inadmissível. Sentado na cama, pensei com horror em campos de concentração, fornos crematórios, câmaras de gases. Iriam a semelhante miséria? A exaltação dominava os espíritos em redor de mim. Brados lamentosos, gestos desvairados, raiva impotente, desespero, rostos convulsos na indignação. Um pequeno tenente soluçava, em tremura espasmódica:
>
> "Vão levar Olga Prestes."
>
> [...]
>
> Em frente à sala 4, a polícia jurava que as duas vítimas não sairiam do Brasil [...].

Tarde, a matilha sugeriu um acordo: Olga e Elisa seriam acompanhadas por amigos, nenhum mal lhes fariam. Aceita a proposta, arrumaram a bagagem, partiram juntas a Campos da Paz Filho e Maria Werneck. Ardil grosseiro. Apartaram-nos lá fora. Campos da Paz e Maria Werneck regressaram logo ao Pavilhão dos Primários. Olga Prestes e Elisa Berger nunca mais foram vistas. Soubemos depois que tinham sido assassinadas num campo de concentração na Alemanha.

Interessante o encontro de Graciliano Ramos com Sobral Pinto. Sua mulher lhe apresentou um papel para ele assinar: uma procuração a Sobral Pinto. Sugestão de José Lins do Rego. Recusou. Recusou a assinar. Esbravejou. Não ia assinar. "O doutor Sobral Pinto deve ser homem rico, e eu nem tenho dinheiro para pagar os selos da procuração. Deixem-me em paz." Afinal assinou.

Um dia chamaram-no à secretaria.

Aí se apresentou um cidadão magro, de meia altura, rosto enérgico, boca forte, olhos terrivelmente agudos. Sobral Pinto. Inquietou-me vê-lo perder tempo em visita a um preso vagabundo, refugo da Colônia Correcional: imaginara que apenas redigisse ou mandasse redigir uma petição de habeas corpus. Estragava a manhã vindo falar-me. O advogado sentou-se, afastou essas lamúrias com um gesto seco, abriu a pasta e começou a interrogar-me. Era o primeiro interrogatório a que me submetiam. Ouvi perguntas e dei respostas embrulhadas; maquinalmente peguei uma folha de papel e um lápis; mas achava-me tão confuso que, referindo-me à casa de detenção, fiquei sem saber se devia escrever detenção com s ou ç. Risquei, tornei a riscar – a incerteza permaneceu. No cipoal de questões enrasquei-me:

"Ora, doutor, para que tantas minúcias: Como é que o senhor vai preparar a defesa se não existe acusação?

O advogado estranhou a minha impertinência. Em que país vivíamos? Era preciso não sermos crianças.

"Não há processo."

"Dê graças a Deus", replicou o homem sagaz espetando-me com o olhar duro de gavião. "Por que é que o senhor está preso?"

"Sei lá! Nunca me disseram nada."

"São uns idiotas. Dê graças a Deus. Se eu fosse chefe de polícia, o senhor estaria aqui regularmente, com processo."

"Muito bem. Onde é que o senhor ia achar matéria para isso, doutor?"

"Nos seus romances, homem. Com as leis que fizeram por aí, os seus romances dariam para condená-lo."

Não me ocorrera tal coisa. Os meus romances eram observações frágeis e honestas, valiam pouco. Absurdo julgar que histórias simples, produto de mãos débeis e inteligência débil, constituíssem arma. Não me sentia culpado. Que diabo! O estudo razoável dos meus sertanejos mudava-se em dinamite. O duro juízo do legista esfriou-me:

"Está bem. Não tinha pensado nisso."

Realmente pensava no prejuízo que me forçavam a causar ao paradoxo vivo ali sentado em frente de mim. Não havia dinheiro nem para os selos. Por que tirar da cadeia um pobre como eu? Sobral Pinto me fez outras visitas. Palavra aqui, palavra ali – notei que ele era pobre também. E por isso queria libertar-me. As nossas ideias discrepavam. Coisa sem importância. Sobral Pinto, homem de caridade perfeita, queria tirar da cadeia um bicho inútil, na minha opinião, um filho de Deus, na opinião dele."

As *Memórias do Cárcere*, como dito, ficaram inacabadas. Faltava um capítulo. Com certeza nele Graciliano relataria sua saída da prisão e como ela se dera. No apêndice, há uma "Explicação Final", oferecida por seu filho Ricardo Ramos: "Faltava apenas um capítulo destas memórias, quando morreu Graciliano Ramos. […] E se às vezes procurávamos lembrar-lhe esse fato [concluir suas *Memórias do Cárcere*], respondia: 'Não há problema, é tarefa de uma semana.'"

6. DIÁRIOS

São formas do "eu", que também nem sempre são romanescas, porém sempre são formas literárias, tenham ou não caráter ficcional.

Diário, neste caso, é um tipo de obra em que o autor registra diariamente, ou pelo menos em dias indicados, acontecimentos, impressões e confissões. Há diários famosos como *O Diário de Anne Frank*. Romancistas também se utilizam da forma de diário em parte de seus romances. Vamos ver, oportunamente, que *Robinson Crusoé* é, em boa parte, escrito em forma de diário. Algumas personagens da *Crônica da Casa Assassinada* também apresentam suas falas em forma de diário, como vimos. Mas o romance que é todo ele em forma de diário é *Memorial de Aires*, de Machado de Assis, conforme veremos no seu momento.

6.1. Quarto de Despejo

Escrito por Carolina Maria de Jesus, *Quarto de Despejo*[81] é um livro triste, de um realismo chocante, um realismo real por demais, de misérias mil. Audálio Dantas, descobridor de Carolina Maria de Jesus, escreve no Prefácio, um pouco no estilo de Guimarães Rosa:

> Prefácio não é, que prefácio tem regras. E de regras não gosto, digo logo. Tenho de contar uma história, conto. Bem contada, no exato acontecido, sem inventar nada. Não é no jeito meu, comum de repórter, mas é uma história exata de verdade – talvez uma reportagem especial. Conto: a história de Carolina Maria de Jesus, irmã nossa, vizinha nossa, ali da favela do Canindé, Rua A, barraco número 9.
> O barraco é assim: feito de tábuas, coberto de lata, papelão e tábuas também. Tem dois cômodos, não muito cômodos. Um é sala-quarto-cozinha, nove metros quadrados, se muito for; e um quarto quartinho, bem menor, com lugar para uma cama justinha lá dentro. A humanidade dele é esta: Carolina, Vera Eunice, José Carlos, João José e 35 cadernos. Tem mais coisas dentro dele, que a luz da janelinha deixa a gente ver: um barbante esticado, quase arrebentando de trapos pendurados, mesinha quadrada, tábua de pinho; e fogareiro de lata e lata-de-botar-água e lata-de-fazer-café e lata-de-cozinhar; tem também guarda-comida escuro de fumaça e cheio de livros velhos; e mais: duas camas, uma na sala-quarto--cozinha e outra no quarto assim chamado.

> Carolina Maria de Jesus, a da Rua A, barraco número 9, é quem diz e escreve, tinta forte, letra torta, direitinho, tudo da favela. No exato compreendido da miséria vista e sentida. Carolina, irmã nossa,

---

81 Todas as citações foram extraídas da edição de 1960 da Paulo Azevedo.

II AUTOBIOGRAFIAS E OUTRAS FORMAS DO "EU"

colega minha, repórter, faz registro do visto e do sentido. É por isso que em sua sala-quarto-cozinha, no guarda-comida que tem lá, 35 cadernos foram guardados, junto com os livros. Dos cadernos, alguns são de contos contados, de invenção pura e grande, bonitos de ingênuos. Parte grande é verdade favelada, acontecida de noite e de dia, sem escolher hora, nem gente, nem barraco.

Carolina Maria de Jesus entende muito de miséria. Há muito tempo. Como ninguém dizia nada, ela resolveu dizer. E foi só achar um caderno ainda com folhas em branco e começar a contar. Transformou-se em voz de protesto. E há muitos anos grita, bem alto, em seus cadernos, gritos de todos os dias. Os seus gritos e os gritos dos outros, em diário.

O diário começa no dia 15 de julho de 1955; por quê?

15 de julho de 1955. Aniversário de minha filha Vera Eunice. Eu pretendia comprar um par de sapatos para ela. Mas o custo dos gêneros alimentícios nos impede a realização dos nossos desejos. Atualmente somos escravos do custo de vida. Eu achei um par de sapatos no lixo, lavei e remendei para ela calçar.

Eu não tinha um tostão para comprar pão. Então eu lavei 3 litros e troquei com o Arnaldo. Ele ficou com os litros e deu-me pão. Fui receber o dinheiro do papel. Recebi 65 cruzeiros. Comprei 20 de carne, 1 quilo de toucinho e 1 quilo de açúcar e seis cruzeiros de queijo. E o dinheiro acabou-se.

Relata um pouco a vida da favela, as desavenças, intrigas, grosserias, insultos. "Eu não vou na porta de ninguém. É vocês quem vem na minha porta aborrecer-me. Eu nunca xinguei filhos de ninguém, nunca fui na porta de vocês reclamar contra seus filhos. Não pensa que eles são santos. É que eu tolero crianças." (1955, 18 de julho).

Existe ternura, recreação no barraco de Carolina Maria de Jesus.

"As vezes eu ligo o rádio e danço com as criança, simulamos uma luta de boxe. Hoje comprei marmelada para eles. Assim que dei um pedaço a cada um percebi que eles me dirigiam um olhar terno. E o meu João José disse: 'Que mamãe boa!'"

Mas também existem discussões, inveja, intolerância entre os favelados, que a escritora registra:

Quando as mulheres feras invade o meu barraco, os meus filhos lhes joga pedras. Elas diz:

"Que crianças mal iducadas!"

Eu digo:

"Os meus filhos estão defendendo-me. Vocês são incultas, não pode compreender. Vou escrever um livro referente a favela. Hei de citar tudo que aqui se passa. E tudo que vocês me fazem. Eu quero escrever o livro, e vocês com estas cenas desagradáveis me fornece os argumentos."

A Silvia pediu-me para retirar o seu nome do meu livro. Ela disse:

"Você é mesmo uma vagabunda. Dormia no Albergue Noturno. O seu fim era acabar na maloca."

Eu disse:

"Está certo. Quem dorme no Albergue Noturno são os indigentes. Não tem recurso e o fim é mesmo nas malocas, e Você, que diz nunca ter dormido no Albergue Noturno, o que veio fazer aqui na maloca? Você era para estar residindo numa casa própria. Porque a sua vida rodou igual a minha?"

Ela disse:

" A única coisa que você sabe fazer é catar papel."

Eu disse:

"Cato papel. Estou provando como vivo!" (1955, 19 de julho).

Carolina não pode ter luxo, não tem como residir numa casa boa, mas cuida de que seus filhos tenham boa comida.

Preparei a refeição matinal. Cada filho prefere uma coisa. A Vera, mingau de farinha de trigo torrada. O João José, café puro. O José Carlos, leite branco. E eu, mingau de aveia.

Já que não posso dar aos meus filhos uma casa decente para residir, procuro lhes dar uma refeição condigna.

[...]

Eu não tenho home em casa. É só eu e meus filhos. Mas eu não pretendo relaxar. O meu sonho era andar bem limpinha, usar roupas de alto preço, residir numa casa confortável, mas não é possível". (1955, 20 de julho).

Vivia sua vida. Trabalhava, conseguia dar comida condigna aos filhos. Era conformada, sonhava, mas, às vezes, se revoltava:

Tem hora que revolto com a vida atribulada que levo. E tem hora que me conformo. Conversei com uma senhora que cria uma menina de cor. É tão boa para a minina [...] Lhe compra vestidos de alto preço. Eu disse:

"Antigamente eram os pretos que criava os brancos. Hoje são os brancos que criam os pretos." (1955, 22 de julho)

A certa altura escreveu que o Brasil precisa ser dirigido por uma pessoa que já passou fome. "A fome também é professora" (1958, 10 de maio). Antecipava assim a vinda do Lula e as tentativas da Marina, que tiveram vida difícil.

"Surgiu um moço. Disse ser seu filho. Contei umas anedotas. Eles riram e eu segui cantando." (22 de julho.)

O estilo, como se vê, é seco. Frases curtas. Sem ornamentação, quase sem adjetivos. Só substantivo, próprio para dar substância ao realismo quase naturalista da obra. Quase não há paisagens. Só a vida e suas dificuldades. O comum é o mundo da fome e quem passa fome não vê beleza na paisagem. Por isso, é raro uma paisagem em o *Quarto de Despejo*, como essa:

> O céu é belo, digno de contemplar porque as nuvens vagueiam e formam paisagens deslumbrantes. As brisas suaves perpassam conduzindo os perfumes das flores. [...] As aves percorrem o espaço demonstrando contentamento. A noite surge as estrelas cintilantes para adornar o céu azul. Há várias coisas belas no mundo que não é possível descrever-se. Só uma coisa nos entristece: os preços, quando vamos fazer compras. Ofusca todas as belezas que existem. (1958, 23 de maio).

Linguagem primitiva, linguagem tosca, talvez não seja mesmo apropriada para descrever as belezas da vida e do mundo, porque é a linguagem triste, aquela que dá expressão à amargura, ao sofrimento, porque é a melhor linguagem da fome, porque "fome é a pior coisa do mundo."

> Percebi que no Frigorífico jogam creolina no lixo, para o favelado não catar a carne para comer. Não tomei café, ia andando meio tonta. A tontura da fome é pior do que a do álcool. A tontura do álcool impele a cantar. Mas a da fome nos faz tremer. Percebi que é horrível ter só ar dentro do estomago. (27 de maio.)

Comecei a sentir a boca amarga. Pensei: já não basta as amarguras da vida? Parece que quando eu nasci o destino marcou-me para passar fome. (27 de maio)

7. VIAGENS

Viagens são formas do "eu" ficcional, ou ficcionalizado, ou de um viajante efetivo que conta o que viu, assistiu, sofreu e aproveitou. Nesse caso, o "eu" conta efetivamente o seu deslocamento do local de sua residência, por diversas razões e com distintas finalidades, para uma ou mais localidades que lhe proporcione especial atração de beleza, lazer, divertimento, comodidades, repouso, negócios, e onde utiliza serviços genéricos e específicos; em geral, a narrativa é ilustrada com fotografias, como foi a *Viagem a Portugal*, de José Saramago. O "eu" ficcionalizado conjuga em sua narrativa o deslocamento efetivo com o imaginário, assim a *Viagem Sentimental*, de Laurence Sterne, e *Viagens na Minha Terra*, de Almeida Garrett. O "eu" ficcional é forma de criação romanesca, como *Viagem à Roda do Meu Quarto*, de Xavier de Maistre, mas não foi a *Viagem a Portugal*, de José Saramago.

7.1. Viagem Sentimental

Obra de Laurence Sterne, que li na versão espanhola de *A Sentimental Journey through France and Italy*, publicado em 1768, na Inglaterra, apenas três semanas antes de sua morte por complicações de tuberculose. Na contrapa da obra se lê:

> Um leitor desprevenido, à vista do título, poderia considerá-lo como um livro de viagem à usança clássica; nada mais longe da realidade. Seu objeto parece insignificante, pois servindo-se do deambular errático pela França do despreocupado Yorick – jovem clérigo, *alter ego* do autor –, a obra parece limitar-se a narrar, com suma indolência, um passeio "sentimental" em que o importante não são os monumentos, as cidades ou os acidentes geográficos, mas as mulheres encontradas, a curiosidade pelas personagens conhecidas e as pequenas aventuras iniciadas. A grande habilidade de

Sterne, nesta como na sua obra magna, *A Vida e as Opiniões do Cavalheiro Tristram Shandy*, estriba em transcender as mínimas anedotas da viagem, que para o leitor acabaram alcançando valor de parábola existencial.

7.2. Viagem à Roda do Meu Quarto

Publicado em 1794, *Viagem à Roda do Meu Quarto*[82] é um romance de Xavier de Maistre (1763-1852), uma bela narrativa produzida quando ele, tenente, esteve preso por 42 dias na fortaleza do Piemonte. "Estou convencido de que gostariam de saber por que a minha viagem à roda do meu quarto durou 42 dias em vez de 43, ou qualquer outro espaço de tempo. Mas como hei de explicá-lo ao leitor se eu próprio ignoro?" Sua filiação à *Viagem Sentimental*, de Sterne, é reconhecida. Sua veia irônica aparece já nas primeiras linhas, quando menciona o prazer que experimentava ao tornar pública sua viagem: "Meu coração sente uma satisfação inexprimível quando penso no número infinito de infelizes a quem ofereço um recurso certo contra o tédio e um calmante para os males de que sofrem." Uma viagem interessante porque nada custou ao viajante nem a ninguém. Foi à roda de seu quarto, de onde ele não era senhor de sair à sua vontade. O quarto era um retângulo que media 36 passos bem rente à parede. No entanto, sua viagem conteve mais do que isso, porque atravessou o quarto muitas vezes no comprimento e na largura, ou diagonalmente, "sem seguir regra nem método – farei até ziguezagues, e percorrerei todas as linhas possíveis em geometria". Vai de sua mesa ao quadro colocado num canto; dali segue obliquamente até a porta, mas no caminho encontra sua poltrona e não faz cerimônia, acomodando-se nela imediatamente.

Vê-se, por tudo isso, que é uma viagem muito acidentada, cheia de obstáculos, que a argúcia do narrador resolve com a maior facilidade.

Sai de sua poltrona caminhando para o norte e aí descobre seu leito, que está ao fundo. Nesse deambular pelo quarto descobre um sistema metafísico *da alma* e *da besta*. Por diversas observações percebe

---

82 Todas as citações foram extraídas da edição de 2008 da Estação Liberdade, tradução de Marques Rabelo.

que o homem é composto de uma alma e uma besta, dois seres absolutamente distintos, mas encaixados um no outro, ou um sobre o outro.

Sei que a viagem de Xavier de Maistre influenciou a *Viagens na Minha Terra*[83], de Almeida Garrett, tão bela quanto a primeira, mas também muito diferente porque feita num ambiente muito mais amplo, posto que foi sempre ambiciosa a sua pena. Pobre e soberba, queria assunto mais largo, e viajou para Santarém em *regata* de vapor naquele meado do século XIX. E assim foi embalado nas lembranças de Byron e pelo charuto que abre margem à conversação amena e ao intercâmbio sereno, apimentado, às vezes, com disputas políticas entre os homens do norte e os homens do sul de Portugal. Sob o sol ardente o barco desliza pelas águas do velho Tejo, protegidas pelas tágides camonianas, tão ilustres. Disso não pôde gozar Xavier de Maistre na sua viagem ao redor de quarto, ainda que conseguisse, pelas nesgas da janela, vislumbrar os Alpes cinzentos, mas os olmos que ficavam diante da janela dividiam os dias de verão de mil maneiras e os faziam balançar sobre o seu leito cor-de-rosa e branco. Ele teve ali o leito no qual repousar de sua viagem ao redor do quarto.

Sterne também influenciou Garrett, que da mesma forma apresenta capítulos com linhas pontuadas e expressões e conversas com os leitores: "A minha opinião sincera e conscienciosa é que o leitor deve saltar estas folhas, e passar ao capítulo seguinte, que é outra casta de capítulo."

Garrett de fato fez a viagem de Lisboa a Santarém, porém o livro é mais ficção do que realidade. A viagem foi apenas o motivo para uma narrativa lindamente fictícia. Não há quase descrição da viagem. O autor vai pensando e divagando. Em que pensava e divagava ele, no caminho da vila da Azambuja até o famoso pinhal do mesmo nome? Descobre-se, por fim, que o autor estivera a sonhar em todo esse capítulo. Assim ele abre o capítulo IV, mostrando o quanto é inventivo. E aí faz reflexões de um autor ficcional: "Eu darei sempre o primeiro lugar à modéstia entre todas as belas qualidades. Ainda sobre a inocência? Ainda, sim. À inocência basta uma falta para a perder; da modéstia

---

83 Todas as citações foram extraídas da edição de 2012.

II AUTOBIOGRAFIAS E OUTRAS FORMAS DO "EU"

só culpas graves, só crimes verdadeiros podem privar. Um acidente, um acaso, pode destruir aquela; a esta só uma ação própria, determinada e voluntária."

> Viagem à roda de seu quarto faz quem está à beira dos Alpes, [...] Mas com um clima como o que Deus nos deu, onde a laranjeira cresce na horta e o mato é de murta, o próprio Xavier de Maistre, que aqui escrevesse, ao menos iria ao quintal. Eu muitas vezes, nestas sufocadas noites de estio, viajo até a minha janela para ver uma nesguita de Tejo que está no fim da rua [...] E nunca escrevi estas minhas viagens [...] foi sempre muito ambiciosa a mina pena; pobre e soberba, quer assunto mais largo. Pois hei de dar-lho. Vou nada menos que Santarém [...] e há de fazer crônica de quanto pensar e sentir.

No entanto, Garrett não se limitou a fazer crônica do que viu, ouviu e sentiu. Faz prosa poética, desde que, do vale de Santarém, enamora--se o autor de uma janela que se vê por entre umas árvores. "Pois foi concedido aos poetas o direito indefinido de andarem sempre enamorados." Parou a ver a janela. "Como há de ser belo ver pôr o sol daquela janela." Um rouxinol começou a cantar a mais linda cantiga. Era ao pé da janela. "O arvoredo, a janela, os rouxinóis [...] àquela hora, o fim da tarde [...] que faltava para completar o romance? Um vulto feminino [...] vestido de branco, a frente descaída sobre a mão esquerda, o braço direito pendente, os olhos alçados para o céu... De que cor os olhos?" São verdes os olhos do vulto que estava na janela: *a menina dos rouxinóis*. "A menina dos rouxinóis! Que história é essa? Pois deveras tem uma história aquela janela."

É assim, sutilmente, que Garrett introduz uma romântica história de amor na narrativa de sua viagem: "O que vou contar não é um romance, não tem aventuras enredadas, peripécias, situações e incidentes raros; é uma história simples e singela, sinceramente contada e sem pretensões."

É a história de Joaninha, a menina dos rouxinóis, a menina dos olhos verdes, e seu Carlos. Criados juntos na casa da avó, tomaram-se de grande afeição um pelo outro. Mas um dia Carlos foi-se embora e Joaninha ficou a ouvir os rouxinóis e a sonhar com seu amor.

Vinha sempre à casa da avó dela o frade Diniz, que era uma personagem misteriosa, de quem a avó tinha certo horror porque, por causa dele, ficou cega. No fim, fica-se sabendo que esse frade era pai de Carlos, e a este ele o revelou, causando-lhe grande desgosto.

Como plano de fundo da história de Joaninha e Carlos, estava a guerra que dom Pedro I, do Brasil, moveu contra seu irmão dom Miguel, que usurpara o trono português. Recorde-se que o imperador do Brasil abdicara da coroa portuguesa, que lhe cabia como sucessor do pai, dom João VI, em favor de sua filha Maria da Glória. Dom Miguel toma o poder, destituindo dona Maria da Glória. Dom Pedro, então, abdica ao trono do Brasil em favor do filho, Pedro de Alcântara, e vai para Portugal reconquistar o trono para sua filha. Daí a guerra.

Pois bem, Carlos, personagem fictícia, lutava nessa guerra ao lado dos constitucionalistas de dom Pedro contra os realistas de dom Miguel, como o próprio Garrett.

Certo dia, essas forças passaram pelo vale de Santarém, Carlos reencontrou Joaninha e se apaixonou. Mas ele tinha problemas, porque amava Georgina e por ela era amado. Nesse contexto, Garrett introduz outra história, a história de Carlos na Inglaterra e sua convivência com uma família inglesa com três moças bonitas, uma das quais era Georgina, com quem se uniu e estava comprometido.

Aí o drama romanesco. Carlos foi gravemente ferido na guerra e levado ao hospital em Santarém. Georgina veio para cuidar dele, mas, quando ele se recuperou, ela estava convencida de que o grande amor dele era Joaninha. Diante disso, renuncia ao seu amor e vai ter-se com Joaninha, enquanto Carlos vai embora. Joaninha não resiste ao abandono, fenece e morre nos braços de sua rival Georgina. Carlos muda de rumo, envolve-se na política, vira barão.

Uma novela romântica inserida num relato realista de viagem, um pouco à moda de Sterne.

Notícia de *Viagem a Portugal*[84], de José Saramago. A publicação original, em 1990, incluía material fotográfico que foi retirado na edição

---

84 Todas as citações foram extraídas da edição de 1997 da Companhia das Letras.

portuguesa de 1995, convertendo-a numa obra apenas de texto. É uma viagem real por vilas e cidades portuguesas, narrada numa linguagem literária da melhor qualidade, como tudo de Saramago, recheada de casos e historietas que lhe ornam ainda mais a beleza da linguagem. Não descerei a minudências porque essa viagem não é, como de hábito, escrita na primeira pessoa. José Saramago inventou uma técnica por meio da qual a narrativa é feita na terceira pessoa: pôs o termo "viajante" como o sujeito da narrativa. O "eu" do autor se transformou no "ele" do viajante, conforme comprova a seguinte passagem:

> Quando o viajante entra em Torre de Moncorvo, já há muito tempo que é noite fechada. O viajante considera que é desconsideração entrar nas povoações a tais horas. As povoações são como as pessoas, aproximamo-nos delas devagar, paulatinamente, não esta invasão súbita, a coberto da escuridão, como se fôssemos salteadores mascarados. Mas é bem feito, que elas pagam-se. As povoações, é conveniente lembrar, sabem defender-se à noite. Põem os números das portas e os nomes das ruas, quando os há, em alturas inverossímeis, tornam esta praça igual a este largo, e, se lhes dá no apetite, colocam-nos na frente, a empatar o trânsito, um político com o seu cortejo de aderentes e o seu sorriso de político que anda a segurar os votos. Foi o que fez Torre de Moncorvo. O pior é que o viajante vai destinado a uma quinta que fica para além, no Vale da Vilariça, e a noite está tão negra que dos lados da estrada não se sabe se a encosta, a pique, é para cima ou para baixo.

É uma delícia acrescida pelos deliciosos nomes das povoações portuguesas. Mas veja-se que interessante esse trânsito da terceira pessoa para a primeira do plural, o que só é possível porque, atrás daquela terceira pessoa, representada pelo substantivo "viajante", está o "eu" da pessoa do viajante.

8. BIOGRAFIA E AUTOBIOGRAFIA ROMANCEADAS

Álvaro Lins, que foi grande crítico literário, observou, certa vez:

> Os gêneros literários tendem a realizar fusões e posteriores divisões, numa contínua transformação. Inútil, portanto, um debate

sem consequência, discutir esse velho e inevitável fenômeno. Mas muito útil será o debate [...] a fazer diante de uma mistura híbrida que choca a vista e, mais ainda, o gosto artístico. A esse gênero pertence a confusão que se opera atualmente [1940] entre o gênero biografia e o gênero romance. Tenho comigo, aliás, que falo mal, neste caso, falando de fusão e confusão. O que se está verificando é uma anomalia muito mais grave: uma inversão de faces, uma substituição de destino, uma transmutação de planos de ação e realização.[85]

Mais adiante, continua:

Multiplicaram-se por toda parte os romances biográficos e as biografias romanceadas. [...] A consequência é que nem os primeiros são romances, nem os segundos são biografias. Corromperam-se, de uma só vez, dois gêneros numa tentativa de fusão ou de substituição absolutamente impossível.[86]

Lembra, a propósito, as biografias romanceadas e os romances autobiográficos que escreveu André Maurois.[87]

Essas considerações vêm a propósito da biografia romanceada de *Lincoln*, escrita por Gore Vidal[88]. O livro tem forma de romance, porém forma artificial, porque não basta uma sucessão de diálogos entremeados de descrições de fatos, lugares e ambientes, ou reflexões de personagens, para se ter um romance.

Lincoln não disse nada. Washburne perguntou-se se ele estaria ouvindo. Lá fora, o mirrado sol de inverno lembrava um selinho amarelo-claro preso a um céu cinza de pergaminho, à esquerda do ponto onde devia estar o domo do Capitólio, mas que não estava ali. O que havia, desenhando-se contra o céu como uma força e erguendo-se da base de mármore redonda, a lembrar os brancos bolos de casamento de Gautier, era um grande guindaste.

Os diálogos não são entre personagens, mas conversas atribuídas a pessoas concretas, num artificialismo que não emociona, porque não

85 A. Lins, *A Técnica do Romance em Marcel Proust*, p. 344.
86 Ibidem, p. 345.
87 Ibidem.
88 Todas as citações foram extraídas da edição de 1986 da Rocco, tradução de Manoel Paulo Ferreira.

II AUTOBIOGRAFIAS E OUTRAS FORMAS DO "EU"

se está criando uma suprarrealidade. Inútil a afirmativa de que Gore Vidal recriou nesse romance um dos maiores mitos da história americana, porque o mito já era real, absolutamente real, e não há como recriar a realidade absoluta, existente, concretamente existente. Não há como transmudar pessoas vivas ou mortas em personagens fictícias, imaginárias, inventadas. Não há como transformar conflitos reais em dramas estéticos, nem como erigir líderes em protagonistas. A mistura de gêneros, no caso, se assemelha a um *cruzamento da aranha caranguejeira* com o *marimbondo do mato*: tão incompatíveis são os consortes que não pode dar cria e, se der, será um monstrengo. O leitor de tal tipo de livro fica perdido, por não saber o que realmente é biografia e o que é ficção romanesca. Veja:

"Calorosamente, Washburne apertou a mão do velho amigo, o presidente-eleito dos Estados Unidos, Abraham Lincoln, um político também de Illinois, que pretendiam assassinar mais tarde, naquele mesmo dia, em Baltimore." Verdade ou ficção? Queriam mesmo assassiná-lo naquele dia em Baltimore, mal tinha sido eleito presidente, ou é uma fantasia do autor, já criando o suspense para o verdadeiro assassinato, como a antecipação do evento futuro? O livro, para quem conhece a história e os fatos da vida de Lincoln, se torna uma espécie de contrafação de sua biografia e, para quem não conhece, é uma contrafação do romance.

Não é comum uma autobiografia romanceada, por uma razão simples: ninguém quer fazer ficção da história da própria vida. Isso não significa que romancistas não possam utilizar elementos de sua própria história na construção de bons romances. Quando o romancista é experiente e talentoso e pega uma personalidade antiga, distante e mítica, é até possível construir um bom romance.

Dois casos emblemáticos merecem consideração: *Memórias de Adriano*, de Marguerite Yourcenar[89], obra referente a uma personalidade da Antiguidade, e outro sobre uma personalidade do nosso tempo: *Carlos Lacerda/A República das Abelhas/Romance*, de Rodrigo

---

89 Todas as citações foram extraídas da edição de 1980 da Nova Fronteira.

Lacerda. O primeiro não é anunciado como romance, mas a autora, em notas no final do livro, o entende como romance histórico. A metodologia de ambos é a mesma: o autor delega a um narrador a incumbência de contar a própria vida, sua história. Ambos contam a vida, os fatos, as situações de personalidades concretas. Adriano (Públio Élio Trajano Adriano) nasceu em 76 d. C e morreu em 138 d. C. Foi imperador de Roma de 117 a 138. Carlos Lacerda, jornalista e político brasileiro, nasceu em 1914 e morreu em 1977. Pessoas, pois, de carne e osso, não personagens de ficção.

Em *Memórias de Adriano*, a autora usou um artifício, de caráter fictício, inédito, ou, no mínimo, raro em obras desse tipo: atribuiu ao próprio titular das memórias a função de narrá-las na primeira pessoa: "Se optei por escrever […] na primeira pessoa, foi no sentido de eliminar o máximo possível qualquer intermediário, inclusive eu. Adriano podia falar de sua vida mais firmemente e mais sutilmente do que eu." Acrescenta mais adiante: "Uma reconstituição deste gênero, isto é, feita na primeira pessoa e colocada na boca do homem que se tratava de apresentar, abrange dois aspectos simultâneos: o romance e a poesia; poderia, portanto, dispensar peças justificativas; contudo, seu valor humano é fortemente aumentado pela fidelidade aos fatos."

Essa fidelidade aos fatos, contudo, denuncia os elementos não romanescos, não ficcionais da obra.

Outro artifício utilizado é que o livro foi escrito em forma de uma longa carta, também de natureza ficcional, ou metaficcional:

> Meu caro Marco,
> Estive esta manhã com meu médico, Hermógenes, recém-chegado à Vila depois de longa viagem através da Ásia.

O capítulo seguinte começa assim:

> Pouco a pouco, esta carta, começada para te informar sobre os progressos do meu mal, transformou-se no entretenimento de um homem que já não tem a energia necessária para se dedicar longamente aos negócios do Estado. Esta meditação escrita de um doente que dá audiência a suas recordações. Já agora pretendo ir mais longe: propondo-me contar-te minha vida.

II AUTOBIOGRAFIAS E OUTRAS FORMAS DO "EU"

Tem-se, no caso, uma *carta-memória* que é, de algum modo, um modelo inverso do romance por carta. Uma carta única, em geral longa, serve de quadro a uma narrativa na primeira pessoa, cujo conteúdo é autobiográfico. Numa carta-memória, a escolha dessa forma é exterior à história. A carta se torna um pretexto a uma narrativa, à coloração autobiográfica. O destinador narra sua vida a um destinatário da carta. No plano narratológico, põe-se no lugar, no quadro da narrativa de primeira pessoa, uma tomada de encargo da narração pela personagem[90].

Seguem momentos subjetivos, até intimistas, próprios do romance de primeira pessoa, entremeados, no entanto, de instantes da realidade, própria de uma narrativa tirada da experiência de um só homem, "de mim mesmo"[91]. Instantes próprios de uma autêntica autobiografia.

No entanto, o subjetivismo é retomado: "soma das minhas veleidades, dos meus desejos e até dos meus próprios projetos permanece tão nebulosa e fugidia quanto um fantasma. O resto, a parte mais palpável, mais ou menos autenticada pelos fatos, é apenas um pouco mais distinta e a sequência dos acontecimentos é tão confusa como a dos sonhos". Aí está a mistura de planos, o subjetivo, intimista, com o objetivo autobiográfico. Daí por diante, prevalece este último aspecto. Relembra seu avô. "Este grande velho alto, magro e encardido pelos anos, dedicava-me o mesmo grau de afeição sem ternura, sem sinais exteriores, quase sem palavras, que votava aos animais da sua propriedade, à sua terra e à sua coleção de pedras caídas do céu." Mais uma vez o real com o imaginário. Depois, seu pai Élio Afer Adriano, homem carregado de virtudes; sua mãe; seu tio-avô Élio, que era letrado; sua irmã Paulina, que era grave, silenciosa e retraída e se casou jovem com um velho; sua mulher Sabina. A dificuldade dessa mistura de planos está em que muitos acontecimentos apresentados ficam no limbo sem se saber se são reais ou ficcionais. Adriano faz reflexões: "Um homem que lê, pensa ou calcula, pertence à espécie e não ao

90 F. Calas, *Le Roman épistolaire*, p. 44.
91 *Memórias de Adriano*, p. 30.

sexo; nos seus melhores momentos ele escapa inclusive do humano. No entanto, minhas amantes pareciam vangloriar-se de não pensar senão como mulheres: o espírito ou a alma que eu buscava ainda não era mais que um perfume."

Faz reflexão como se vivesse no nosso tempo:

> Uma parte dos nossos males provém de que muitos homens são excessivamente ricos, outros desesperadamente pobres. [...]Nossas terras são cultivadas ao acaso: só os distritos privilegiados [...] souberam criar comunidades camponesas inteligentemente exercitadas na cultura do trigo ou da uva... Ninguém tem o direito de tratar a terra como o avaro a sua arca de ouro.

É de duvidar que, naquele tempo, houvesse alguém que pensasse assim.

O idílio começa com o encontro de Antínoo, um belo jovem da Bitínia.

> Alguns anos fabulosos acabavam de começar. [...] Possuía infinita capacidade de alegria e indolência, de selvageria e confiança, à semelhança de um cão. O belo galgo ávido de carícias e de ordens instalou-se em minha vida. Admirava sua indiferença quase altiva por todas as coisas que não se referissem a seu prazer ou seu culto. Nele essa indiferença substituía o desinteresse, o escrúpulo e todas as virtudes estudadas e austeras. Maravilhava-me sua áspera doçura e o devotamento sombrio em que engajava todo o seu ser.
> [...]
> Se eu nada disse ainda sobre a beleza tão definitiva, não se deve ver nessa omissão a espécie de reticência do homem irremediavelmente conquistado.

Esse grande amor é pouco mais que insinuado. Não há grandes arroubos amorosos, mas Adriano foi tomado pela beleza de Antínoo. Antínoo chora, Adriano toca seu rosto molhado de lágrimas, e indaga a razão do pranto. Antínoo alega cansaço. "Sua verdadeira agonia começara naquele leito, ao meu lado." Antínoo logo morreu afogado misteriosamente no rio Nilo, quando a comitiva imperial o atravessava com destino a Tebas. Não tinha vinte anos. Adriano repetia: "Antínoo estava morto […] Antínoo estava morto […] Antínoo estava morto […] Antínoo estava morto […] o bem-amado doava-me sua morte." Não obstante foi acusado de o ter sacrificado…

Fernando Pessoa repercute o fato num belo poema, que assim começa:

> Antínoo
> Era em Adriano fria a chuva fora.
> Jaz morto o jovem
> No raso leito, e sobre o seu desnudo todo,
> Aos olhos de Adriano, cuja cor é medo,
> A umbrosa luz do eclipse-morte era difusa
> Jaz morto o jovem, e o dia semelhava noite
> Lá fora. A chuva cai como um exausto alarme
> Da Natureza em ato de matá-lo.
> Memória do que el' foi não dava já deleite,
> Deleite no que el' foi era morto e indistinto.

Memórias de Adriano é, enfim, uma biografia romanceada em forma de autobiografia ou, se assim quisermos, um romance de primeira pessoa, pois o que há de concreto na história de Adriano está tão distante que é possível, com talento ficcional, converter o fático no imaginário, é possível dar tratamento ficcional àqueles acontecimentos que o tempo tornou, no mínimo, semelhantes à ficção, mormente para leitores que não conhecem a história dos imperadores romanos. No entanto, caracteriza-se como autobiografia por falta de diálogos, que é o elemento que confere dramaticidade ao romance, ao processo ficcional e romanesco.

Quem é Marco, a quem Adriano dirige a carta? É um jovem que mais adiante ficamos sabendo tratar-se de Marco Aurélio. "Conheci-te desde o berço, pequenino Ânio Vero, que, por minha iniciativa, te chamas Marco Aurélio", filho de Lúcio. Antes de seguir, tenha-se em mente que a sucessão no império não se dava por hereditariedade, mas por cooptação mediante um ato de adoção de quem o imperador quisesse como sucessor. Assim, Nerva adotou Trajano que adotou

Adriano. Adriano não tinha filhos. Já estava doente, precisava indicar seu sucessor. Adotou Lúcio, preparava-se para apresentá-lo ao Senado para o ato de adoção, quando Lúcio morreu devido a uma espécie de tuberculose galopante. Adriano, portanto, tem que adotar outro, e o fez na pessoa de Antonino.

Rodrigo Lacerda, filho do editor Sebastião Lacerda, neto, pois, de Carlos Lacerda, em *A República das Abelhas*, usou artifício semelhante ao de *Adriano*, de Marguerite Yourcenar. Conferiu ao próprio Carlos Lacerda a função de narrador de sua própria história, como um romance de primeira pessoa. Utilizou outro artifício, qual seja, o de o narrador só contar sua história depois de morto. Se quis imitar ou reproduzir a técnica que deu tanto sucesso a *Brás Cubas*, de Machado de Assis, por certo fracassou. Fazer memórias póstumas de Carlos Lacerda, vivência real de uma vida rica de feitos e de contradições, não é o mesmo que criar um romance como Machado de Assis criou *Memórias Póstumas de Brás Cubas*, que diz: "expirei às duas horas da tarde de uma sexta-feira do mês de agosto de 1869, na minha bela chácara de Catumbi. Tinha uns sessenta e quatro anos"[92].

Carlos Frederico Werneck de Lacerda diz:

> Meu coração parou de bater exatamente à uma e cinquenta e cinco da madrugada de sábado, dia 21 de maio de 1977. Existe a possibilidade de eu ter sido assassinado por agentes da ditadura. Afinal, dali a um ano eu recuperaria os direitos políticos. Minhas palavras parecem indicar isso, mas acho que eu estava mais delirando, com pânico de morrer, do que fazendo uma acusação formal [...] o que me matou mesmo foi a *Staphylococcus aureus*.[93]

Pelo visto, tinha sessenta e três anos, um ano menos que Brás Cubas.

---

92 Machado de Assis, *Obra Completa: Romances*, v. 1, p. 511.
93 R. Lacerda, *Carlos Lacerda/A República das Abelhas/Romance*.

9. ROMANCE BIOGRÁFICO

Romance biográfico não é o mesmo que biografia romanceada. São conceitos diferentes. A segunda é essencialmente biografia, aquele é essencialmente romance, mas romance que reflete a vida de alguém, geralmente do seu autor. Um exemplo expressivo é *Jean Santeuil*, de Marcel Proust. Há quem diga que se trata de um romance autobiográfico de Proust[94]. Acontece que autobiografias são escritas na primeira pessoa, e *Jean Santeuil* é narrado na terceira. Por conseguinte, se for o reflexo da vida do autor, trata-se de romance biográfico e não autobiográfico. Proust diz na introdução: "Posso chamar 'romance' a este livro? É menos, talvez, e bem mais, a própria essência da minha vida extraída sem nada lhe mesclar, nessas horas de dilaceramento em que ela escorre. Este livro nunca foi escrito; este livro foi colhido."[95]

Aqui não há, pois, discussão, como acontece em relação à *La Recherche du temps perdu*, posto que, nessa passagem de *Jean Santeuil*, o autor admite tratar-se da "própria essência de sua vida" e, por isso, também afirma ser "livro colhido", não escrito. É interessante observar que, como vimos no primeiro capítulo, Proust nega que *La Recherche* seja sua vida. O capítulo I de *Jean Santeuil* abre com o protagonista, uma criança de sete anos, se queixando de que sua mãe não lhe iria dar boa-noite na cama, e era a primeira vez isso acontecia, porque ela estava conversando com o professor Surlande. Essa mesma situação ocorre com o narrador de *La Recherche*: "Meu único consolo, quando subia para me deitar, era que mamãe viesse me beijar na cama [...] a concessão que fazia à minha tristeza e à minha inquietude ao subir para me beijar, levando aquele beijo de paz [...].[96] Mas naquela noite ela não subiu para beijá-lo, porque estava conversando com M. Swann.

Então, há algo de autobiográfico em *La Recherche*, que é narrada em primeira pessoa, como veremos.

---

94 P.M. Thiriet, op. cit., v. I, p. 163.
95 M. Proust, *Jean Santeuil*, p. 11.
96 Idem, *À la recherche du temps perdu*, v. I, p. 32s: "Ma seule consolation, quand je montais me coucher, était que maman viendrait m'embrasser quand je serais dans mon lit [...] la concession qu'elle faisait à ma tristesse et à mon agitation en montant m'embrasser, en m'apportant ce baiser de paix [...]."

É comum separar os romances de Machado de Assis em duas fases, e ele próprio o admite[97], constando a primeira de *Ressurreição, A Mão e a Luva, Helena, Iaiá Garcia*; a segunda se inicia com as *Memórias Póstumas de Brás Cubas*[98]. A crítica que faz essa separação também afirma que os quatro primeiros são romances biográficos ou autobiográficos, no dizer de Lúcia Miguel Pereira[99]. Talvez melhor seria tê-los como justificadores da conduta de Machado de Assis. Mulato, pobre, nascido de pais humildes, criado por sua madrasta, Maria Inês, desprezou todo esse passado e sua gente quando alcançou posição intelectual de destaque.

> Ingratidão que não desculpam o sentimento de inferioridade despertado pela lembrança da origem humilde e aquela sua necessidade de se sentir integrado no ambiente, reação inconsciente contra a introversão que o levava a alhear-se facilmente deles.
> No momento, essa separação fria e voluntária não o parece ter feito sofrer; mas causou-lhe um mal-estar íntimo, um remorso subterrâneo que vai explodir, depois de longo trabalho interior, em *A Mão e a Luva*, em *Helena*, em *Iaiá Garcia*, todos girando em torno do problema da hierarquia social, do direito, para o indivíduo, de mudar de classe, da luta entre a ambição e o sentimento.[100]

Os três livros giram em torno da mudança de classe, como o fez Machado de Assis, para o que teve que abandonar os seus. Justifica essa atitude em Guiomar, heroína de *A Mão e a Luva*, procurando provar que os cálculos da ambição nem sempre são indícios de maus sentimentos, que é possível conciliar interesse e nobreza do caráter. Guiomar, moça pobre, foi morar com a madrinha rica, transformando-se numa moça elegante que escondia a origem humilde. Machado de Assis comenta: "A fortuna não fez mais do que emendar o equívoco

---

97 Advertência da Nova Edição de *Ressurreição*: "Como outros que vieram depois, e alguns contos e novelas de então, pertence à primeira fase da minha vida literária"; grifo nosso.
98 Não é essa a opinião de O. Montenegro, *O Romance Brasileiro*, p. 138.
99 L.M. Pereira, *Machado de Assis*, p. 173.
100 Ibidem, p. 134 e 135.

II AUTOBIOGRAFIAS E OUTRAS FORMAS DO "EU"

do nascimento", a justificar, "minha ascensão social também corrigiu o equívoco de eu ter nascido num meio atrasado". Já a heroína de *Helena* justifica por que precisa abandonar de vez o passado, como ele fez. Helena, para subir de classe, teve que abandonar o pai, mas não se esquecia do passado e, por isso, às escondidas, mantinha relações com ele. Pagaria por esse apego, voltaria à pobreza, ao pai miserável. É semelhante a situação de Estela, heroína de *Iaiá Garcia*, também moça pobre, protegida por uma senhora rica, cujo filho a amava e a quem ela também amava. Por escrúpulo, se afasta dele, por entender que não poderia arrastá-lo à condição inferior. E assim não foi feliz. Quer dizer, do ponto de vista de Machado de Assis, quem quer subir na vida não pode ter certos melindres, há que se agarrar às oportunidades que se lhe apresentem.

Lúcia Miguel Pereira conclui: "Guiomar e Iaiá Garcia, que sacrifica a madrasta – as ousadas, as calculistas, triunfaram; Helena e Estela, as delicadas, as altivas, fracassaram."[101]

10. SENTIDO AUTOBIOGRÁFICO DO ROMANCE DE PRIMEIRA PESSOA

Todo romance tem alguma coisa de biográfico, pelo menos quanto ao aspecto de as experiências e vivências do autor estarem sempre envolvidas; contudo, quando se diz que o romance de primeira pessoa tem sentido autobiográfico, é preciso saber como interpretar essa afirmativa. Tem-se a tendência de entendê-lo como um tipo de romance que expõe a vida do autor. Talvez isso aconteça, como também no romance de terceira pessoa. O sentido autobiográfico só existe quando o narrador é o protagonista da história. É a figura do romance memorialístico, como *Menino de Engenho*, *Doidinho* e *Banguê*, de José Lins do Rego.

---

[101] Ibidem, p. 180.

TERCEIRO CAPÍTULO

O Romance Inglês
e o Romance de Primeira Pessoa

1. O ROMANCE INGLÊS DO SÉCULO XVIII E O ROMANCE DE PRIMEIRA PESSOA

Das várias influências de que provém o romance inglês do século XVIII, deixemos de lado *As Mil e Uma Noites* e fiquemos apenas com as obras que foram o fermento do fantástico movimento da Renascença. Mais diretamente *Decamerão*, de Giovanni Boccaccio (1312-1375), sobretudo *Gargântua e Pantagruel*, de François Rabelais (1490-1553)[1], e destacadamente *Dom Quixote*, de Miguel de Cervantes, se bem que este já sofrera influência de Rabelais, acima de tudo no tocante ao ponto de vista do narrador. Rabelais também começa, como depois Cervantes, falando na primeira pessoa do singular e do plural. A primeira frase: "*Eu* vos encaminho à grande crônica pantagruélica [...]". Depois: "por dom soberano dos céus, foram reservadas para *nosso* uso a antiguidade e a genealogia de Gargântua, de forma mais ampla e perfeita que qualquer outra, exceto a do Messias, de quem não falo". Essa, porém, é só uma comunicação ao leitor, inserida às vezes na narrativa, quando é utilizada a primeira pessoa do plural. Feito isso, Rabelais passa à terceira pessoa, e assim prossegue

---

1   F. Rabelais, *Gargântua e Pantagruel*. Todas as citações foram extraídas da edição de 2009 da Itatiaia, tradução de David Jardim Júnior.

a narrativa toda, até o fim do primeiro livro. Quando, à página 239, ingressa no livro segundo, introduz a primeira pessoa: "Não será coisa inútil, nem ociosa, visto que *estamos [eu e vós]* descansados, vos levar à primeira fonte e origem de onde nasceu o bom Pantagruel." Depois, a narrativa segue na terceira pessoa por todo o livro. *Dom Quixote* levou ao romance inglês do século XVIII a aventura, o burlesco. *Gargântua e Pantagruel* levou a sátira, a ironia, o bom humor, o riso, como o próprio autor diz no pré-texto, dirigindo-se ao leitor:

> Antes mesmo de ler, leitor amigo,
> Despojai-vos de toda má vontade.
> Não vos escandalizeis, peço, comigo:
> Aqui não há nem mal nem falsidade.
> Se o mérito é pequeno, na verdade,
> Outro intuito não tive, no entretanto,
> A não ser rir, e fazer rir portanto,
> Mesmo das aflições que nos consomem.
> Muito mais vale o riso do que o pranto.
> Ride, amigo, que rir é próprio do homem.

O romance de primeira pessoa, não raro, é empregado como técnica de disfarce. O romance moderno é um produto da burguesia, mas ainda sob o Absolutismo, quando a liberdade de expressão sofria graves restrições, sobretudo por razões políticas, morais ou religiosas. Pois, se até no século XIX, no período áureo do liberalismo, ainda se processavam autores de romances por razões de moralismo[2], imagine-se o que acontecia sob o Absolutismo! Escritores, para fugir a perseguições, inventavam

---

2   O caso de Gustav Flaubert é emblemático. Publicou seu romance, *Madame Bovary*, em 1857. Logo o Ministério Público ingressou em juízo acusando-o, a ele e a seu editor, de "dois delitos: ofensa à moral pública, ofensa à moral religiosa. A ofensa à moral pública está nas cenas lascivas que porei sob seus olhos; a ofensa à moral religiosa, nas imagens voluptuosas misturadas às cosas arcaicas" ("deux délits: offense à la morale publique, offense à la morale religieuse. L'offense à la morale publique est dans les tableaux lascifs que je mettrai sou vos yeux, l'offense à la morale religieuse dans les images voluptueuses mélées aux chose sacrées"). O juiz os absolveu por não ter ficado provado que tivessem cometido os delitos a eles atribuídos (Cf. Réquisitoire, plaidoirie et jugement du procès intenté à l'auter devant le Tribunal Correctionnel de Paris [6ª Chambre], apêndice da edição.)

alguém contando sua própria história em algum manuscrito que lhes seria apresentado para publicação. Com isso, o autor do romance delegava ao protagonista, autor do manuscrito, a incumbência do relato mais a responsabilidade pelo relatado. Foi essa a técnica empregada pelo primeiro romancista inglês do século XVIII: Daniel Defoe.

2. ROBINSON CRUSOÉ

Daniel Defoe (1660-1731) não foi um intelectual, não se graduou por nenhuma universidade. Envolveu-se em conflitos políticos, como panfletário inflamado. Só por volta dos sessenta anos de idade escreveu seu primeiro livro de ficção, *As Aventuras de Robinson Crusoé*[3], publicado em 1719, numa narrativa compacta, sem divisão em capítulos. O autor é considerado o criador do romance inglês. O longo título da edição original já dá uma síntese das aventuras que o romance narra na primeira pessoa: *A vida e as estranhas e surpreendentes aventuras de Robinson Crusoé, marinheiro, de York, que viveu vinte e oito anos solitário, numa ilha deserta, na costa da América, próxima à foz do grande Rio Orenoco, após ter sido lançado à praia em razão de um naufrágio, no qual pereceram todos os homens, exceto ele. Com um relato a respeito do modo igualmente singular como, afinal, ele foi salvo por piratas. Escrito por ele próprio.*

A expressão final, "Escrito por ele próprio", contém o disfarce que supostamente escusa o autor de qualquer responsabilidade, ao mesmo tempo que indica o protagonista, Robinson Crusoé, como o narrador da história. É, assim, uma obra pela qual o narrador conta sua vida, sua história e suas aventuras e desventuras. Nesse sentido, ela é autobiográfica, ainda que se suponha que o enredo fosse baseado na história real de Alexander Selkirk, náufrago escocês, que viveu durante quatro anos em uma ilha do Pacífico, chamada, então, "Más a Tierra", renomeada em 1966 para ilha Robinson Crusoé. No entanto, não foi ali que Daniel Defoe ambientou seu romance, mas em Tobago, segunda

---

3 D. Defoe, *As Aventuras de Robinson Crusoé*. Todas as citações foram extraídas da edição de 2014 da L&PM, tradução de Albino Poli Jr.

maior ilha da República de Trinidad e Tobago, hoje Estado soberano insular do Caribe. Também se tem como provável que Defoe tenha sido influenciado pelo romance *O Filósofo Autodidata*, de Ibn Tufayl (Abu Bakr Muhammad ibn Abdal-Malik ibn Tufayl al-Qaisi), nascido em Cádiz, na Espanha, por volta de 1100.

Quando se é jovem e se ouve a história de Crusoé numa ilha sem mais ninguém, fica-se tomado de certo idílio, mas, ao ler o livro, se vê que não há idílio nenhum. Há um longo solilóquio. O narrador nasceu em York, em 1632, de boa família, ou seja, de família abastada de classe média, pois, como seu pai dizia: "as calamidades da vida eram repartidas entre as partes alta e baixa da humanidade, e a situação intermediária sofria menos desastres e não estava exposta a tantas vicissitudes". A situação intermediária "se adaptava na medida certa a todas as virtudes e todo tipo de satisfação". A sublimação da classe média. Nada disso o convencia: "nada me satisfaria a não ser ir para o mar, e essa inclinação impeliu-me tão fortemente contra a vontade e até contra as ordens de meu pai, contra todas as súplicas e persuasões de minha mãe e de outros amigos".

Assim, tomou um navio em 10 de setembro de 1651, e logo teve de enfrentar forte tempestade. Sentia que era o castigo do céu pela forma perversa em que fugira de casa. "Todos os bons conselhos recebidos, as lágrimas de meu pai e as súplicas de minha mãe retornaram vividamente ao meu espírito, e minha consciência, que ainda não fora reduzida ao grau de insensibilidade que a atingiria, censurou-me por desprezar o conselho e transgredir o dever para com Deus e com meu pai."

Embarcou para a costa da Guiné, sempre com a ideia desvairada de fazer fortuna. E fez, pois trouxe grande quantidade de ouro. "Essa viagem fez de mim um mercador e um marujo." Seguiu no mesmo navio em direção às ilhas Canárias, mas entre elas e a costa da África foram surpreendidos por um corsário turco e perseguidos. Lutaram, foram rendidos, feitos prisioneiros e levados a Salé, porto que pertencia aos mouros. Crusoé é feito escravo, mas consegue escapar num escaler com um companheiro que dominou: "Xury, se me for fiel, farei de você um grande homem, mas se não alisar o rosto em sinal de lealdade, ou seja, jurar por Maomé e pela barba de seu pai, terei que jogá-lo no mar também." Tal promessa não o impediu de vendê--lo para o capitão do navio português que os salvou e os levou para o Brasil. Ali, Crusoé familiarizou-se com a forma de plantar cana e fazer açúcar. Montou seu próprio engenho em sociedade com um vizinho. Progrediram. Precisavam, contudo, de braços para as plantações. Tornou-se, assim, mercador de escravos. Estava chegando àquele nível médio de que lhe falava o pai, porém vivia em solidão, "costumava dizer que vivia como um náufrago numa ilha deserta, sem ninguém a não ser eu próprio". Premonição, pois foi exatamente isso o que aconteceu. Depois de viver quatro anos no Brasil e progredir em sua plantação, cedeu a seus impulsos e aceitou embarcar, como comissário de bordo, num navio que iria à Guiné mercadejar escravos para o Brasil. Afastado da costa brasileira, uma grande tempestade arrastou o navio para longe da rota do comércio humano. Avistaram terra, mas o navio bateu num banco de areia e se despedaçou. Pegaram o único escaler que havia. Dirigiram-se às costas, mas uma onda gigante os atingiu com tal violência que virou imediatamente o bote. Todos os companheiros de Crusoé morreram afogados. Só ele sobreviveu, pois teve a sorte de uma grande onda arrastá-lo para a praia.

Era 30 de setembro de 1659. A noite veio. Subiu numa árvore, onde dormiu e acordou já dia claro, revigorado. Percebeu que, surpreendentemente, a maré levantara o navio do banco de areia onde estava encalhado e o arrastara para junto de uma pedra perto da praia. Foi até o navio, deu uma busca, para ver o que estava estragado. "Logo verifiquei que todas as provisões estavam secas, sem vestígio de água e, como estava com muita fome, fui ao refeitório, enchi os bolsos de biscoitos e comi enquanto fazia outras coisas, pois não tinha tempo a perder. Achei também rum na cabine grande e tomei um longo gole, que eu bem precisava, a fim de reanimar-me para o que me aguardava." Encontrou também ferramentas: enxó, serrote, machadinha; encontrou armas: espingardas, pistolas, muita pólvora, barris de pólvora; encontrou navalhas, facas, talheres… dinheiro. Encontrou uma

Bíblia, e até um cachorro e dois gatos! Aproveitou tábuas arrancadas do navio para construir sua própria morada, pois já tinha verificado que estava numa ilha, supostamente habitada só por animais.

Foi tomando consciência da situação. Não adiantava desesperar--se. Tinha que se organizar.

> Depois de estar ali dez ou doze dias, ocorreu-me que perderia a noção do tempo por falta de livros, papel e tinta, e sequer distinguiria o sábado dos dias úteis. Para evitá-lo, fiz um poste em forma de cruz, que cravei no local onde pela primeira vez pisara a terra, e gravei nele com minha faca em letra maiúscula: "Cheguei a esta praia a 30 de setembro de 1659." Sobre os lados desse poste, eu fazia diariamente um corte, e todo sétimo corte era mais longo que os restantes; para o primeiro dia do mês fazia um sinal ainda maior, e assim meu calendário por semana, mês e ano.

Enfim, Crusoé preparou-se para viver longo tempo na ilha, prevendo que dificilmente passaria por ali alguma embarcação que o pudesse recolher. A comida era suficiente para alguns dias, mas tinha que pensar em como conseguir meios para se alimentar depois que essas provisões acabassem. Viu que havia cabras selvagens na ilha. Matava-as para comer a carne. Mas isso era circunstancial. Tinha que prover um meio permanente. Descobriu, com surpresa, dez ou doze espigas de cevada:

> fiquei perplexo e confuso naquele momento [...] ao ver a cevada crescendo ali, num clina que sabia não ser próprio para cereais, e ignorando de que forma lá chegara, isso me sobressaltou de modo estranho, e comecei a achar que Deus fizera brotar milagrosamente sem semeadura, e que aquilo aconteceu apenas para o meu sustento naquela terra inculta e miserável [...] e tudo me pareceu ainda mais estranho, quando vi, perto das primeiras e ao longo de toda a parede da rocha, outras hastes despontando, que depois verifiquei serem hastes de arroz, que eu conhecia por vê-la crescer na África.

Obra da providência, milagre, que permitiu a Crusoé criar uma plantação de cevada e de arroz de modo a prover sua despensa. Por outro lado, cercou também uma grande área de terra para nela domesticar as cabras e, com isso, dispor do leite do qual fazia queijo. Tirava-lhes o couro com o qual fazia suas roupas e gorros. Fez uma mesa e cadeiras. Enfim, aparelhou-se para uma longa vida na ilha.

Começou a escrever um diário, no qual relatava boa parte de sua vida na ilha. Dividia o tempo de acordo com suas atividades cotidianas. Pensava em regressar ao Brasil.

Andava pela ilha. Atravessou-a de ponta a ponta. Montou do outro lado um rancho, onde passava momentos de reflexão. Um dia, desceu pela encosta de um vale encantador, examinando-o com prazer, pensando que tudo aquilo era seu, que ele era o rei e senhor incontestável de toda aquela terra. Ali encontrou limas e uvas que colheu em grande quantidade e levou para sua tenda. Esses acontecimentos o aproximaram de Deus. Certo dia, abriu a *Bíblia* e leu: "Jamais vos deixarei, jamais sereis deserdado".

Depois de tantas peripécias, Robinson Crusoé deixou a ilha em 19 de dezembro de 1686, depois de haver nela permanecido por 28 anos, 2 meses e 19 dias, chegando à Inglaterra em junho de 1687. Dali foi a Lisboa e descobriu que estava rico, pois possuía mais de cinco mil libras esterlinas em dinheiro e uma propriedade no Brasil que rendia mais de mil libras por ano. Chegava assim ao fim de suas viagens e, em pouco tempo, conseguiu reunir toda a sua fortuna; faltava-lhe família, mas ainda se casou e teve dois filhos e uma filha.

3. GULLIVER

Viagens de Gulliver é um romance de Jonathan Swift (1667-1745)[4]. Ele faz uso do processo metaficcional tão encontradiço nos antigos romances de primeira pessoa, atribuindo a autoria a um protagonista que assume a função de narrador da história, como se vê do título *Viagens em Diversos Países Remotos do Mundo, em Quatro Partes, por Lemuel Gulliver, a princípio cirurgião e, depois, capitão de vários navios.*

---

4   J. Swift, *Viagens de Gulliver*. Todas as citações foram extraídas da edição de 1971 da Abril Cultural.

Lemuel Gulliver, a personagem-título e narrador-protagonista, era médico com consultório em Londres. Por diversas razões, o consultório foi perdendo a clientela, até que um dia ficou às moscas. Gulliver conseguiu um emprego como médico de navios. Aí começam suas aventuras, por ele narradas neste livro que, por meio de uma carta, remeteu ao seu primo e editor Richard Sympson, e diz: "O autor destas viagens, o sr. Lemuel Gulliver, é velho e íntimo amigo meu; existe algum parentesco entre nós pelo lado materno." E adiante: "Antes de sair de Redriff, deixou-me a guarda dos escritos seguintes, com a liberalidade de dispor deles segundo eu entendesse conveniente. Examinei-os com cuidado, por três vezes; o estilo é muito claro e simples, e o único defeito que encontro é ser o autor, à maneira dos viajantes, circunstanciado demais."

Tudo isso é ficção, ficção sobre a ficção que é o próprio romance. Na carta ao primo Sympson, Lemuel Gulliver lança mão, pelo autor, de outro mecanismo comum nos romances de primeira pessoa, o de protestar pela verdade dos fatos: "eu teria grandes razões para queixar-me de terem tido alguns ousadia de julgar o meu livro de viagens mera ficção, oriunda do meu cérebro, chegando a termos de insinuar que os houyhnhnms e os yahoos têm tanta existência quando os habitantes de Utopia".

O narrador fez três viagens fantásticas. A primeira a Lilipute, reino de homúnculos com pouco menos de seis polegadas:

> Assim como os nativos têm comumente pouco menos de seis polegadas de altura[5], assim há uma exata proporção em todos os outros animais, bem como nas plantas e nas árvores: os cavalos mais altos, por exemplo, medem de quatro a cinco polegadas de altura; os carneiros, uma polegada e meia, mais ou menos; os gansos têm, aproximadamente, o tamanho de um pardal; e assim por diante, em escala descendente, até chegarmos aos menores, que para a minha vista eram quase invisíveis; a natureza, porém, adaptou os olhos dos liliputianos a todos os objetos próprios para a sua visão; veem eles com grande exatidão, mas não a grande distância.

5 Trata-se da "polegada inglesa", que mede 2,54 cm (25,4 mm). Portanto, os homens de Lilipute têm em torno de 15 cm de altura.

III O ROMANCE INGLÊS E O ROMANCE DE PRIMEIRA PESSOA

Na segunda viagem, uma grande tempestade aproximou o navio da costa, de onde se avistou terra. O capitão enviou uma dúzia de homens em busca de água. O narrador pediu para acompanhá-los. Os homens se puseram a errar pela praia. O narrador caminhou sozinho em outra direção; depois de andar cerca de uma milha, sentiu-se cansado e encetou o regresso à enseada, "e, como se estendesse o mar inteiramente à minha frente, vi os nossos homens, dentro do escaler, remando, desesperados, para o navio". E viu uma enorme criatura a persegui-los no mar. Foi, assim, deixado em terra desconhecida. O narrador, sem o saber, chegara ao reino de Brobdingnag. Reino de um povo de gigantes, "tão altos quanto um campanário", diante dos quais ele era um pigmeu. Se, no reino de Lilipute, os habitantes eram tão pequenos que o narrador os pegava na mão e os punha no bolso do casaco, no reino dos gigantes, ele era pego pela cintura com o polegar e o indicador e erguido à altura de mais de sessenta pés do solo[6].

Em sua terceira viagem, o narrador é preso por piratas que depois o soltam no mar, numa canoa praticamente sem provisões. Ao distanciar-se deles, descobriu algumas ilhas. Desceu numa delas. Era uma ilha volante. Estava em Laputa: "nunca vi nos atos comuns e maneira de viver povo mais tosco, desajeitado e desastrado, nem tão lento e confuso em suas concepções sobre todos os outros assuntos, tirante a matemática e a música". Daí foi para Balnibarbi. Ali, numa academia, um sábio lhe disse que, dentro de oito anos, lhe seria possível fornecer luz solar aos jardins do governador a um preço razoável. Isso, naquela época, soa profético, porque se refere à energia solar que só no século xx começou a ser explorada. Em seguida, vai para Glubbdubdrib, depois para Luggnagg, e dali para o Japão.

Na quarta viagem, o narrador embarcou como capitão de um navio. Seus homens conspiram contra ele, prendem-no, depois o depositam em terra, num país desconhecido. É o país dos houyhnhnms, palavra que significa "cavalo", portanto chega a um país governado por cavalos, onde os yahoos (seres humanos) são criados dos cavalos e estes, pois, seus senhores. "Expressei o meu constrangimento por

---

6 Pé: Medida linear inglesa equivalente a pouco mais de 30 cm.

ouvir chamar-me tantas vezes de yahoo, odioso animal a que eu dedicava uma aversão e um desprezo tão absoluto."

Por esse romance se vê o quanto o meio cultural domina as artes, entre
elas a literatura. O autor constrói uma obra de fantasia, em que tudo
é fantástico, menos o regime político. Vivia-se, na Europa, em pleno
Absolutismo, mesmo na Inglaterra, apesar do parlamento. O autor
estava tão imbuído desse regime que não foi capaz de pensar outro
para os povos que sua fértil imaginação criou. Todos eles dominados
por monarquias absolutistas. Pena, porque teria sido bom se tivesse
imaginado um regime político diferente do vivido então. Quem sabe
contribuiria para a renovação do pensamento político, especialmente
para quem vivia no século das luzes, quando fermentavam novas ideias
que, afinal, resultaram nas revoluções americana e francesa. Mas o
autor não percebeu nada disso.

4. MOLL FLANDERS

Daniel Defoe repetiu o grande sucesso de *Robinson Crusoé* com o
romance *Moll Flanders* – na verdade, *The Fortunes and Misfortunes
of the Famous Moll Flanders* (Venturas e Desventuras da Famosa Moll
Flanders)[7], "vida contada segundo suas próprias memórias". Empregou o artifício da metaficção, atribuindo à personagem-título a autoria
da história:

> a cópia que inicialmente veio ter às nossas mãos foi escrita numa
> linguagem muito semelhante à de qualquer prisioneiro de Newgate
> e em nada recordava a de uma humilde arrependida, como parece
> ter sido mais tarde. [...] algumas das partes condenáveis de sua vida,
> que não poderiam ser expostas com a devida decência, foram intei-
> ramente excluídas [...] para que se relate a vida de uma corrupta e
> seu arrependimento, é preciso que se apresentem os trechos menos

7 D. Defoe, *Venturas e Desventuras da Famosa Moll Flanders*. Todas as citações foram
extraídas da edição de 1971 da Abril Cultural.

III O ROMANCE INGLÊS E O ROMANCE DE PRIMEIRA PESSOA

> inocentes com a mesma crueza da história verídica, até onde seja suportável, a fim de que ilustre ou ressalte o trecho do arrependimento que é com certeza o melhor e o mais belo, caso vinha apresentado espirituosa e vivamente.

Desse modo, Defoe delegou à protagonista a função de narradora de sua própria história. Trata-se, pois, de um romance autobiográfico. Autobiografia da protagonista, não do autor. Defoe, tal como fizera no *Robinson Crusoé*, apresentou junto ao título da obra uma síntese de seu conteúdo: *Venturas e Desventuras da Famosa Moll Flanders & Cia., que viu a luz nas prisões de Newgate e que, ao longo de uma vida rica em vicissitudes, a qual durou três vezes vinte anos, sem levar em conta sua infância, foi durante doze anos prostituta, durante doze anos ladra, casou-se cinco vezes (uma das quais com seu próprio irmão), foi deportada oito anos na Virgínia e que, enfim, fez fortuna, viveu muito honestamente e morreu arrependida; vida contada segundo suas próprias memórias.*

Ele pinta essa síntese com tintas bem mais fortes do que a história que ela conta no livro.

Viu a luz nas prisões de Newgate porque sua mãe fora condenada por um roubo insignificante, mas, verificada sua gravidez, a execução da pena foi suspensa por sete meses, sendo executada depois que a deu à luz. A mãe foi deportada para as plantações, o que significa que foi mandada para uma das colônias inglesas na América, a Virgínia – e assim separada da filha com seis meses de idade.

A narradora começa relatando sua triste infância. Aos três anos, foi recolhida por uma boa mulher que ensinava as crianças a ler e a costurar. Dali, foi para a casa de uma senhora rica, para conviver com suas duas filhas, que tinham dois irmãos. Moll, então com o nome de Betty, já com dezessete anos, foi seduzida pelo irmão mais velho com promessa de casamento, mas ele a enganou. O irmão mais novo é quem a amava, e foi com ele que ela se casou. O irmão mais velho, no dia das núpcias, embriagou o noivo, para que não percebesse que a noiva não era virgem. Era um bom marido, teve com ele dois filhos e viveram felizes – ainda que a esposa não o amasse, e fosse para a cama com ele pensando no irmão: "Resumindo, cada dia eu cometia adultério ou incesto com ele, em intenção, o que, sem nenhuma dúvida, era efetivamente tão culposo como o pecado que eu tinha cometido." Com cinco anos de casados, o marido morreu. Os filhos foram tomados pelo sogro. A situação de Moll não era boa, se bem que não calamitosa, porque havia conservado algumas economias amealhadas antes do casamento.

Cinco casamentos. Esse foi o primeiro dos cinco casamentos. Estava livre no mundo. Era jovem, linda e possuía algum dinheiro no bolso. Tinha mais experiência, não obstante ligou-se a um comerciante que era um desregrado. Esse novo marido, encontrando seu dinheiro guardado, gastou-o com belas carruagens e bons cavalos. Ao fim de dois anos, ele faliu e foi preso por dívida. Novamente sem marido e sem amigos para pedir conselhos, Moll fez correr a fama de ter fortuna. Ficou cheia de admiradores. Escolheu um deles. Descobriu ser homem de fortuna: "na verdade, eu tinha recebido dele o galanteio de um amante, pois ele se casaria comigo sem se preocupar com minha fortuna e eu lhe pagaria de volta, ou seja, ligaria pouco para sua fortuna", mas havia algumas questões. Uma delas: "tinha sabido que ele possuía uma grande plantação na Virgínia e ele falava em ir viver lá. Disse-lhe que não me importaria de ser deportada". Casaram-se, e muito bem casados, "no que me diz respeito, eu vos asseguro: nenhuma mulher teve esposo de tão bom humor como eu". Era o terceiro casamento. Foram para a Virgínia, colônia inglesa na América do Norte. Lá ele tinha uma boa casa, onde a mãe vivia com sua irmã. Essa era toda a sua família. A sogra de Moll era uma velha senhora muito alegre e de bom humor, agradável e ótima companheira, "procurava distrair-me com muitas histórias sobre o país e as pessoas". Contou a sua própria história. Havia sido presa em Newgate e condenada à morte, mas obtivera adiamento, defendendo-se com sua gravidez. Depois de longa digressão, retomou sua história, até dizer seu nome. Contou que fora deportada e tivera a sorte de cair numa família muito boa. Quando sua patroa morreu, o patrão a desposou. "Deste casamento teve meu marido e sua irmã e, por sua atividade, aumentou as plantações." Moll ficou perturbada com a história da sogra. "Alguém poderá avaliar a angústia de meu espírito quando cheguei a concluir que essa mulher era, nem mais nem menos, minha própria mãe? E eu tinha agora dois filhos e esperava um terceiro de meu próprio irmão, com quem dormia toda noite." Bem se vê que não houve má-fé de nenhuma parte porque nem ela nem o marido sabiam desse fato. Ao contrário, ao tomar conhecimento disso, se sentiu a mulher mais infeliz do mundo. Eis aí o terrível drama da narradora: falar com alguém a respeito não podia, escondê-lo era impossível. Sentia-se perdida. Decidiu nada dizer a ninguém. "Assim vivi três anos sob a maior opressão imaginável." "Eu vivia na pior espécie de concubinato." Recusava relacionar-se com o marido, que foi ficando desconfiado, caprichoso, ciumento e desagradável. "Na qualidade de marido ele estava alijado do meu coração. Eu tinha horror à ideia de deitar-me com ele. Recorria a mil pretextos de doença ou de capricho para impedi-lo de me tocar." Como se vê, ela não era totalmente depravada, ainda tinha alguns escrúpulos. O marido considerou sua conduta uma doença, e insinuou sua internação num asilo. As brigas se sucediam. Moll tomou a decisão de voltar à Inglaterra.

Finalmente, resolveu falar com a sogra, contar sua própria história, de modo que ela não pudesse ter dúvida de que era, nem mais nem menos, a sua própria criança, sua filha, nascida em Newgate, de seu corpo, a mesma que a tinha salvado da forca por estar no seu ventre. Era uma história terrível, que os maus fatos teceram para agravar ainda mais sua desventura.

> Filha infeliz! Que miserável acaso te conduziu aqui? E ainda por cima nos braços de meu filho? Filha maldita! Estamos perdidas! Casada com o próprio irmão! Três filhos, dois vivos, todos da mesma carne e do mesmo sangue! Meu filho e minha filha deitam juntos como marido e mulher! Que será de nós? Que dizer? Que fazer?

Depois de muito drama e de muito sofrimento, a narradora tomou uma resolução desesperada: contaria tudo ao marido. E com muito jeito, muita habilidade, muitas condições, o fez.

> "Bem, meu amigo" – continuei eu –, "só me resta a última condição: desde que ninguém mais está envolvido nesse caso, a não ser você e

eu, você não poderá revelá-lo a nenhuma pessoa, exceto à sua mãe. E, em todas as medidas que tomar depois da revelação, visto que estou comprometida nisso como você, apesar de inocente como você, não fará nada sob impulso da cólera, ou em detrimento de mim ou de sua mãe, sem me avisar e pedir o meu consentimento".

Isso o surpreendeu um pouco. Ele escreveu as palavras distintamente e depois leu-as e releu-as antes de assinar, hesitando às vezes na leitura e repetindo: "Em detrimento de minha mãe! Em seu detrimento! Que mistério pode ser este?" Contudo, por fim, assinou.

"Bem, meu caro" – disse eu –, "não lhe pedirei mais nada por escrito. Mas, desde que você irá ouvir a mais inesperada e surpreendente notícia que sobreveio a família alguma, peço-lhe a promessa de recebê-la com calma e com presença de espírito, como convém a um homem de bom senso".

"Farei o melhor que puder" – disse ele –, "com a condição de que você não me mantenha por muito mais tempo em suspense, pois aterroriza-me com todos esses preliminares".

"Está bem, então" – disse eu –, "assim como lhe disse antes, irrefletidamente, que eu não era sua mulher legítima e que nossos filhos não eram legais, assim devo revelar-lhe agora com calma e afeto, mas com bastante aflição, que sou sua própria irmã e que você é meu irmão, que somos filhos da mesma mãe [...]"

Essa terrível história o deixou muito abalado. Profundamente consternado, concordou com o regresso da mulher para a Inglaterra. Combinaram que, depois que ela lá chegasse, ele fingiria ter recebido a notícia da morte dela, e assim poderia casar-se de novo, quando quisesse. Moll desembarcou na Inglaterra com dinheiro e bens. Seu quarto marido casou-se com ela na suposição de que ela fosse rica. Enganou-se e a enganou, mas ela engravidou e teve uma criança que deu para alguém criar. O quinto marido, enfim, foi um bancário a quem não amava:

> Que criatura abominável sou! Como este inocente vai ser enganado por mim! Como, em tão pouco tempo, após haver-se divorciado de uma adúltera, vai jogar-se nos braços de uma outra! Ele vai casar-se com uma mulher que dormiu com dois irmãos e teve três filhos do seu próprio irmão! Uma mulher que nasceu em Newgate, de mãe vagabunda, e que agora é uma ladra deportada! Uma mulher que

dormiu com treze homens e teve um filho depois que ele a conheceu! Pobre homem, o que está por fazer.

Depois dessa autocrítica, refletiu: "Pois bem, se devo ser sua esposa, se agrada a Deus dar-me essa graça, serei para ele uma esposa fiel e o amarei em troca da grande paixão que tem por mim. Se possível, repararei o fingimento e as mentiras que lhe preguei e que ele não percebeu."

Vivia com esse marido na maior tranquilidade. Ele era um homem pacato, sério e virtuoso. Viveram felizes por cinco anos. De súbito, um grande golpe, desferido por mão invisível, arruinou sua felicidade. O marido confiara uma grande soma de dinheiro a um amigo, que faliu. O marido de Moll não resistiu à ruína, definhou e morreu. Novamente viúva, sem nada, sem amigos. Viveu dois anos nessa triste situação. A miséria se aproximava, a perspectiva da fome a apavorava.

> Oh! que ninguém leia este episódio sem refletir seriamente no que representa uma situação tão infeliz e na maneira como lutariam contra a simples falta de amigos e de pão [...] Que as pessoas se lembrem de que a época da desgraça é tempo de uma terrível tentação, e que todo o ânimo para a resistência desaparece. A pobreza pressiona, a alma fica desesperada pela miséria – que fazer?

O desespero impulsionou-a ao primeiro roubo. Depois, o segundo, o terceiro... Converteu-se numa ladra inteligente e astuciosa. Aprendeu artimanhas, e meios de escapar da polícia. A narradora conta os inúmeros episódios dessa vida criminosa. Enriqueceu-se até. Não precisava mais continuar nesse negócio. Mas a "avareza casou com o sucesso, para não mais permitir mudar de vida [...] Por fim, cedendo à pressão do meu crime, rejeitei todo remorso, todo arrependimento, e as reflexões sobre o assunto não chegaram a nada mais que isso: eu poderia, talvez, fazer um roubo maior, que satisfizesse meus desejos".

Fez parcerias. Integrou bandos de ladrões. Saiu-se bem de várias situações de risco. O jogo se tornava cada vez mais divertido, e nessa senda, ela se transformara na mais rica ladra da Inglaterra, com setecentas libras em dinheiro. Um dia foi apanhada, presa, mandada para

Newgate, a mesma prisão onde nascera. Julgada, foi condenada à morte por enforcamento. A amiga que ela chamava de patroa veio em seu auxílio. Apresentou-lhe um padre sério, bom e piedoso, que a levou ao arrependimento e ainda conseguiu comutar sua pena de morte em deportação. Foi, pois, deportada para a Virgínia. Encontrou seu ex-quarto marido, que era um ladrão, sem que ela soubesse. Também ele havia sido deportado. Reconciliaram-se. Na Virgínia, adquiriram terras para plantação. Moll descobriu, ainda vivo, se bem que alque-brado, seu marido-irmão e um filho, seu filho, que se fez conhecer. Recebeu a herança que sua mãe lhe deixara. "Assim, resolvidas todas as dificuldades, vivemos juntos com todo bem-estar e ternura ima-gináveis. Envelhecemos os dois. Voltei à Inglaterra aos setenta anos, tendo já, há muito, vencido o prazo de minha deportação. Meu marido, então, tinha sessenta e oito. E agora, não obstante todas as fadigas e misérias que atravessamos, temos boa saúde e ótimo ânimo." Decidi-ram viver na Inglaterra, onde passaram o resto de seus dias, "numa sincera penitência pela má vida que vivemos".

Um romance, como qualquer obra de arte, tem que ser apreciado em face do contexto histórico-cultural em que foi produzido. Ou como diz Machado de Assis: "O que se deve exigir do escritor, antes de tudo, é certo sentimento íntimo, que o torne homem do seu tempo e do seu país."[8] *Moll Flanders* foi publicado em 1722, mas escrito em 1683, época em que ainda se vivia em pleno Absolutismo. Nem haviam ainda começado os movimentos revolucionários do século XVIII, de tão relevante importância para a transformação político-social do mundo. Rousseau, um dos mais importantes teóricos da revolução política, mal acabara de nascer (1712). A Inglaterra vivia o auge do seu imperialismo, dominando as colônias na América. Mas a burguesia já se apoderava da vida econômica e financeira, enquanto a nobreza propendia para a decadência.

8 M. de Assis, Notícia da Atual Literatura Brasileira: Instituto de Nacionalidade, *Obras Completas*, v. III, p. 804.

Moll Flanders é um livro de fácil leitura. A narradora conta sua história em linguagem direta, desprovida de ornamentos retóricos. Retrata esse mundo de miséria em que a maioria passa fome e, não raro, para não morrer de inanição, tem que apelar para o roubo; em que a moral burguesa só oprime a mulher. Esse é um romance de costumes, de uma época em que o homem só casava se a mulher levasse um bom dote, ou se fosse rica. As personagens são mal caracterizadas. A maioria nem sequer tem nome. Há no livro abundantes diálogos internos ou monólogos interiores, produzidos pelas reflexões da narradora, ou diálogos indiretos, como: "Ele me disse muitas coisas agradáveis"; "De maneira que lhe disse com muita franqueza"; "Ele sorriu"; "Disse-me que"; "Eu lhe disse que".

> Com efeito, os homens escolhem suas amantes de acordo com seu gosto. É indispensável para uma mulher vadia ser linda, ter um bom corpo, um belo rosto e um porte gracioso. Mas, quando se trata de uma esposa, nenhuma deformidade contraria o desejo; nenhum defeito, o juízo favorável; só o dinheiro conta. O dote nunca é grotesco ou monstruoso, pois o dinheiro sempre é desejável, seja qual for a mulher [...] Os homens tinham, por toda parte, uma tal possibilidade de escolha que a situação das mulheres era muito desgraçada. Pois elas pareciam oferecer-se em cada porta e se, por acaso, um homem era recusado numa casa, tinha certeza de ser aceito na seguinte.

Mais adiante:

> as mulheres têm dez mil vezes mais razões de serem circunspectas e reservadas, pois a oportunidade de serem enganadas é muito maior. Se as mulheres refletissem sobre isso e desempenhassem um papel sério, elas desmascarariam cada velhaco que aparecesse. Em suma, somente os homens de nossos dias valem uma boa reputação.

Apesar de ter por enredo a vida dissoluta de uma mulher, *Moll Flanders* não é um romance imoral. Ela própria, embora tendo se casado cinco vezes, era fiel a seus maridos. Nada há de obsceno no livro, mesmo considerando-se a época de acentuado moralismo burguês em que foi escrito. Bem o diz o prefácio do autor: "Todas estas façanhas de uma mulher famosa por suas indignidades perante a humanidade se transformam em outros tantos conselhos, com a finalidade de alertar as pessoas honestas, indicando-lhes os processos pelos quais gente inocente é atraída, espoliada e roubada e mostrando, por conseguinte, o meio de evitá-las".

E a narradora observa:

> Cada episódio de minha história, devidamente considerado, pode ser útil às pessoas honestas e despertar as pessoas de todo tipo a se protegerem contra semelhantes surpresas e ficarem de olho nos seus pertences, quando fazem negócios com estrangeiros, porque é bem raro que não lhes seja pregada uma peça. A moral de toda a minha história deve ser tirada pelo bom senso e julgamento do leitor. Não estou qualificada para dar conselhos. Que a experiência de uma criatura totalmente pervertida e miserável seja uma advertência útil aos que a leem.

5. TRISTRAM SHANDY

The Life and Opinions of Tristram Shandy, Gentleman (A Vida e as Opiniões do Cavalheiro Tristram Shandy) é um romance de Laurence Sterne (1713-1768). Minha primeira leitura foi na versão italiana, *La Vita e le Opinioni de Tristram Shandy, Gentiluomo*[9]. Só mais tarde tive acesso ao original inglês e à versão brasileira. Seus nove livros (contidos num único tomo) foram publicados em etapas, dois por ano, a começar em 1759, um pouco à semelhança de *Dom Quixote*, que o antecedeu um pouco mais de um século. Obra aberta, não só no sentido posto por Umberto Eco, mas no sentido de que o seu final é aberto, como se o autor pretendesse continuá-lo.

Disse que é romance, porque para mim é romance, ainda que um romance desconcertante, com formas gráficas incomuns em narrativas

---

9 L. Sterne, *La Vita e le Opinioni de Tristram Shandy, Gentiluomo*, tradução de Antonio Meo. Recorri muito às edições em inglês e português, mas as citações são feitas segundo a edição italiana, salvo indicação diferente. As traduções do texto em geral são minhas, salvo informação em contrário, mas, não raro, conferi com a tradução de José Paulo Paes na versão brasileira.

romanescas, porém com algum sentido simbólico, como a página totalmente negra, bem mais expressiva no original inglês do que na tradução italiana. A tarja negra representa o luto pela morte do pastor Yorick:

> Eugênio se convenceu de que seu amigo morria de parada cardíaca. Estendeu-lhe a mão e saiu do quarto silenciosamente e com o coração em pranto. Yorick o seguiu com o olhar até a porta, depois fechou os olhos para não os reabrir nunca mais [...] Eugênio pôs uma simples lápide de mármore [e aí se introduz a página negra] com a simples inscrição: Que Deus o tenha, pobre Yorick.

Mais adiante aparece outra página negra com manchas brancas, sobre a qual o narrador adverte: "Oh! reverendo leitor, [...] vós não podeis penetrar o significado moral da página marmorizada aqui de fronte, emblema variegado da minha obra, mais de quanto o mundo com toda a sua sagacidade não tenha sabido desemaranhar o mistério de muitas opiniões, transações e verdade que estão misteriosamente ocultas sob o escuro velame da página negra." "Emblema variegado de minha obra" assinala para aquilo que a crítica sempre reclama: as digressões do narrador. "Esta genial conduta faz de minha obra um gênero em si mesmo. Dois movimentos contrários são introduzidos nela. Em uma palavra, minha obra é digressiva e, ao mesmo tempo, também progressiva." Aí, como em muitas outras oportunidades, o narrador se investe da qualidade de autor, "a minha obra", diz ele. E logo assume que a tão condenada digressão é metodológica, pois, afirma: "Incontestavelmente, as digressões são a luz solar, a vida, a alma da leitura. Suprimi-las deste livro valeria tanto quanto suprimir a obra inteira; um frio e interminável de inverno desceria sobre todas as páginas."

Toda a habilidade está no modo como se cozinham e se aparelham as digressões. Esse é um trabalho ingrato. O autor, contudo, observa desde o princípio que ele construiu a obra principal e as partes acessórias com tais ligações, e organizou e arranjou os movimentos digressivo e progressivo de tal modo, uma roda engrenada com a outra, que o movimento geral de toda a máquina foi mantido. Aí é que se caracteriza o ritmo binário da obra: progressão e digressão, ação e divagação, anotado por Marisa Bugheroni[10]. Tudo isso mostra que o autor recusou a linearidade em favor da digressividade, não obstante o alto conceito da refinada sensibilidade do incomparável cavaleiro da Mancha, porque não é essa a moral de sua obra. Ele o afirmou outra vez no volume V: "Já disse, senhores, que um homem, quando está contando sua história no estranho modo no qual eu conto a minha, é continuamente constrangido a caminhar para frente e para trás, para manter tudo ligado em conjunto na fantasia do leitor." No fundo, isso é simplesmente genial.

Outros recursos gráficos são os capítulos com páginas inteiramente brancas, como os capítulos 18 e 19 do volume IX. Mas, no capítulo 25, ele satiricamente esclarece:

> Quando estivermos juntos no fim do capítulo (mas não antes) deveremos todos retornar aos dois por mim deixados em branco, por causa dos quais a minha honra jaz ferida e sanguinolenta há meia hora. Para estancar a hemorragia tiro um dos meus pantufos amarelos e o atiro com estrema violência contra o lado oposto do quarto, com uma declaração nele.

E assim é, os textos dos capítulos 18 e 19 deixados em branco vêm depois do texto do capítulo 25, num jogo cênico que diverte e também irrita. E os capítulos curtos, curtíssimos, como o capítulo 27 do volume IX, com pouco mais de meia linha: "O mapa do meu tio Tobias é levado para a cozinha." E vêm capítulos com uma linha e meia, com duas linhas. Isso tudo sem falar nos gráficos, rabiscos, riscos tortos, riscos em linha reta, curvas e meias curvas. Tudo isso confere ao romance certo ar de mistério.

O romance é multilinguístico e pleno de intertextualidade, que traz para o seu interior textos de outros autores.

Uma passagem de Otto Maria Carpeaux estranha que se tenha considerado *romance a esse aglomerado de conversas, digressões e anedotas, sem ação novelística, que é o Tristram Shandy*[11]. A crítica se funda numa

---

10 M. Bugheroni, Introdução, em L. Sterne, op. cit., p. XVIII.
11 *O Iluminismo e a Revolução Por Carpeaux*, p. 325.

concepção moderna de romance. O romance de enredo é produto do século XIX. Antes era a aventura, o picaresco, a digressão. *Decamerão*, de Boccaccio, uma das primeiras experiências da narrativa ficcionista, é um conjunto de cem contos narrados por sete mulheres e três homens num período de dez dias (daí o título da obra). Pura digressão. *Gargântua e Pantagruel*, *Dom Quixote* e mesmo *Tom Jones* também carecem de enredo no sentido hoje conhecido, porque predominam a aventura, o picaresco, o cômico, a sátira. É romance porque há personagens bem caracterizadas, que se entretecem em tramas novelescas, em diálogos sobre episódios representativos em ambientação romanesca, ou seja, mediante a construção de um mundo imaginário. Não é necessário chegar ao entusiasmo de Agripino Grieco, para quem conhecê-lo é uma prolongada delícia[12], mas não se pode desconhecer sua importância na construção do romance moderno de primeira pessoa.

Romance de primeira pessoa, seu narrador-protagonista é a personagem- título, Tristram Shandy, um protagonista que não protagoniza nada, raramente participa de diálogos com outras personagens. E aí já começa um aspecto fantástico, se não misterioso, do romance, porque o narrador passa a maior parte do tempo narrando os diálogos, as discussões, de seu pai com seu tio Tobias, deste (Tobby), com o cabo Trim e com o dr. Slop, exatamente sobre o seu nascimento. É lá, pelo terceiro volume, que se discute se o parto deveria ser feito pela parteira ou pelo obstetra, o dr. Slop, que concluiu que teria que usar fórceps para extrair a criança. Então, o pai, olhando o relógio, diz já serem duas horas e dez minutos. Bastou isso, para vir uma longa digressão sobre o tempo e a eternidade. Enfim, como disse o narrador, ainda no capítulo quinto do primeiro volume: "A cinco de novembro de 1718 que, no que tange à época fixada, era perto de nove meses de calendário quanto qualquer marido de bom senso esperaria, fui eu, cavalheiro Tristram Shandy, posto neste nosso mísero e desastroso mundo". Mas lá pelo capítulo 27 do terceiro volume, por uma informação do cabo Trim,

---

12 A. Grieco, *Machado de Assis*, p. 57.

ficamos sabendo, numa passagem cheia de ambiguidades, que o dr. Slop estava na cozinha fazendo septo para o nariz do menino. "Susana disse que, ao tirá-lo para este mundo com o seu maldito instrumento [o fórceps], aquele ali [o dr. Slop] lhe amassou o nariz como uma fogaça e o achatou ao nível da face." E daí por diante vem uma longa discussão de mais de vinte páginas sobre o nariz, terminando com as reflexões do pai do narrador, que era um excelente filósofo natural.

O leitor tem a impressão de que o narrador está contando acontecimentos anteriores ao seu nascimento. Ele abre a narrativa no momento em que os pais estavam realizando o ato de sua criação: "não só estavam para dar vida a um ser racional, mas possivelmente a feliz constituição e temperamento do seu corpo, talvez o seu gênio e a forma mesma de seu espírito; e qualquer coisa que soubessem em contrário, até a sorte de toda a sua casa teria podido sofrer o influxo dos humores e das disposições prevalentes naquele instante". Isso tudo é pertinente porque ele foi concebido na noite entre o primeiro domingo e a primeira segunda-feira de março do ano de Nosso Senhor de mil setecentos e dezoito. Sabe disso com tanta certeza por causa de um fato acontecido antes que ele nascesse, uma verdadeira anedota. Seu pai tinha se imposto a regra, seguida durante muitos anos, de acertar o relógio no primeiro domingo de cada mês. "No fundo, era uma mania inocente", ponderou o narrador, "mas que poderia ter ocasionado uma desgraça, que recairia em grande parte sobre mim." É que, justo naquele momento com sua mãe já penetrada, ela lembrou-se e perguntou: "Desculpe, querido, não esqueceste de dar corda no relógio?" "Bom Deus!" –, exclamou meu pai, ofegante, mas se esforçando ao mesmo tempo para moderar o tom da voz –, "Alguma mulher, desde Eva, já interrompeu um homem com uma pergunta tão tola?"

E ainda: "Eu, por exemplo, são seis semanas que me pus em trabalho de parto e, mesmo apressando-me ao máximo, não nasci ainda."

Lá pelo volume quarto a comunidade shandiana ainda discutia sobre qual seria o nome do menino, num capítulo cheio de humor:

> "Então, estenda-me as calças que estão sobre a cadeira", disse meu pai a Susana.

III O ROMANCE INGLÊS E O ROMANCE DE PRIMEIRA PESSOA

"Não há tempo para que se vista, senhor'", gritou Susana. "A criança se tornou negra no rosto como o meu [...]"

"Como o teu o quê?", perguntou meu pai, porque, como todos os oradores, era um ávido pesquisador de comparações.

"Bendito Deus senhor!", respondeu Susana, "o menino tem convulsões".

"E onde está Yorick?"

"Nunca onde deveria estar", respondeu Susana, "mas o seu cura está no tocador, com o menino nos braços, esperando para lhe dar um nome; e a patroa me ordenou que corresse ao senhor, com toda pressa, para perguntar se, sendo padrinho o capitão Shandy, o menino não deveria ter o nome dele".

"Se eu estivesse seguro", disse meu pai a si mesmo, coçando a sobrancelha, "que o menino não sobreviveria, poderia também fazer tal homenagem ao meu irmão Tobias; nesse caso, um grande nome como Trimegisto seria desperdiçado. Mas o menino talvez se recupere."

"Não, não", disse meu pai a Susana, "quero levantar-me".

"Não há tempo", replicou Susana, "o menino está negro como o meu sapato".

"Trimegisto", disse meu pai. "Mas espera, tu és como um vaso fendido, Susana", acrescentou meu pai, "és capaz de conservar na tua cabeça o nome Trimegisto, ao longo de toda a galeria, sem que te esqueças?"

"Posso", replicou Susana, batendo a porta de supetão irritada.

"Que me matem se ela for capaz", disse meu pai, pulando da cama e procurando no escuro pelas calças.

Susana saiu em disparada pela galeria.

Meu pai tentou encontrar as calças o mais rápido possível.

Susana lembrava-se do começo do nome:

"É Tris..., qualquer coisa assim", disse Susana.

"Não há no mundo nome de cristão", disse o cura, "que comece assim, exceto Tristram."

"Então é Tristram...gisto."

"Não há nenhum *gisto*, pateta! É o meu nome", respondeu o cura, imergindo no entretempo as mãos no vaso de água benta. "Tristram!", disse ele, "etc., etc., etc., etc."

Assim Tristram fui chamado e Tristram ficará até o fim dos meus dias.

O narrador, se por um lado aparece à margem dos acontecimentos, por outro se intromete em tudo. Não raro assume a condição de autor: "assim como este é o capítulo sobre capítulos, que prometi escrever antes de dormir". Adiante: "o capítulo sobre capítulos, que julgo o melhor de toda a minha obra". Quer dizer, fala como se ele fosse o autor da obra, como se fosse o autor dos capítulos. Tudo isso influenciou Machado de Assis na construção de *Memórias Póstumas de Brás Cubas*.

O narrador conversa frequentemente com os leitores ou com as leitoras:

> No princípio do último capítulo informei-lhe exatamente *quando* nasci, mas não o disse ainda *como*. *Não*; este particular reservei-o para um capítulo inteiramente para ele. Demais, senhores, sendo vocês e eu em certo sentido estranhos um ao outro, não seria conveniente confiar-lhes muitas coisas que me dizem respeito, tudo de uma vez. Devem ter um pouco de paciência. Vejam, empreendi a escrever não só a minha vida, mas também as minhas opiniões, porque me auguro e confio que o conhecimento, antes de tudo, do meu caráter, e de que raça de mortal eu seja, acudirá em você o desejo de conhecer o resto.

De fato, o livro é sobre a vida e as opiniões do narrador (Tristram Shandy). Seria sua autobiografia. No entanto, ele próprio reconhece que,

> até a metade do quarto volume, não andei além da primeira jornada na minha biografia; é evidente que, se em trezentos e sessenta e cinco dias de vida vivida dela, descrevi somente um [...]; assim em vez de andar avante no meu trabalho como qualquer biógrafo, depois de tudo aquilo que escrevi encontro-me atirado para trás de número correspondente de volumes.

Da vida dele só se informaram as peripécias do seu nascimento, o achatamento de seu nariz, e o seu nome. Não se sabe se foi à escola, o que estudou, se trabalhou, nada mais.

Quanto às suas opiniões, lá pelo fim do volume quarto, diz o narrador: "A partir deste momento eu devo ser considerado herdeiro presuntivo da família Shandy; a partir deste ponto começa a verdadeira história da minha VIDA e das minhas Opiniões."

Anote-se: "Meu pai naquele tempo já tinha escrito um notável capítulo de sua *Tristrapédia*, uma especulação para mostrar os fundamentos da relação natural entre pai e filho." Essa invenção deve ter estimulado Brás Cubas a criar o seu famoso *emplasto*. Assim, vai o narrador com suas geniais digressões e regressões até o fim, em que se juntam num diálogo rápido todas as personagens: o pai do narrador, o tio Tobias, Yorick, Obadia, o dr. Slop, e a mãe do narrador, que faz a última pergunta: "Deus meu!", exclamou minha mãe, "que história é esta?" "É a história de um Galo e de um Touro", respondeu Yorick, "e uma das melhores, no seu gênero, que eu jamais ouvi contar."

QUARTO CAPÍTULO

Alguns Românticos

1. AS IRMÃS BRONTË

As irmãs Charlotte, Emily e Anne são um fenômeno literário não só pela identidade de vocação, mas, sobretudo, porque suas obras desafiam o tempo e ainda hoje são lidas com grande interesse. Elas são ainda admiráveis pelo desafio de conseguirem viver por algum tempo sob condições adversas. Filhas do reverendo Patrick Brontë, foram com a família viver em Haworth, na província inglesa de Yorkshire, região inóspita, açoitada pelos ventos uivantes, pelo frio e umidade constantes, junto a charnecas desoladas e sombrias. Ao ali chegar, a família era constituída de oito membros, o casal (Patrick Brontë e Maria Branwel), um filho, Patrick Branwel, e cinco filhas: Maria, Elizabeth, Charlotte, Emily e Anne. Logo morreu a mãe. Maria e Elizabeth morreram no internato, onde sofriam castigos, alimentavam-se mal e não dormiam de tanto frio. Depois, morreu o irmão. Restaram Charlotte, Emily e Anne que, enquanto crianças, imaginaram Angria, na costa da África, e Gondal, no Pacífico, nos quais situaram histórias imaginárias, que serviram de ponto de partida das três carreiras literárias.

Charlotte Brontë (1816-1855), a mais velha, escreveu três romances: *Jane Eyre* (1847), *Shirley* (1849) e *Villete* (1853), além de *The Professor* (1857), póstumo. Emily Jane Brontë (1818-1848), tida como a mais talentosa, só publicou um romance, *Wuthering Heights* (O Morro dos Ventos Uivantes, 1847). Anne Brontë (1820-1849) publicou o romance *Agnes Grey*, também em 1847.

2. JANE EYRE

Jane Eyre[1] é um romance que, conforme observa Sandra Regina Goulart de Almeida, "lança mão do recurso narrativo em primeira pessoa, do diálogo contínuo com os supostos interlocutores e do gênero autobiográfico para se aproximar dos leitores [...]"[2]. Conta a história da personagem-título, Jane Eyre, dos dez aos dezenove anos de idade. Seus pais morreram após dois anos de casados, deixando a recém-nascida entregue à Caridade que lhe deu abrigo. A Caridade a levou para a casa de seu tio, que morreu em seguida e recomendou à mulher que cuidasse dela. A mulher, a senhora Reed, já tinha seus três filhos: Eliza, John e Georgiana Reed, a quem amava, enquanto Jane era excluída desse convívio amoroso. Ela se refugiava, então, noutra sala, onde havia livros que lia.

John Reed tinha catorze anos, quatro mais do que Jane, quando começa a narrativa. Ele nutria grande antipatia por ela. Intimidava-a, castigava-a continuamente. Jane não tinha a quem recorrer contra suas ameaças e castigos. Os criados não gostavam de ofender seu jovem senhor, ficando ao lado dele. A senhora Reed era cega e surda em relação ao assunto. Jamais via o filho atacar Jane ou o ouvia insultá-la. Quando ele a atacava e lhe batia, ainda fingia ter sido ele o agredido. "Você não tem direito de pegar nossos livros, você é uma dependente, como diz mamãe, e não tem direito. Seu pai não lhe deixou nada. Você devia mendigar, e não viver aqui com crianças finas como nós, nem fazer as mesmas refeições que fazemos ou usar roupas com o dinheiro da mamãe." Agarrou um livro e o lançou sobre ela, que caiu e feriu a cabeça. Num ímpeto, Jane correu para ele, agarrou-lhe os cabelos e os

---

1 C. Brontë, *Jane Eyre*. Todas as citações foram extraídas da edição de 2014 da Martin Claret.
2 Ibidem, Introdução, p. 10.

IV ALGUNS ROMÂNTICOS

ombros, como a um tirano. Ela sentiu o sangue correr-lhe pelo pescoço. As criadas Bessie e Abbot os separaram, acusando-a:

> "Querida! Querida! Que fúria foi essa de avançar contra o senhor John?"
> "Alguém já viu um quadro de raiva como este?"
> Então a senhora Reed acrescentou: "Levem-na para o quarto vermelho e a tranquem lá."
> Quatro mãos caíram sobre ela e a levaram para o castigo. E elas iam dizendo: "Que comportamento chocante, senhorita Eyre, atacar um jovem cavalheiro, filho da sua benfeitora. Seu jovem patrão!"

Esse quarto era gelado, porque a lareira raramente era acesa. Era silencioso e ficava longe do quarto de brinquedos e da cozinha. Foi nele que o senhor Reed exalara seu último suspiro e fora velado.

Ali, de castigo, Jane se perguntava por que vivia em contínuo sofrimento, sempre agredida e acusada, eternamente condenada. Sua razão gritava contra essas injustiças. Buscava algum recurso estranho capaz de fazê-la escapar daquela opressão insuportável – como fugir, ou, se isso não pudesse ser feito, não mais comer nem beber e deixar-se morrer.

A senhora Reed, no entanto, providenciou a sua ida para um internato. Para isso, chamou a Gateshead Hall o senhor Brocklehurst, que interrogou Jane, prevenido pelas informações negativas da senhora Reed:

> Senhor Brocklehurst, creio que na carta que lhe enviei há três semanas insinuei que esta menina não possui o caráter e as qualidades que eu gostaria que tivesse. Se o senhor a admitisse na escola Lowood, ficaria satisfeita se a superintendente e os professores fossem avisados a manter uma vigilância rigorosa sobre ela e, sobretudo, que voltassem sua atenção para o seu principal defeito, que é uma tendência à dissimulação.

Jane ouviu tudo com tristeza. Quando o senhor Brocklehurst se foi e a senhora Reed ordenou que ela voltasse para o quarto, sentiu que tinha que falar, porque fora humilhada de forma implacável e precisava revidar. Aproximou-se da senhora Reed e disse: "Não sou dissimulada. Se fosse, diria que a amo, mas declaro não ter amor pela senhora. Detesto-a mais do que qualquer coisa pior neste mundo, exceto John Reed. E este livro sobre a mentirosa, a senhora pode dar para a sua filha Georgiana, pois é ela quem conta mentiras e não eu."

Calou-se. A senhora Reed perguntou se ainda tinha algo mais a dizer e, então, ela prosseguiu:

> Estou feliz porque a senhora não é minha parenta. Jamais voltarei a chamá-la de tia enquanto eu estiver viva. Jamais virei vê-la depois que crescer. E se alguém me perguntar o quanto eu gostava da senhora, e de como era tratada pela senhora, direi que qualquer pensamento sobre a senhora me faz ficar doente, e que a senhora me tratava com extrema crueldade.

Trava-se um diálogo altivo entre ambas, em que a senhora Reed se sentiu encurralada até se retirar da sala, deixando Jane sozinha, "vencedora no campo de batalha. Foi a batalha mais dura que já havia lutado e a primeira vitória que obtive", exultou a narradora Jane. Mas logo caiu em si e a reflexão lhe mostrou a loucura de sua conduta e a tristeza de odiar e de ser odiada daquela maneira.

Essas reflexões a entristeceram. Queria algo melhor do que a habilidade de exercitar a língua tão afiada. Abriu a porta e saiu, viu os arbustos imóveis. Não encontrou nenhum encanto no silêncio das árvores. Encostada no portão, olhou para o campo ermo onde nem sequer um carneiro pastava. O pensamento vagava, quando Bessie a chamou para o almoço. Chamou-a de "coisinha desobediente", mas, depois do seu embate vitorioso com a senhora Reed, não lhe importava a zanga da governanta. Ia deixar Bessie, com quem travou o último e rápido diálogo, no qual Jane revelou sua natureza terna e Bessie, seu jeito doce de entender uma criança.

> "Então está feliz em me deixar?"
> "De jeito nenhum, Bessie. Sem dúvida, estou é triste."
> "Quem diria! Sem dúvida! Com que calma esta minha senhorinha diz isso! Aposto que se eu fosse lhe pedir um beijo você não me daria. Diria que sem dúvida não me beijaria."
> "Beijarei sim, com prazer. Abaixa a cabeça."

IV ALGUNS ROMÂNTICOS

Bessie inclinou-se para a frente e nos abraçamos. Voltei para dentro de casa junto dela, muito confortada. Aquela tarde transcorreu em paz e harmonia, e à noite Bessie contou-me algumas de suas histórias mais encantadoras e cantou algumas de suas mais doces canções. Até mesmo para mim a vida tinha apresentado seus raios de sol.

Enfim, naquele 19 de janeiro, Jane acordou cedo. A manhã estava úmida e fria. Seus dentes rangiam enquanto ela descia apressada pelo caminho, pois já se ouvia o ruído distante das rodas da carruagem, e logo chegou ao portão. Bessie gritou ao condutor para que cuidasse de mim. Foi a única pessoa a acompanhá-la até a saída. A senhora Reed, na véspera, fora ao seu quarto e lhe pedira que não incomodasse nem a ela nem a seus primos. Afastava-se, enfim, de Gateshead Hall e, depois de dois dias de viagem, chegou ao destino. Uma criada a acolheu à porta da carruagem. Foi levada a um salão e ali deixada sozinha, de pé, onde aqueceu os dedos dormentes no calor da lareira. Olhava um estranho quadro dependurado na parede, quando uma porta se abriu e uma pessoa, seguida de perto por outra, entrou carregando uma lamparina.

A primeira era uma senhora alta, de cabelos e olhos pretos e testa grande e pálida. Sua figura estava parcialmente encoberta por um xale, seu ar era grave e seu porte, ereto.

"A menina é jovem demais para ter sido mandada sozinha" –, disse ela, depositando a vela sobre a mesa.

Ela me olhou atentamente durante um ou dois minutos e acrescentou em seguida: "É melhor que seja levada logo para a cama. Ela parece cansada. Está cansada?" –, perguntou, colocando a mão sobre meu ombro.

"Um pouco, senhora."

"E também com fome, sem dúvida. Faça que jante antes de ir para a cama, senhorita Miller. Essa é a primeira vez que você se separa de seus pais para vir à escola, minha pequena?"

Jane explicou-lhe que não tinha pais. Aquela senhora quis saber qual era seu nome e sua idade. Finalmente, passou os dedos em seu rosto dizendo que esperava que fosse uma boa menina, e a deixou com a senhorita Miller.

Jane nada comenta sobre esse primeiro contato, mas o leitor pode perceber que a recepção foi um sinal de melhores relações, pois a senhora, ainda que sobriamente, demonstrou certo carinho, pouco talvez, mas, para quem nunca tivera nada, era bem expressivo. E, apesar de o senhor Brocklehurst ter sido bastante envenenado pela senhora Reed e mesmo denunciado Jane como má e perversa, suas colegas em geral a trataram com amizade e a superintendente do colégio, a senhora Temple, não se deixou influenciar pelo discurso negativo e perverso daquele senhor, garantindo a Jane que, se ela se portasse como uma boa menina, seria bem tratada. E assim foi.

Lowood era um estabelecimento severo de educação feminina, orientado por uma concepção religiosa profundamente fanática. Seu fundador e diretor, o senhor Brocklehurst, dizia que seu plano de educação das meninas não era acostumá-las a hábitos de luxo e tolerância, mas torná-las resistentes, pacientes e abnegadas. Por isso, chamou a atenção da superintendente por ela ter servido pão e queijo, visto que o café da manhã fora tão mal preparado que as alunas não puderam comer. Na verdade, era pura sovinice, sovinice que impedia que investisse no estabelecimento, razão por que ele foi ficando cada vez mais insalubre: "A natureza insalubre do lugar, a quantidade e a qualidade da alimentação servida às crianças, a água salobra e fétida usada no preparo das refeições, as roupas e as acomodações miseráveis das alunas, todas essas coisas foram descobertas, e a descoberta produziu um resultado mortificante para o senhor Brocklehurst, porém benéfico para a instituição." Isso provocou uma reforma profunda na escola, desde a construção de um prédio mais adequado, a criação de novos regulamentos, melhorias na dieta e nas roupas. "Com o aperfeiçoamento, e com o tempo, a escola tornou-se uma instituição verdadeiramente útil e nobre. Eu permaneci oito anos dentro de seus muros, dois como aluna e seis como professora."

Esse tempo todo, sem que a tia viesse visitá-la ou sequer mandasse ou pedisse alguma notícia. Quando a senhora Temple se casou e deixou a escola, Jane se sentiu só e um pouco perdida. Seus pensamentos,

IV ALGUNS ROMÂNTICOS

meio apagados, foram revividos instantaneamente. Disse a si mesma que queria uma nova ocupação. "Trabalhei aqui por oito anos. Tudo o que desejo agora é trabalhar noutro lugar". Será que ela poderia conseguir alguma coisa que fosse fruto da sua escolha? Sim, sim, sim, respondeu sua mente, que lhe dizia que ela possuía um cérebro ativo o bastante para descobrir os meios de alcançá-lo. Sentou-se na cama a fim de despertar essa resposta no seu cérebro. Começou a pensar:

> O que é que eu quero? Um lugar novo, numa casa nova entre outros rostos e novas circunstâncias. Quero isso porque é inútil querer qualquer coisa melhor. Como é que as pessoas fazem para conseguir outro lugar para ir? Acho que procuram seus amigos. Eu não tenho amigos. Há muitas outras pessoas que não têm amigos, que têm de procurar por si mesmas, ajudar a si próprias. E qual é o recurso que elas têm?

Jane não tinha resposta. Ordenou ao seu cérebro que achasse uma resposta, e logo. Ele trabalhou, e trabalhou mais rápido. Sentia o pulsar da cabeça e das têmporas, mas durante quase uma hora sua mente trabalhou no caos, e seus esforços não resultaram em nada. Jane não se atormentou. Levantou-se, deu uma volta no quarto, abriu a cortina, observou uma ou duas estrelas. Voltou à cama.

> Em minha ausência, uma fada boa depositou a sugestão pedida em meu travesseiro; pois, ao me deitar, ela veio à minha mente tranquila e naturalmente:
> "Aqueles que querem uma nova ocupação anunciam isso. Você deve colocar um anúncio no jornal do condado."
> "Como? Não sei nada sobre anúncios."

Jane descobriu como fazê-lo e enviou um anúncio: "Jovem acostumada a dar aulas deseja encontrar um emprego em casa de família com filhos de menos de quatorze anos. Ela tem qualificações que a habilitam a ensinar boas noções de inglês, além de francês, desenho e música. Resposta para J.E. Posto do correio do condado de Lowton."

No período vitoriano, uma mulher na Inglaterra só conseguiria trabalho de criada, professora ou governanta.

Jane obteve resposta ao seu anúncio, a promessa de um emprego como preceptora de uma criança de menos de dez anos de idade na mansão Thornfield Hall que, à primeira impressão, lhe pareceu ser uma função tranquila. Foi recebida pela senhora Fairfax, mulher bondosa, de temperamento calmo, com boa educação e inteligência mediana. Sua aluna, Adèle Varens, era uma criança ativa, que fora muito mimada e, às vezes, era geniosa, porém sob seus cuidados logo se tornou obediente e receptiva às aulas. O proprietário, senhor Rochester, não vivia na mansão e pouco parava por lá.

Algo estranho, porém, a incomodava: gargalhadas estrondosas num dos quartos do terceiro andar, que a senhora Fairfax dizia ser de Grace Poole, uma das criadas.

Os criados eram pessoas educadas. Jane se sentia num ambiente simples e agradável, porém muito sozinha. Precisava fazer algo mais. Por isso, certo dia, se ofereceu para ir até a vila levar a correspondência ao correio. No caminho, sentou-se no degrau de um passadiço. Dali avistava Thornfield. A tarde calma revelava o murmúrio do curso d'água. Um ruído forte, que provinha da estrada de pedra, quebrou aquele murmúrio. Um cavalo em breve apareceu. O leitor sente que é o senhor Rochester. Ao se aproximarem de Jane, homem e cavalo caíram. Ela o ajudou a levantar-se e a montar no cavalo, sem que se apresentassem. Ela disse apenas que morava naquela mansão que dali se avistava. À noite, o senhor Rochester mandou chamá-la e ela ficou sabendo que era o seu patrão. Tiveram uma conversa educada e ela se manteve digna diante dele. Mas começou a sonhar, e o leitor percebe nas entrelinhas que iria se desenvolver uma relação amorosa entre eles, não obstante a diferença de classes. De fato, dali por diante o relacionamento entre ambos se estreitou cada vez mais. Jane sofria porque havia uma bela moça da alta sociedade que demonstrava clara intenção de querer conquistá-lo para seu marido. As coisas evoluíram, o senhor Rochester desprezou a pretendente de sua classe e pediu Jane em casamento. Na hora do casamento, no entanto, apareceram dois senhores que o impugnaram, alegando que o senhor Rochester era casado e sua esposa ainda estava viva. Foi uma forte decepção para Jane, que voltou à mansão já determinada a partir naquela mesma noite.

IV ALGUNS ROMÂNTICOS

Em seguida, há um longo e enfadonho discurso (capítulo XXVII) do senhor Rochester, no qual ele conta a sua desdita, o casamento com uma louca que vivia no terceiro andar. Em seu discurso, só falava de si mesmo, de sua tristeza, de que não teria como viver sem Jane, uma ampla manifestação do egoísmo que tentava convencê-la a ser sua amante, para que ele não sofresse!

Não obstante, o capítulo tem momentos altos. Nele se vê como a escritora construiu uma narrativa interessante em que Rochester fala da narradora e a descreve em elogios sinceros. E também os momentos da decisão de Jane de ir embora, ainda que pensasse no seu amor por ele e no pesar de deixá-lo sofrendo. Jane partiu de madrugada. Levou suas coisas, não se concedeu o direito de levar um colar de pérolas que Rochester lhe havia dado como presente do casamento frustrado. O colar não lhe pertencia. Ela sai com apenas vinte xelins, sendo que a carruagem custava trinta. Por isso, o cocheiro a deixou na estrada, num lugar chamado Whitcross. Teve que seguir a pé até alcançar uma aldeia de nome Morton; morta de fome, viu pães expostos na vitrine de uma loja. Tentou obter um em troca de suas luvas, mas a mulher não concordou. Indagou se haveria possibilidade de encontrar trabalho. Difícil.

Procurou a casa paroquial na tentativa de obter do pároco algum auxílio, mas o pároco tinha ido ao funeral do pai. A narradora, então, seguiu em frente por caminho entre pântano e charneca. À noite, debaixo de forte chuva, avistou ao longe a luz de uma residência e para lá se dirigiu. Ao chegar, viu pela greta de uma janela uma criada que, depois, soube chamar-se Hannat, e duas jovens bonitas que estudavam. Vacilou, porém, bateu à porta. Jane pediu abrigo, mas a criada, julgando-a uma mendiga, não permitiu que entrasse, oferecendo apenas uma esmola.

Não demorou muito e chegou um senhor que a recolheu. Deram-lhe de comer, de beber e roupa seca. Diana e Mary a receberam bem, tanto quanto o irmão chamado Saint-John. Levaram-na para um quarto e ela se recolheu à cama e dormiu profundamente. Quando pôde se levantar, apresentou-se aos moradores com o nome de Jane Elliot. Soube que as jovens trabalhavam em uma cidade distante, que

ali estavam em virtude da morte do pai. Soube também que Saint-
-John era o pároco de Morton. Perguntou-lhe se poderia arranjar-lhe
um trabalho. Deu-lhe suas qualificações. Passado algum tempo, Saint-John disse que havia um trabalho para ela como professora numa
escola para meninas que ele estava criando na paróquia, junto da qual
havia um chalé em que ela poderia morar.

Jane aceitou e passou a dar aulas para as meninas, bastante rudes,
mas, em pouco tempo, conseguiu bons resultados, o que agradou a
Saint-John e aos fazendeiros mantenedores da escola.

Saint-John, no entanto, tinha vocação de missionário e planejava
partir para a Índia.

Uma noite ele foi ao chalé de Jane e começou a contar-lhe uma
pequena história, e era a história dela própria. Ele havia recebido uma
carta de um advogado de Londres que procurava por ela, porque seu
tio, que vivia na ilha da Madeira, tinha morrido e deixado toda a sua
fortuna só para ela. Revelou também que o morto era também seu
próprio tio, irmão de sua mãe, mas para eles ele não deixara nada.
Revelou seu nome completo como constava dos seus documentos:
Saint-John Eyre Rivers, e suas irmãs eram Diana Eyre Rivers e Mary
Eyre Rivers. Jane constatou, então, que eram seu primo e suas primas.

Saint-John se propôs a casar-se com Jane, porque ela seria a mulher
ideal para um missionário e queria que ela o acompanhasse à Índia.
Ela recusou. Poderia acompanhá-lo como assistente, não como esposa,
porque, embora fosse ele um homem bonito e cativante, não lhe tinha
amor.

A esse propósito, Charlotte Brontë produziu um belo texto romanesco, mediante uma dialogação dinâmica e de alta qualidade, em que,
mais uma vez, a narradora se mostra à altura de sua função. Saint-
-John exalta as qualidades de Jane como uma pessoa dócil, diligente,
desinteressada, fiel, constante e corajosa, inteligente e muito heroica,
porém, a despeito disso, ela não aceitou a proposta de casamento.

Enfim, Jane recebeu uma fortuna de vinte mil libras. Entendeu
que seria justo dividi-la com os primos, assim deu cinco mil libras
para cada um e ficou com cinco mil. Mandou chamar Diana e Mary
de volta para casa.

IV ALGUNS ROMÂNTICOS

Com o tempo, Saint-John viajou para a Índia. Diana e Mary voltaram a ocupar Moor House, reformada sob a orientação de Jane. Ela, contudo, não se esquecera do patrão. Sentia saudade dele, queria revê-lo. Viajou, pois, para Thornfield Hall. Quando ali chegou, foi surpreendida ao encontrar apenas os escombros do incêndio que devorara a mansão. De volta à estalagem, ficou sabendo o que havia acontecido. Indagou pelo senhor Rochester. Disseram-lhe que Edward Fairfax Rochester tinha ficado cego e perdido parte do braço direito quando tentava salvar sua mulher, que, no fim, pulou do telhado e morreu. Ele agora morava numa casa de sua propriedade, a alguns quilômetros de distância. Jane tomou uma caleça e foi para lá. Viu seu patrão fora, mas nada lhe disse. Apresentou-se aos criados John e Mary. Só depois, quando a criada ia servir água ao patrão, Jane tomou a bandeja e a levou, fazendo-lhe uma grande surpresa.

A presença de Jane o reanimou, e aconteceu aquilo que o leitor desde cedo sentiu que iria acontecer: o casamento. E foi com essa notícia que a narradora conclui sua narrativa. "Leitor, eu me casei com ele. Foi um casamento discreto. Éramos só ele e eu, o pároco e seu assistente. Quando voltamos da igreja, fui para a cozinha da casa onde Mary estava preparando o jantar e John limpava as facas."

Jane Eyre é um romance importante porque mostra os costumes da Inglaterra do período vitoriano, importante também porque Jane Eyre luta contra as limitações que a sociedade inglesa impunha à mulher. "Desejei a liberdade, suspirei pela liberdade, rezei uma prece à liberdade que me pareceu ser levada pelo vento leve que soprava." É importante ainda e especialmente porque *Jane Eyre* é uma das melhores construções de narrador de romance de primeira pessoa que tenho conhecido, uma narradora que cresce ao longo da narrativa, sem sufocar as demais personagens. Ao contrário, os destaca, como dando a entender que, se forem grandes, ela se engrandecerá ainda mais. Sob esse ponto de vista, *Jane Eyre* é superior ao *Morro dos Ventos Uivantes* que, como veremos, tem um ponto de vista truncado e fragmentado, em virtude da variação de narradores, embora seja este o melhor romance das irmãs Brontë. Ressalte-se também que *Jane Eyre* é o mais romântico dos três, sobretudo pelo valor descritivo de personagens e paisagens.

3. OS VENTOS UIVANTES

A característica marcante do romance de primeira pessoa está exatamente no destaque do "eu" do narrador, mas esse "eu" assume diversas posições, como temos visto e ainda veremos no correr deste ensaio. A vez agora é do romance de Emily Brontë (1818-1848), *Wuthering Heights* (O Morro dos Ventos Uivantes)[3], publicado em 1847. "Wuthering Heights", esclarece o narrador Lockwood, "é o nome da casa do sr. Heathcliff. *Wuthering* é um significativo provincianismo que descreve o tumulto atmosférico a que está ela sujeita na época tempestuosa".

O romance é narrado na primeira pessoa, mas não pela mesma personagem. E é aqui que existe uma peculiaridade. O romance começa a ser narrado por Lockwood:

> Acabo de voltar de uma visita ao meu proprietário – o único vizinho que me poderá causar inquietações. Esta região daqui é, na verdade, maravilhosa. Creio que não teria encontrado, em toda a Inglaterra, lugar tão completamente afastado da agitação mundana. Um verdadeiro paraíso para misantropos. E o sr. Heathcliff e eu formamos um perfeito par de galhetas para partilhar irmãmente esse deserto.

Ele se apresenta ao senhorio:

> "Sou Lockwood, seu novo inquilino. Dei-me a honra de visitá-lo, logo depois que cheguei, para exprimir-lhe a esperança de não me ter tornado impertinente, ao insistir em ocupar Thrushcross Grange. Ouvi dizer ontem que o senhor tinha certas intenções…"

---

3 E.J. Brontë, *O Morro dos Ventos Uivantes*. Todas as citações foram extraídas da edição de 1971 da Abril Cultural.

IV ALGUNS ROMÂNTICOS

"Thrushcross Grange" – interrompeu ele, retraindo-se –, "é propriedade minha. Não permito que ninguém me aborreça quando posso a isso me opor... Entre!"

É um início enganador, porque leva o leitor a pensar que estamos diante de um forte protagonista em face de um antagonista destemido. Mas não é nada disso. Lockwood não chega a ser uma personagem do romance. É uma referência que, no entanto, estimula o desenvolvimento da trama por via indireta. Não obstante, a trama romanesca começa com sua segunda visita ao morro dos Ventos Uivantes, ou seja, à mansão do seu senhorio, sr. Heathcliff, onde conhece o criado Joseph; a nora do sr. Heathcliff, a viúva Catherine Linton; Hareton Earnshaw; e Zillah, a criada do sr. Heathcliff. Nessa visita, o mau tempo o obrigou a pernoitar lá, tendo sido guiado a seus aposentos por Zillah, que recomendou ocultar a vela e não fazer barulho, "porque seu patrão tinha umas ideias esquisitas a respeito do quarto em que ela ia pôr-me e jamais permitia, espontaneamente, que alguém ali se alojasse". Assim alertado, procurou descobrir o que pudesse ser. Logo viu, no rebordo da janela, inscrições que repetiam apenas um nome – Catherine Earnshaw, aqui e ali, mudado para Catherine Heathcliff e depois para Catherine Linton. Por ali também descobriu uma pequena biblioteca de Catherine, cujos livros bem escolhidos, desgastados, que denunciavam manuseio constante, nos quais raros eram os capítulos que tinham escapado a um comentário, preenchendo os espaços brancos deixados pelo impressor, que revelava a forma de um diário regular. Tudo isso despertou nele imediato interesse pela desconhecida Catherine, a começar por decifrar aqueles textos, empenho que lhe tomou boa parte da noite e um sono desassossegado, com fantasias, sonhos e pesadelos a ponto de gritar, sobretudo por ver, através da vidraça, a figura de Catherine, quando criança, cuja voz de uma melancolia infinita soluçava: "Deixa-me entrar, deixa-me entrar". O narrador, aterrorizado, gritou aos berros, o que acordou o sr. Heathcliff que, por sua vez, gemia e invocava o nome de Catherine, e, sono perdido, saiu pela casa distribuindo impropérios, sobretudo sobre outra misteriosa Catherine. "E você, e você desgraçada [...]. Você continua nas suas ociosas manigâncias!?"

Assim, na verdade, Emily Brontë habilmente introduziu a heroína que mais foi um fantasma em torno do qual girou a trama do romance do que uma personagem devidamente configurada.

Terminado o primeiro capítulo, é de supor que Emily se viu em dificuldade para prosseguir a narrativa do romance. Optou por uma narrativa de primeira pessoa, mas incumbiu essa tarefa ao sr. Lockwood, um arrivista que nada sabia daquela família que habitava o morro dos Ventos Uivantes. Havia aí um problema de técnica romanesca que a autora precisava resolver. O narrador de primeira pessoa é limitado pelo princípio da onipresença, ou seja, ele só pode contar aquilo que presenciou ou que alguém lhe contou. O sr. Lockwood nada sabia daquela família cujo drama a autora escolheu para o enredo de seu romance. Como poderia a autora resolver o problema técnico que se lhe antepunha? Poderia retroceder e recomeçar o romance em terceira pessoa, porque ele se rege pelo princípio da onisciência, valendo dizer que o narrador conhece tudo, sabe de tudo, tem o poder da invenção e da suposição, de sorte que tem conhecimento das ações, pensamentos, fantasias, idiossincrasias e tudo mais das personagens, da vida e do mundo. Ou então teria que mudar de narrador. Foi o que ela fez com habilidade, entregando ao próprio narrador inicial a solução do impasse.

Esse narrador, ciente de sua incapacidade, abre o quarto capítulo refletindo sobre a questão:

> Que vaidosos cata-ventos somos nós. Eu, que resolvera libertar-me de todo o trato social e que abençoava minha boa estrela, que, afinal, me fizera descobrir um lugar onde ele era quase impossível, eu, fraca criatura, depois de ter mantido até a noitinha uma luta contra o abatimento e a solidão, vi-me finalmente compelido a arriar bandeira. E, sob o pretexto de obter informações relativas às necessidades de minha instalação, pedi à sra. Dean, quando ela me trouxe a ceia, que se assentasse, enquanto eu comia. Com sinceridade, esperava encontrar nela uma "comadre" regular, que me despertaria ou me faria dormir com a sua conversa.

IV ALGUNS ROMÂNTICOS

Sondou-a sobre quanto tempo vivia ali e ela respondeu que já fazia dezoito anos. Chegara ali por ocasião do casamento de sua patroa, que adiante se descobre ser Catherine Earnshaw. Veja-se que o narrador inicial quer descobrir se a sra. Dean tem conhecimentos suficientes da família. E aí ela mesma começa a dizer coisa a isso pertinente: os tempos mudaram muito desde aquela época. Ao que o Sr. Lockwood ainda sondando retruca: "suponho que assistiu a muitas mudanças". "Sem dúvida", confirmou ela, "a muitos sofrimentos também". O diálogo prossegue com ele indagando sobre os antigos moradores do morro dos Ventos Uivantes. Na verdade, a autora estava, assim, construindo uma narradora que tivesse onipresença para continuar a narrativa romanesca. E foi isso que, depois de especular sobre as várias personagens que conheceu no morro dos Ventos Uivantes, o sr. Lockwood pediu à sra. Dean: "Está bem, sra. Dean, será uma obra de caridade contar-me alguma coisa de meus vizinhos." Ela, uma criada, se converteu na narradora do romance, porém não narrava para os leitores, contava a história para o seu patrão, a quem invocava com frequência: "o senhor sabe", "o senhor viu". Narrador inicial, que interferia de quando em quando, mas daí por diante o "eu" da narrativa era o da sra. Dean, também chamada Ellen e, às vezes, Nelly, porque conhecia bem a história da gente do morro dos Ventos Uivantes, que ela frequentava desde pequena, pois sua mãe tinha criado o sr. Hindley Earnshaw, que era o dono da casa, pai de Hareton e de Cathy (Catherine).

Eram duas famílias ali. Os Earnshaws da morada chamada Wuthering Heights e os Lintons da morada hoje habitada pelo sr. Lockwood, chamada Thrushcross Grange, separadas por charnecas e brejos, não muito longe da vila de Gimmerton, onde ficava a igreja a que todos acorriam para suas orações. O romance é a história dessas duas famílias, de suas relações, de suas desavenças e também de suas alianças pelo casamento de filhos. Nesse meio foi introduzido um elemento estranho que o velho Earnshaw trouxe de Liverpool, um ser estranho que pediu à mulher que aceitasse como um presente de Deus: "lobriguei um menino, sujo, maltrapilho, de cabelos pretos, grande bastante para andar e falar", conta a sra. Dean. Era um cigano. Tal foi o primeiro contato com a família, que o batizou com o nome de Heathcliff.

"Era o nome de um filho que morrera ainda criança, nome que, desde então, lhe serviu ao mesmo tempo de nome de batismo e de família". Ele se tornou íntimo de Cathy, mas era odiado por Hindley. Heathcliff foi, desde o começo, causa de desinteligências na família. Hindley o via como usurpador do afeto do pai e de seus privilégios. Tornou-se amargo. Observa-se que os conflitos ocorreram no interior da própria família Earnshaw.

Foi um acaso que colocou Catherine Earnshaw em contato direto com os Lintons. Sua mãe e seu pai já tinham morrido. Seu irmão Hindley, que estava estudando fora, voltara para casa já casado e se tornou o chefe da família. Instalou-se nela certo desassossego, sobretudo porque ele odiava Heathcliff, de quem Catherine gostava muito. Como não tinham um bom ambiente em casa, saíam sempre a passear pela charneca. E foi num desses passeios que chegaram a Thrushcross Grange. Ali, depois de ter sido atacada por um cachorro, Catherine ficou muito ferida e foi acolhida pelos Lintons, ao mesmo tempo que seu companheiro era escorraçado. O velho Linton era um magistrado bem conceituado, que havia dado boa formação aos filhos Isabel e Edgar. Catherine ali ficou algumas semanas, fez amizade com Isabel e Edgar, dos quais recebeu certo refinamento, de sorte que, ao voltar para casa, era outra moça, bonita e educada. Nem assim, deixou de gostar do bruto Heathcliff.

No capítulo VII, o sr. Lockwood retoma, por um instante, a narração, estabelecendo com a narradora (sra. Dean) substituta, digamos, um diálogo em que reafirma seu interesse em que ela continue a narrativa. De vez em quando ele se intromete e trava algum diálogo com a narradora.

Ela prossegue. Foi no verão de 1778 que nasceu um bebê lindo do sr. Hindley e sua mulher, o último da família Earnshaw, mas a mãe morreu pouco tempo depois. O menino, que recebeu o nome de Hareton Earnshaw, foi entregue aos cuidados da sra. Dean, conforme ela própria narra. A esse tempo, Heathcliff chegava aos dezesseis anos. Sempre que possível, ficava com Catherine, porém ela recebia com frequência a visita de Isabel e Edgar Linton. Heathcliff tinha ciúmes. "Manda dizer-lhe por Ellen que estás ocupada, Catherine", dizia ele.

IV ALGUNS ROMÂNTICOS

"Não me mande embora por causa desses seus detestáveis amigos! Tenho ímpetos às vezes de lamentar que eles…, mas não quero…"

Mais uma interrupção do narrador primitivo no fim do capítulo IX e o capítulo X tem início com um pequeno solilóquio:

> Encantadora introdução à vida de eremita! Quatro semanas de tortura, de agitação, de doença! Oh! esses ventos glaciais, esses sinistros céus do norte, essas estradas impraticáveis, esses médicos matutos, sempre retardados! E, oh! essa falta dum rosto humano! E, pior que tudo, a terrível sentença de Kenneth: que eu não devo ter esperança de sair de casa antes da primavera.

Na verdade, é como se Emily estivesse descrevendo a sua vila em Haworth, seus ventos glaciais, seus céus sinistros, sua vida de eremita, a solidão.

O solilóquio prossegue, incluindo a ideia de pedir à sra. Dean que continue sua narrativa, "continua a história do sr. Heathcliff", com que a autora define o tema do romance: a história do sr. Heathcliff. A narradora havia interrompido a narrativa no ponto em que Catherine lhe revelara que Edgar Linton a pedira em casamento e ela aceitara, embora não o amasse, porque amava Heathcliff. Estava, no entanto, confusa:

> Não me interessa casar com Edgar Linton. E, se o sujeito perverso que aqui vive não houvesse degradado tanto Heathcliff, eu não teria pensado nisso. Agora me degradaria eu mesma, se cassasse com Heathcliff. Assim ele nunca saberá como eu o amo. E isso não porque seja belo, Nelly, mas porque ele é mais do que eu mesma. Seja de que forem feitas nossas almas, a dele e a minha são as mesmas e a de Linton é diferente como um raio de lua de um clarão, ou como a geada do fogo.

Catherine exprimia ideias estranhas: "Se eu estivesse no céu, Nelly, seria extremamente infeliz." Ela havia sonhado que estava no céu, mas este não lhe pareceu sua verdadeira residência. Dilacerava-se de tanto chorar, no desejo de voltar para a terra, e os anjos ficaram muito aborrecidos com isso e a precipitaram no meio da charneca.

Em suma, Catherine se casa com Edgar Linton, deixando Heathcliff na amargura de sua solidão. A sra. Dean a acompanhou a Thrushcross Grange. Heathcliff foi-se embora. Desapareceu. Tempos depois regressou bem mudado, mais sociável, e foi visitar Catherine, agora Catherine Linton, em sua residência, o que gerou evidentemente certo conflito entre ela e o marido. No entanto, Catherine transbordou de felicidade. O conflito se amplia, porque Isabel, irmã de Edgar, se apaixona por Heathcliff. Isso desagrada tanto ao sr. Linton quanto à Catherine, que tentava dissuadir Isabel, mostrando que ele era um enjeitado sem educação nem cultivo que não poderia amar uma Linton, mas seria bem capaz de esposar seu dinheiro e suas esperanças. Isabel não podia acreditar em Catherine, pois sabia que ela nutria forte afeição por Heathcliff. E foi cruel quando Heathcliff, aproveitando a ausência do sr. Linton, foi visitá-la, dizendo-lhe: "A pobre da minha cunhada está em termos de fazer rebentar o coração só de contemplar a tua beleza física e moral. Basta querer e serás cunhado de Edgar! Não, Isabel, não precisa fugir [...] Nós estamos brigando como gatas por tua causa, Heathcliff, e fui totalmente batida em questão de protesto de devotamento e admiração." E assim por diante.

Heathcliff foge com Isabel, com quem se casa, e ela então percebe que espécie de homem ele era. "Heathcliff é uma criatura humana? Se é, será louco? E, se não, será um demônio?", perguntou à sra. Dean em carta. "Não lhe direi os motivos que me levam a fazer-lhe essa pergunta, mas suplico-lhe que me explique, se puder, com quem me casei, na ocasião em que me vier visitar, o que você deve fazer, Ellen, o mais breve possível. Não escreva, mas venha e traga-me alguma coisa de Edgar."

Ela foi e viu com que desprezo Isabel era tratada; Heathcliff começou por enforcar sua cadelinha e, quando ela intercedeu, suas primeiras palavras foram para exprimir o desejo de que fossem enforcadas todas as criaturas que estavam ligadas a ela, com exceção de Catherine, à qual ele manifestava forte amor mesmo na presença de Isabel, e não admitia sequer que ela demonstrasse algum desconsolo. Ao empurrá-la para o quarto, para uma conversa reservada com a sra. Dean sobre Catherine, resmungava: "Não terei piedade! Não terei piedade!

Quanto mais os vermes se torcem, maior é minha gana de lhes esmagar as entranhas! É uma espécie de dor de dente moral e eu mastigo com tanto mais energia quanto a dor é mais viva." Por outro lado, ele era um sofredor. Sua paixão por Catherine era doentia, por isso fazia qualquer absurdo para vê-la e forçava a sra. Dean a ajudá-lo, ao que ela cedia por medo.

A essa altura (capítulo xv), entra novamente em cena o sr. Lockwood e assume sua função de narrador, repetindo, porém, o que lhe fora contado pela sra. Dean. "Já agora ouvi toda a história de meu vizinho, em diversas ocasiões, segundo os lazeres conseguidos pela minha arrumadeira, em meio de suas mais importantes ocupações. Vou continuar a narração, com seus próprios termos, apenas resumindo um pouco. Ela é, em suma, uma excelente narradora, e creio que não poderei melhorar-lhe o estilo." Essa estranha duplicidade de narradores, ou melhor, essa superposição de narradores, é um complicador do romance, porque gera ambiguidades e quebra da unidade. De fato, Lockwood narra a história, contada pela sra. Dean a seu pedido. "Na mesma tarde de minha visita ao Morro", continuou ela, "cientifiquei-me, tão bem como se o houvesse visto, de que o sr. Heathcliff rondava nas proximidades da casa." A narradora é a sra. Dean, enquanto Lockwood é um simples reprodutor daquilo que ela narrava [...] a narrativa agora focaliza Catherine, que Heathcliff audaciosamente foi ver no seu quarto de doente. "Oh! Cathy! Oh! minha vida! Como poderei eu suportar isso?" Assim as manifestações românticas. Deu-lhe vários beijos que ela retribuiu. Então, disse Catherine: "Tu e Edgar partistes o meu coração, Heathcliff! E todos os dois vêm lamentar-se junto de mim como se fossem dignos de lástimas! Eu não lastimarei. Tu me mataste e isso te fez bem, parece-me". Seguem-se cenas típicas do romantismo.

Aí vem uma surpresa, contada pela sra. Dean: "Lá pelas doze horas daquela noite nasceu a Catherine que o senhor viu no morro dos Ventos Uivantes, uma criança fraquinha, de sete meses. Duas horas depois, a mãe morria, sem ter recobrado a consciência suficiente da ausência ou da presença de Edgar." De minha leitura anterior, deixei uma observação que reproduzo: "Não havia sinal de gravidez, como poderia nascer a criança referida no capítulo seguinte?" Com esse inesperado nascimento, houve um corte na narrativa, porque a heroína morreu no parto. O momento é descrito pela narradora:

> Na manhã seguinte – clara e alegre lá fora – a luz do dia se infiltrou pelos postigos do quarto silencioso, enfeitando a cama e aquela que a ocupava com um clarão suave e delicado. Edgar Linton tinha a cabeça apoiada no travesseiro e os olhos fechados. Os jovens e belos traços de seu rosto apresentavam o aspecto da morte quase tanto quanto os do vulto estendido junto de si, e ambos estavam quase igualmente rígidos. Mas aquela imobilidade era a da angústia esgotada, enquanto a de Catarina era a da paz perfeita.

E os narradores dialogam. A sra. Dean, que está contando a história ao sr. Lockwood, vira-se para ele e pergunta: "Acredita o senhor que pessoas como Catherine sejam felizes no outro mundo? Daria muito para sabê-lo." O sr. Lockwood que, para o leitor, é agora o narrador, não responde, mas informa: "Desisti de responder à pergunta da sra. Dean, que me pareceu um tanto heterodoxa. Ela prosseguiu: 'Se passarmos em revista a vida de Catherine Linton, receio que haja base para crê-lo. Mas deixêmo-la com o seu Criador'".

O sr. Lockwood continua a nos contar o que a sra. Dean lhe havia narrado.

Era de esperar que, morta a heroína, terminasse o romance. Não, não terminou. Continuou com redobrada crueldade de Heathcliff em relação a todos que habitavam sua moradia e o aparecimento de duas personagens novas: Catherine, filha da outra, e Linton, filho de Heathcliff com Isabel. De fato, esta não suportou o marido e fugiu, passou em Trushcross Grange, fez um longo discurso narrando à sra. Dean as últimas maldades do marido, depois, deteve-se, trepou numa cadeira, beijou os retratos de Edgar e Catherine, deu um beijo de despedida na sra. Dean, tomou sua cadela Fanny, que latia de prazer por ter reencontrado sua dona. E foi assim que Isabel partiu para nunca mais voltar àqueles lugares, foi supostamente para perto de Londres, onde alguns meses depois de sua fuga deu à luz um menino que recebeu o nome Linton, uma criança que se mostrou muito doentia e irritável, segundo a mãe conta em cartas.

IV ALGUNS ROMÂNTICOS

A narradora dá um salto de doze anos, quando Catherine Linton se tornara a criatura mais sedutora que jamais surgira, como um raio de sol em uma casa desolada. Tudo nela era bem-feito: o rosto, os formosos olhos negros, a tez clara. O morro dos Ventos Uivantes e o sr. Heathcliff não existiam para ela. O cenário se transforma. Morreram Hindley Earnshaw e Isabel Heathcliff. O filho de Isabel, com seus treze anos, vivia com o tio, pai de Catherine. Aí estavam as novas personagens a estimular a cobiça do sr. Heathcliff, que tão logo viu o filho, percebeu tratar-se de alguém com poucos anos de existência, tal era seu aspecto enfermiço. Já lhe ocorrera a ideia de casá-lo com Catherine, sua prima. Pois, doentio como era, morreria logo depois de casado, e ele seria o herdeiro universal. E foi o que ocorreu. Morto o pai de Cathy, casada ela com Linton, filho de Heathcliff, e morto este sem filhos, o pai seria o herdeiro de tudo, e foi assim que Heathcliff se tornou dono de Thrushcross Grange, unindo-a ao morro dos Ventos Uivantes, que já era dele. Agora Catherine, como os demais, estava submetida à tirania do sr. Heathcliff.

As coisas chegam à contemporaneidade do narrador titular, sr. Lockwood. A missão da sra. Dean, portanto, havia terminado. Como resolver a questão do ponto de vista da narrativa? Reassume o sr. Lockwood sua função de primeiro narrador? Acaba o romance? A autora encontrou a seguinte solução:

> Assim acabou a história da sra. Dean [disse o sr. Lockwood]. A despeito dos prognósticos do doutor, recobrei rapidamente minhas forças. Se bem que estejamos apenas na segunda semana de janeiro, tenho intenção de sair a cavalo dentro de um ou dois dias, para ir até o morro dos Ventos Uivantes informar meu senhorio de que irei passar os seis próximos meses em Londres e que, se isso lhe convier, poderá procurar novo locatário depois de outubro. Não quereria por nada deste mundo passar outro inverno aqui.

Suspende-se, portanto, a narrativa da sra. Dean e o sr. Lockwood retoma a narrativa para ir ao morro dos Ventos Uivantes, onde retoma o contato com as pessoas que descreveu no início do romance. "Catherine estava ali, ocupada em preparar legumes para a refeição. Parecia mais morosa e menos viva do que da primeira vez que a vira [...] Não respondeu nem à minha saudação nem ao meu bom-dia com o menor gesto." Ele testemunha um áspero diálogo entre Hareton Earnshaw e ela. Depois disso, o sr. Lockwood se ausenta, e temos um salto de quase um ano, quando ele foi convidado a devassar, lá pelo norte, as charnecas de um amigo e viu que não estava muito distante de Gimmerton. Veio-lhe, então, um impulsivo desejo de visitar Thrushcross Grange, mas a sra. Dean já não vivia mais ali, e sim no morro dos Ventos Uivantes, para onde ele se dirigiu. Notou que havia mudanças: "Não precisei escalar a porteira, nem bater nela... cedeu logo que a toquei. Era um progresso aquilo, pensei. E minhas narinas perceberam outro: um perfume de goivos e de flores amarelas se desprendia dentre as caseiras árvores frutíferas". Portas e janelas estavam abertas. Havia gente na sala. Catherine dava aulas para Hareton, e o sr. Lockwood se admirou ao ver que eles se beijavam. Enfim, entrou na cozinha e encontrou Nelly Dean, que lhe contou como fora parar ali e que o sr. Heathcliff havia morrido. "Tenho curiosidade de saber como isso ocorreu." Ela retoma sua função de narradora para contar as circunstâncias da morte do sr. Heathcliff e o anúncio do casamento de Hareton e Catherine, com o que se retornava às origens com a união das famílias Earnshaw e Linton na Thrushcross Grange e a unificação das propriedades nos herdeiros dos seus velhos donos.

4. AGNES GREY

Agnes Grey é um romance de Anne Brontë (1820-1849)[4], publicado em 1847. Anne é a mais jovem das três irmãs. Morreu aos 29 anos de idade. Viveu boa parte de sua vida na Inglaterra da rainha Vitória, marcante sobretudo pela ascensão da classe média, vale dizer, da burguesia, que importou profunda transformação nos mecanismos da vida social, como bem salientou Cíntia Schwantes: "A cultura da era vitoriana vai se centrar em alguns pontos principais: uma moral

---

4   A. Brontë, *Agnes Grey*. Todas as citações foram extraídas da edição de 2015 da Martin Claret.

IV ALGUNS ROMÂNTICOS

sexual bastante restrita [...], a elevação da família nuclear ao centro da vida social e, em consequência, a cristalização doméstica e total devoção ao marido, em primeiro lugar, e então aos filhos."[5]

É importante ter isso em mente porque foi nesse ambiente que Anne Brontë e suas irmãs viveram e se educaram, do qual se impregnaram seus romances. Sobretudo *Agnes Grey* que, segundo os analistas, narra, quase autobiograficamente, a vida da autora, quando conta as peripécias de uma jovem que quer ser vista como mais do que meramente uma jovem. Ora, no período vitoriano, o papel feminino para mulheres aristocráticas era o de procriadora e mãe de família, "e as funções de professora e governanta eram das poucas profissões para mulheres bem-educadas, mas sem fortuna"[6]. E ainda: "Anne, portanto, aceitou um emprego como governanta um ano após deixar a escola, experiência da qual ela drenou para compor a família retratada em *Agnes Grey* como a primeira empregadora da protagonista."[7]

Foi desse ambiente e dessa forma de educação feminina que se originou o *romance de formação*, que encontra seus melhores modelos em *Jane Eyre* e *Agnes Grey*, tema desenvolvido no capítulo VI.

Jane Eyre, como visto a seu tempo, de fato, trata da formação de uma protagonista feminina que é bem-sucedida. *Agnes Grey* tem a mesma temática e trata igualmente da formação de uma protagonista feminina que teve mais fracasso do que sucesso na atividade preceptora, sendo apenas bem-sucedida porque no exercício da função conheceu um homem que se casou com ela. Como diz Cates Baldridge, Agnes não encontra um caminho para si mesma; ao contrário, volta à situação de filha, após a morte do pai, quando abre uma escola com sua mãe[8].

O certo é que Anne Brontë não conseguiu sucesso literário à altura de suas irmãs.

A narrativa do primeiro capítulo tem tudo a ver com a vida e a família da autora. O segundo narra a saída da heroína da casa dos pais

5 C. Schwantes, Prefácio, em A. Brontë, *Agnes Grey*, p. 11.
6 L.C. Corrêa, Posfácio, em A. Brontë, *Agnes Grey*, p. 283; e C. Schwantes, op. cit., p. 8.
7 C. Schwantes, op. cit., p. 8.
8 Apud C. Schwantes, op. cit., p. 15.

um ano após deixar a escola, para assumir uma vaga de preceptora dos filhos da família Bloomfield, uma família burguesa bem-posta na sociedade inglesa. O pai, sr. Bloomfield, irritadiço, pedante e grosseiro, tratava o filho de oito anos de senhorzinho Tom, e a filha de seis anos, uma criatura afetada e desejosa de ser notada, de senhorita Mary Anne. Tom Bloomfield, que a mãe elogiava como sendo de espírito generoso e nobre, era um menino magro, rijo, cabelos louros, olhos azuis. Fanny, a outra irmã, uma menininha muito bonita.

Tom era um menino malvado, gostava de pegar passarinhos pelo simples prazer de arrancar-lhes as penas e o pescoço a frio, e os pais não o coibiam, ao contrário, até o estimulavam. Tinha atitudes egocêntricas, em que os possessivos da primeira pessoa soavam em sua boca com arrogância: "Minha sala de estudos", "Meus livros", embora fossem comuns com as irmãs.

"O jovem Tom, não contente em se recusar a receber ordens, exigia ser tratado como dominador e manifestava a determinação de manter na linha não apenas suas irmãs, mas também sua preceptora, através de solicitações manuais e podais violentas [...] Nessas ocasiões, alguns tapas sonoros nas orelhas teriam resolvido facilmente a questão."

Essa declaração final bem revela como era o sistema educacional na época. Se o aluno fosse insubordinado, indisciplinado, a palmatória, ou, na falta, "uns tapas sonoros nas orelhas", era o remédio a ser aplicado. A verdade é que Agnes Grey era despreparada e, por mal dos pecados, ainda teve a infelicidade de encontrar, no seu primeiro trabalho, um bando de crianças mimadas e endiabradas. Ela se queixava muito de que a sra. Bloomfield lhe tinha limitado os poderes, ou seja, não lhe dera permissão para aplicar nos pupilos corretivos corporais. Mas, às vezes, exasperada ao extremo, sacudia seu pupilo violentamente pelos ombros, ou lhe puxava os longos cabelos e o colocava num canto.

No meu tempo de criança naqueles sertões mineiros, os mestres ainda aplicavam a palmatória. O meu professor particular de primeiras letras (não havia escola oficial onde eu vivia, um lugar chamado Queima Fogo), que dava aulas na sala de nossa casa, também fora proibido por meu pai de usar a palmatória ou qualquer forma de agressão física, mas punha, a mim e a meu irmão mais velho, de castigo em pé, sem motivo algum, sei hoje; riscava um círculo em torno dos nossos pés bem juntinhos, para verificar, quando voltasse de suas ausências, se os havíamos tirado do lugar. Quando retornava, vinha pé ante pé, sem barulho no soalho de tábuas maciças, para nos surpreender. Aprendi a perceber aqueles passos de gato e, então, baixava os olhos no livro ou caderno, fingindo que estava estudando. Não obstante, tenho por aquele meu primeiro mestre, João Paulo, alto e magro, um tanto neurastênico, o maior carinho porque, não obstante o pouco tempo em que me deu aulas, seus ensinamentos duraram para sempre e serviram de base sólida para meu aprendizado futuro.

O trabalho da protagonista era árduo para o corpo e para a mente; ela tinha de correr atrás dos seus pupilos para agarrá-los, arrastá-los até a mesa e segurá-los junto a ela, frequentemente pela força, até o término da aula.

Os pais, por seu turno, não ajudavam em nada. Entregavam os filhos à preceptora e, não raro, a desautorizavam na frente dos próprios alunos, culminando no seu fracasso e, consequentemente, na dispensa dos seus serviços.

Foi com esse estado de ânimo que Agnes Grey, depois de ficar alguns meses tranquilamente em casa, publicou um anúncio no jornal, declarando suas qualificações para ocupar o lugar de preceptora, tendo sido admitida para esse posto na família do senhor Murray, de Horton Lodge, tido como um nobre rural, turbulento e fanfarrão, um agricultor experiente. A sra. Murray era uma bela senhora de uns quarenta anos. A srta. Murray, de nome Rosalie, era uma moça muito, muito bonita, alegre, tranquila e às vezes simpática, mas "nunca lhe tinham ensinado corretamente a distinção entre o certo e o errado; ela, tal como seus irmãos e irmãs, tivera desde a infância permissão para tiranizar babás, preceptores e criados".

A srta. Matilda era uma moça verdadeiramente estouvada, mais do que Rosalie, imprudente, teimosa, violenta e fechada à razão. Seu irmão John, vulgo master Murray, era um belo menino, robusto e saudável com seus onze anos, bruto e desobediente, sem princípio, sem instrução, ineducável. Master Charles era o queridinho da mamãe aos seus nove para dez anos; um tipo pequeno e rabugento, covarde, caprichoso, egoísta "que só se aplicava na hora de fazer maldade".

A leitura do livro nos dá a impressão de que os pais de então entregavam os filhos à preceptora ou governanta e deles se esqueciam, a dizer, quanto menos incomodar melhor; aliás, como já observado, as senhoras da aristocracia tinham como primeira obrigação cuidar do marido, só depois, dos filhos.

A preceptora fazia as refeições na sala de estudos com os alunos nas horas que eles preferissem; às vezes, pediam a refeição muito cedo; outras vezes, deixavam-na esperando à mesa por mais de uma hora, e então ficavam de mau humor porque as batatas estavam frias e o molho, coberto de gordura solidificada.

Uma desordem, como se vê. Os filhos sequer participavam das refeições à mesa com os pais. E a preceptora não era capaz de lhes impor um mínimo de disciplina. A família Murray era, certamente, mais refinada, mais sociável, do que a família Bloomfield. Não obstante, os pupilos de Agnes Grey, já adolescentes, continuavam uns grosseiros, outros, pedantes, e todos fúteis. As demais personagens são inexpressivas, mais referenciais que participativas, menos o sr. Weston, pastor da igrejinha local, que terá papel importante na vida de Agnes Grey, em disputa com a bela e poderosa Rosalie. Felizmente, para Agnes, seus encargos ficaram mais suaves com a redução a uma única aluna, a srta. Matilda, de sorte que tinha consideravelmente mais tempo à sua disposição do que jamais tivera desde que assumira "o jugo de preceptora", expressão dela. Assim, pôde dedicar-se a alguma atividade social, visitando os camponeses pobres e os doentes, sobretudo Nancy, para quem lia trechos da *Bíblia*: "Deus é amor, e quem vive no amor vive em Deus e Deus nele."

Foi aí que Agnes se aproximou do pastor Weston, a ponto de Nancy lhe perguntar, de surpresa, se ela gostava dele. Agnes não negou, até deixou transparecer na sua ambígua resposta que sim. E indagou de Nancy se o pastor a visitava. "Vem, senhorita. E eu sou grata." Com isso, Agnes ficou sabendo que o sr. Weston frequentava a casa humilde

IV ALGUNS ROMÂNTICOS

de Nancy e, no íntimo, se alegrou ao pensar na possibilidade de lá encontrá-lo. E foi o que se deu. "Vi então que ele sabia sorrir, um sorriso muito agradável." Trocou com ele algumas palavras amáveis.

Encontraram-se outras vezes, e ele demonstrou simpatia por ela. Contudo, também passava tempo sem vê-lo, e seu coração se inquietava. Chegou o momento em que seus serviços foram dispensados. Assim, deixou Horton Lodge e foi se juntar à mãe que, agora viúva, vivia em uma nova casa em outra localidade, onde montou sua própria escola. "Lancei-me com a energia adequada ao cumprimento dos deveres desse novo modo de vida. Chamo-o de *novo* porque havia, de fato, uma diferença considerável entre o trabalho com minha mãe na nossa escola e o trabalho como empregada entre estranhos, desprezada e pisoteada por velhos e jovens."

Enfim, como sempre acontece nesse tipo de romance, houve um final feliz, porque o acaso levou o sr. Weston para uma paróquia bem perto de onde Agnes e sua mãe viviam, e esse mesmo acaso levou-a a encontrar-se com ele e a organizar as coisas de tal modo que acabaram se amando e se casando, e até tiveram os filhos Edward, Agnes e a pequena Mary.

5. RAPHAËL (RAFAEL)

Alphonse de Lamartine (1790-1869), orador, deputado, chefe de governo, candidato à presidência da República francesa, foi, sobretudo, um grande poeta. Seu romance *Raphaël*[9] foi publicado em 1848. No prólogo, ele faz uso da técnica metaficcional de atribuir a autoria do livro ao autor de um manuscrito. Reforça essa metaficção, declarando que conheceu Rafael aos doze anos de idade e que ele estava doente, isolado numa velha propriedade de família. Foi visitá-lo. Lá estava o homem, ainda jovem, sentado em seu leito, porém extenuado pelo definhamento e pela miséria. A certo momento, Rafael começou a rasgar e a queimar papéis que estavam guardados num cofre de madeira, dentre

---

9 Todas as citações foram extraídas da edição de 2011 da Gallimard.

os quais um pequeno manuscrito, que entregou a Lamartine, para que fizesse dele o que quisesse, e que ele publicou como romance.

Raphaël é uma narrativa em primeira pessoa, de acentuada feição autobiográfica. O narrador, Rafael, conta acerca de fatos e de pessoas reais relacionadas com o autor. O nome da heroína, Julie Charles, remete à pessoa de Julie Bouchaud des Hérettes, órfã, que se casara com Jacques Charles, eminente cientista, e passara a chamar-se Julie Charles. Julie, porém, é também o nome da heroína do romance de Jean-Jacques Rousseau, *Julie ou La Nouvelle Héloïse*. Rafael é a imagem de Lamartine, como Saint-Preux, protagonista de *La Nouvelle Héloïse*, é a imagem de Rousseau, ainda que este respondesse aos que perguntavam se queria ser tomado por Saint-Preux: "Não, dizia ele, Saint-Preux não é o que tenho sido, mas o que eu queria ser."

É grande a confusão entre verdade e ficção neste livro. Trata-se, indubitavelmente, de um romance, ainda que composto de personagens pálidas, inexpressivas. O protagonista e narrador, Rafael e a heroína, Julie, têm algum destaque. São amantes que se encontram, se embevecem. Amantes diáfanos, descritos como anjos, como ao raiar do primeiro romantismo. "De falsidade em falsidade, eis uma Júlia tão assexuada, de sorte que ela não pode ser senão a filha de seu marido e a irmã de seu amante", observa Aurélie Loiseler no prefácio do livro.

Rafael e Julie se encontram na pequena cidade balneária de Aix, na Saboia francesa. Rafael, como Lamartine, foi ali tratar da saúde. Seu amigo Louis de *** lhe arranjou acomodação na casa de um velho médico e sua mulher, um pouco afastada da cidade, à qual se ligava por uma vereda que subia entre arroios de águas quentes. Num apartamento mais afastado da casa vivia uma jovem mulher estrangeira.

Quem é essa mulher? Rafael, o narrador, soube que ela habitava em Paris; seu marido era um velho ilustre. Julie é o seu nome. Sua mãe morrera num naufrágio ao fugirem de São Domingos. Lançada à margem pelas ondas, foi encontrada por uma negra que a amamentou e, mais tarde, a entregou ao pai, que a levou para a França aos seis anos de idade. O pai morreu pouco tempo depois. Julie ficou com parentes na Bretanha até a morte de sua segunda mãe. Aos doze anos o governo se encarregou de prover sua sorte, na qualidade de órfã de um crioulo

IV ALGUNS ROMÂNTICOS

que havia prestado serviços à pátria, recolhida na Maison de la Légion d'Honneur, onde recebeu aprimorada educação. Ali cresceu em idade, talento precoce e beleza. Certa vez, lá apareceu um velho importante, o sr. Jacques Charles, matemático e físico, membro da Academia das Ciências, três vezes mais velho que ela, e a pediu em casamento. No dia em que ela devia deixar o orfanato por já ter dezoito anos, idade máxima de permanência, disse: "Eu entrei na casa de meu marido não como sua mulher, mas como sua filha."[10]

Aqui se confundem realidade e ficção. Julie Bouchaud des Hérettes, *criole*, pessoa real, passou sua infância em São Domingos, de onde fugiu com a mãe em 1791. Perde a mãe na travessia. Ela se casa com Jacques Charles, cientista eminente, de onde se vê que se trata das mesmas personagens.

No balneário, Rafael encontra Julie, que lhe conta sua história. Daí por diante o romance se converte em suspiros e lágrimas.

Uma forte divergência separava os amantes: Deus. Rafael era profundamente religioso. Julie, ao contrário, dizia mesmo que essa palavra lhe fazia mal. Foi franca com ele, por entender que a primeira virtude, se houver virtude, é a verdade.

O interessante é que Lamartine criticou o romance *La Nouvelle Héloïse*, considerando-o perigoso porque, segundo ele, exaltava as paixões tanto quanto adulterava o espírito, não que temesse por si próprio, mas por seu filho. E, no entanto, esse seu romance está impregnado de Rousseau. Sua heroína, Julie, tem o mesmo nome da heroína de *La Nouvelle Héloïse*. O narrador do romance de Lamartine invoca Rousseau em várias oportunidades, mediante intertextos e alegorias, servindo-se de passagens das *Confissões*, de onde extraiu a descrição desse refúgio campestre, a pequena casa da sra. de Warens, em Charmettes.

> Rousseau aí foi atirado pelos primeiros naufrágios de seu destino, recolhido no seio de uma mulher jovem, bela, aventurosa, naufragada como ele. Essa mulher parece ter sido composta, de propósito, pela natureza, de virtudes e de fraquezas, de sensibilidade e de

10   A. de Lamartine, *Raphaël*, p. 229.

inconsequência, de devoção e de independência de espírito, para preparar secretamente a adolescência desse gênio estranho cuja alma continha, ao mesmo tempo, um sábio, um amante, um filósofo, um legislador e um louco.

Sim, foi esse o primeiro amor ou o primeiro "delírio" de Jean-Jacques Rousseau, aos seus dezoito anos. "Para os poetas, é a primeira página desta alma que foi um poema; para os filósofos, é o berço de uma revolução; para os amantes, é o ninho de um primeiro amor." Não é só. O narrador Rafael refere-se à figura da sra. de Warens como um raio através da poeira e do véu esfumado, de bondade e de alegria. Pobre mulher encantadora!

> Se ela não tivesse encontrado essa criança errante pelos grandes caminhos, se ela não lhe abrisse a sua casa e o seu coração, esse gênio sensível e sofredor se teria acabado na lama. Esse reencontro assemelhava-se a um acaso, mas ela foi a predestinação desse grande homem, sob a figura de uma primeira amante. Essa mulher o salvou. Ela o cultivou. Ela o exaltou na solidão, na liberdade e no amor, como essas huris do Oriente que preparam jovens para a volúpia. Ela lhe deu sua imaginação sonhadora, sua alma feminina, sua pronunciada ternura, sua paixão pela natureza. Comunicando-lhe sua alma doentia, ela lhe deu o entusiasmo das mulheres, da juventude, dos amantes, dos pobres, dos oprimidos, dos infelizes do seu século.

Esse é um discurso que hoje se estranha num romance, mas é um discurso que faz parte, como outros do romance, de uma retórica do romantismo, um pouco piegas de então.

6. LUCÍOLA E DIVA

O nosso José de Alencar também utilizou a metaficção nos romances que integram a trilogia denominada "Perfis de Mulher": *Lucíola*, *Diva* e *Senhora*. Neste último, que é de terceira pessoa, ele disse: "Este livro, como os dois que o precederam, não são da própria lavra do escritor, a quem geralmente os atribuem". *Lucíola* é romance de primeira pessoa; quer dizer, não é narrado diretamente pelo autor, que atribui a

IV ALGUNS ROMÂNTICOS

função ao narrador Paulo, bacharel pernambucano, protagonista que, por meio de uma carta a uma senhora (G.M.), conta sua história de amor com Lúcia, heroína do romance. A carta, portanto, encaminha a G.M. um manuscrito do romance; uma invenção metaficcional do autor. Em *Diva*[11], também de primeira pessoa, o mesmo Paulo remete a G.M. as cartas do dr. Augusto Amaral, jovem médico, que salva a vida de Emília, heroína do romance; menina feia, torna-se uma moça muito bonita, depois de receber uma educação esmerada. Encontram-se em festas. Augusto declara-lhe seu amor, mas ela, altiva, independente, como raramente se via mulher naquela época (1864), recusa, dizendo não o amar, ainda que ciente de que ele lhe tinha salvado a vida. Enfim, ficam presos nesse jogo de amor, amizade e desprezo. O desfecho está no final da carta, que é também o fim do romance: "Enfim, Paulo, eu ainda a amava! Ela é minha mulher."

11 Li *Diva* aos meus dezenove para vinte anos de idade. Livro que encontrei na pequena livraria de Curvelo, cidade em que eu morava.

QUINTO CAPÍTULO

Estética da Ambiguidade e do Absurdo

1. QUESTÃO DE ORDEM

Não me pareceu necessário fazer uma pesquisa aprofundada sobre o primeiro romance de primeira pessoa no Brasil. Basta lembrar que, se *Lucíola* (1962) e *Diva* (1964), romances de José de Alencar aos quais já fiz referência, não são os primeiros, ainda assim têm notório destaque. Tampouco abordarei todos os romances de primeira pessoa publicados no Brasil[1]. Farei uma seleção que, para efeitos deste ensaio, é suficiente.

---

1   Assim, são romances de primeira pessoa de que não vou cuidar aqui: J.M. de Macedo (1820-1882), *Memória do Sobrinho de Meu Tio*; Coelho Netto (Henrique Maximiano Coelho Netto, 1864-1934), *O Morto: Memórias de um Fuzilado*, do qual diz o narrador, Josefino Soares: "O leitor achará, nestas páginas simples, que, vagarosamente, escrevi à sombra de árvores, em remoto desterro, enquanto a metralha arrasava a terra hospitaleira, onde, numa tarde tépida de junho de 1863, meu pai celebrou, contente, o natal do seu primeiro filho, que sou eu", e dele disse Herman Lima, na "Introdução" a essa edição: "O Morto vale, na verdade, como convite por demais atraente à aproximação do verdadeiro Coelho Netto, aquele que conseguiu sobrepairar a todos os excessos da ▶

2. MACHADO DE ASSIS

2.1. Introdução

José Maria Machado de Assis (1839-1908) é talvez, ainda, o mais fértil autor de obras de ficção da literatura brasileira. Contista extraordinário, não menos do que cronista, romancista de grandes recursos estéticos. Legou-nos numa fase inicial os romances *Ressurreição* (1872), *A Mão e a Luva* (1874), *Helena* (1876) e *Iaiá Garcia* (1878)[2], e numa segunda fase, dita da maturidade, *Memórias Póstumas de Brás Cubas* (1881), *Quincas Borba* (1891), *Dom Casmurro* (1899), *Esaú e Jacó* (1904) e *Memorial de Aires* (1908) que, à exceção de *Quincas Borba*, são romances de primeira pessoa.

2.2. Brás Cubas

Memórias Póstumas de Brás Cubas é um romance controvertido de Machado de Assis[3]. A crítica diverge ao analisá-lo. Lúcia Miguel Pereira o elogia com entusiasmo. "O grande artista ia afinal se revelar nesse livro admirável na composição e na execução", um "romance cuja simplicidade perfeita de forma deve ter sido o resultado de longa e paciente procura, e cujo fundo punha nu a alma do autor"[4].

> ▷ mais errônea concepção estética da arte literária, na afirmação dum escritor autêntico, lúcido e plástico, dum poderoso sentido de captação de emoções ao registro dos acontecimentos paralelos da vida das suas personagens"; M.J. Dupré (1905-1984), *Éramos Seis*, no qual Lola, a narradora-protagonista, conta, de modo simples, quase ingênuo, a história de sua família composta de seis pessoas: ela, o marido Júlio, e os filhos Julinho, Carlos, Isabel e Alfredo, suas alegrias, tristezas e problemas; J.M. de Vasconcelos, *O Meu Pé de Laranja Lima* que, como dito na folha de rosto, é a "história de um meninozinho que um dia descobriu a dor...", em que o menino-narrador, Zezé, certamente o próprio José Mauro, dado o caráter nitidamente autobiográfico do livro, conta, com encanto, lirismo e pungência, sua história de menino muito estranho e de seu irmão e do seu pé de laranja-lima que, para ele, era como gente e que adoeceu quando iam cortá-lo; C.H. Cony, *O Ventre*, romance de estreia do autor publicado em 1958, em que o narrador Zé (José Severo), apelidado de Zé Gordura, porque comia demais e não engordava, por isso achava que o apelido lhe caía bem, ficou sabendo no momento de a mãe morrer que não era filho do seu pai, o Severo, mas do dr. Moreira.

2 Para uma percuciente e minuciosa análise crítica desses livros, ver R. Schwarz, *Ao Vencedor as Batatas*.

3 Trabalhei com duas edições desse romance, mas as citações são feitas com base na edição de 1971 da Abril Cultural.

4 L.M. Pereira, *Machado de Assis*, p. 199.

V ESTÉTICA DA AMBIGUIDADE E DO ABSURDO

Agripino Grieco o arrasa cruelmente:

> *Brás Cubas* é, em grande parte, livro de forma usurpada, falsa obra-
> -prima. *Quincas Borba* e *Dom Casmurro* são-lhe superiores, e sim-
> ples contos de Machado de Assis valem mais do que este irritante
> manual de sarcasmo, onde há artifício, artimanha e raramente arte
> pura. Quanta coisa de seção charadística! Sente-se o amontoamento
> livresco desde as primeiras páginas, nos inúmeros nomes famosos e
> situações literárias evocadas implícita ou explicitamente a dar antes
> a ideia de crítica ou ensaio que de ficção. Pensa-se andar por um ter-
> reno úmido cheio de liquens e fetos. Embora em frequentes lances
> ele iguale os europeus que imita, vê-se estar em jogo um mosaico
> de muitos autores e no qual o menos autor é o autor brasileiro.[5]

É uma crítica ferina que, no entanto, tem algumas verdades. Como
simples leitor, me pareceu que *Dom Casmurro* e *Quincas Borba* são, de
fato, superiores às *Memórias Póstumas de Brás Cubas*. É certo também
que há artifícios e artimanhas por conta da natureza fanfarrona do narrador Brás Cubas. Em todo caso, magníficas análises do romance, mais
recentes, sem discursos laudatórios e críticas negativistas, conferem-lhe
legítima posição entre as obras de Machado de Assis e na literatura brasileira. Assim, é justa a seguinte apreciação de Abel José Barros Baptista:

> O romance continua a surpreender pela extravagância romanesca,
> pela novidade dos procedimentos de composição, pela interpela-
> ção desabusada do leitor, pelo cinismo faceto do autor, pela medio-
> cridade do herói. E, claro, surpreende, em particular, pelo autor
> defunto, que escreve depois de morto e dessa condição extrai todas
> as consequências possíveis, ou, melhor dizendo, impossíveis.[6]

Barretto Filho foi certamente um dos melhores analistas do
homem Machado de Assis e de sua obra, partindo do homem, do seu
estado de espírito em face da obra de arte, para aí situar *Memórias Póstumas de Brás Cubas*. "A obra de arte foi para ele uma via de liberação

---

5 A. Grieco, *Machado de Assis*, p. 47.
6 A.J.B. Baptista, O Romance Extravagante Sobre *Memórias Póstumas de Brás Cubas*, em Márcia Lígia Guidin et al. (orgs.), *Machado de Assis: Ensaios da Crítica Contemporânea*, p. 18.

[...], de uma liberação amarga e árida", sem lugar à esperança, apenas "o orgulho do espírito solitário e inatingível."[7]

E ainda:

> As *Memórias Póstumas de Brás Cubas* são as primícias dessa nova situação anímica [...] este é um livro esquisito, arbitrário, carregado de ditos, reflexões, narrado antes do que vivido, em que a ação perde muito de sua importância em favor do comentário marginal. Quer parecer um livro de intenções puramente humorísticas, mas é de uma amargura indisfarçável; pode ser comparado a modelos e influências, mas, na verdade, já é algo de próprio, de inconfundível, de machadiano.[8]

Alentada análise marxista de *Brás Cubas* foi feita por Roberto Schwarz, em que procura compreender o romance na perspectiva do sistema produtivo, da sociedade escravista e burguesa, logo, da dominação de classe, segundo se depreende de seu texto[9], de que sua excelente análise do episódio "Eugênia" é ilustrativa e mostra que o método oferece grande lucidez interpretativa. Desmascara o narrador, que rejeitava a moça por ser coxa, mas, na realidade, não por isso, e sim por diferença de classe. E aí Schwarz convida o leitor a reter três pontos:

> a) o fundo da questão é mesmo de classe, e o defeito físico não passa de um acréscimo, que lhe serve de álibi; b) no contexto da dominação de classe, os trunfos humanos dos inferiores são vistos como outros tantos infortúnios; c) a conveniência momentânea da personagem volúvel é ideologicamente produtiva e engendra modos de ver e de dizer que expressam com precisão, sendo embora disparates à luz de um critério esclarecido. Esse terceiro ponto exemplifica-se em uma frase depois: "Por que bonita, se coxa? Por que coxa, se bonita?"[10]

Schwarz centra sua análise na figura do narrador, procedimento adequado para a compreensão do romance de primeira pessoa, sobretudo quando o "eu" é do protagonista e dominante na estrutura

---

7 J. Barretto Filho, *Introdução a Machado de Assis e Outros Ensaios*, p. 114.
8 Ibidem.
9 Cf. R. Schwarz, *Um Mestre na Periferia do Capitalismo*; cf. R. Faoro, *Machado de Assis: A Pirâmide e o Trapézio*, p. 7: o burguês machadiano "não domina nem governa".
10 R. Schwarz, op. cit., p. 95-96.

romanesca. Nesse ponto, sua análise se apoia no voluntarismo do narrador das *Memórias*: "um narrador voluntariamente importuno e sem credibilidade"[11]. Da volubilidade do narrador tira todas as consequências: "a volubilidade inclui sempre algum tipo de *desrespeito*, e uma complementar *satisfação de amor-próprio*, tornando onipresentes no universo narrativo as notas do *inadmissível* e da *afronta*",[12] e finalmente:

> Noutras palavras, a volubilidade de Brás Cubas é um mecanismo narrativo em que está implicada uma problemática nacional. Esta acompanha os passos do livro, que têm nela o seu contexto imediato, ainda quando não explicitada ou mesmo visada [...] *São propriedades por assim dizer automáticas de um dispositivo literário, que fala linguagem própria, e pode ser estudado como que em abstrato.*[13]

Daí vêm as digressões, as bruscas interrupções da narrativa e os movimentos subjetivos, episódios burlescos, enfim monotonias, alegorias fantasmagóricas (cf. "O Delírio") que ora sacodem ora entorpecem o leitor.

Quero lembrar uma passagem da análise de José Guilherme Merquior que me parece mais descortinadora da essência das *Memórias Póstumas de Brás Cubas*:

> *Brás Cubas* é um caso de novelística em tom bufo, um manual de moralista em ritmo foliônico. Em lugar do humorismo de identificação sentimental de Sterne, o que predomina nessas pretensas memórias é o ânimo de paródia, o ríctus satírico, a dessacralização carnavalesca. Quase nenhum sentimento, nenhum valor ou conduta escapam a essa chacota corrosiva.[14]

Em algum momento retomarei essas ideias, porque me parecem merecer expansão e aprofundamento.

O crítico que, por primeiro, abriu as cortinas desse mundo monofônico de *Brás Cubas* foi Augusto Meyer, para quem as *Memórias*, "obra singular, não cabe em nenhuma classificação rotineira de gênero literário e representa um momento único na história da literatura americana"[15].

11 Idem, p. 19.
12 Idem, p. 41.
13 Idem, p. 47.
14 J.G. Merquior, *De Anchieta a Euclides*, p. 268 e 269.
15 A. Meyer, "Introdução Geral" às *Memórias Póstumas de Brás Cubas*, p. 12.

E também: "A lucidez extrema, a ironia aguda, apurada a tal grau, sufocam a espontaneidade viva de que se alimenta a verdadeira poesia das coisas e acabam muitas vezes empecendo a própria alegria de criar. E quem aprende a ver de preferência a face negativa das coisas, a si mesmo, se impõe limitações negativas de ação e compreensão."[16]

Importante nas considerações críticas de Augusto Meyer, para este ensaio, é o destaque do *eu* de Brás Cubas, "com sua ousadia de além--túmulo", sua comparação com o *eu* de Bentinho, que "não comporta os largos voos do eu de Brás Cubas, que é uma espécie de super-eu romanesco"[17], em relação ao romance de primeira pessoa.

> Como qualquer outro recurso de transposição fictícia, a aparência autobiográfica serve de fator objetivo ao romancista na construção de um simulacro de vida confessional. Dentro dessas fronteiras – o romance construído na perspectiva de primeira pessoa – cabem graus diversos de aproximação do tom subjetivo, desde "cartas" e os "diários íntimos" até aquela confidência continuada e minuciosa de um eu romanesco a longo prazo – o eu de *Der grüne Heinrich* [de Gottfried Keller] o eu de *À la recherche du temps perdu* [de Marcel Proust] – em que a permanência do tom subjetivo, em sua duração chega a provocar um efeito de objetividade no tempo.[18]

A esse propósito, a análise de Alfredo Bosi oferece perspectivas ricas. Alfredo Bosi é um dos mais importantes analistas da obra de Machado de Assis. Em várias oportunidades revisitou *Memórias Póstumas de Brás Cubas*, trazendo em cada resenha novos elementos de compreensão. Estou agora trabalhando com *Brás Cubas em Três Versões*, dedicado à dissecação do *eu do Narrador*, o próprio Brás Cubas, começando pelo "enredo" do romance:

> Relembrar o enredo é sempre um bom começo. Brás Cubas conta a sua história trivial de menino mimado de uma família abastada e conservadora com fumos de aristocracia – um Cubas! O caráter estragado desde a infância e a adolescência, os estudos de Direito feitos em Coimbra, as viagens de recreio pela velha Europa,

16 Ibidem, p. 13.
17 Ibidem, p. 17 e 18.
18 Ibidem, p. 16 e 17.

V ESTÉTICA DA AMBIGUIDADE E DO ABSURDO

> as aventuras eróticas precoces, uma paixão adulterina tecida e exal-
> tada, tédios e saciedades, a sede de nomeada, que vai do projeto
> malogrado de invenção de um emplastro anti-hipocondríaco à con-
> quista de uma cadeira de deputado, enfim a solidão da velhice [...]
> uma trajetória movimentada mas banal enquanto típica de um certo
> segmento da burguesia no lapso da história do Brasil que cobre o
> primeiro e parte do segundo reinado.[19]

Por essa descrição, é fácil ver que não há enredo algum, ou melhor,
o enredo se resume na descrição do modo de ser de Brás Cubas.

Bosi ressalta em seguida, sob variados ângulos e perspectivas, o *eu*
do narrador, demonstrando primeiramente sua bivalência em função
do episódio de Eugênia.

"Qual o papel do episódio na teia de significações das *Memórias*?
Parece-me que o *eu* do narrador, fazendo-o capaz não só de praticar
vilezas, como desfrutador que foi desde a infância."[20]

Ainda:

> Brás desenvolve uma tática narrativa que não tem precedentes na
> história do nosso romance. Máximas ora atrevidas, ora desengana-
> das, teorias extravagantes, anedotas à primeira vista sem ligação com
> o contexto, digressões de vários tipos, ziguezagues com quebras da
> ordem temporal e espacial, interlocuções frequentes e às vezes petu-
> lantes com o leitor fazem parte de um estilo que lembra *A Vida e as
> Opiniões do Cavalheiro Tristram Shandy*, de Laurence Sterne [...][21].
>
> E também:
>
> A crítica tem estudado em três registros este bizarro narrador:
> 1) segundo uma leitura formalizante, o defunto autor desenvolve o
> modelo da "forma livre" de Sterne, que, por sua vez, se inscreveria
> na tradição da sátira menipeia; 2) a leitura cognitiva e existencial
> centra-se na figura do humorista melancólico, que se reconhece no
> discurso do homem do subsolo e do autoanalisa; 3) a leitura socio-
> lógica está centrada no tipo social de Brás e no contexto ideológico
> do Brasil Império.[22]

---

19 A. Bosi, *Brás Cubas em Três Versões*, p. 8.
20 Ibidem, p. 14.
21 Ibidem, p. 22.
22 Ibidem, p. 51.

Esse escorço crítico serve para verificar a complexidade do romance, senão para torná-lo ainda de mais difícil alcance a leitores comuns e empíricos como eu. Mas como tal, desaparelhado dos instrumentos teóricos desses grandes críticos, posso me permitir fazer leitura diferente, a partir de certos pressupostos, sem que isso implique comprometimento da ciência literária.

A crítica sempre ressalta que *Memórias Póstumas de Brás Cubas* marca uma radical ruptura na trajetória romanesca de Machado de Assis. Minha leitura não se afina inteiramente com esse modo de ver. Li a obra quando ainda era estudante, despreocupado. Reli mais tarde e já tive a percepção de sua grande *novidade* composicional, em face dos quatro romances anteriores: *Ressurreição, A Mão e a Luva, Helena* e *Iaiá Garcia*, ainda que sentisse certa evolução de uns para os outros, e que *Iaiá Garcia* já indicava o caminho da transição.

Mais tarde, na situação de leitor comum, como ainda sou, porém já com algum cabedal teórico, especialmente sobre o romance de primeira pessoa, pude perceber técnicas efetivamente inusitadas, mas também um sentimento de que *Brás Cubas*, em aspectos fundamentais, era uma continuidade e não uma ruptura, continuidade que persistiu em *Dom Casmurro* e *Quincas Borba*, e até em *Esaú e Jacó* e *Memorial de Aires*.

O *inusitado*, em primeiro lugar, num romance de primeira pessoa, está na ausência da costumeira metaficção consistente em atribuir sua autoria a um manuscrito entregue ao autor real ou encontrado em algum espólio. Metaficção substituída, no entanto, por outra, e mais original e intrigante, qual seja, a atribuição da autoria a um morto, a um defunto autor ficcional, dominante desde o título memorialístico, com a consequente completa ausência do autor real. De fato, Machado de Assis, salvo a inscrição do seu nome na capa do livro (e salvo o Prólogo da 4.a edição), nele não aparece. É verdade que isso é até da técnica dos romances de primeira pessoa, quando a função de narrador é conferida ao protagonista, mas, no caso das *Memórias*, não foi propriamente a função de narrador que se delegou a Brás Cubas, como veremos a seu tempo.

V ESTÉTICA DA AMBIGUIDADE E DO ABSURDO

A *continuidade* só é aceita se recusarmos a afirmativa, já hoje não tão corrente, da neutralidade de Machado de Assis em relação à realidade brasileira. Nego esse ponto de vista, e afirmo que ele foi o grande intérprete da formação da burguesia nacional, a partir, sobretudo, da segunda metade do século XIX, não da nobreza imperial em si, que não tem lugar ou tem lugar muito insignificante em seus romances. Neles não há, ou há poucos, barões, condes, viscondes, marqueses, duques. Há a burguesia, não como classe dominante. Nisso tem razão Raymundo Faoro quando afirma: "A galeria burguesa de Machado de Assis brota do chão, expande-se e se enriquece, mas não domina nem governa."[23] Burguesia parasita que não trabalha e vive de rendas que chegam às suas mãos por modos milagrosos: heranças inesperadas, sorte grande na loteria e até tropeção em pacotes de dinheiro na praia!

Acho que o melhor meio de compreender as *Memórias* consiste em partir da opinião dos autores, real e ficcional, expressa nos prólogos da primeira e quarta edições. Aí se responde à questão proposta por Capistrano de Abreu: "As *Memórias Póstumas de Brás Cubas* são um romance?", e por Macedo Soares, que recordava as *Viagens na Minha Terra*, de Almeida Garrett.

Machado de Assis lembra que, ao primeiro, já o defunto Brás Cubas respondera no prólogo "Ao Leitor" "que sim e que não, que era romance para uns e não o era para outros", o que põe já de início uma ambiguidade monumental. Poder-se-ia dizer: "Não é romance segundo a concepção romanesca dos franceses", mas o é de acordo com a concepção do romance de primeira pessoa dos ingleses do século XVIII, onde o autor foi munir-se de uma nova visão ficcional que vem de *Dom Quixote* e *Gargântua e Pantagruel*, via Sterne.

Quanto à questão de Macedo Soares, o finado explicou no prólogo "Ao Leitor", da primeira edição, que se tratava de uma obra difusa, na qual ele, Brás Cubas, adotou a "forma livre" de um Sterne ou de um Xavier de Maistre. Machado de Assis acrescenta: "O que faz do meu

---

23 R. Faoro, *Machado de Assis: A Pirâmide e o Trapézio*, p. 7.

Brás Cubas um autor particular é o que ele chama 'rabugens de pessimismo'. Há na alma deste livro, por mais risonho que pareça, um sentimento amargo e áspero, que está longe de vir de seus modelos. É taça que pode ter lavores de igual escola, mas leva outro vinho."

Isso significa, em primeiro lugar, que aspectos formais (os lavores da taça) podem ter advindo dos seus modelos, mas não o conteúdo (o vinho). Significa também, explicitamente, que *Memórias Póstumas de Brás Cubas* teve suas chaves, mas nem por isso se confunde com elas; em que termos, veremos.

Isso não significa que o romance não continue a surpreender "pela extravagância romanesca, pela novidade dos procedimentos de composição, pela mediocridade do herói"[24].

Tudo isso é certo, mas não é tudo.

A primeira questão suscitada é se as *Memórias* são um romance. Brás Cubas disse que é romance para uns e não para outros, uma ambiguidade que põe o conceito de romance na esfera da subjetividade. O título reforça a ambiguidade, porque, como visto a seu tempo, o termo *memórias* aponta para um tipo de narrativa em que o *eu* relata fatos concretos e reais da vida do narrador. Mas a verdade é que o termo passou também a referir-se à vida do narrador fictício de uma obra romanesca. Então, temos que buscar outros caminhos para resolver a questão.

Lá está no prólogo de Brás Cubas que "se trata de obra difusa", na qual ele adotou a "forma livre" de um Sterne ou de um Xavier de Maistre. Isso significa dizer que não é um romance na concepção dos franceses de então, como definido por Almeida Garrett de modo negativo: "O que eu vou contar não é um romance, não tem aventuras enredadas, peripécias, situações e incidentes raros."[25] Não são, pois, romance nessa concepção, mas o são na concepção do romance inglês do século XVIII. É romance pelo menos naquele sentido vago de Georg Lukács, "de imperfeição da completude de seu mundo sob a perspectiva objetiva, de uma resignação em termos de experiência subjetiva, ou na sua pretensa forma biográfica"[26], ainda que essas *Memórias* não

24 A.J.B. Baptista, op. cit., p. 18.
25 A. Garret, *Viagens na Minha Terra*, p. 63.
26 G. Lukács, *Teoria do Romance*, p. 71, 78.

V ESTÉTICA DA AMBIGUIDADE E DO ABSURDO

sejam bem-acabadas, porque "Brás Cubas, a rigor, não escreve sua autobiografia, não conta sua vida, senão alguns episódios dela. Pois, pouco ou nada, confessa: expõe e realça a própria mediocridade"[27].

A filiação das *Memórias* ao romance inglês do século XVIII, sobretudo à *Vida e as Opiniões do Cavalheiro Tristram Shandy*, de Laurence Sterne, filiado por sua vez a Cervantes, com *Dom Quixote* e a Rabelais, com *Gargântua e Pantagruel*, permite configurá-las como a mais notável, se não a única expressão da carnavalização[28] da narrativa romanesca da literatura brasileira.

Esclareça-se, desde logo: o problema da carnavalização da literatura nada tem a ver com os grandes espetáculos carnavalescos dos tempos modernos, mas carnaval como modo de combinar o sagrado e o profano, o elevado e o baixo, o grande e o insignificante, o sábio e o tolo, o sério e o satírico, o irônico, o pândego, a excentricidade. A linguagem do insulto e da zombaria continua até hoje cheia de remanescentes carnavalescos[29]. Então, quando Brás Cubas faz interpelações desabusadas ao leitor, entre outras grosserias e pândegas, está usando uma linguagem impregnada de simbologia carnavalesca.

A extravagância romanesca das *Memórias*, as interpelações desabusadas ao leitor, o cinismo do narrador são categorias da linguagem carnavalesca. Só pela carnavalização se explicam o tom arrogante e o ar de superioridade da personalidade medíocre do narrador; os devaneios ao limiar da loucura ("O Delírio"); sua extrema volubilidade que o leva a um discurso truncado. Como o homem do subsolo[30], Brás Cubas não segue uma linha coerente, vai indo e bruscamente retrocede, muda de rumo, depois a intercalada da intercalada, depois mais alguma coisa e depois torna a truncar[31]. Tudo de propósito:

> Mas o livro é enfadonho [diz ele], cheira a sepulcro, traz certa contração cadavérica; vício grave, e aliás ínfimo, porque o maior defeito do livro és tu, leitor. Tu tens pressa de envelhecer e o livro

27 A.J.B. Baptista, op. cit., p. 28.
28 M.M. Bakhtin, *Problemas da Poética de Dostoiévski*, tradução de Paulo Bezerra, p. 139s.
29 Ibidem, p. 148.
30 Cf. F. Dostoiévski, *Memórias do Subsolo*.
31 M.M. Bakhtin, op. cit., p. 158.

anda devagar; tu amas a narração direta e nutrida, o estilo regular e fluente, e este livro e o meu estilo são como os ébrios, guinam à direita e à esquerda, andam e param, resmungam, urram, gargalham, ameaçam o céu, escorregam e caem.

[...]

Todavia, importa dizer que o livro é escrito com pachorra, com a pachorra de um homem já desafrontado da brevidade do século, obra supinamente filosófica, de uma filosofia desigual, agora austera, logo brincalhona, coisa que não solidifica nem destrói, não inflama nem regela, e é todavia, mais do que passatempo e menos do que apostolado.

Invoca o leitor, chama-o, repreende-o:

Vamos lá; retifique o seu nariz, e tornemos ao emplasto. Deixemos a história com os seus caprichos de dama elegante. Nenhum de nós pelejou a batalha de Salamina, nenhum escreveu a confissão de Augsburgo; pela minha parte, se alguma vez me lembro de Cromwell, é só pela ideia de que sua alteza, com a mesma mão que trancara o parlamento, teria imposto aos ingleses o emplasto Brás Cubas.

É um carnaval pantagruélico de fanfarronice. Suas ideias "depois de tantas cabriolas, constituíram-se ideias fixas"; ideias "que fazem o varão forte e os doidos".

No fundo, *Memórias Póstumas de Brás Cubas* é uma vasta menipeia carnavalesca centrada nessa impressionante alegoria do capítulo VII – "O Delírio". Brás Cubas invoca a curiosidade do leitor para o que se passou na sua cabeça durante uns vinte minutos, quando ele tomou a figura de um barbeiro chinês, bojudo, escanhoando um mandarim, que pagava o trabalho com beliscões; depois, se transforma na *Suma Teológica*, de S. Tomás de Aquino, impressa num volume e encadernada em marroquim e fecho de prata. Restituído à forma humana, um hipopótamo o arrebata e ele deixa-se ir, calado, em carreira vertiginosa para a origem dos séculos. O animal galopava numa planície branca de neve. Estavam no Éden. Será que os séculos, irritados com o lhe devassarem a origem, não o esmagariam com as unhas tão seculares como eles?

V ESTÉTICA DA AMBIGUIDADE E DO ABSURDO

> Caiu do ar? destacou-se da terra? não sei; sei que um vulto imenso, uma figura de mulher me apareceu então, fitando-me uns olhos rutilantes como o sol. Tudo nessa figura tinha a vastidão das formas selváticas, e tudo escapava à compreensão do olhar humano, porque os contornos perdiam-se no ambiente.
>
> [...]
>
> "Chama-me Natureza ou Pandora; sou tua mãe e tua inimiga."
>
> Ao ouvir esta última palavra, recuei um pouco, tomado de susto. A figura soltou uma gargalhada, que produziu em torno de nós o efeito de um tufão [...]

Trava-se entre eles um diálogo absurdo. No fim, a Natureza o arrebata ao alto de uma montanha, de onde ele contempla a redução dos séculos, e um desfilar de todos eles e tudo mais, e vinham a cobiça, a cólera, a inveja. Depois disso e de um riso descompassado e idiota, falou: "Vamos lá, Pandora, abre o ventre, e digere-me." A resposta foi compeli-lo fortemente a olhar para baixo, e a ver os séculos passarem, velozes e turbulentos. E viu chegar o século presente. Entraram os objetos, uns cresceram, outros minguaram. O hipopótamo que o levara começou a diminuir até ficar do tamanho de um gato. Era efetivamente um gato, era o seu gato Sultão.

A influência de Laurence Sterne é reconhecida. Sua obra *A Vida e as Opiniões do Cavalheiro Tristram Shandy* foi o principal modelo das *Memórias Póstumas de Brás Cubas*. Como vimos a seu tempo, Shandy, que é o narrador-autor do romance, também conta a sua vida. O leitor de *Shandy* logo de início tem a impressão de que ele começa a falar de sua vida antes de nascer, como se fosse o feto a falar. "Eu, por exemplo, são seis semanas que me pus ao trabalho [de parto] e, mesmo apressando-me ao máximo, não nasci ainda. Pude apenas dizer-vos *quando* acontece o fato, mas não *como*. Assim o leitor pode ver que estamos muito longe de concluir a obra."[32] Isso talvez tenha inspirado Machado de Assis a pôr um morto a escrever as próprias memórias. A dizer, se alguém antes de nascer pode contar sua vida, depois de morto também pode escrever suas memórias.

32 L. Sterne, *La Vita e le Opinioni de Tristram Shandy, Gentiluomo*, p. 35.

O narrador Tristram Shandy é digressivo, daí a aparência caótica de sua narrativa. O leitor nunca sabe onde vai parar. Essa especialidade foi absorvida pelo narrador Brás Cubas que, por isso, também produziu obra difusa e de forma livre, caótica. O *eu* de Brás Cubas é volúvel, tanto quanto o *eu* de Tristram Shandy é errático e incorpóreo como o fogo-fátuo[33]. Shandy adverte que tanto valeria suprimir as digressões do seu livro como suprimir a obra inteira: um frio e um inverno intermináveis desceriam sobre suas páginas. O mesmo se pode dizer das *Memórias Póstumas*: retirem-se dela o difuso, a frivolidade e a volubilidade do narrador, que elas perdem o sabor e a graça, se não perecerem de tédio.

Voltemos à influência de *Tristram Shandy* nas *Memórias*. Apenas de Sterne, pois, ainda que Brás Cubas, em "Ao Leitor", tenha mencionado Xavier de Maistre e Macedo Soares tenha lembrado *As Viagens na Minha Terra*, de Almeida Garrett, estes se abeberaram na mesma fonte.

Essa influência se deu, sobretudo, em aspectos formais como as dimensões dos capítulos. A propósito, espanta-me um bocado a afirmativa de Abel José Barros Baptista de que o capítulo curto "é uma das maiores invenções machadianas"[34]. De fato, *Tristram Shandy* tem capítulos de vários tamanhos, entre dois terços de linha ("O mapa do meu tio Tobias é levado para a cozinha") até um de 26 páginas. E até capítulos sem nenhuma linha, como os capítulos 18 e 19 do volume nono. Depois, no início do capítulo 25 ainda do volume nono, o narrador nos diz: "Quando chegarmos juntos ao fim do capítulo (mas não antes) deveremos todos retornar aos dois capítulos por mim deixados em branco, por causa dos quais minha honra jaz ferida e sangrante há meia hora", e assim com os títulos em caracteres góticos os inseriu ali. Páginas brancas e contrastantes com páginas negras e marmóreas e outras com centenas de asteriscos organizados em linhas entre aspas ou em linhas quebradas ou linhas encaracoladas como que soltas no ar como serpentinas ou linhas "passavelmente retas" nas quais se tem a representação simbólica de algo (luto), digressão, progressão etc.

---

33 Ibidem, cf. Introduzione, p. xiv.
34 A.J.B. Baptista, op. cit., p. 22.

V ESTÉTICA DA AMBIGUIDADE E DO ABSURDO

> Machado de Assis trouxe para as *Memórias Póstumas de Brás Cubas* alguns desses elementos, sobretudo os capítulos curtos, que se tornaram persistentes em seus romances daí por diante, como o capítulo CXXV: Epitáfio: "Aqui Jaz DONA EULÁLIA." Em Sterne: "Alas, pobre Yorick"

E no capítulo CXXXVI: Inutilidade: "Mas, ou muito me engano, ou acabo de escrever um capítulo inútil".

Alguns asteriscos alternados com texto de máximas (capítulo CXIX), mas o mais expressivo recurso gráfico está no capítulo LV: O velho diálogo de Adão e Eva, uma página pontuada alternativamente com os nomes:

> Brás Cubas
> ....?
> Virgília
> .... etc.

Este, sim, simbolizando o enlevado diálogo de um casal apaixonado cujo arrebatamento os emudece.

Para melhor compreender um romance de primeira pessoa, há de buscar-se a configuração de seu narrador, que é o elemento fundamental da estrutura romanesca, ainda quando não seja a personagem principal, mas ele cresce de importância quando se torna o protagonista. A figura do narrador provém dos contadores de história[35]. Por isso, o sentido da oralidade está sempre presente nos grandes narradores do romance de primeira pessoa, dando ao leitor a sensação de estar ouvindo a narrativa enquanto lê a obra. E nisso se manifesta a poeticidade estética do romance de primeira pessoa. Logo, quando, por qualquer razão, o sentido da oralidade não se patenteia, a poética romanesca fica ofuscada.

Esse é um dos problemas de Brás Cubas, que não é um típico narrador, porque é o autor da obra, autor ficcional, mas sempre autor.

---

35 Para uma fenomenologia da figura do narrador, ver infra, capítulo XII.

Machado de Assis, autor real, em vez de delegar a função narratológica à personagem, incumbiu-a de escrever o romance em forma de memórias. Assim, Brás Cubas é menos o narrador do que o escritor, escritor que apela a todo instante à atenção de seus leitores. Ele assim transmite sua história ao leitor por escrito, não pela oralidade. Podemos, no entanto, continuar a nos referir a ele como o narrador, narrador-autor.

É narrador-protagonista, ainda que não haja antagonista, porque não há uma fábula a ser contada ao leitor. Há o narrador arrogante e dominante contando fatos e episódios de sua vida nada edificadora com uma infância mimada; "menino diabo", maligno, arguto, traquinas e voluntarioso. Um dia quebrou a cabeça de uma escrava, porque ela lhe negara uma colher de doce de coco que estava fazendo, e ainda pôs cinza no tacho e a culpou...

Narrador pândego, cruel e imoral; "um fiel compêndio de trivialidade e presunção". Achou uma moeda e foi à polícia depositá-la à disposição de quem a perdera, porque não era dele, mas, quando achou um embrulho com cinco contos de réis, guardou-o para si e mais tarde com eles comprou a cumplicidade de dona Plácida, alcoviteira de seu adultério com Virgília. Mas é sincero, reconhece seus malfeitos e maus escritos, como sua referência ao capítulo XXXI – "A Borboleta Preta" –, episódio medíocre, pois no capítulo seguinte "desço, antes que algum leitor circunspecto me detenha para perguntar se o capítulo passado é apenas uma sensaboria ou se chega a empulhação".

Foi nesse mesmo capítulo que ele introduziu Eugênia no contexto da narrativa. Um dia, quando viu que ela coxeava, perguntou-lhe se tinha machucado o pé, ao que ela sem titubear respondeu: "Não, senhor, sou coxa de nascença." O olhar de Eugênia, entretanto, não era coxo, mas direito; os olhos pretos e tranquilos o fitaram com tranquilidade. "O pior é que era coxa. Uns olhos tão lúcidos, uma boca tão fresca, uma compostura tão senhoril; e coxa! Esse contraste faria suspeitar que a natureza é às vezes um imenso escárnio. Por que bonita, se coxa? por que coxa, se bonita?" Ele se perguntava, mas assim mesmo, sabendo-a apaixonada por ele, não teve a dignidade moral de se afastar. Ao contrário, ficou e a beijou, não um beijo furtado e arrebatado, "mas candidamente entregue".

V ESTÉTICA DA AMBIGUIDADE E DO ABSURDO

Aí se lhe assaltaram dois sentimentos contraditórios: a *piedade* ante a candura da pequena, e o *terror* de vir a amar deveras, e desposá-la. "Uma mulher coxa!" A verdade é que o leitor se posiciona a favor de Eugênia, pois contrapõe a dignidade dela em face da pilantragem cínica dele! Ele se preparou para fugir, ir-se dali, anunciou que o faria no dia seguinte. Ela lhe estendeu a mão de cabeça erguida, conta ele honestamente. "Adeus [...] faz bem [...] faz bem em fugir do ridículo de casar comigo." Ele ia dizer que não; ela retirou-se, engolindo as lágrimas. Aí o confronto de classe. "Eugênia corta as fantasias de paridade social e mostra conhecer seu lugar."[36] Adiante: "a dezena de páginas em que figura Eugênia, a única personagem direita do livro, constitui um minucioso exercício de conspurcação. A crueldade é tanta, tão deliberada e detalhista, que dificilmente o leitor a assimila em toda a extensão"[37]. É certo, porém é o mais belo episódio do romance, belo e pungente, destacado, além do mais, em face da mediocridade de outros, ressalvado "O Delírio".

Aliás, Roberto Schwarz o destaca como obra-prima de técnica realista. "Fabulação enxuta e parcimônia no detalhe, rigorosamente disciplinadas pela contradição social, produzem o andamento poético do grande romance oitocentista."[38]

O narrador-escritor Brás Cubas domina. Por isso, ele é o centro do livro. É tão dominante que as demais personagens se apagam, não raro até à humilhação, menos Eugênia e Marcela. Aquela pela dignidade como o enfrentou. Esta, por ser ainda mais malandra do que ele. "Marcela amou-me durante quinze meses e onze contos de réis; nada menos." Dona Plácida, trabalhadora e honesta, submeteu-se a um tipo de trabalho humilhante: acoitar o adultério de Brás Cubas e Virgília.

Nem Virgília tem destaque de grande personagem e amante do protagonista. Trai o marido Lobo Neves com quem se casou por interesse, sem amor, mas é um adultério tranquilo, sem dramas nem trauma. Nem o amante Brás Cubas é amante romântico.

"Nada mais medíocre e menos romântico do que o triângulo amoroso formado por Virgília, Brás Cubas e Lobo Neves. Com empenho

---

36 R. Schwarz, op. cit., p. 86.
37 Ibidem, p. 93.
38 Ibidem, p. 102.

módico, o amante procura tomar a mulher do marido, mas logo se acomoda no adultério."[39] O marido, por seu lado, ignora tudo, ou faz que ignora; nem desconfia da frequência constante de Brás Cubas à sua casa, em sua ausência, sempre ao lado de Virgília. Só houve um momento de alguma angústia, quando Lobo Neves talvez iria ocupar uma presidência de uma província do Nordeste, o que importava na separação dos amantes. Isso também ficou na mesma água morna da relação amorosa, até que tudo serenou com o desfazimento daquela possibilidade.

Narrador dominante não deixa margem à ação ou reflexão das outras personagens. Brás Cubas tampouco era homem de grandes reflexões interiores. Preenche a narrativa, como já se viu, com episódios sem vínculos entre si e quase sempre inexpressivos, com as ressalvas já feitas. O resultado é um romance pouco dialógico e monofônico, na medida em que só a voz escrita do narrador se sobressai, muitas vezes dialogando consigo mesmo por meio de alegorias, como o seu diálogo com a Natureza no episódio "O Delírio" ou o diálogo em "A Sandice e a Razão" (capítulo VIII). Não se vê diálogo entre as personagens, que são raros mesmo entre elas e o narrador.

Tristram Shandy é também um narrador-autor e protagonista como Brás Cubas, mas não é dominante, razão pela qual as personagens do romance de Sterne têm ação destacada. O leitor, não raro, percebe que o narrador Shandy está como que ao lado, apreciando longas conversas das outras personagens entre si, e ele apenas relata esses diálogos. Quantas vezes ele estava de banda tão só narrando o que seu pai Walter Shandy, que era um filósofo natural, dizia ao seu tio Tobias. Quantas vezes essas duas personagens se entretinham em longas tertúlias que o narrador apreciava e transmitia ao leitor, com o que o romance fica mais interessante, mais "fabuloso".

Em suma, Brás Cubas é um narrador pândego, arrogante, dominante e egoísta. As *Memórias* são feitas de retalhos narrativos, sequências de episódios sem ligação uns aos outros, alegorias, metáforas, de forma difusa, sem enredo coerente. O capítulo "O Delírio" é uma expressão

---

39 Ibidem, p. 125.

V ESTÉTICA DA AMBIGUIDADE E DO ABSURDO

marcante disso, mas nele se exprime uma vasta sátira menipeia, uma carnavalização. "Machado de Assis recorreu à tradição literária do Ocidente, que teve sua fonte na chamada sátira menipeia, cuja característica mais geral é a excepcional liberdade de invenção narrativa e filosófica."[40] O *espaço* está ausente. "A Machado de Assis interessa o espetáculo e não o cenário."[41]

2.3. Dom Casmurro

Dom Casmurro[42] é um romance que Machado de Assis publicou em 1899, "seu mais belo romance", no dizer de Afrânio Coutinho[43], no qual Bento Santiago, Bentinho na intimidade, como autor fictício, conta sua história e sua vida amorosa com Capitu (Capitolina). Machado de Assis aí mostra toda a sua técnica na construção de um romance e de suas personagens: Bentinho e Capitu, protagonistas; dona Glória, mãe de Bentinho; tio Cosme; prima Justina; José Dias, agregado da família Santiago; Pádua e sua mulher, pais de Capitu; depois Escobar, que Bentinho conheceu no seminário.

Dona Glória (dona Marina da Glória Fernandes Santiago), quando morreu o marido, Pedro de Albuquerque Santiago, tinha trinta e um anos de idade, não quis continuar morando na fazenda em Itaguaí. "Vendeu a fazendola e os escravos, comprou alguns que pôs ao ganho ou alugou, uma dúzia de prédios, certo número de apólices, e deixou-se estar na casa de Mata-cavalos, onde vivera os dois últimos anos de casada." Tio Cosme, viúvo, vivia com dona Glória, como a prima Justina. Era a casa dos três viúvos. "Formado para as funções do capitalismo, tio Cosme não enriquecia no foro: ia comendo [...]". Note-se que o termo "capitalista" aparece algumas vezes nas obras de Machado de Assis no mero sentido de quem amealha capital, mas, no

---

40 V. Facioli, Várias Histórias Para um Homem Célebre, em Alfredo Bosi et al. (orgs.), *Machado de Assis*, p. 44.

41 Ibidem, p. 46.

42 Trabalho com duas edições do romance. As citações foram extraídas da edição de 1971 da Abril Cultural.

43 A. Coutinho, Estudo crítico, Machado de Assis na Literatura Brasileira", em Machado de Assis, *Obra Completa*, v. I, p. 87.

texto citado, "capitalismo" está no sentido próprio da teoria econômica. José Dias, o agregado, apareceu certo dia na fazenda, vendendo remédios homeopáticos; curou algumas pessoas e o pai de Bentinho lhe propôs que vivesse ali, sendo incorporado à família, pois tinha o dom de fazer-se aceito. "Era lido, posto que de atropelo, o bastante para divertir ao serão e à sobremesa, ou explicar algum fenômeno, falar dos efeitos do calor e do frio, dos polos e de Robespierre."

O livro começa pela narrativa do narrador-protagonista, o Bentinho, de modo tranquilo e, com a mesma tranquilidade, vai mostrando as personagens. A personagem principal e narrador-protagonista se apresenta na primeira linha, em tom coloquial, como se falasse no presente aos leitores. "Uma noite destas, vindo da cidade para o Engenho Novo, encontrei no trem da Central um rapaz aqui do bairro, que eu conheço de vista e de chapéu."

Modo simples de iniciar um grande romance, sem dúvida o melhor que a estética machadiana produziu. Quanta informação neste pequeno texto! "Uma noite destas" exprime a contemporaneidade da narrativa; "da cidade para o Engenho Novo" indica o bairro onde vivia o narrador, o tempo e o espaço do romance; "na Central" informa que a nossa principal ferrovia já existia então, e mais nos encanta com uma bela figura literária, de surpreendente efeito cômico, que é aquela interrupção semântica final: "que conheço de vista e *de chapéu*".

"Conhecer de chapéu" é uma expressão referencial histórico-social, lembrando que, na época, o chapéu era parte imprescindível da indumentária masculina (e também feminina) e que os homens, ao se cruzarem nas ruas, se saudavam com o gesto de erguer o chapéu, e tanto mais o erguiam quanto mais o saudado tinha prestígio, às vezes até à curvatura da cabeça e levemente do tronco.

O interessante da figura é que o leitor vai em linha reta e, de repente, como que numa "quebrada", como se pendesse de uma haste que se dobra, como o pendor da cabeça numa saudação, a imagem me dá a ideia de algo que segue firme e, de repente, quebra e pende, chamo-a de "quebrada". Luciano de Oliveira, mostrando outros exemplos

V ESTÉTICA DA AMBIGUIDADE E DO ABSURDO

nos romances de Machado de Assis, a chama de *sestro*[44], no sentido de mania, cacoete. Não me parece plausível.

Nem é preciso explicar todas as figuras literárias do livro. *Dom Casmurro* vale mais por suas alegorias e ambiguidades do que por seu enredo, de si, tão ambíguo, como o resto.

Seu herói, talvez melhor seu anti-herói, Bento Santiago, Bentinho para os íntimos, é uma figura enigmática. Ele o diz logo de início, pois aquele rapaz do seu bairro a quem ele conhecia de vista e de chapéu escrevia versos e quis colher sua opinião sobre alguns que trazia nos bolsos. Isso até demonstra certo prestígio. O mesmo rapaz, notando ser ele de pouca conversa, aplicou-lhe a alcunha de dom Casmurro, alcunha que se alastrou até entre os amigos mais chegados, e ele aproveitou para adotá-la como título do livro que ia começar a escrever. Resolveu escrever o livro, conta ele no segundo capítulo, porque vivia só, com um criado numa casa própria, que fez construir por um desejo muito particular: "Um dia, há bastantes anos, lembrou-me reproduzir no Engenho Novo a casa em que me criei na antiga rua de Mata-cavalos, dando-lhe o mesmo aspecto e economia daquela outra, que desapareceu [...] Nos quatro cantos do teto as figuras das estações, e ao canto das paredes os medalhões de César, Augusto, Nero e Massinissa com os nomes por baixo."[45] Visou com isso atar as duas pontas da vida e restaurar na velhice a adolescência.

Essa atmosfera misteriosa e algumas extravagâncias estimulam o interesse do leitor, que segue em frente à procura dos mistérios e vai encontrando intertextualidades (como de início *Fausto*: "Ai vindes outra vez, inquietas sombras?..."), ambiguidades e alegorias como o seu diálogo interior com aquelas figuras da parede ao propósito de escrever o livro: "Sim, Nero, Augusto, Massinissa, e tu, grande César, que me incitas a fazer os meus comentários, agradeço-vos o conselho, e vou deitar no papel as reminiscências que me vierem vindo. Deste modo, viverei o que vivi, e assentarei a mão para alguma obra de maior tomo."

---

44 L. de Oliveira, *O Bruxo e o Rabugento*, p. 72s.
45 Massinissa mereceu a homenagem de ser incluído certamente porque sempre esteve aliado aos romanos nas Guerras Púnicas.

A grande ambiguidade está em que consistem essas reminiscências. A alma de *Dom Casmurro* é pura ambiguidade. A grandeza do romance repousa nas ambiguidades. Só mediante uma análise fenomenológica se poderá chegar à sua essência. Romance de costumes como quis Agripino Grieco, tão sarcástico em relação às *Memórias Póstumas de Brás Cubas* quanto pródigo em elogios a *Dom Casmurro*, um dos cinco livros que ele levaria em sua bagagem com o seu Alencar, seu Castro Alves, Pompeia e Euclides, caso fosse exilado do país[46]. Para John Gledson, *Dom Casmurro* "não é um romance acerca da maldade pura, sem motivos, nem simplesmente uma série de retratos psicológicos 'bem delineados'; é um romance sobre um grupo de pessoas que agem de acordo com a lógica de suas condições sociais e familiares"[47]. Merquior o considera obra-prima da arte de Machado de Assis[48], mas não o classifica.

Por muito tempo, *Dom Casmurro* foi considerado um romance sobre a história do adultério de Capitu, até que Helen Caldwell mostrou que ela era inocente da traição que seu marido Bentinho lhe imputava[49]. Não obstante essa conclusão que pacificou os espíritos, o tema deve ser explorado, porque esse adultério, real ou falso, é a grande ambiguidade do romance. *Dom Casmurro* não seria o grande romance que é sem essa ambiguidade. E nesse sentido *Dom Casmurro* é uma história de adultério. Não vou dizer que aí está a essência do romance, até porque é pequeníssimo o espaço dedicado ao adultério. Os primeiros sinais da cisma de Bentinho se deram no capítulo CXXIII, portanto para mais de oitenta por cento da obra lidos, uma vez que ela se encerra no capítulo CXLVIII.

O procedimento da ambiguidade sobre o adultério, contudo, começou a ser construído bem antes, num jogo de insinuações e confissões, de afirmações e dúvidas, de modo a levar o leitor também a indagar o que estaria para acontecer. Capitu e Bentinho conversavam sobre o filho quando Bentinho diz que ele só tinha um pequeno

---

46 A. Grieco, op. cit., p. 95s.

47 J. Gledson, *Machado de Assis, Impostura e Realismo*, p. 50.

48 J.G. Merquior, op. cit., p. 286.

49 H. Caldwell, The Brazilian Ottello of Machado de Assis, apud J. Gledson, op. cit., p. 7.

V ESTÉTICA DA AMBIGUIDADE E DO ABSURDO

defeito: "gostava de imitar os outros". Imitar os gestos, os modos, as atitudes, imitava um jeito dos pés de Escobar e dos olhos. E no fim perguntou-lhe: "E naquele tempo gostavas de mim?" Questionamento sintomático, depois de mencionar algo sobre Escobar. "A resposta de Capitu foi um riso doce de escárnio [...], depois estirou os braços e atirou-mos sobre os ombros, tão cheios de graça que pareciam (velha imagem!) um colar de flores."

Bentinho confessa que tinha ciúmes: "o menor gesto me afligia [...] Um vizinho, um par de valsa, qualquer homem, moço ou maduro, me enchia de horror ou desconfiança". Confessa o seu grande amor por ela:

> Naquele tempo, por mais mulheres bonitas que achasse, nenhuma receberia a mínima parte do amor que tinha a Capitu. A minha própria mãe não queria mais que a metade. Capitu era tudo e mais que tudo, não vivia nem trabalhava que não fosse pensando nela! Ao teatro íamos juntos; só me lembro que fosse duas vezes sem ela, um benefício de ator, e uma estreia de ópera, a que ela não foi por ter adoecido, mas quis por força que eu fosse [...] saí, mas voltei no fim do primeiro ato. Encontrei Escobar à porta do corredor.

Aí uma sutil insinuação ("insiste para eu sair, e recebe o Escobar!?"). Escobar lhe disse que havia ido lhe falar sobre os embargos de terceiros. É curioso como um conceito de processo civil desses tem um efeito insinuante no contexto! E mais ainda, quando ao subir com Escobar, vê que Capitu não apresenta sintoma algum de doença!

Em seguida vem o capítulo CXV: "Dúvidas sobre Dúvidas!" Não se põem aí diretamente dúvidas sobre o comportamento de Capitu, porém se volta ao tema dos embargos de terceiros. Escobar trazia circunstâncias novas que, no entanto, Bentinho entendeu que não valiam nada. Trava-se, então, um rápido diálogo. "Escobar olhava para mim desconfiado." Bentinho duvidava. Referiu suas dúvidas a Capitu; "ela as desfez com a arte fina que possuía, um jeito, uma graça toda sua". Isso mais queria dizer um jeito dissimulado de Capitu. Negócios dos embargos, ponderou ela; "e ele que veio até aqui, a esta hora, é que está impressionado com a demanda [...] Palavra puxa palavra. Falei de outras dúvidas. Eu era então um poço delas; coaxavam dentro de mim, como verdadeiras rãs [...] Disse-lhe que começava a achar minha mãe um tanto fria e arredia com ela." Dúvidas e mais dúvidas. Nada diretamente sobre o comportamento de Capitu, mas tudo ao redor dela com o nome de Escobar sempre por perto. Se a mãe de Bentinho estava arredia com Capitu, bem podia ser que ela soubesse já de alguma coisa!

O leitor vai ficando, também ele, com a pulga atrás da orelha, supondo que algo esteja para acontecer. Ao mesmo tempo, admira--se da maestria do romancista, que instila homeopaticamente mais elementos na ambiguidade.

Depois das dúvidas, as reflexões. Escobar deixa Andaraí. Comprara casa no Flamengo. Bentinho passou por lá. Acendeu um charuto. Saiu no Catete. Capitu e Sancha viviam uma na casa da outra.

> Nossas mulheres viviam na casa uma da outra, nós passávamos as noites cá e lá conversando, jogando ou mirando o mar, os dois pequenos passavam os dias, ora no Flamengo, ora na Glória. Como eu observasse que podia acontecer com eles o que se dera entre mim e Capitu, acharam todos que sim, e Sancha acrescentou que até iam parecendo. Eu expliquei: "Não; é que Ezequiel imita os gestos dos outros." Escobar concordou comigo e insinuou que alguma vez as crianças que se frequentam muito acabam parecendo-se umas com as outras.

Isso tudo Bentinho ia pela rua lembrando. E garrou a cismar, "peguei a cismar comigo. O que cismei foi tão escuro e confuso que não me deixou tomar pé". Mandou parar o carro e foi andando a pé para acabar de cismar. "Eram dúvidas que me afligiam."

Descobriu que Ezequiel tinha os olhos de Escobar. Foi mesmo Capitu quem o indicou. Notou que não eram "só os olhos, mas as restantes feições, a cara, o corpo, a pessoa inteir". Bentinho via nele o Escobar.

> Escobar vinha assim surgindo da sepultura, do seminário e do Flamengo para se sentar comigo à mesa, receber-me na escada, beijar-me no gabinete de manhã, ou pedir-me à noite a bênção do costume [...] Quando nem mãe nem filho estavam comigo, o meu desespero era grande, e eu jurava matá-los a ambos, ora de golpe, ora devagar, para dividir pelo tempo da morte todos os minutos da vida embaçada e agoniada.

V ESTÉTICA DA AMBIGUIDADE E DO ABSURDO

Depois das reflexões, a angústia. A ideia que negrejava e teimava em sair do cérebro, a de se matar. Para isso comprou veneno. Foi despedir--se da mãe, mas ela e prima Justina estavam tão bem que ele desistiu do projeto. E daí foi sozinho ver *Otelo*. Machado de Assis não esconde seus modelos, suas chaves. Mostra-os por algum modo, especialmente pela via da intertextualidade. Por isso, ao construir o episódio do adultério de Capitu, lembrou-se do *Otelo* de Shakespeare que, por certo, lhe deu a chave do adultério, que ele inverteu, porém. O ciúme do mouro Otelo foi provocado, instilado por Iago. "Sempre posso, pelo menos, criar no Mouro um ciúme tão forte a ponto de o bom senso não poder remediá-lo"(Ato II, cena 1). E na cena 2, falando a Otelo, Iago diz: "Acautele, meu senhor, contra o ciúme. É ele um monstro de olhos verdes que zomba da carne com que se alimenta." Enfim, ele alimenta esse monstro de olhos verdes até que Otelo se convence do adultério de sua bela mulher Desdêmona. Ela não reconhece a culpa. Afirma jamais tê-lo traído. Implora que não a mate… Em vão. Desdêmona foi injustamente assassinada, porque era inocente da acusação de adultério.

Bentinho foi sozinho ver *Otelo*. "O último ato mostrou-me que não eu, mas Capitu, devia morrer. Ouvi as súplicas de Desdêmona, as suas palavras amorosas e puras, e a fúria do mouro, e a morte que este lhe deu entre aplausos frenéticos do público." E daí tira a conclusão: "E era inocente, vinha eu dizendo rua abaixo, que faria o público, se ela deveras fosse culpada, tão culpada como Capitu?" Chave invertida, como se vê.

Ainda assim, ele continuou com seu plano de se matar. Vagou pelas ruas à noite toda. Chegou em casa, escreveu uma carta a Capitu e esperou o café, quando então dissolveria o veneno e o ingerira, e aí vieram a vacilação, os pretextos, as ambiguidades. Recordou Catão, que antes de se matar leu e releu o livro de Platão. Ele, Bentinho, não tinha Platão, leu Plutarco sobre a vida de Catão. Não só queria imitá-lo, mas buscar coragem. O café veio, despejou nele o veneno, aí pensou se não seria melhor esperar que Capitu e o filho saíssem para a missa, "beberia o veneno depois". Chega o filho, abraça-lhe os joelhos, quer dar-lhe um beijo, o pequeno o enche de beijos. E lhe veio o impulso de matar o filho, ofereceu-lhe o café, tentou mesmo despejá-lo na garganta de Ezequiel. "Mas não sei que senti que me fez recuar. Pus a xícara em cima da mesa, e dei por mim a beijar doidamente a cabeça do menino."

Essa é a cena mais dramática e mais pungente do livro, cena que se prolongou, porque o pequeno emocionado exclamava: "Papai, papai"!, e este automaticamente respondia: "Não, não, eu não sou teu pai!" Capitu, que chegava, quis saber do que se tratava. Bentinho repetiu o final do diálogo: "Que não é meu filho".

Era a primeira vez que Bentinho expressamente admitiu o adultério de Capitu, que ela ouviu com grande estupefação e não menor indignação. Ela se sentiu injuriada. Reagiu com dignidade. Exigiu que o marido dissesse tudo, que dissesse de onde lhe viera tal convicação. "Há coisas que se não dizem", respondeu ele. "Que se não dizem só metade [retrucou ela decidida]; mas, já que disse metade, diga tudo."

Como se vê, Bentinho disse só metade ao afirmar que o menino não era seu filho. Não disse diretamente que ela o havia traído; não disse quem era o pai do menino. Muitos pontos aí se assemelham ao romance *Madeleine Férat*, de Émile Zola[50].

Capitu exige que Bentinho conte o resto, senão desde já pediria sua separação. Assim é que se configurou a acusação de adultério, acusação ambígua, porque Bentinho não tinha um fato concreto que o confirmasse[51]. Tinha "a casualidade da semelhança" entre o menino e o amigo Escobar. Então, vacilou. Esteve a pique de crer que fosse vítima de alucinação, mas aí chegou Ezequiel. Olharam para a fotografia de Escobar e para o menino. "Este era aquele." Capitu, porém, não confessou nada. Nesse contexto, Bentinho se lembrou que o Gurgel,

---

50 D. Proença Filho, Capitu-Memórias Póstumas e Diálogo Intertextual, em Julio Diniz (org.), *Machado de Assis (1908-2008)*, p. 29.

51 Sobre isso, cf. J. Gledson, op. cit., p. 12: "Houve controvérsia, e sem dúvida continua a haver ainda, sobre se Bento tem razão em acusar Capitu de adultério. Certo, trata-se de um problema fascinante com que se defronta todo leitor, porém é igualmente insolúvel, visto que Bento não apresenta prova nenhuma que o leitor possa aceitar como definitiva. Ele nos diz que seu filho, Ezequiel, não é seu, e sim de Escobar, seu amigo, e afirma que ambos são parecidos. É evidente que isso não configura uma prova, já que a semelhança pode muito bem depender da visão de quem vê, e, mesmo se ela existe 'objetivamente', poderia ser levada à conta da 'estranha semelhança' entre pessoas sem parentesco, mencionada 'de passagem' no capítulo 83."

V ESTÉTICA DA AMBIGUIDADE E DO ABSURDO

pai de Sancha, mostrara-lhe em sua casa o retrato da mulher, parecida com Capitu, reconhecendo que há tais semelhanças inexplicáveis.

Enfim, ele não a matou. Levou-a com o filho para a Suíça, onde
tempos depois ela faleceu. Desdêmona foi vítima de uma intriga cruel,
Capitu vítima de um ciúme doentio. Ou talvez não só do ciúme, pois
há de se ter em conta que Capitu era considerada de classe inferior à
do dr. Bento Santiago, e isso tem um peso importante nos fatos.

O certo é que *Dom Casmurro* não é a história de um adultério,
não só porque esse não aconteceu, mas porque faltam muitos elementos composicionais para se caracterizar como romance de adultério.
Uma narrativa romanesca que tem por objeto um adultério tem sua
estrutura fundada na relação de três personagens princípais: o *marido*,
a *mulher* e o *amante-sedutor*. Tudo gira em torno da ação dessas personagens, em função da dialética da sedução. As demais personagens são
intermediários no processo que tem num polo o sedutor trabalhando
seu objeto e no outro polo a mulher objeto da conquista do sedutor,
e o marido como vítima da trama. As unidades da narrativa se estru-
turam segundo essa dialética de ataque e resistência, até a entrega da
mulher ao sedutor. Daí por diante, têm-se as consequências, quando
o marido descobre a traição e toma alguma atitude.

Esses ingredientes são típicos de um romance de adultério como se
pode verificar em *Anna Kariênina* (1877), de Liev Tolstói; *La Regenta*
(1885), de Leopoldo Aria "Clarin"; *Madame Bovary* (1856), de Gustave
Flaubert; e *O Primo Basílio* (1878), de Eça de Queirós.

Pois bem, *Dom Casmurro* não apresenta essas características. Não
há um amante-sedutor em busca da conquista da mulher do próximo. O coitado do Escobar, eventual sedutor de Capitu, morreu sem
nenhum gesto, por menor que fosse, no sentido de seduzi-la; nada há
nela que denuncie seu interesse em Escobar, a não ser o suposto olhar
de ressaca para o Escobar defunto no caixão, que só Bentinho viu e
tantos anos depois descreveu no seu livro.

Uma história de amor

Quem melhor atinou com a essência de *Dom Casmurro* foi Lúcia
Miguel Pereira, de forma muito sintética e, pois, sem aprofundar sua

análise[52]: "É um drama de amor e de crime", diz ela. Eu diria que é um drama de amor e de ciúmes. Não houve crime, ainda que se possa considerar ter Bentinho levado Capitu para a Suíça como uma sanção, talvez até cruel. É a história de Capitu e seu amor. E há no livro, diz Lúcia Pereira, um calor de vida, uma transpiração de contato humano que raramente aparecem em Machado de Assis, e nunca tão continuadamente. É uma história de amor, sobretudo de dois adolescentes, Capitu e Bentinho.

Acrescenta ainda: "A arte com que vai firmando os contornos de Bentinho e Capitu, por gradações imperceptíveis, só pode ser comparada à da natureza, ao crescimento das plantas, ao clarear do dia."[53] São imagens justas com que Lúcia Miguel Pereira mostra a perícia do autor. A maior parte do livro é dedicada ao relacionamento dos adolescentes, que amavam sem saber que aquilo era amor; andavam metidos nos cantos, em segredinhos, sempre juntos, sem saber que isso era amor. Só descobrem que era amor quando vem a ameça de separação com a ida de Bentinho para o seminário, para ser padre, porque sua mãe fizera essa promessa. Foi a denúncia do agregado José Dias; daí veio "a sensação de um gozo novo que me envolvia em mim mesmo, e logo me dispersava, e me trazia arrepios, e me derramava não sei que bálsamo interior. Às vezes dava por mim sorrindo, um ar de riso de satisfação".

Tais eram os belos sintomas do amor que Bentinho estava descobrindo. A inquietação da alma revela o amor. "Com que então eu amava Capitu, e Capitu a mim?" Daí por diante vêm as inquietações, os pequenos gestos, como o de Capitu escrevendo às escondidas os nomes "Bento Capitu". E o pegar das mãos. "Os olhos fitavam-se e desfitavam-se, e depois de vagarem ao perto, tornavam a meter-se uns pelos outros". Bentinho a pentear os cabelos de Capitu… e os beiços esticados: o beijo.

Uma bela história de amor, das mais encantadoras e comoventes entre adolescentes que a literatura brasileira jamais produziu.

52 L.M. Pereira, op. cit., p. 269s.
53 Ibidem, p. 147.

O Narrador

Bento Santiago, já idoso e só, conta suas venturas e desventuras. É o narrador desse encantamento, desse idílio juvenil, diáfano, como se dois espíritos puros viessem ao mundo para nos dizer como se ama, como é o puro amor, até que ele mesmo mostrasse o reverso nos tropeços do mesmo amor, quando se desfaz em pura sensualidade.

O narrador, sobretudo o narrador de primeira pessoa, é o centro do âmbito psíquico do mundo romanesco. O narrador de *Dom Casmurro* é o centro e os polos desse mundo maravilhoso que Machado de Assis criou. Ele não é apenas o intermediário entre o leitor e o texto. Aqui, o narrador é uma personagem ambígua e complexa. E uma marca da modernidade de Machado de Assis. A diferença foi bem exposta por Bobes Naves:

> A diferença do romance tradicional em relação ao atual, não creio que possa situar-se na personalidade da personagem, senão na apresentação clara ou ambígua que deles faz o discurso. A conduta, o caráter e o físico das personagens se expõem com uma linguagem clara e coerente no romance tradicional, porque se faz o leitor partícipe de todos os conhecimentos necessários para interpretar em cada momento a autenticidade ou a hipocrisia das ações. O romance atual pretende situar o leitor no mesmo nível de compreensão que têm algumas personagens a respeito das outros do romance. [...] No romance atual, pelo contrário, o leitor está situado no mesmo processo de conhecimento e no mesmo grau que, em cada caso, têm as personagens entre si. Da mesma maneira em que o Narrador abdicou de sua onisciência, o leitor se viu obrigado a uma situação de conhecimento parcial, como é lógico em todo ato de comunicação, e perdeu, como o Narrador, seus privilégios.
>
> Uma coisa é, pois, que a personagem seja complexa, se perfilhe claramente em sua complexidade e outra coisa é que o leitor a perceba como tal; uma coisa é que a personagem complexa se perfilhe claramente em sua complexidade, e outra coisa é que o discurso não proporcione os dados essenciais para compreender essa complexidade.[54]

O narrador de primeira pessoa ocupa todos os espaços e todos os tempos, ainda que, em *Dom Casmurro*, o espaço como signo externo

---

[54] M. del C. Bobes Naves, *Teoría General de la Novela*, p. 137s.

seja bastante insignificante. Tem-se que o espaço é a unidade romanesca marcadamente funcional nos romances de Dostoiévski; pode-se dizer, ao contrário, que no mundo ficcional de Machado de Assis é o tempo que tem o domínio ficcional. Nem importa saber se isso é certo ou não. O certo é que em Machado, pouco colorido, pouco animador, tendo o seu "ponto forte na vida interior, nos estados d'alma, nas sutilezas da psicologia", são as ideias e os sentimentos que dirigem a composição ficcional. Por isso, o espaco em *Dom Casmurro* se limita à casa de Mata-cavalos, rigorosamente ao quintal da casa vizinha onde as crianças brincavam. O tempo, sim, foi extenso, a vida inteira de Bentinho e especialmente de Capitu.

A figura do narrador é outro ponto alto do romance. Aqui, o narrador é realmente a pessoa fictícia que distribui as unidades em conjuntos fechados, de que só ele tem a chave, ou seja, só ele comanda o ser e o fazer desse mundo em que o seu viver é o viver das demais personagens. Ele, em suma, é o romance, porque até a bela história de amor dos adolescentes é como ele quer que seja. Sobretudo é como ele quer que seja o suposto adultério de Capitu. Por isso, diz-se que o narrador não merece confiança, que é "um enganador que está tentanto nos persuadir de uma dada versão dos fatos de sua história; mas, visto que também tenta persuadir a si próprio (e talvez por ser um bom advogado), podemos confiar nos fatos da maneira como nos são fornecidos (se o termo 'fato', um tanto vago, puder ser aceito por enquanto)", enfim, "Bento, o enganador, que manipula os acontecimentos da narrativa a fim de adaptá-los o melhor possível a seu raciocínio em favor da culpa de Capitu".[55]

Diz-se, pois, que o narrador não merece confiança, porque forja uma situação a seu bel-prazer. Vê uma semelhança entre seu filho Ezequiel e seu amigo Escobar, e daí conclui ambiguamente que Capitu e Escobar o traíram, e o filho é a prova. Nem se importa em ver que a mãe de Sancha (mulher de Escobar) era também parecida com Capitu, sem que fossem parentas.

A história é uma, mas o discusrso do narrador a faz outra, ou até a falseia. A história não conduz ao adultério de Capitu, como visto

---

55   J. Gledson, op. cit., p. 21,36.

V ESTÉTICA DA AMBIGUIDADE E DO ABSURDO

anteriormente, mas o discurso do narrador, ainda que de forma ambígua, a acusa de adultério e a pune por isso. O sentido de uma arte literária depende mais do modo como a história é apresentada do que da história em si. É possível dizer, portanto, que o discurso faz a história. O discurso é amargo. A ambiguidade do textro literário está no fato de admitir várias significações[56]. "Já entre nós só faltava dizer a palavra última; nós a líamos, porém, nos olhos um do outro, vibrante e decisiva, e sempre que Ezequiel vinha para nós não fazia mais que separar-nos."

Um belo romance. Encantador por tudo isso. As ambiguidades lhe dão a substância estética.

2.4. Esaú e Jacó

Machado de Assis publicou o romance *Esaú e Jacó* em 1904[57]. O livro tinha inicialmente o título de *Último*, e, na última hora, foi mudado para *Esaú e Jacó*. Por quê? A crítica acha que era intenção de Machado de Assis de que este fosse o seu último romance, porém, ao enviar o livro ao prelo, sentiu que talvez ainda escrevesse mais algum.

A tese é possível porque, nesse romance, a personagem do conselheiro Aires falou muito de seu *Memorial*, como que esboçando um novo livro, que, de fato, veio a ser o *Memorial de Aires*, publicado em 1908. Então, foi necessário mudar o título para *Esaú e Jacó*. Por que Esaú e Jacó?

Na "Advertência", Machado de Assis fala do assunto, quando atribui a autoria do livro ao conselheiro Aires, nos termos seguintes:

> Quando o conselheiro Aires faleceu, acharam-se-lhe na secretária sete cadernos manuscritos, rijamente encapados em papelão. Cada um dos primeiros seis tinha o seu número de ordem, por algarismos romanos [...]. O sétimo trazia este título: *Último*. [...] não fazia parte do *Memorial* diário de lembranças que o conselheiro escrevia desde muitos anos e era a matéria dos seis. [...] Era uma narrativa;

---

56 M. del C. Bobes Naves, op. cit., p. 222.
57 Trabalho com duas edições. A citações foram extraídas da edição de 2012 da Companhia das Letras.

e, posto figure aqui o próprio Aires, com o seu nome e título de conselho, e, por alusão, algumas aventuras, nem assim deixava de ser a narrativa estranha à matéria dos seis cadernos. *Último* por quê?

Não há uma resposta a essa questão, mas houve a ideia de mudança do título. Foram lembrados vários. Venceu, porém, a ideia de se lhe darem estes dois nomes: *Esaú e Jacó*.

Por quê? Pergunto eu. O título foi escolhido depois de escrito o livro, que narra a história de Pedro e Paulo, filhos gêmeos de Natividade e Santos, que, dizem, tinham brigado ainda no ventre da mãe, a propósito do que o conselheiro Aires, na mesma obra, lembra a história bíblica de Esaú e Jacó, que também brigavam no seio materno[58].

Depois de *Quincas Borba* e, sobretudo, de *Dom Casmurro*, era de esperar que *Esaú e Jacó* fosse a continuidade da revolução estética desencadeada pelas *Memórias Póstumas de Brás Cubas*. Não foi e, por isso, decepciona, porque é um retrocesso, nem digo que retrocedeu ao nível de *Ressurreição*. Agripino Grieco diz que ao menos numa passagem recorda *Helena*, "mas sem o viço dos dias juvenis, dos dias de núpcias com a literatura, é um dos trabalhos mais longos de Machado de Assis e, sem dúvida, o mais enfadonho"[59].

Por ora, o que interessa é descobrir se o romance é narrado na primeira ou na terceira pessoa. Esse é um ponto obscuro do livro. O leitor o lê como se fosse um romance de terceira pessoa. No entanto, a certa altura depara-se com um "eu" que se aflora para indicar que ele é quem está contando a história. Isso acontece no terceiro capítulo: "Se *minto*, não é de intenção. Em verdade, as palavras não saíram assim articuladas e claras, nem as débeis, nem as menos débeis; todas faziam uma zoeira aos ouvidos da consciência. *Traduzi*-as em língua falada [...]; não *sei* [...]". (Grifos nossos.)

Quem está falando? Com certeza, não é o "eu" de nenhuma das personagens que já tinham aparecido: Natividade; sua irmã Perpétua; nem

---

58 *Gn* 25, 21 em diante.
59 A. Grieco, op. cit., p. 105.

Bárbara, a cabocla do Morro do Castelo, vidente a quem Natividade fora consultar sobre o futuro dos filhos gêmeos; menos ainda é do pai da cabocla. O "eu" é certamente do narrador, mas quem é ele? Poder-se-ia concluir que fosse o conselheiro Aires, autor ficcional do manuscrito do livro. Assim o leitor imagina até que esse Aires aparece como uma personagem no capítulo XI, já ganha a rubrica no capítulo XII e se torna personagem de destaque do romance sem que seja o narrador que aflora no capítulo III, "Se *minto*, não é de intenção", e logo submerge, para aparecer num "não digo" no fim do capítulo IV, num "me", "mas *eu*, amigo, *eu* sei como as coisas se passaram, e *refiro*-as tais quais. Quando muito, *explico*-as [...] não *sou eu* que o *digo*" do capítulo V, e assim por diante: um "eu" submerso que aflora ao longo da narrativa, lembrando que é ele quem conta essa história dos gêmeos. (Grifos nossos.)

Não só a conta, como se considera autor do livro. Confira: "Um dos meus propósitos neste livro é não lhe pôr lágrimas. Entretanto, não posso calar as duas que rebentaram certa vez dos olhos de Natividade, depois de uma rixa dos pequenos."

Quem é ele? Se ele se declara assim autor (ficcional) do livro, então seria o conselheiro Aires, pois, na "Advertência", Machado de Assis diz que, quando ele faleceu, acharam-se-lhe "sete cadernos manuscritos", sendo que o sétimo, o *Último*, é que veio a ser publicado sob o título *Esaú e Jacó*. Mas esse Aires do manuscrito aparece no livro como uma personagem diferente do narrador.

Aí está uma das tantas dubiedades do romance. Tudo nele é dúbio, bem no sentido de algo que apresenta duas facetas, em que nenhuma indique, por si, o certo; é o dúbio como algo difícil de definir.

É certamente um narrador de primeira pessoa, mas com um "eu" inominado, que não é uma personagem do romance que conta história, que não é dela, mas não é alheia a ela, dela participa como testemunha: *narrador-testemunha*. Ele até o admite, quando pede à leitora inquieta que "tenha confiança no relator destas aventuras". E especialmente quando indica sua função.

> Ao cabo, não estou contando a minha vida, nem as minhas opiniões, nem nada que não seja das pessoas que entram no livro.

Estas é que preciso pôr aqui integralmente com as suas virtudes e imperfeições, se as têm. Entende-se isto, sem ser preciso notá-lo, mas não se perde nada em repeti-lo.[60]

Assim fica solucionada a dubiedade sobre o narrador: é um narrador que não conta a sua vida nem suas opiniões, mas as virtudes e imperfeições das pessoas que entram no livro[61], vale dizer, conta as virtudes e imperfeições de Natividade, de seu marido Agostinho Santos, banqueiro, e de seus filhos gêmeos Pedro e Paulo; de Perpétua, irmã de Natividade; da gente Batista, composta do próprio Batista, advogado e político, de sua mulher dona Cláudia e da filha Flora; e mais da criadagem. Fora desses grupos está o conselheiro Aires, sua irmã Rita, Custódio, dono da confeitaria Império, e outros como o Nóbrega.

Ninguém se espante com as dubiedades, vacilações e ambiguidades dos romances de Machado de Assis, porque são expressões de sua estética romanesca. O título do livro é *Esaú e Jacó*, gêmeos bíblicos, filhos de Isaac e Rebeca. Os gêmeos do romance são Pedro e Paulo, que remetem aos apóstolos S. Pedro e S. Paulo, mas também são comparados por um deputado a Castor e Pólux, filhos de Zeus e Leda, supostos gêmeos da mitologia grega. Os irmãos Pedro e Paulo discordam em tudo, menos em duas coisas: na emancipação dos escravos e no amor por Flora. Ambos amavam, pois, a mesma moça. Flora é quem se tornou a grande dubiedade da história, o que foi bem definido por Agripino Grieco: "Flora é de todo incrível na sua indecisão eterna entre os dois rapazes, indecisão

---

60 Para uma fenomenologia da figura do narrador e seus diversos tipos, confira o capítulo XII deste ensaio.

61 Narrador inominado é também o narrador de *À la recherche du temps perdu*, de Marcel Proust, como veremos. John Gledson, que dedicou a *Esaú e Jacó* um alentado estudo, não nos deu uma indicação precisa de quem é seu narrador. Disse, em certo momento, "o conselheiro Aires que, pelo menos num sentido, é o narrador do romance", mas na sequência suscita a dúvida: "E o mesmo narrador (seja Aires ou não)". Cf. *Machado de Assis: Ficção e História*, p. 189. E mais adiante: "Talvez o estranho artifício empregado por Machado de ter, na verdade, dois narradores ou, de qualquer maneira, de fazer o narrador aparecer apenas como mais um personagem, comentado diretamente, como se não fosse idêntico ao narrador, represente, em última instância, as próprias dúvidas de Machado sobre seu romance, dúvidas que parecem tê-lo atormentado até o fim, a julgar pela mudança de título" (p. 238). Isso não ficou muito claro, aumentando ainda mais a dubiedade.

V ESTÉTICA DA AMBIGUIDADE E DO ABSURDO

que acaba passando do patético ao burlesco e sendo mais um caso clínico de abulia que um caso de lirismo."[62]

"Não ata nem desata[...], o mesmo conflito de afinidade, o mesmo desequilíbrio de preferências." Essa dubiedade a matou. Morreu de amor por ambos, morreu de amor tal como morriam as heroínas do romantismo. "Flora acabou como uma dessas tardes rápidas, não tanto que não façam ir doendo as saudades do dia; acabou tão serenamente que a expressão do rosto, quando lhe fecharam os olhos, era menos de defunta que de escultura." Morreu durante o estado de sítio decretado por Floriano Peixoto, pois o estado de sítio não vetou a liberdade de morrer. Afinal, como disse o narrador, "a morte não é outra coisa mais que uma cessação da liberdade de viver".

A maior dubiedade do romance talvez seja mesmo a de Machado de Assis em face da vida política nacional, apesar de ter sido neste livro que mais ele se abriu em política. O leitor, então, tem a forte esperança de descobrir qual a posição dele em face dos problemas institucionais do país. Os episódios da abolição da escravatura, da proclamação da República, da revolta da armada são parte importante da narrativa, sobretudo em razão das divergências dos gêmeos: Pedro monarquista, Paulo republicano. Ambos foram eleitos deputados federais na República. Pedro aderiu ao novo governo, como na realidade fizeram os monarquistas na passagem do Império à República. Ainda assim, o leitor não descobre, com certeza, se Machado de Assis era monarquista ou republicano, porém se surpreende com a opinião peremptória do narrador prognosticando o anarquismo: "dia virá em que se dispensem até os governos, a anarquia se organizará de si mesma, como nos primeiros dias do paraíso", e nisso até se pode ver a opinião de que o anarquismo é o paraíso. Machado de Assis anarquista? Na dúvida, tudo é possível...

Pode-se dizer que, das discussões do livro sobre a abolição da escravatura, ele não só foi a favor da emancipação dos escravos, declaração posta na boca do narrador[63], mas da abolição sem indenização aos proprietários, como algumas de suas personagens defendiam[64].

---

62 A. Grieco, op. cit., p. 105.
63 Ibidem.
64 O barão de Santa Pia, em *Memorial de Aires*.

Coloca nas cogitações do conselheiro Aires referências sobre a proclamação da República, que ainda continua a falar dela a propósito das dúvidas de Custódio sobre a tabuleta que levava o nome de sua confeitaria, Confeitaria do Império. Custódio fora consultar o conselheiro como haveria de fazer agora que o Império tinha caído com a proclamação da República. E daí vem mais dubiedade sobre esse assunto, ao qual o conselheiro atribuía mais importância do que à República, o que talvez refletisse o modo de pensar do próprio Machado de Assis. O interessante dessa discussão é que, não raro, o Custódio brandia argumentos melhores do que o conselheiro, aos quais este se rendia.

Enfim, *Esaú e Jacó* é um romance a que toda a crítica sempre fez muitas restrições, não só Agripino Grieco. Sobre o conselheiro Aires disse Agripino que há no romance coisas de gagá, "de homem de miolos a liquefazerem-se, de catador de grãos de poeira". Apesar desse juízo severo, a mim me pareceu ser a melhor personagem do romance. Vi nele algumas tinturas do conselheiro Acácio de *O Primo Basílio*, o mesmo ar bonachão, a mesma empáfia intelectualizada, o mesmo espírito prestativo que gosta de visitar os amigos, sobretudo para jantar com eles etc. Fiquei até admirado de como pôde Machado de Assis, um crítico rigoroso do famoso romance de Eça de Queirós[65], tê-lo indubitavelmente como chave da criação do seu conselheiro. É certo que o Aires é um Acácio muito melhorado. Suspeito que Machado quis mostrar a Eça como se faz um conselheiro. Muito melhor ainda do que ambos é o mesmo conselheiro Aires do *Memorial de Aires*, como haveremos de ver.

Flora é uma das figuras mais inexpressivas da galeria de heroínas de Machado de Assis. Léguas e léguas de distância de uma Capitu (*Dom Casmurro*), de uma Sofia (*Quincas Borba*), e mesmo de Virgília e até de Marcela (*Memórias Póstumas de Brás Cubas*). Se quisermos abusar, inferior mesmo às mulheres da primeira fase.

Sobre Pedro e Paulo cedo a palavra a Agripino Grieco:

---

65 Idem, Eça de Queirós: O Primo Basílio, *Obra Completa*, v. III, p. 903s, e também a coletânea *O Remédio É a Crítica*, p. 125s.

> Quanto a Pedro e Paulo acabam também abstrações, sombras bicé-
> falas, duas metades de zero. Prolongado demais esse paralelismo de
> irmãos inimigos, sempre com um latido estrangulado na goela um
> para o outro, e entendia a tragicomédia de estarem ambos, desde
> o ventre materno até à Câmara dos Deputados, brigando, reconci-
> liando-se, brigando de novo, reconciliando-se de novo.[66]

O resultado dessa pendenga é que o romance acabou ficando sem
protagonista. O protagonismo devia caber aos gêmeos ou a um deles,
enquanto o outro assumiria o papel de antagonista. Mas aí a dubiedade
entre eles e de ambos em face de Flora funcionou no sentido de apa-
gá-los no antagonismo, com o risco de o protagonismo passar para o
conselheiro Aires. Não passou, porque o conselheiro neste romance
não tinha vocação de protagonista, função que lhe foi reservada no
Memorial de Aires.

Essa situação acabou por dar certo destaque a Natividade e, sobretudo a dona Cláudia, já que seus maridos respectivamente barão de
Santos e Batista são figuras apagadas.

2.5. Conselheiro Aires

Memorial de Aires[67] (1908), de Machado de Assis, é romance escrito em
forma de diário, começado em 9 de janeiro de 1888 e terminado em 30
de agosto de 1889. É um romance suave, que introduz uma pequena
comunidade sem conflitos, com personagens mansas e tranquilas[68].

---

66 A. Grieco, op. cit., p. 106.

67 Utilizo duas edições. Salvo informação contrária, as citações foram extraídas da edição
de 2013 da Martin Claret.

68 John Gledson, em *Machado de Assis: Ficção e História*, fez uma análise profunda desse
romance. Este ensaio já estava concluído quando tive acesso à sua análise que, se seguida,
o leitor teria outro romance. Isso nem é um fenômeno do *Memorial de Aires*. A estética da ambiguidade em Machado de Assis é tão pronunciada que cada leitor pode ler
um romance diferente conforme siga um tipo de sugestão da ambiguidade. Gledson
apresenta insinuações possíveis ou de duvidosa possibilidade. Tristão teria encontrado
Fidélia em Portugal durante sua lua de mel com o marido Eduardo, que ali morreu. Tristão tê-lo-ia matado? Duvidoso. Depois as insinuações no chamado tílburi em que Aires
encontrou Fidélia e logo Tristão, desconfiando que os dois tivessem tido um encontro
secreto. Não me pareceu necessário emendar meu texto ao ler essas suposições. Suposições por suposições, preferi ficar com as minhas.

A única personagem que tinha alguma rusga é o barão de Santa Pia, pai da heroína Fidélia, com quem estava brigado por ela ter se casado com o filho de seu inimigo político. Mas, quando o romance começa, o marido de Fidélia, Eduardo de Noronha, já estava morto, e ela, viúva, vivia na casa do tio, desembargador Campos. De fato, o romance começa com a anotação do narrador e autor do diário, conselheiro Aires, de que fazia um ano que ele tinha voltado definitivamente da Europa.

José Marcondes Aires, o conselheiro Aires, era diplomata, havia se aposentado e, por isso, regressado da Europa, onde prestara serviços. No dia seguinte, 10 de janeiro, foi com a irmã Rita visitar o jazigo da família no cemitério São João Batista. Lá, viu a viúva Noronha ao pé de outra sepultura.

Lembrou-se também de sua mulher, que estava enterrada em Viena. E Rita, mais uma vez, falou-lhe em transportá-la para o jazigo da família, e novamente lhe disse ele que estimaria muito estar perto dela, mas que, na sua opinião, os mortos ficam bem onde caem.

Nessa conversa, Rita ainda fez alusão a um casal sem filhos, Aguiar e dona Carmo, que o conselheiro conhecera da última vez em que viera de licença ao Rio de Janeiro, amigos da viúva Noronha, que iam celebrar bodas de prata. Rita aconselhou o irmão a visitá-los, pois, com certeza, lá estaria Fidélia com seu tio, o desembargador Campos.

Tais são as personagens que compõem essa pequena comunidade com o velho conselheiro Aires, já bem conhecido nosso desde a leitura de *Esaú e Jacó*, de que ele é personagem destacada, e em quem a crítica vê a projeção ou a encarnação do próprio Machado de Assis[69].

Comunidade tranquila, formada em torno de dona Carmo e de Aguiar, à qual, mais tarde, se integrou Tristão, que se tornou personagem de relevo, como filho adotivo do casal Aguiar, que também incorporou como filha a viúva Fidélia. Há também o barão de Santa Pia, grande fazendeiro, escravocrata, pai de Fidélia, mas era um personagem à margem, dado o seu conflito com a filha, por ter-se ela casado com o filho da família Mendonça, de tradicional inimizade com a família do barão.

69 L.M. Pereira, op. cit., p. 307 e 311.

V ESTÉTICA DA AMBIGUIDADE E DO ABSURDO

Helen Caldwell viu aí a história de um Romeu e Julieta à brasileira. De fato, diz ela:

> Em seu último romance (*Memorial de Aires*), Machado não somente experimenta uma trama intrincada à maneira de Shakespeare, como uma dessas tramas é a história de um Romeu e Julieta à brasileira. O velho Aires, o narrador do romance, refere-se a eles como tais, bem como a seus respectivos pais, inimigos políticos como "Montéquio" e "Capuleto". Há o amor à primeira vista, no teatro. Seguem-se as ações tirânicas do barão de Santa Pia (Capuleto), que "prefere ver a filha morta a seus pés, ou louca, do que ter seu sangue misturado com o dos Noronhas (Montéquios)". A "senhora Capuleto", inicialmente do lado do marido. Fidélia (Julieta), trancada em seu quarto, chorando copiosamente e encenando uma greve de forme, com a simpatia dos servos. Campos, irmão do barão de Santa Pia, como o príncipe Escalus de Verona, tenta conciliar as duas famílias, et cetera, et cetera. Mas o desfecho é bem diferente daquele de *Romeu e Julieta*, porque as paixões dos protagonistas não se inflamaram em violência de vida curta. Neste exemplo, a senhora Capuleto, preocupada com a saúde da filha, persuade seu senhor a permitir o casamento da filha com seu Romeu. Ele assim o faz, mas com a ordem de que ela nunca mais ponha os pés naquela casa. Eduardo (Romeu) é igualmente renegado pelo pai. Contudo, a felicidade do jovem casal é breve. Eduardo morre, ao fim de um ano. Durante três anos, Fidélia guarda a sepultura de seu Romeu. Por sete anos, ela e o pai, além do sogro, permanecem brigados, até que o velho Capuleto Santa Pia se deita no leito de morte, ainda adamantino em suas convicções políticas, recalcitrante contra as ordens do Estado (com respeito à emancipação [dos escravos] e irredutível quanto à sua filha, ao falecido Romeu e ao velho Montéquio; e assim morre, com um gesto de perdão à sua filha, embora Campos (príncipe Escalus) tenha feito de tudo para conseguir uma reconciliação. Imediatamente após o funeral, esta doce, mas cabeça dura, Julieta do Rio põe o retrato de seu pai e o de Romeu justapostos sobre a lareira. Como ela explica a Aires [...] "agora que a morte os reconciliou, quero reconciliá-los em esfinge".[70]

Aí está numa síntese bem expressiva, a referência ao único conflito do romance. Nele, até nem tão explícito. Há referências vagas e menção

---

70 H. Caldwell, *O Otelo Brasileiro de Machado de Assis*, p. 160-161.

genérica da famosa briga das famílias de Romeu e Julieta em Verona[71]. Nem era preciso ir tão longe (ou até poderia ir bem mais longe: ao conflito gerado nas famílias bíblicas de Jacó e Hemor, porque o filho deste, Siquém, possuiu Dina, filha daquele, e os irmãos dela, Simeão e Levi, tomaram, cada um, a sua espada, entraram na cidade e passaram ao fio da espada a Hemor e a seu filho Siquém e levaram Dina[72]).

Mais perto existem as lutas de famílias no Brasil, pelas quais se exercia a vingança privada da maneira mais cruel, quase sempre envolvendo uma relação amorosa entre membros das famílias em conflito.

A leitura do livro, não raro, me lembrava *A Cidade e as Serras*, de Eça de Queirós, mais pela semelhança dos narradores e os contrastes de conteúdo. Acho que Álvaro Lins percebeu alguma relação entre os dois romances, mas não aprofundou o tema: "o *Memorial*, então, exibe um artista quase esvaziado de substância, embora conservando a beleza de forma e de técnica, sem a qual este último romance de Machado de Assis – como *A Cidade e as Serras*, de Eça de Queirós – seria de todo uma obra falha"[73]. Com a expressão "um artista quase esvaziado de substância", ele se refere, no fundo, ao fato de o romance ser carente de trama.

O narrador de *Memorial de Aires* é o nosso velho conhecido conselheiro Aires, diplomata aposentado. Estivemos com ele em *Esaú e Jacó*, e lá o apreciamos mostrando sua semelhança com o conselheiro Acácio, personagem de *O Primo Basílio* de Eça de Queirós. Agora ele é o condutor da narrativa do último romance de Machado de Assis, ao qual dá o tom de sua personalidade tranquila, do mesmo modo que Zé Fernandes conduz a narrativa de *A Cidade e as Serras*.

Esse romance, narrado na primeira pessoa por Zé Fernandes, não é a história do narrador, não é uma autobiografia do narrador. Como em *Memorial de Aires*, o narrador não participa da história como protagonista, e, sim, como testemunha, como narrador-testemunha,

71 Ibidem, p. 21s.
72 *Gn* 34, 25-26.
73 Álvaro Lins, *Sobre Crítica e Críticos*, p. 175.

aquele que conta a história de outras personagens e de acontecimentos a elas relativos.

No *Memorial de Aires*, o conselheiro Aires narra, em forma de diário, a história da gente Aguiar e, sobretudo, a história de Fidélia, viúva bonita por quem, desde o início, mostrou uma queda amorosa, a ponto de o leitor percebê-lo, mas nunca a ela declarado, dada a grande diferença de idade: ele já um sexagenário, ela com pouco mais de vinte anos. Amor, que, no entanto, se converte num carinho paternal, pois ele tudo fazia para que ela viesse a ser namorada, e depois esposa, do jovem Tristão, moço bem-apessoado que, com ela, formava um belo casal.

Aguiar e sua mulher, dona Carmo, que não tiveram filhos, como Machado de Assis e sua Carolina, são personagens centrais do romance, ainda que a posição de heroína e de herói da trama romanesca seja de Fidélia e Tristão, que vivem um romance amoroso sem trauma, tão silencioso como o viver da gente Aguiar. Diria mesmo tão pacato e tão silencioso como o amor vivido por Machado de Assis e Carolina.

Viúvo, Machado de Assis encontrou nessas personagens um meio de consolar a solidão de sua velhice, um lenitivo à saudade da mulher que morrera em 20 de outubro de 1904, quatro anos antes do lançamento de seu *Memorial*. Era o criador recriando a vida que a morte lhe roubara, a recriação de um mundo sereno e silencioso no qual vivera com sua Carolina. Reproduziu, então, no casal Aguiar e dona Carmo, aquele ambiente de ternura e meiguice em que um vela pelo bem-estar do outro, num quadro em que "punha dona Carmo 'inquieta e interrogativa' ao pé do marido, cujas doenças eram 'um pretexto para passar o dia ao pé da esposa', 'numa cadeira de extensão, as portas fechadas, grande silêncio, os dois sós'"[74]. Angelitude que nem Machado de Assis teve coragem de perturbar, pois também seu sósia espiritual (pois assim se pode considerar o conselheiro Aires) certa vez chegou até a transpor o portão da casa para visitá-los, mas retrocedeu para não quebrar aquela quietude celestial.

Foi com esse estado de espírito que Machado de Assis concebeu e realizou o *Memorial de Aires*, seu último livro. Observa Barretto

---

74 L.M. Pereira, op. cit., p. 292.

Filho: "O livro já não tem enredo, é uma pura música interior fluindo velada de sua saudade e de seu espírito e deixando que a bondade e a simpatia humana se desenvolvam francamente. A história propriamente que se conta é a de dois idílios: o do casal Aguiar e o da viúva Fidélia com Tristão."[75]

Também *A Cidade e as Serras*, último romance de Eça de Queirós[76], que nem chegou a rever os últimos capítulos, é obra concebida e realizada por um espírito cansado da mixórdia da cidade grande. Entrega ao narrador Zé Fernandes a tarefa de convencer o herói Jacinto a deixar seu palacete da avenida Campos Elísios, em Paris, com todas as suas novidades tecnológicas, e viver nas suas terras em Tormes, nas serras portuguesas.

Jacinto, jovem herdeiro de grande fortuna,

> tem por objetivo ser o mais possível contemporâneo ao próprio tempo, para isso, rodeia-se do que a civilização tem de mais novo e mais promissor em termos de tecnologia e de conhecimento e participa ativamente da vida social de sua cidade.
>
> [...]
>
> Com o passar dos anos, instala-se nesse herói supercivilizado um sentimento de tédio profundo, que corrói sua energia física e espiritual.[77]

E é com esse estado de espírito que Jacinto acede à insistência de Zé Fernandes para ir viver em suas terras nas serras portuguesas, à margem do Douro, perto de "Peso da Régua", a poucas léguas de Guiães, vila onde Zé Fernandes e a tia Vicência têm sua morada. Ali, naquelas entrevilas portuguesas tão tranquilas, onde se "deixa a alma preguiçar", e naqueles caminhos em que os cavalos "caminhavam num passo pensativo, gozando também a paz da manhã adorável". Ali, naquelas serras onde reina tanta paz como no ambiente narrado pelo conselheiro Aires.

Assim, quem fala é o narrador Zé Fernandes:

---

75 J. Barretto Filho, *Introdução a Machado de Assis e Outros Ensaios*, p. 191.
76 As citações de *A Cidade e as Serras* foram extraídas da edição de 2007 da Ateliê.
77 P. Franchetti, Apresentação, em E. de Queirós, *A Cidade e as Serras*, p. 16.

V ESTÉTICA DA AMBIGUIDADE E DO ABSURDO

> Já a tarde caía quando recolhemos muito lentamente. E toda essa adorável paz do céu, realmente celestial, e dos campos onde cada folhinha conservava uma quietação contemplativa, na luz docemente desmaiada, pousando sobre as coisas com um liso e leve afago, penetrava tão profundamente Jacinto, que eu o senti suspirar de puro alívio.

É paradoxal, mas nunca se viu ou se há de ver dois romances tão diferentes, porém, tão parecidos.

Já disse antes que a leitura de *Memorial de Aires* sempre me recordava *A Cidade e as Serras*, por suas semelhanças e muito também por seus contrastes.

Uma das fortes semelhanças está na natureza e função de seus narradores, e creio que foi esse o aspecto que mais atraiu minha atenção. Ambos os narradores, José Marcondes Aires, o conselheiro Aires, e Zé Fernandes de Noronha Sande, são solitários, sem mulher e filhos: o conselheiro, viúvo; Zé Fernandes, solteirão aos seus trinta e oito anos; o conselheiro só tem sua irmã Rita, o Zé Fernandes, sua tia Vicência. Nem um nem outro são protagonistas da história que contam. Ambos não só participam dos acontecimentos dos respectivos romances como contracenam com as demais personagens. À vista de tudo isso, eu poderia dizer para o narrador conselheiro Aires o mesmo que Paulo Franchetti disse do narrador Zé Fernandes: "Zé Fernandes não é apenas o narrador e a testemunha da história e da mudança de Jacinto, é também uma personagem que se transforma sob o efeito da mudança que narra e testemunha."[78] São, pois, ambos narradores-testemunhas.

Contudo, as diferenças e contrastes entre os dois romances podem ser mais fortes do que suas semelhanças, contrastes e diferenças que refletem as distintas concepções dos respectivos autores.

O mundo de Machado de Assis é o da burguesia[79] e o narrador de *Memorial de Aires* era um membro dessa classe conquanto não fosse

---

78 P. Franchetti, op. cit., p. 31.

79 Raymundo Faoro o acentua com insistência: "A classe proprietária, dourada com a ética do estamento, dita a conduta e a moralidade da sociedade que Machado de Assis revela". Adiante: "Nenhuma dificuldade em surpreender a sociedade média na ficção de Machado de Assis. Toda ela está nos saraus e nas reuniões, tocadas de fina, aguda,

capitalista, mas alto funcionário aposentado. Assim, um e outro só olhavam nessa altura ou para mais alto. Por isso, não viam o que se passava no fundo dessa sociedade, que vivia em uma situação penosa, o que Eça e seu narrador Zé Fernandes viram e mostraram, e para tanto basta lembrar esta passagem:

> E se ao menos essa ilusão da cidade tornasse feliz a totalidade dos seres que a mantêm... Mas não! Só uma estreita e reluzente casta goza na Cidade os gozos especiais que ela cria. O resto, a escura, imensa plebe, só nela sofre, e com sofrimentos especiais que só nela existem! Deste terraço [...] bem avistamos nós o lôbrego casario onde a plebe se curva sob esse antigo opróbrio de que nem Religião nem Filosofia, nem Morais, nem a sua própria força brutal a poderão libertar! Aí jaz, espalhada pela Cidade, como esterco vil que fecunda a Cidade. Os séculos rolam; e sempre imutáveis farrapos lhe cobrem o corpo, e sempre debaixo deles, através do longo dia, os homens labutarão e as mulheres chorarão. [...] A neve cai, muda e branca na treva; as criancinhas gelam nos seus trapos; e a polícia, em torno, ronda atenta para que não seja perturbado o tépido sono daqueles que amam a neve, para patinar nos longos bosques de Bolonha com peliças de três mil francos. [...] E um povo chora de fome, e de fome dos seus pequeninos – para que os Jacintos em janeiro debiquem, bocejando, sobre os pratos de Saxe, morangos gelados em champanhe e avivados de fios do éter!

3. GRACILIANO RAMOS

3.1. Introdução

Graciliano Ramos (1892-1953) escreveu os romances Caetés (1933), S. Bernardo (1934), Angústia (1936), Vidas Secas (1938); os três primeiros são romances de primeira pessoa; *Vidas Secas*, de terceira pessoa. Além do mais, já vimos, de primeira pessoa, *Memórias do Cárcere* e veremos *Infância. Angústia*, por razões de método, será analisada noutro lugar (capítulo VIII). Aqui, portanto, estudarei *Caetés* e *S. Bernardo*.

penetrante zombaria, que desmonta a todas as alegrias, reduzindo-as ao puro ridículo". Cf. R. Faoro, op. cit., p. 205s e 269.

V ESTÉTICA DA AMBIGUIDADE E DO ABSURDO

3.2. Caetés

Caetés[80] é o romance de estreia de Graciliano Ramos, publicado em 1933, e várias vezes reeditado. É romance de estreia ao qual, às vezes, a crítica não dá a merecida atenção. Olívio Montenegro, nas páginas em que estuda os romances de Graciliano Ramos, sequer o menciona. O que é mais comum é ver nele influência de Eça de Queirós. Para Wilson Martins, uma "influência aplastante", acrescentando que

> Graciliano Ramos não é, em *Caetés*, o autor que sofre com os seus heróis, o homem que "acredita" no que inventa... mas apenas o observador que está um pouco acima e um pouco fora daquelas miúdas cogitações que, por isso, pode manter perante elas, vivo e atilado, o seu espírito crítico. Isso prejudicou o romance no aspecto fundamental, naquele aspecto que poderia ter feito dele o maior romance brasileiro e a obra-prima do escritor alagoano: o estudo do drama psicológico e sentimental de João Valério e Luísa (Eça?).[81]

A referência a Eça remete ao *Primo Basílio*, para insinuar influência desse romance em *Caetés*. O texto, a meu ver, comete dois exageros: a) em nenhuma hipótese esse romance chegaria a ser o "maior romance brasileiro" e nem mesmo o maior romance de Graciliano Ramos; b) nem um romance menor que se insinua. Aliás, o próprio crítico o tem como "um dos romances mais interessantes do Brasil e um livro que de forma nenhuma desmente o vigor e a capacidade de criação de Graciliano Ramos".

Alguns críticos especificam que a influência de Eça de Queirós se faz pelos romances *A Ilustre Casa de Ramires* e *O Primo Basílio*. Este, por terem as heroínas de ambos o mesmo nome, Luísa, e serem adúlteras. É pouco. *A Ilustre Casa de Ramires* é um romance de terceira pessoa, *Caetés* é de primeira pessoa, portanto são de pontos de vista diferentes, mas isso não exclui a possibilidade de Graciliano Ramos ter se inspirado naquele para a construção do seu. Ambos são

---

80 Todas as citações foram extraídas da edição da Record.
81 W. Martins, "Graciliano Ramos, o Cristo e o Grande Inquisidor", Apêndice em G. Ramos, *Caetés*, p. 229.

realistas com certos laivos naturalistas. *A Ilustre Casa de Ramires* se refere à milenária linhagem fidalga da família Ramires, em Portugal. Seu narrador de terceira pessoa é onisciente e explora os conflitos interiores do protagonista Gonçalo Mendes Ramires, com suas fraquezas e decadência tal como Portugal, simbolizado na história dos Ramires. Gonçalo, o protagonista, escreve um romance histórico sobre a grandeza dos Ramires. Entrecruzam-se duas histórias, duas narrativas. Um romance dentro do outro: o romance *A Torre de D. Ramires*, escrito pelo protagonista Gonçalo Mendes Ramires, dentro do romance *A Ilustre Casa de Ramires*, que é a história do próprio Gonçalo. Esse é o aspecto que pode ter inspirado Graciliano Ramos, que escreve um romance contando um episódio amoroso de João Valério que, por sua vez, está escrevendo um romance sobre os índios caetés. A diferença é que o herói eciano conclui o seu romance e o publica, enquanto João Valério, tornando-se sócio da casa comercial onde trabalhava como empregado, abandona o romance:

> Abandonei definitivamente os caetés; um comerciante não se deve meter em coisas de arte. Às vezes desenterro-os da gaveta, revejo pedaços da ocara, a matança dos portugueses, o morubixaba de enduape (ou canitar) na cabeça, os destroços do Galeão de dom Pêro. Vem-me de longe em longe o desejo de retornar àquilo, mas contenho-me. E perco o hábito.

Parece-me inteiramente irrelevante a eventual influência ou inspiração de Eça de Queirós. O romance é produto de uma vivência pessoal, sobretudo no que tange ao fundo político. O romance é ambientado em Palmeira dos Índios, Alagoas, onde o autor viveu e praticou política local, tendo sido prefeito. Portanto, conheceu bem de perto, vivencialmente, as miúdas intrigas políticas "do mundo desses tabeliães e farmacêuticos intrigantes, politiqueiros e jornalistas de cidadezinha, padres, médicos, vencidos da vida, velhas bisbilhoteiras, moças dissimuladas"[82]. Ali o autor encontrou fértil base sociológica para construir seu romance.

---

82 A. Candido, *Ficção e Confissão*, p. 20.

V ESTÉTICA DA AMBIGUIDADE E DO ABSURDO

Poderia ter feito sociologia política. Preferiu interpretar aquela realidade numa obra de arte que bem revela, já nesse primeiro romance, o grande romancista que se firmará, sobretudo em *S. Bernardo, Angústia, Vidas Secas* e em *Infância*. Bastou inserir no meio daquelas pessoas reais uma personagem, essa sim, puramente fictícia, com a função de narrador de primeira pessoa e protagonista de uma história de amor simples, para que, dessa magia estética, saísse um belo romance.

O enredo é simples: João Valério, o narrador-protagonista, "empregado de uma firma comercial, apaixona-se por Luísa, mulher do patrão e tem com ela um caso amoroso que, denunciado por carta anônima, leva o marido ao suicídio"[83]. O romance tem início com o narrador dando em cima dela:

> Luísa quis mostrar-me uma passagem no livro que lia. Curvou-
> -se. Não me contive e dei-lhe dois beijos no cachaço. Ela ergueu-se,
> indignada:
> "O senhor é doido? Que ousadia é essa? Eu…'"
> [...]
> E que escândalo! Naturalmente ela avisaria o marido. Adrião
> Teixeira com certeza ia dizer-me: "Você, meu filho, não presta."

João Valério amava aquela mulher, nunca tinha dito nada porque era tímido, mas à noite, sozinho, fazia-lhe confidências apaixonadas. Acariciava-a mentalmente. Agora, porém, fora desastrado. Fizera suposições e temia o que poderia acontecer. Às quintas e domingos, reuniam-se na casa de Adrião para o chá. Em poucas palavras o narrador descreve as personagens:

> Quando vinha o advogado Barroca, sério, cortês, bem-aprumado, a sala se animava. Também aparecia com frequência o tabelião Miranda, Miranda Nazaré, jogador de xadrez, com a filha, a Clementina. E o vigário, o dr. Liberato, Isidoro Pinheiro, jornalista, pequeno proprietário, coletor federal, tipo excelente. Luísa, ao piano, divagava por trechos de operetas; Evaristo Barroca, com os olhos no livro de músicas, tocava flauta.

---

83 Ibidem, p. 101.

Numa linguagem desataviada, seca, substantiva, o narrador descreve o ambiente dessas reuniões, onde, no entanto, uma doçura o invadia, dissipava os aborrecimentos que fervilham naquela vida pacata, vagarosamente arrastada entre o escritório e a folha hebdomadária de padre Atanásio.

> Os velhos móveis, as paredes altas e escuras, quadros que não se distinguiam na claridade vaga das lâmpadas de abajur espesso, que uma rendilha pardacenta reveste, tudo me dava sossego. A religiosidade de que minha alma é capaz ali se concentrava, diante de Luísa, enquanto, entranhados nas combinações de partidas rancorosas, Adrião grunhia impertinente e Nazaré piscava os olhinhos de pálpebras engelhadas, coçava os quatro pelos brancos que lhe ornavam o queixo agudo. Vitorino dormia. E Clementina, de cabeça à banda, procurava os cantos e esfregava-se nas ombreiras da porta.

Enfim, um romance do cotidiano simples de uma cidade do interior de Alagoas, no início da década de 1930. Coisas simples que, manejadas por um grande artista, se transmudaram em uma obra de arte enriquecedora, sobretudo por uma dialogação que infunde dramaticidade nesses nadas da vida pacata do interior. Veja-se o diálogo do capítulo 5 sobre se "eucalipto" se escreve com "i" ou com "y". Escreve-se com "i" e com "p": "eucalipto". A partir disso se constrói uma bela página literária, como nos demais capítulos. Tudo enriquecido pelas dúvidas e ambiguidades do protagonista João Valério que, não obstante, conquista Luísa, mulher de seu patrão. que, por isso, se mata; torna-se sócio da casa comercial do mesmo patrão morto e despreza a mulher conquistada.

3.3. S. Bernardo

O que é *S. Bernardo*?[84] É a história de um homem que escreve um livro para contar sua história. Nisso, Graciliano Ramos emprega técnica bastante usual no romance de primeira pessoa, qual seja, a de atribuir ao

---

84 Salvo informação em contrário, as citações foram extraídas da edição de 2015 da Record. Segundo nota do editor, essa edição "retoma a grafia original do título", com abreviatura do "São"; a 46.ª edição, que é do mesmo editor, grafa-a por extenso.

V ESTÉTICA DA AMBIGUIDADE E DO ABSURDO

protagonista não apenas a incumbência de narrador da história, mas a de escrevê-la. Daí o narrador começar dizendo: "Antes de iniciar este livro, imaginei construí-lo pela divisão de trabalho."

Aliás, os heróis de Graciliano Ramos, à exceção de Fabiano, são todos romancistas, como alguns heróis de Machado de Assis: Brás Cubas e dom Casmurro. Fabiano não, porque sua história não foi contada por ele, visto ser herói de um romance – *Vidas Secas* – contado por um terceiro.

Mas quem é esse *eu* que inicia *S. Bernardo*? O leitor sabe que adquiriu um livro de autoria de Graciliano Ramos, como, aliás, consta da capa do livro. Mas aquele "eu" que inicia o livro diz, em seguida, que cada um dos colaboradores se incumbiria de um aspecto por ele indicado. "Eu traçaria o plano, introduziria na história rudimentos de agricultura e pecuária, faria as despesas e poria o meu nome na capa." O leitor confere, na capa, o nome de Graciliano Ramos. Daí até pode responder à pergunta anterior: "Então, aquele *eu* é de Graciliano Ramos, autor do livro!" Porém, na continuidade da leitura, depara-se com um diálogo irritado entre o narrador e Azevedo Gondim a respeito do modo como este elaborou sua colaboração para o livro. "Vá para o inferno, Gondim. Você acanalhou o troço. Está pernóstico, está safado, está idiota. Há lá ninguém que fale dessa forma!"

Em resposta, Gondim ponderou: "Foi assim que sempre se fez. A literatura é a literatura, seu Paulo. A gente discute, briga, trata de negócios naturalmente, mas arranjar palavras com tinta é outra coisa. Se eu fosse escrever como falo, ninguém me lia."

Surge aí um nome: Paulo. Quem é esse Paulo? Pelo diálogo, se vê que é quem está escrevendo o livro. O segundo capítulo começa a esclarecer as dúvidas, quando o narrador comunica ter abandonado a empresa, coisa que o leitor arguto já havia percebido, porque seu plano foi todo contado com verbo no condicional: "traçaria o plano", "introduziria", "faria as despesas", "poria o meu nome na capa", anunciando, assim, que nada disso poderia acontecer. "Abandonei a empresa, mas um dia destes ouvi novo pio da coruja – e iniciei a composição de repente, valendo-me dos meus próprios recursos [...]. Tenciono contar minha história [...]." O leitor ainda está um pouco confuso, mas já sabe, ou, pelo menos, desconfia que o "eu" que está falando não é o do nome da capa – Graciliano Ramos –, porque não é a história dele que o livro conta. Seria a história daquele Paulo? E quem é ele? O começo do capítulo terceiro esclarece tudo: "Começo declarando que me chamo Paulo Honório, peso oitenta e nove quilos e completei cinquenta anos".

Aí está: Paulo Honório é a personagem titular daquele "eu" que está escrevendo "este livro", para contar a *sua* história. Uma coisa, porém, não se realiza: o nome que está na capa do livro não é o desse autor, mas o de Graciliano Ramos. É mais um condicional ("poria o meu nome na capa") que não concretiza.

S. Bernardo é, pois, um livro com dois autores: um *autor real*, cujo nome está na capa, que é o do escritor que efetivamente o escreveu – Graciliano Ramos –, e um *autor ficcional*, aquele em cujo nome a história é contada, que é também o narrador, o protagonista, o herói da história, dono do "eu" que narra a própria história; um "eu", pois, autobiográfico. Não é uma autobiografia disfarçada de Graciliano Ramos. É a autobiografia da personagem que diz "eu". Tudo, no entanto, criação do *autor real*, que exerce aí aquele "poder que tem a ficção literária de criar um herói narrador que compreende certa busca de si mesmo"[85].

Brás Cubas e dom Casmurro também escreveram suas histórias; também foram autores ficcionais criados por Machado de Assis. Mas neles a ideia de escritura é manifesta, sobretudo pelo constante apelo ao leitor. Em *S. Bernardo* não há um só apelo ao leitor. Por isso, a oralidade da narrativa, tão própria do romance de primeira pessoa, é bem caracterizada. O leitor tem a sensação de estar ouvindo o narrador contar a história, não sente que ele a está escrevendo. Essa sensação é reforçada pelo modo com que o narrador se dirige aos leitores-ouvintes: "Como sabem", "Lembrem-se" (p. 121), "À toa, percebem?" (p. 141), "Como lhes disse" (p. 128). Essa forma coloquial é típica da oralidade.

É um livro seco, duro, substantivo. A economia de adjetivos confere ao romance uma textura de aço. O autor não desperdiça palavra. Ao contrário, é avarento. A concisão é tão procurada e tão executada

---

85 P. Ricoeur, *Tempo e Narrativa*, 2, p. 228.

V ESTÉTICA DA AMBIGUIDADE E DO ABSURDO

que os diálogos, no geral, não têm inciso, o que, não raro, perturba o leitor que se perde na identificação do falante. O inciso, como se sabe, é a intervenção do narrador e se destina a identificar quem está falando, mas não é só isso, porque, por meio dele, o narrador enfatiza traços ou reações significativas das personagens, seu caráter psicológico. Quando são vários os falantes, o inciso se torna imprescindível para que o leitor não se perca[86]. Esse apuro linguístico em busca do verossímil invoca os filósofos empiristas da linguagem, de John Locke a Reid, na lição de Paul Ricoeur: "a convicção de que a linguagem pode ser purgada de todo elemento figurativo, considerado puramente decorativo, e reduzida à sua vocação primeira que é, segundo Locke, 'transmitir conhecimento das coisas'"[87].

Não há ambiguidades em *S. Bernardo*. A estética do absurdo é que dirige as ações de Paulo Honório. O romance é tal como é, porque assim o faz o narrador. "As personagens e as coisas surgem nele como meras modalidades do narrador, Paulo Honório, ante cuja personalidade dominadora se amesquinham, frágeis e distantes."[88] Ou no dizer de João Luiz Lafetá: "Fomos já introduzidos em seu mundo – um mundo que, em última análise, se reduz à sua voz áspera, ao seu comando, à sua maneira de enfrentar os obstáculos e vencê-los. Um mundo que se curva à sua vontade."[89]

Paulo Honório, o narrador-protagonista, era um homem forte e muito duro. "Sem nos dizer nada explicitamente sobre si mesmo, fornece-nos, no entanto, a sua imagem: um homem empreendedor, dinâmico, dominador, obstinado, que concebe uma empreitada, trata de executá-la, utiliza os outros para isso e não se desanima com os fracassos."[90]

Paulo Honório é talvez a personagem mais bem concebida e construída da literatura brasileira, sem esquecer uma Ana Terra e outras mulheres de *O Continente*, de Érico Veríssimo, de outra dimensão. Paulo Honório foi concebido com base filosófica sólida e bem definida.

---

86 A propósito, cf. S.A. Kohan, *Como Escrever Diálogos*, p. 41.
87 P. Ricoeur, op. cit., p. 19.
88 A. Candido, op. cit., p. 32.
89 J.L. Lafetá, O Mundo à Revelia (Posfácio), em G. Ramos, *S. Bernardo*, p. 191.
90 Ibidem.

Não era de todo mau. A verdade é que nem sabia quais eram os seus atos bons e quais os maus, porque, para ele, todas as suas ações eram moralmente justificadas.

> Ninguém imaginaria que, topando os obstáculos mencionados, eu haja procedido invariavelmente com segurança e percorrido, sem me deter, caminhos certos. Não senhor, não procedi nem percorri. Tive abatimentos, desejo de recuar; contornei dificuldades: muitas curvas. Acham que andei mal? A verdade é que nunca soube quais foram meus atos bons e quais foram os maus. Fiz coisas boas que me deram prejuízo; fiz coisas ruins que me trouxeram lucro. E, como sempre tive a intenção de possuir as terras de S. Bernardo, considerei legítimas as ações que me levaram a obtê-las.

Aí se descobrem dois caracteres fundamentais do narrador: quando revela não saber quais as coisas boas e quais as más que praticou, está descortinando o *relativismo* que orienta sua conduta; ao afirmar sua intenção de adquirir as terras de S. Bernardo tendo como legítimas quaisquer ações para concretizar sua intenção, revela a *ética utilitarista* como valor supremo do seu modo de ser.

Cada homem encontra na constelação de valores humanos aquele para o qual tende. Quem se inclina para o valor sagrado abraça o sacerdócio de uma religião à qual entrega seu destino. Outros se dispõem para os valores estéticos e buscam realizar o belo na pintura, na literatura, na música, na dança. E há aqueles que não têm a menor sensibilidade para esses valores, porque são fortemente atraídos pelo valor do útil, que não é aquilo que serve para satisfazer as necessidades primárias da vida como a comida, o vestuário, a habitação, porque esses são valores econômicos, mais do que úteis, porque necessários, senão indispensáveis. Claro que a inclinação para certo valor não é fatalismo, é mera tendência que pode ser revertida ou modificada no correr da existência.

Quem vê na *utilidade*, no resultado útil, a pauta que deve orientar as ações humanas de caráter empirista e sensualista é um *utilitarista*.

A doutrina fala em utilitarismo filosófico e utilitarismo vulgar. Paulo Honório era guiado pelo *utilitarismo vulgar e hedonístico*, porque nele essa tendência era instintiva, estava, a dizer, no sangue, nem ele sabia que era guiado por qualquer valor. Paulo Honório faria tudo

V ESTÉTICA DA AMBIGUIDADE E DO ABSURDO

para adquirir as terras de S. Bernardo e, para tanto, praticaria qualquer ação, boa ou má. Boa ou má para outrem, porque, no seu relativismo instintivo, "bom" ou "mau" seria o resultado. Concretizar a aquisição de S. Bernardo era resultado bom, pouco importava os meios utilizados. Suas ações seriam más se não levassem a esse resultado. É isso que Antonio Candido quis dizer quando afirmou que Paulo Honório "é modalidade duma força que o transcende e em função da qual vive: o sentimento de propriedade"[91].

Até na prosa suas luzes só alcançam o que lhe parece útil, extrai dos acontecimentos algumas parcelas: "o resto é bagaço". Essa visão é tão intensa que o agente nem sempre percebe o bom efeito da paisagem: "se eu tentasse uma descrição, arriscava-me a misturar os coqueiros da lagoa, que apareceram às três e quinze, com as mangueiras e os cajueiros, que vieram depois".

Todo utilitarista é individualista, porque a atitude individualista se caracteriza pelo interesse pessoal, em especial o interesse do lucro material, a consecução e o incremento da propriedade. Esse utilitarista participa da política visando o triunfo das forças que favoreçam seus interesses individuais. Adere a um partido político do qual espera obter as melhores possibilidades para seus ingressos. Paulo Honório participava da política do lado do partido do governador, ou seja, do lado que mais convinha a seus interesses materiais, o que vale dizer que ele não tinha a menor sensibilidade para os valores democráticos, tinha seus eleitores de cabrestos. "No outro dia, sábado, matei um carneiro para os eleitores."

Disse antes que Paulo Honório se guiava por uma forma de utilitarismo hedonístico, que nos diz que a expressão "ação moralmente reta" deve ser entendida como "ação que conduz a consequências melhores" e "consequências melhores aquelas que resultam em vantagens para o utilitarista", que tem por única obrigação moral a de maximizar sua satisfação. Por isso, para ele, matar alguém era irrelevante.

Já observei que Paulo Honório não era de todo mau. Fazia coisas boas que mencionava com certo acanhamento. Foi ele uma criança

---

[91] A. Candido, op. cit., p. 32

sem pais e sem parentes, o que até achava bom, para que não lhe viessem pedir dinheiro. Foi criado pela negra Margarida. Quando organizou sua propriedade, quis levá-la para lá: "Seria bom encontrar a velha Margarida e trazê-la para S. Bernardo. Devia estar pegando um século, pobre negra."

Mandou procurá-la e quando ela foi encontrada, levou-a para lá, onde lhe deu moradia razoavelmente descente, comida e até um pouco de dinheiro. Outra boa ação foi recolher a seu serviço o velho seu Ribeiro. "Por esse tempo encontrei em Maceió, chupando uma barata na *Gazeta* do Brito, um velho alto, magro, curvado, amarelo, de suíças, chamado Ribeiro. Via-se perfeitamente que andava com fome. Simpatizei com ele e, como necessitava um guarda-livros, trouxe-o para S. Bernardo." Aí, a feição utilitarista: trouxe-o porque lhe era útil.

Tinha, contudo, maldades. Espancava seus agregados, como fez com Marciano, e até não agregados. "Quando arrastei Costa Brito para o relógio oficial, apliquei-lhe uns quatro ou cinco palavrões obscenos. Esses palavrões, desnecessários porque não aumentaram nem diminuíram o valor das chicotadas, sumiram-se." Espancar ou matar alguém para o utilitarista hedonista é ação moralmente irrelevante. Paulo Honório teve um desarranjo com o Mendonça, que vinha invadindo os limites das terras de S. Bernardo, desde o tempo do Padilha, antigo dono, e o ameaçou. Mandava camaradas rondar a sede da fazenda: "ouvi passadas em redor da casa [...] julguei reconhecer o freguês carrancudo"; refere-se à pessoa que o encontrou na sala do Mendonça. "Domingo à tarde, de volta da eleição, Mendonça recebeu um tiro na costela mindinha e bateu as botas ali mesmo na estrada." Depois de narrar o fato, apresentou um álibi: "Na hora do crime eu estava na cidade, conversando com o vigário a respeito da igreja que pretendia levantar em S. Bernardo." Bom álibi, mas o leitor não tem dúvida de que a morte do Mendonça foi obra sua, até porque o povo já resmungava.

Um dia Paulo Honório disse que seu fito na vida foi apossar-se das terras de S. Bernardo; para tanto, trapaceou, embaiu o pobre do Padilha, herdeiro e dono delas. Num momento até gritou com ele: "Eu sou

V ESTÉTICA DA AMBIGUIDADE E DO ABSURDO

capitalista, homem? Você quer me arrasar?" Enfim, como queria, apoderou-se de S. Bernardo.

Em outro dia, amanheceu pensando em se casar. No fundo, foi o mesmo pensamento: apossar-se de algo.

> Amanheci um dia pensando em casar. Foi uma ideia que me veio sem que nenhum rabo de saia a provocasse. Não me ocupo com amores, devem ter notado, e sempre me pareceu que mulher é um bicho esquisito, difícil de governar. [...] Não me sentia, pois, inclinado para nenhuma; o que sentia era desejo de preparar um herdeiro para as terras de S. Bernardo.

É uma personagem de uma coerência de ferro. Queria casar como um negócio por meio do qual adquiriria a propriedade de uma mulher, tal como adquiriu S. Bernardo. Não desejava uma companheira, até porque desprezava as mulheres. Nunca se ouviu dele qualquer alusão a um possível relacionamento com mulheres. Satisfazia seu instinto de macho com a mulher do agregado Marciano, como mero objeto de desejo. Ainda aqui era utilitarista: casar não por amor, mas para preparar um herdeiro para as terras de S. Bernardo. Quando o herdeiro veio, porém, não foi recebido com alvíssaras. O pequeno é que se fez saber que existia: "O pequeno berrava como bezerro desmamado." E veio o anúncio numa frase de fim de capítulo: "Madalena tinha tido menino."

Pensava em casar, mas não tinha nem nunca tinha tido uma namorada.

> Tentei fantasiar uma criatura alta, sadia, com trinta anos, cabelos pretos, mas parei aí. Sou incapaz de imaginação, e as coisas boas que mencionei vinham destacadas, nunca se juntando para formar um ser completo. Lembrei-me de algumas senhoras conhecidas: Dona Emília Mendonça, uma Gama, a irmã de Azevedo Gondim, dona Marcela, filha do dr. Magalhães, juiz de Direito.

Mas o autor real, Graciliano Ramos, lhe pregou uma peça. Insinuou-lhe, primeiro indiretamente, depois por aproximação, uma linda mulher, Madalena, uma personagem que entra na história quando o livro já estava com cerca de um terço de seu tamanho. Uma personagem cativante, que veio para desconstituir o utilitarismo do herói, a dizer que não é pelo individualismo utilitarista que deve caminhar a humanidade, mas pelo humanismo solidário. "Madalena, a mulher mão-aberta, não concebe a vida como relação de possuidor e a coisa possuída", bem a definiu Antonio Candido, que já havia observado: "A partir desse momento, instalam-se na sua vida os fermentos de negação do instinto de propriedade, cujo desenvolvimento constitui o drama do livro."[92]

Paulo Honório viu Madalena na casa do dr. Magalhães. Estava com dona Glória, que trocava opinião com Marcela, filha do juiz, sobre romances de aventuras, enquanto uma moça loira tinha a cabecinha inclinada e as mãos cruzadas, lindas mãos, linda cabeça. Ele conversava com o dr. Magalhães e com João Nogueira, que ali estava para arrancar do juiz uma decisão a favor de seu cliente. "Observei então que a mocinha loura olhava para nós, atenta, os olhos grandes e azuis. De repente, conheci que estava querendo bem à pequena. Precisamente o contrário da mulher que eu andava imaginando – mas agradava-me, com os diabos."

Tornou a encontrá-la numa viagem de volta da capital. No trem, dona Glória veio sentar-se a seu lado e se deram a conhecer, e Paulo Honório ficou sabendo que a mocinha loira era sobrinha dela, chamava-se Madalena e era professora que tentava cavar uma vaga na capital. Na estação, dona Glória apresentou-lhe a sobrinha. Gostou dela. Quis saber de Azevedo Gondim se era moça direita. Mulher superior, respondeu ele. "Só os artigos que publica no *Cruzeiro*!" Essa colaboração no *Cruzeiro* o esfriou. Apesar disso, convidou-a para assumir o lugar do professor na fazenda. Madalena não decidiu logo e, a pretexto de saber a resposta, Paulo Honório começou a frequentar a casa dela. Tornou-se íntimo da tia e da sobrinha. Essa história da escola foi tapeação, e meio encabulado:

> "Resolvi escolher uma companheira. E como a senhora me agrada. Sim, como me engracei da senhora quando a vi pela primeira vez..."
> Engasguei-me.
> Séria, pálida, Madalena permaneceu calada, mas não parecia surpreendida.

---

92 A. Candido, op. cit., p. 35.

V ESTÉTICA DA AMBIGUIDADE E DO ABSURDO   255

"Já se vê que não sou o homem ideal que a senhora tem na cabeça."

[...]

"Nada disso. O que há é que não nos conhecemos."

Madalena foi à janela e esteve algum tempo debruçada, olhando a rua. Quando voltou [...]

"Deve haver muitas diferenças entre nós [...]"

"Deve haver muitas. [...] Tenho quarenta e cinco anos. A senhora tem uns vinte. Não, vinte e sete."

O assunto se tornou público. Nenhuma resposta dela. Paulo Honório demonstrou certa dignidade. Não poria os pés lá. Não queria prejudicá-la. No fundo, uma falsa dignidade, porque era uma forma de pressão para obter uma resposta, o que conseguiu, porque ela disse: "Parece que nos entendemos. Sempre desejei viver no campo, acordar cedo, cuidar de um jardim. Há lá um jardim, não? Mas por que não espera mais um pouco? Para ser franca, não sinto amor."

Paulo Honório, porém, não estava preocupado com amor. Já havia dito que queria uma mulher para preparar um herdeiro. Enfim, ele era utilitarista também nesse assunto. Uma semana depois, o padre Silvestre os casou na capela de S. Bernardo, diante do altar de S. Pedro. Era fim de janeiro. Foi aí um dos poucos momentos em que Graciliano Ramos estendeu suas vistas em pinceladas rápidas sobre a paisagem: "Estávamos em fim de janeiro. Os paus-d'arco, floridos, salpicavam a mata de pontos amarelos; de manhã a serra cachimbava; o riacho, depois das últimas trovoadas, cantava grosso, bancando rio, e a cascata em que se despenha, antes de entrar no açude, enfeitava-se de espuma."

Essa descrição em seguida ao casamento simbolizava a alegria dele decorrente. Foi a festa e Madalena alegremente: "Vamos começar vida nova, hem?"

Paulo Honório esteve uma semana procurando afinar sua sintaxe pela dela, mas não conseguiu evitar solecismos. Imaginou-a uma boneca da escola normal. "Engano."

Dois dias depois do casamento, ela "largou-se para o campo, rasgou a roupa nos garranchos do algodão. À hora do jantar encontrei-a no descaroçador, conversando com o maquinista. Aconselhei-a a não se expor: 'Esses caboclos são uns brutos'".

S. Bernardo é dos melhores romances da literatura brasileira. Ombreia-se com *Dom Casmurro* com o qual até tem algumas afinidades. Seus narradores se investem não apenas da função de contadores de suas histórias, mas também de autores ficcionais delas. Os heróis, respectivamente, Bento Santiago e Paulo Honório, são ambos extremamente ciumentos e imputam falsamente às suas mulheres, Capitu e Madalena, a prática de adultério, atormentando-as até a morte: Capitu numa espécie de exílio na Suíça, onde morre; Madalena, levada ao suicídio. Há muitas diferenças entre os dois romances, evidentemente, mas a fabulação é bem parecida.

A diferença fundamental está em que S. *Bernardo* tem um fundo ideológico de que carece *Dom Casmurro*. Bem examinado, S. *Bernardo* é um romance de tese. Antes de avançar nessa linha, contudo, cumpre lembrar que o narrador Paulo Honório é um individualista utilitarista que se diz capitalista, enquanto Madalena, ao contrário, é uma humanista social, a ponto de o próprio marido sugerir ser ela comunista. "Conluiada com o Padilha e tentando afastar os empregados sérios do bom caminho. Sim, senhor, comunista! Eu construindo e ela desmanchando." Sugestão equivocada, evidentemente, porém assim mesmo qualificadora dos conflitos do casal, conflitos que têm na forma o impulso do ciúme, mas, na substância, o acicate ideológico, com característica de luta de classe, de um lado o capitalista dono de S. Bernardo, opressor dos trabalhadores da fazenda e, de outro lado, a rebelião destes sob o amparo de Madalena. Dois dias depois do casamento, estava ela reivindicando melhores condições de vida para os trabalhadores: "A família de mestre Caetano está sofrendo privações." Ao que Paulo Honório responde: "Ele não vale os seis mil réis que recebe."

Madalena em outra oportunidade, apenas oito dias depois do casamento, durante um jantar, pergunta ao sr. Ribeiro: "'Quanto ganha o senhor, seu Ribeiro?' [...] 'Duzentos mil réis'. Madalena desanimou: 'É pouco'. 'Como?', bradou Paulo Honório, estremecendo. 'Muito pouco', repetiu ela. Paulo Honório enfezou. Jogou o guardanapo sobre o prato, antes da sobremesa, e saiu enfurecido.

V ESTÉTICA DA AMBIGUIDADE E DO ABSURDO

Veja-se que o conflito aqui é ideológico, não de ciúmes. Madalena contrapõe seu pensamento social ao pensamento individualista do marido. (No entanto, paradoxalmente, foi o ciúme que perdeu Madalena. À medida que ela enfrentava Paulo Honório, mais ele cismava haver adultério por trás de suas atitudes.)

É um livro curto, direto e bruto, bem o diz Antonio Candido. "As personagens e as coisas surgem nele como meras modalidades do narrador, Paulo Honório, ante cuja personalidade dominadora se amesquinham."[93]

É certo, mas as personagens, as funcionais e as não funcionais, entre as quais, as Mendonças, o próprio Casimiro Lopes e mesmo Costa Brito, se alinham aos termos do conflito ideológico. Evidentemente o Padilha; o Caetano; o Marciano; seu Ribeiro e dona Glória, ao lado ou sob o amparo de Madalena, não digo sob sua liderança, porque o conflito não chegou a esse nível; João Nogueira; Azevedo Gondim; padre Silvestre; e mesmo o juiz dr. Magalhães, eram partidários do narrador, ainda que não fossem partícipes diretos do conflito em si.

O ciúme, no entanto, foi mais forte, não porque tenha solucionado o conflito. Este é que de certo modo o aguçou. Paulo Honório a acusava de adultério com o Padilha, com seus correligionários João Nogueira e Azevedo Gondim, e mesmo com o juiz Magalhães. Todo gesto dela era prova de sua traição adúltera, tal uma nova Capitu. Uma tarde, o narrador subiu à torre da igreja. Pelas quatro janelinhas abertas aos quatro cantos do céu, contemplava a paisagem. Por uma delas via embaixo um pedaço do escritório, uma banca e, sentada à banca, sua mulher escrevendo. Sobretudo, contemplava seus domínios: o capim--gordura, os bois pastando, mais em cima, o campo, a serra, nuvens; o algodoal galgava a colina. Uma coruja gritava, nem pensou que ela pudesse estar anunciando agouro, alguma má surpresa. Só pensou: "Se aquela mosca-morta prestasse e tivesse juízo, estaria aqui aproveitando esta catervagem de belezas."

Desceu a escada, bastante satisfeito, convencido de que o mundo não era mau. E naquele momento de alguma euforia, é que a ideia do proprietário dominador lhe vem à mente. "Quinze metros acima do

93 Ibidem, p. 32.

solo, experimentamos a vaga sensação de ter crescido quinze metros. E quando, assim agigantados, vemos rebanhos numerosos a nossos pés, plantações estirando-se por terras largas, tudo nosso, onde vive gente que nos teme, respeita e talvez até nos ame, porque depende de nós, uma grande serenidade nos envolve." Note-se o plural majestático, pelo qual o narrador nos concede a honra de partilhar de sua euforia. Desceu a escada em paz com Deus e com os homens, "e esperava que aqueles pios infames me deixassem enfim tranquilo". Agora, sim, preocupou-se com os gritos da coruja, lembrando que pios de coruja podem ser sinal de mau agouro.

Não fossem os ciúmes, teria tranquilidade, pois, mal penetrou no jardim, defronte do escritório, descobriu no chão uma folha de prosa, com certeza trazida pelo vento. Viu pela bonita letra que era de Madalena. Alvoroçou! Não entendeu, releu. "Diabo!", exclamava. "Aquilo era trecho de carta a homem." Pronto, o ciúme subiu ao cérebro. Não estava lá o nome do destinatário, "mas era carta a homem, sem dúvida". Atordoado, tornou a ler. Balbuciou: "Está aqui a prova [...] Sim, senhor! Carta a homem. [...] E voltei furioso, decidido a acabar depressa com aquela infelicidade. Zumbiam-me os ouvidos, dançavam-me letras vermelhas diante dos olhos."

Bateu com as ventas em Madalena, que saía da igreja. Ordenou-lhe meia-volta, gritou, segurando-lhe os braços. "Ainda?", perguntou Madalena. Conduziu-a para dentro da igreja. Madalena pôs-se a observá-lo, sem dizer palavra. "A senhora escreveu uma carta?" Madalena nada respondeu. "Para quem era a carta?" Madalena manteve-se tranquila. Mostrou-lhe, enfim, a folha. Ela examinou. "Diga alguma coisa", Paulo Honório pressionava. "Para quê?" murmurou Madalena, "há três anos vivemos uma vida horrível. Quando procuramos entender-nos, já temos a certeza de que acabamos brigando." "Mas a carta?"

Madalena apanhou o papel, dobrou-o e entregou a ele, dizendo que o resto estava no escritório, na sua banca. Serena, ainda lhe pediu perdão pelos desgostos que ela lhe causara. Ele rosnou um monossílabo. "'O que estragou tudo foi esse ciúme, Paulo'. Palavras de arrependimento vieram-me à boca. Engoli-as, forçado por um orgulho estúpido. Muitas vezes por falta de um grito se perde uma boiada."

V ESTÉTICA DA AMBIGUIDADE E DO ABSURDO

Depois, humildemente, ela lhe fez pedidos em favor da tia, de trabalhadores. Das melhores páginas do livro. No fim, já tarde da noite, levantou-se, pôs a mão no ombro do marido, e despediu-se: "Adeus, Paulo. Vou descansar. Voltou-se da porta: 'Esqueça as raivas, Paulo.'"
Tudo muito comovente.

Quando de manhã, Paulo Honório entrou em casa, ouviu gritos horríveis lá dentro. "Entrei apressado, atravessei o corredor do lado direito e no meu quarto dei com algumas pessoas soltando exclamações. Arredei-as e estaquei: Madalena estava estirada na cama, branca, de olhos vidrados, espuma nos cantos da boca. Aproximei-me, tomei-lhe as mãos, duras e frias, toquei-lhe o coração, parado. Parado."

Paulo Honório terminou solitário. Por isso, resolveu escrever o livro.

> Madalena entrou aqui cheia de bons sentimentos e bons propósitos. Os sentimentos e os propósitos esbarraram com a minha brutalidade e o meu egoísmo. [...] Foi esse modo de vida que me inutilizou. Sou um aleijado. Devo ter um coração miúdo, lacunas no cérebro, nervos diferentes dos nervos dos outros homens. E um nariz enorme, uma boca enorme, dedos enormes.

Só faltou dizer: um monstro. "Nem sequer tenho amizade a meu filho. Que miséria!"

O ciúme é um veneno, que cega, ensurdece e entorpece, por isso ele não foi capaz de raciocinar que uma mulher, se e quando trai, não deixa prova à mostra.

4. O ESTRANGEIRO

L'Étranger é um romance publicado em 1942[94]. Albert Camus (1913-1960) nasceu em Mondovi, na Argélia. O pai morreu no ano seguinte

---

94 Trabalho com a edição francesa de 1942 e com a edição de 1972 da Abril Cultural, tradução de António Quadros. Salvo informações em contrário, as citações se referem à versão em português.

ao do seu nascimento, no início da Primeira Guerra Mundial. Teve, portanto, com seu irmão mais velho, Julien, uma infância difícil, sustentados pela mãe, que se mudara para a capital, Argel. Referindo-se à infância e à família, disse:

> Careciam de quase tudo e não aspiravam quase nada. Apenas por seu silêncio, sua reserva e seu orgulho natural, essa família, que nem sabia ler, deu-me então as mais elevadas lições que ainda duram [...] Penso numa criança que viveu num bairro pobre. Este bairro, esta casa! [...] Para corrigir uma indiferença natural, fui colocado a meio caminho entre a miséria bem sob o sol e na história; o sol ensinou-me que a história não é tudo... Não aprendi a liberdade em Marx. É verdade: aprendi-a na miséria.[95]

O Estrangeiro é um refinado exemplo da estética do absurdo; absurdo não só no sentido de algo que se afasta do senso comum ou das regras da lógica, mas, sobretudo, das situações fáticas nas quais certas pessoas se envolvem como num novelo labiríntico de difícil compreensão. Veja-se a situação do herói já no primeiro capítulo sobre a morte de sua mãe, lembrando, a outro propósito, as primeiras páginas de *O Processo*, de Kafka. Daí que Jean-Paul Sartre diz: "Meursault, o herói de *O Estrangeiro*, continua ambíguo. Estamos seguros de que ele é absurdo e a lucidez impiedosa é seu principal caráter."[96]

O "eu" mistura-se com as coisas que observa e descreve ou as coisas entram nele. "O céu estava já cheio de sol." O fenômeno é que ele não era autônomo em relação às coisas descritas ou esta parecia fluir dele. "Hoje, o sol excessivo que fazia estremecer a paisagem tornava-a deprimente e inumana. [...]. Sentia-me um pouco perdido entre o céu azul e branco e a monotonia destas cores, negro pegajoso do asfalto aberto, negro baço das roupas, negro laqueado do carro." Sobre a cara do Perez, que gostava de sua mãe e acompanhava o féretro: "Grossas lágrimas de enervamento e de tristeza corriam-lhe pela cara abaixo. Mas, por causa das rugas, não caíam. Dividiam-se, juntavam-se e formavam uma máscara de água nessa cara arrumada."

---

95 "Camus" no fascículo que acompanha essa edição do livro, p. 183-184.
96 J.-P. Sartre, Explication de L'Étranger, *Critiques Littéraires* (Situation I), p. 99.

V ESTÉTICA DA AMBIGUIDADE E DO ABSURDO

É uma obra seca e limpa[97]. Veja-se como transita de um cenário a outro, sem arrancos, deslizando.

> Houve ainda a igreja e os aldeões nos passeios, os gerânios vermelhos nos jazigos do cemitério, o desmaio do Perez (dir-se-ia um boneco partido), a terra cor de sangue que atiraram para cima do caixão de minha mãe, a carne branca das raízes que se lhe juntavam, ainda mais gente, vozes, a aldeia, a espera diante do café, o incessante roncar do motor, e a minha alegria quando o ônibus entrou no ninho de luzes de Argel e eu pensei que ia me deitar e dormir durante dozes horas.

Uma formidável economia de tempo e de espaço. O herói estava a oitenta quilômetros, no enterro da mãe, e desliza vagarosamente em direção a Argel, e o único sinal da viagem é o "incessante ronco do motor".

Linguagem simples, coloquial, mas expressiva, em que o presente do indicativo acentua o tom da oralidade. Cenas corriqueiras do dia a dia, arrumadas, porém, de modo estético, agradável. O velho Salamano ia com o cão. Há oito anos que não se largam. Salamano insulta o cão. Há oito anos que o faz. "Salamano puxa o cão e o cão puxa o Salamano."

Meursault é o narrador e herói do romance *O Estrangeiro*, título ambíguo, porque tanto vale para *estrangeiro*, originário de outro país, como para *estranho*, pessoa esquisita. É de se perguntar, então, que significado tem o título para o romance em si. Houve quem afirmasse que o título não tem que ser uma receita de cozinha, no sentido de que não precisa dizer nada sobre o conteúdo da obra. Outros alegam, no entanto, que o título deve designar e não simplesmente dizer; ou seja, o título há de ser o microcosmo da obra. "O título é a glória da obra."[98] Conclui-se que um título ambíguo em si já confere ambiguidade à obra que, não raro, produz o absurdo.

Enfim, o herói é uma personagem estranha. No dia seguinte à morte de sua mãe, em alegres companhias, foi se divertir assistindo a um filme cômico. Nesse mesmo dia começou sua ligação com

---

97 Ibidem, p. 112.
98 T. Adorno, La Situation du narrateur dans le roman contemporain, em *Notes sur la littérature*, p. 239-248.

Raimundo, seu vizinho. Raimundo Sintès, seu nome verdadeiro, tinha má reputação, ao qual prestava conselhos. Camus, em *Le Mythe de Sisyphe* (O Mito de Sísifo), disse que seu herói não era nem bom nem mau, nem moral nem imoral. Essas categorias não lhe convêm:

> Ele faz parte de uma espécie muito singular ao qual o autor reserva o nome de *absurdo*. Mas esta palavra toma, sob a pena do sr. Camus, dois significados muito diferentes: o absurdo é, ao mesmo tempo, um estado de fato e a consciência lúcida que certas pessoas têm desse estado. É "absurdo" o homem que, de uma absurdidade fundamental, tira, sem titubear, conclusões que se impõem.[99]

A estética do absurdo se exprime em duas vertentes: *subjetivamente*, por meio de atitudes do herói, desconexas do senso comum; o herói Meursault era uma personagem estranha e, como tal, agia de modo absurdo; ou *objetivamente*, por meio de um conteúdo romanesco ilógico e fora do senso comum, como é o caso de *O Processo*, de Kafka. Ali, o herói Joseph K. é uma personagem comum, equilibrada, que foi submetida a um processo judicial absurdo; é bem verdade que, no fundo, *O Processo* é uma grande sátira ao sistema processual em geral com seus magistrados, oficiais, servidores, e até advogados.

Assim, o título de *O Estrangeiro* se explica: estranho é o homem em face do mundo; estranho é o homem entre os homens. É, enfim, eu próprio em face de mim mesmo. Mas não só, mas uma paixão pelo absurdo[100]. O homem absurdo encara a morte com atenção apaixonada, e essa fascinação o libera. Por isso, Meursault, condenado à morte pelo assassinato de um árabe, não se revoltou, por se sentir inocente, inocente como os primitivos antes de se lhes ensinar o Bem e o Mal, para quem tudo era permitido. "*O Estrangeiro* não é um livro que explica; o homem absurdo não se explica, descreve-se."[101]

A história é simples. Meursault e Maria, sua namorada, juntaram-se a Raimundo e foram à casa de Masson, amigo deste, na praia. A praia não era longe, mas resolveram ir de ônibus. Estavam prestes a partir

99 J.P. Sartre, op. cit., p. 93.
100 Ibidem, p. 96.
101 Ibidem, p. 97.

V ESTÉTICA DA AMBIGUIDADE E DO ABSURDO

quando Raimundo viu um grupo de árabes, um dos quais lhe era desafeto. Mostrou-o a Meursault. Na casa de Masson, comeram e beberam. Meursault pediu o revólver a Masson e saiu a caminhar pela praia. Em certo momento, viu o árabe que Raimundo lhe mostrara, deitado na areia. Sem mais nem menos, atirou nele e o matou. Em consequência, foi preso. Aí começa o processo. Foi várias vezes interrogado.

> O juiz de instrução [...] quis saber se eu já escolhera advogado. Respondi que não e perguntei-lhe se era absolutamente necessário ter advogado. "Por quê?", disse ele. Repliquei, afirmando que achava o meu caso muito simples. Sorriu, dizendo: "É uma opinião"[...] Achei que era muito cômodo a justiça encarregar-se desses pormenores. Disse-lhe isso. Concordou comigo e concluiu que a lei estava bem-feita.

Foi-lhe designado um advogado. O processo segue em ritmo calmo e tranquilo, que o narrador descreve com pormenores sem adjetivação, mas com certo orgulho. "Mesmo do lugar dos réus, é sempre interessante ouvir falar de nós próprios. Durante os arrazoados do procurador e do meu advogado, posso dizer que se falou muito de mim e talvez até mais de mim que do crime."

O narrador conta que o procurador falou de sua alma. Disse aos jurados que debruçara sobre ela e nada encontrara. Disse que, em boa verdade, ele não tinha alma e que nada de humano, nem um único dos princípios morais que existem no coração dos homens, lhe era acessível. "Declarou que eu nada tinha a fazer numa sociedade cujas regras mais essenciais desconhecia e que eu não podia apelar para o coração dos homens, cujas reações elementares ignorava." Concluiu pedindo aos jurados a sua cabeça. Enfim, o juiz deu a palavra ao seu advogado. "O meu advogado, aliás, pareceu-me ridículo. Depois de ter falado rapidamente da provocação, pôs-se a falar de minha alma. Mas creio que ele tinha muito menos talento do que o procurador". Entrementes, o narrador se distraía, ouvindo a buzina do vendedor de refresco.

> Assaltaram-me as recordações de uma vida que já não me pertencia, mas onde encontrara as mais pobres e as mais tenazes das minhas

alegrias: odores do verão, do bairro que eu amava, um certo céu ao anoitecer, o riso e os vestidos de Maria. Só tive uma pressa: acabar com isto e voltar à minha cela, onde ia poder dormir. Mal ouvi o advogado gritar, para concluir, que os jurados não quereriam certamente condenar à morte um trabalhador honesto, perdido por um minuto de desvario.

Foi, no entanto, o que os jurados fizeram, e o presidente do tribunal do júri lavrou a sentença: "o presidente disse-me de um modo estranho que me cortariam a cabeça numa praça pública em nome do povo francês", noção que o narrador, agora sentenciado, achou imprecisa: "o povo francês".

Finalmente, lembro que alhures eu disse que os heróis dos romances de primeira pessoa não poderiam morrer, porque não haveria quem contasse a sua morte. Em *O Estrangeiro*, o herói foi condenado à morte e contou tudo até dias antes da execução. O romance, porém, terminou antes dela, com um desejo do herói: "Para que tudo ficasse consumado, para que me sentisse menos só, faltava-me desejar que houvesse muito público no dia da minha execução e que os espectadores me recebessem com gritos de ódio."

SEXTO CAPÍTULO

O Romance de Formação:
Infância e Colegiais

1. L' ENFANT

L'*Enfant* é um livro de Jules Vallès (1832-1885)[1], jornalista, escritor, político francês, que foi um revolucionário de esquerda, lutador constante contra as injustiças. Foi preso várias vezes e chegou mesmo a ser condenado à morte (1872). Colaborou amplamente na imprensa. Fundou jornais, entre os quais *Le Cri du peuple*. Escreveu diversos livros, dos quais destaco a trilogia romanesca de ressonância autobiográfica, centrada sobre uma personagem que Vallès chamou de Jacques Vingtras. O primeiro volume é *L' Enfant*, de que me ocuparei aqui, os outros são *Le Bachelier* e *L' Insurgé*. Antes de morrer, em 14 de fevereiro de 1885, aos 52 anos, emitiu seu último brado: *Je beaucoup souffert* ("Eu sofri demais"). E o seu jornal *Le Cri du peuple*, dois dias depois, declarou: "A revolução acaba de perder um soldado, a literatura, um mestre.")

L'Enfant foi editado em 1879 sob o pseudônimo de Jean de la Rue, mas na edição de 1881 já constava o nome exato do autor. As atividades de Vallès foram sempre um grito contra as injustiças e, sobretudo, contra os maus-tratos infligidos às crianças pelos próprios pais e, para exprimir sua revolta contra esses tratamentos cruéis, escreveu *L'Enfant*,

---

1   J.L.J. Vallès, *L'Enfant*. Todas as citações foram extraídas da edição de 1968 da Flammarion.

denso de tristeza. O livro incomodou os tradicionais, os conservadores. Houve até quem dissesse que Vallès mostrou o perigo da promoção social dos indivíduos[2]. Essa visão conservadora reflete a insensibilidade da burguesia individualista do século XIX, incapaz de perceber que a tragédia de *L'Enfant* era, em grande parte, a tragédia da pobreza e do preconceito social[3].

Émilien Carassus ressalta o caráter autobiográfico de *L'Enfant*. Faz um contraponto com *Jack*, romance de Alphonse Daudet, segundo os métodos romanescos, com forte dose de sensibilidade melodramática, mas reconhece que neste livro doloroso, que é *L'Enfant*, jamais os queixumes, os lamentos, se tornam melodramáticos, jamais a alegria (*gaieté*) perde seus direitos[4].

Temos que discutir um pouco esse enraizamento autobiográfico de que fala Carassus: autobiografia de quem? Do autor ou do narrador? Os romances de primeira pessoa, tenho dito ao longo deste ensaio, refletem a vida, aspecto da vida, situações ou vivências do narrador. Se esses aspectos autobiográficos são ressonâncias da biografia do autor, é algo a apurar em cada caso. As vivências de Bentinho, narrador de *Dom Casmurro*, não são, no sentido autobiográfico, reflexos das vivências de Machado de Assis. Já as vivências de Frederic Henry, narrador de *Adeus às Armas*, são em grande parte reflexos das vivências de Ernest Hemingway na guerra de 1914-1918.

Carassus tem razão quando diz que as alegrias e revoltas de *L'Enfant* nascem de uma experiência vivida. No entanto, à semelhança da maior parte das obras autobiográficas, *L'Enfant* transpõe essa experiência, transcende-a. Não é difícil confundir o narrador Jacques Vingtras com Jules Vallès, porque as etapas da carreira do pai de Vingtras reproduzem as do pai de Vallès, e algumas personagens do livro foram moldadas em pessoas reais, o que, aliás, é muito comum no romance, como o prova Proust em *À la recherche du temps perdu*.

Tudo isso põe a questão de saber se *L'Enfant* é uma autobiografia real do autor ou se é um romance. As autobiografias, como visto a

---

2   E. Carassus, Introduction, em J.L.J. Vallès, *L'Enfant*, p. 24.
3   Ibidem, p. 33.
4   Ibidem, p. 29.

VI O ROMANCE DE FORMAÇÃO: INFÂNCIA E COLEGIAIS

seu tempo, são histórias da vida de seus autores, que nelas aparecem com seus próprios nomes, assim como os próprios nomes dos pais, parentes e demais pessoas a eles relacionadas. Não é o caso de *L'Enfant*, cujo narrador é Jacques Vingtras, nome fictício que não se confunde com o do autor, Jules Vallès; os nomes dos pais do narrador-protagonista, Antoine Vingtras e sra. Vingtras, são diferentes dos nomes dos pais do autor, Jean-Louis Vallez (a ortografia Vallès foi adotada por Jules) e Julie Pascal. O casal teve vários filhos. Vingtras é filho único.

Essas dissemelhanças mostram que o livro tem sólidas bases ficcionais. O ritmo, a linguagem e tudo o mais confirmam tratar-se de um romance numa situação muito parecida com *Infância*, de Graciliano Ramos. O próprio Carassus, não obstante as insinuações autobiográficas, reconhece que se trata de um romance.

> A obra é ritmada por essas bruscas dilações do corpo e essas alegrias têm um sentido: elas encaminham a criança para uma compreensão da vida e dos homens, para o amor e a revolta. Frequentemente se constata a intenção de Vallès de construir um verdadeiro romance: seus diversos ensaios romanescos o comprovam, e *L'Enfant* mesmo apresenta uma série de episódios separados, concebidos ao acaso do humor. É, portanto, um romance, se é verdade, como pensava Thibaudet, que um romance comporta sobretudo a história de uma formação e faz assistir a uma tomada de consciência progressiva.[5]

Ou seja, *L'Enfant* é um romance; romance que denuncia o campo de sua luta já nas primeiras palavras da dedicatória: "A todos aqueles que morreram de tédio no colégio ou a quem fizeram chorar na família, que, durante sua infância, foram tiranizados por seus mestres ou espancados por seus pais."[6]

O início do romance retrata com veemência dolorosa essa crueldade física ou moral dos pais, as tristezas, as incertezas e dúvidas da criança em face de uma mãe tirânica que chicoteia o filho a toda hora.

---

5 Ibidem, p. 30.
6 "À tous ceux que crevèrent d'ennui au collège ou qu'on fit pleurer dans la famille, qui, pendant leur enfance, furent tyrannisés par leurs maîtres ou rossés par leurs parents."

Fui eu alimentado por minha mãe? Foi uma camponesa que me deu seu leite? Não sei nada disso. Qualquer que seja o peito que mordi, não me recordo de um carinho no tempo em que eu era muito pequeno; não recebi carícias, tapinhas e beijocas; fui muito chicoteado.

Minha mãe disse que não se deve mimar as crianças, e ela me chicoteia todas as manhãs; quando não tem tempo de manhã, ela o faz ao meio-dia, raramente depois das quatro horas.

O pai cortou o dedo com a faca quando estava fazendo um carrinho de um pedaço de madeira. As rodas de batatas, com sua pele escura que imita o ferro. O carrinho está prestes a ser terminado, Jacques espera emocionado, os olhos grandes arregalados, quando seu pai solta um grito e ergue a mão cheia de sangue.

Fiquei pálido e aproximei-me dele; um golpe violento me reteve; foi minha mãe quem me deu, os lábios espumando, os punhos crispados.

"É tua a culpa se teu pai se machucou."

Ela me persegue, encolerizada, pela escada negra, batendo meu rosto contra a porta.

Eu grito, peço perdão e chamo meu pai; vejo, com terror de criança, sua mão que pende toda cortada; sou eu a causa disso! Por que não me deixam entrar para saber? Poderão me bater depois, se quiserem. Grito, não me respondem. Ouço que se removem as garrafas, que se abre uma gaveta; que se colocam compressas.

[...]

Soluço; sufoco: minha mãe reaparece e me empurra para o pequeno quarto em que durmo, onde tenho medo todas as noites.

Tenho uns cinco anos e já me sinto um parricida.

O uso do indicativo presente dá vivacidade ao texto. Coloca o leitor dentro da ação, como a presenciar os acontecimentos. Assim vai o romance com a criança chicoteada. Nossa leitura hoje se horroriza com essa tirania materna, com a conivência do pai, que assiste ao martírio do filho sem uma palavra de ajuda, nem mesmo um gesto de consolo. É certo que não podemos olvidar o contexto social, em que os pais tinham sobre os filhos o direito de vida e de morte. Há mesmo um momento em que Jacques lê um dispositivo legal que estabelecia esse

VI O ROMANCE DE FORMAÇÃO: INFÂNCIA E COLEGIAIS

direito bárbaro, do qual os pais abusavam. Sofria na escola com um professor que tinha desprezo pelos pobres, maltratava os bolsistas e zombava dos malvestidos. "Meu pai e minha mãe me batem, mas só eles no mundo têm o direito de me bater. Aquele [o professor Turfin] me bate porque detesta os pobres."

Jacques narra todas essas tristezas, mas também conta sobre sua família, sua pequena cidade, Puy-en-Velay, a vida escolar, o colégio, o liceu, os professores, inclusive seu pai que, como o pai de Vallès, era professor e mais rigoroso com ele que com os demais alunos, para que não fosse arguido de proteger o filho. Conta sobre as férias na sua terra em que teve momentos de alegria. A gente de sua pequena cidade falava com ele como uma personagem, e os pequenos pastores o amavam como a um companheiro. "Sou feliz", suspira. "E se eu ficasse, se eu me fizesse camponês?"

A família havia deixado sua pequena cidade porque o pai fora ocupar uma vaga de professor no liceu de Saint-Étienne, indo depois para Nantes. Jacques tinha saudade de sua terra. Eram os momentos de melancolia. Essa melancolia, no entanto, ia em seu socorro, pois o fazia achar as tardes mais belas e mais doces na grande praça em frente da escola.

Via ali, no jardim, o trapézio e o balanço. Suspirava triste "porque todas as brincadeiras de criança me eram interditas. Não posso brincar na barra, saltar, correr. Ando sozinho, caluniado por uns, lastimado por outros, inútil! E isso me dá a conhecer, no centro mesmo de minha cidade natal, aos doze anos, isolado nesta calça, as dores pesadas do exílio".

Só mesmo nas férias tinha alguma alegria. "Oh! que bons momentos tive num campo, à beira de um córrego, bordejado de flores amarelas cujas hastes tremiam na água com seixos brancos no fundo, e que transportam feixes das folhas e os galhos de sabugueiro dourado que eu jogava na correnteza!"

A linguagem densa, quase sempre em ritmo rápido e nervoso, no presente do indicativo, dá ao leitor a sensação de estar vivendo as agruras e tristezas do narrador numa casa sombria em que vivem seus pais e ele, sem expressar sentimentos. "Vejo pais que choram, mães que riem; em casa, nunca vi chorar, nem rir; geme-se, grita-se. Meu pai também é um professor, um homem do mundo, minha mãe é uma mulher corajosa e firme que quer me educar como é preciso."

Educar como convém na visão da mãe do narrador nada mais é do que incutir na criança ideias e comportamentos negativos e preconceituosos. Por exemplo, a mãe sempre dizia que não se devia dar nada aos pobres, porque com o dinheiro que receberiam, iriam beber; então mais valia jogar o dinheiro no riacho.

Jacques gostava muito de alho-poró e odiava cebola, mas sua mãe, sempre do contra, não o deixava comer alho-poró e o obrigava a comer cebola. Daí este diálogo cheio de maldade e de ironia:

> "Por que não posso comê-lo?" [alho-poró], perguntei chorando.
> "Porque tu gostas muito dele", respondeu essa mulher plena de bom senso, e que não queria que seu filho tivesse paixões.
> "Tu comerás a cebola, porque ela te faz mal; tu não comerás alho-poró, porque tu o adoras."

Os pais batem nos filhos como os pais deles lhes batiam.

Jacques apanhava muito; sofria horrores, porém não podia ver uma criança sofrer. O episódio da morte de Louisette, aos dez anos, o chocou profundamente.

> Meu coração ficou muito ferido, verti muitas lágrimas. Pensei que ia morrer de tristeza mais uma vez, mas jamais estive diante do amor, da derrota, da morte, dos pavores, como no tempo em que Louisette esteve diante de mim.
> Esta criança, que fez ela? Tinha-se razão de bater em mim, porque, quando me batiam, eu não chorava – eu até ria algumas vezes, porque achava minha mãe tão engraçada –, eu tinha ossos duros de *toco de braço quebrado*, eu era um homem!
> [...]
> Ela estava no chão, sua vista toda branca, o soluço não podia mais sair, numa convulsão de terror, diante de seu pai frio, pálido, e que não se deteve senão porque tinha medo, esta vez, de terminar.
> Matou-a assim mesmo. Ela morreu de dor aos dez anos ...
> De dor!... como uma pessoa que a aflição mata.

O livro não fala somente do sofrimento do narrador. É um grito, um clamor contra o desrespeito à infância, os maus-tratos às crianças

VI O ROMANCE DE FORMAÇÃO: INFÂNCIA E COLEGIAIS

que, então, serviam de saco de pancadas. Mas não era só a criança que sofria, o povo pobre também sofria. "Há choros dos pobres, sangue de revoltado, a dor dos meus nos anais dessa história, que tem sido escrita com uma tinta que mal havia secado.

O narrador clama, como toda criança: "Ser livre? Eu não sei para que serve, mas sei o que é ser vítima; eu sei, tão jovem que sou."

O ritmo acelera, a frase se encurta nos últimos capítulos. O narrador tem dezesseis anos. Sua mãe lhe deu um pouco de liberdade. Estava em Paris. Andava pelas ruas. "Como aproveitei com paixão a liberdade que minha mãe me deu!" Aqui há um reflexo da vida do autor, que também esteve em Paris, e andava pelas ruas a projetar a queda de Napoleão III, a dar vivas à nação!

O pai de Jacques, porém, o chama de volta a sua cidade, Nantes. "Eu não pensava nisso, porque estava profundamente envolvido com a revolução, e agora amava Paris."

No entanto, ele teve de retornar: "Ah! que estrada triste!"

A mãe percebe sua dor. Tenta consolá-lo, o que o irrita. Chega e logo começam os conflitos com o pai, que reclama do pão que ele come. A infelicidade tinha chegado. Seu pai o insulta. "Aqui estás, preguiçoso." Mandrião. "Meu pai fez com que me prendessem. À prisão de manhã, como um criminoso." Ficou preso uma semana. Na prisão meditava sobre o sofrimento das crianças. Veio-lhe uma forte ideia: "Pois bem! *Cumprirei meu tempo* aqui, e irei depois para Paris; e quando estiver lá, não esconderei que estive na prisão, gritarei! Defenderei os *direitos da criança*, como outros defenderam os *direitos do homem*".

Eis aí algo inusitado. Eu clamarei, eu defenderei os *direitos da criança* como outros defenderam os *direitos do homem*. Era a primeira vez que se falava em *direito da criança*, até então tratada como bicho. O triste é que, apesar de esse grito de um jovem de dezoito anos ter sido dado em 1879, ninguém o ouviu; os *Direitos da Criança* foram proclamados só quase um século depois (1959) e, entre nós, apenas em 1988.

O narrador sai da prisão. Está em casa. Ouve gritos. Sua mãe o chama. Estão insultando seu pai, porque dizem que ele bateu num aluno. O pai do aluno e seu irmão mais velho vêm tomar satisfação.

Ameaçam socar o nariz de seu pai. Ele avança sobre os agressores, defendendo o pai. É desafiado a um duelo, do qual sai ferido. O pai reconhece ter sido cruel com ele. Sugere que ele parta para Paris, mas ainda o trata como um escolar. E nem quis abraçá-lo em sua partida, para não ferir a disciplina.

2. INFÂNCIA

Infância[7], obra de Graciliano Ramos (1892-1953), é tida pela crítica como memórias da infância do autor, ou *recordações* de fatos de sua meninice, até os onze anos de idade. O autor usa, com frequência, a palavra *recordações* referindo-se a fatos daquele tempo, como essa passagem: "Uma das recordações mais desagradáveis que me ficaram." Mas fala também constantemente em "memória": "A primeira coisa que guardei na memória foi um vaso de louça vidrada", e "lembrança": "não conservo a lembrança de uma alfaia esquisita, mas a reprodução dela, corroborada por indivíduos que lhe fixaram o conteúdo e a forma", tudo a sinalizar que se está falando da vida do autor quando criança, portanto de uma obra autobiográfica, se bem que o uso de tais expressões de tipo autobiográfico bem poderia ser um disfarce do ficcionista, para fundamentar a verossimilhança de obra romanesca. Na verdade, em alguns momentos, o leitor sente que está lendo mesmo uma obra de ficção, um romance, e há críticos que também assim veem o livro.

Antonio Candido, mais de uma vez, o diz, afirmando que o livro pode ser lido como ficção, "pois sua fatura convém tanto à exposição da verdade quanto da vida imaginária; nele as pessoas parecem personagens e o escritor se aproxima delas por meio da interpretação literária, situando-as como criações"[8]. Acrescenta, no entanto, "que toda biografia de artista contém maior ou menor dose de romance, pois frequentemente ele não consegue pôr-se em contato com a vida sem recriá-la. Mesmo assim, sentimos sempre um certo esqueleto de

7   Todas as citações foram extraídas da edição de 1995 da Record.
8   A. Candido, *Ficção e Confissão*, p. 69.

VI O ROMANCE DE FORMAÇÃO: INFÂNCIA E COLEGIAIS   273

realidade escorando os arrancos da fantasia"[9]. Em outro lugar, o autor diz: "*Infância* é autobiografia tratada literariamente; a sua técnica expositiva, a própria língua, parece indicar o desejo de lhe dar consistência de ficção."[10]

As pessoas mencionadas em *Infância*, como afirmou Antonio Candido, parecem personagens de ficção, "nada existe nelas", diz também Fernando Alves Cristóvão, "que nos autorize a preferir a classificação de personagens biográficas às personagens ficcionais"[11]. Nesse aspecto, mais parece uma coletânea de contos. As pessoas, se podem ser classificadas como personagens ficcionais, não o são de um romance, porque elas não se tocam, não dialogam entre si. Padre João Inácio; o moleque José; José da Luz; dona Maria; o barão de Macaúbas; Chico Brabo; José Leonardo; minha irmã natural; Antônio Vale; Adelaide; Samuel Smiles; Fernando; Jerônimo Barreto; Venta-Romba; Mário Venâncio; seu Ramiro; a criança infeliz; Laura, são capítulos em que o narrador apresenta pessoas como sendo de suas relações ou das relações de sua família. Esses capítulos possuem tal autonomia no contexto da obra que mais se assemelham a contos. Tais pessoas só aparecem tratadas, descritas, apreciadas como titulares do respectivo capítulo, protagonistas de um conto.

Tem, pois, razão Fernando Alves Cristóvão, quando observa: "Quase metade dos capítulos diz respeito a personagens diferentes do protagonista, e descrevem, à maneira de tipos, figuras desenhadas que podiam muito bem ser tomadas como protagonistas de contos."[12]

Em face dessa ambiguidade, a definição da figura do narrador, se não é decisiva para solucioná-la, com certeza dará pistas seguras ao seu entendimento. E aqui o melhor caminho será o de fazer um exercício comparativo entre *L'Enfant*, que já estudamos, e *Infância*, sob nossa análise agora. Jules Vallès defere a função de narrador, nominalmente, como visto, a Jacques Vingtras, protagonista de sua própria história. O narrador de *L'Enfant* é, pois, uma figura criada pelo autor,

---

9   Ibidem, p. 69.
10   Ibidem, p. 89.
11   F.A. Cristóvão, *Graciliano Ramos*, p. 7.
12   Ibidem.

o que vale dizer que é uma figura de ficção. Assim, por derivação, são também as demais personagens do livro, como os pais do narrador. Mesmo que algo se refira à biografia do autor, o caráter romanesco da obra é de inequívoca evidência.

Infância, ao contrário, não tem narrador nominado. Graciliano não deferiu a função de narrador a nenhuma das pessoas de sua história. Nesse caso, o "eu" da narrativa é irrogado a um narrador inominado, o que dá destaque aos aspectos biográficos do livro, de sorte que, se o narrador é pessoa real, a suposição é de que as demais pessoas também o sejam, ainda que o leitor perceba, sinta mentiras em sua formulação. Ou melhor, sente que elas sofreram tratamento ficcional, que foram transfiguradas tanto quanto os fatos que lhes dizem respeito. Sim, um exame mais acurado pode descobrir elementos ficcionais bem acentuados na configuração dessas pessoas.

Temos que apurar outra ambiguidade do texto. É bem claro, desde as primeiras linhas do livro, que há um narrador de primeira pessoa, a respeito do qual Antonio Candido fala em "narrador-menino"[13]. Como se chama esse menino? Aqui a ambiguidade. A história contada no livro é a de um menino até seus onze anos. Essa idade está expressa no último capítulo, sob o título de "Laura", quando o menino percebeu que saía da infância, se sentia homem, e descobriu o outro sexo.

> Aos onze anos experimentei grave desarranjo. Atravessei uma porta, choquei no batente, senti dor aguda. Examinei-me, supus que tinha no peito dois tumores. Nasceram-me pelos, emagreci – e nos banhos coletivos no Paraíba envergonhei-me da nudez. Era como se o meu corpo se tivesse tornado impuro e feio de repente. Percebi nele vagas exigências, alarmei-me, pela primeira vez me comparei aos homens que se lavavam no rio.

Transformava-se. Ficava exigente. Recompôs o vestuário. Passou a andar calçado e a usar gravata com um terno de casimira.

A história é da vida de um menino, desde cerca de dois anos de idade até os onze anos. O leitor percebe que a narrativa não é feita

---

13 A. Candido, op. cit., p. 70: "E, penetrando na vida do narrador-menino, parece-nos que há nela o estofo em que se talham personagens como Luís da Silva."

VI O ROMANCE DE FORMAÇÃO: INFÂNCIA E COLEGIAIS

por um menino. Sente-se que é um adulto contando a história da infância. E aqui vale a pena voltarmos à comparação que vínhamos fazendo.

Em *L'Enfant*, o narrador-menino, sim, conta sua história com linguagem de criança. Por isso, usa, de preferência, o indicativo presente. A linguagem, as ações narradas são contemporâneas à idade do narrador. Não são recordações de fatos passados.

Em *Infância*, a linguagem madura é a de um adulto narrando as recordações do seu tempo de criança. É frequente a referência a esse passado distante por meio de expressões indicativas dessas circunstâncias, como "*naquela idade* ninguém é inteiramente pessimista", diz o narrador distante. Ou: "Cresci ouvindo as piores referências a Fernando [...] Era parente de político e chefe de político da roça *naquele tempo* mandava mais que um soba [...]". (Grifos nossos.)

E ainda:

"Desse antigo verão que me alterou a vida restam ligeiros traços apenas. E nem deles posso afirmar que efetivamente me recorde. O hábito me leva a criar um ambiente, imaginar fatos a que atribuo realidade." Não é linguagem de criança, o tempo denuncia a presença do adulto: "*antigo verão*", "que me alterou a vida", "*restam* ligeiros traços apenas" etc. Em todo caso, o texto revela algo importante, o "imaginar fatos a que atribuo realidade", "que... me *recorde*", ou seja, revela que *Infância* é contada por um adulto, mas também que há fatos imaginários, que não é, pois, autenticamente autobiográfica.

Vejam-se mais expressões de adulto: José Leonardo "foi o sujeito mais digno que eu já vi: sério, de uma seriedade imóvel e de estátua, os grandes olhos claros cheios de franqueza".

Referindo-se ainda a José Leonardo: "Sem me haver impressionado em demasia, esse homem deixou-me lembranças, que estirou e me dispôs a sentimentos benévolos."

Enfim, *Infância* é a história de uma criança contada de longe pelo adulto que dela provém. Linguagem de adulto, conceitos de adulto: "isso me deixava perplexo". *L'Enfant* é a história de uma criança narrada por ela mesma no presente, mas *Infância* tem, como *L'Enfant*, mais sabor de romance de primeira pessoa do que de autobiografia.

3. ATENEU

O Ateneu, de Raul Pompeia (1863-1895)[14], tem um subtítulo entre parênteses (*Crônica de Saudades*), que revela um sentido bem diferente do que se costuma dizer: que se trataria de lembranças tristes e amargas do período de estudos do narrador Sérgio, identificado, não raro, com o autor. Bem o diz Lúcia Miguel Pereira:

> O seu drama [do Sérgio] será o de Pompeia? Parece provável que o seja, que naquele menino em si mesmo concentrado, tímido e emotivo, esteja a chave do destino trágico do escritor, da solidão que o levou ao suicídio, prisioneiro da própria hipersensibilidade. Mas o que sobretudo ele personifica é a dor dos primeiros contatos com a vida, o choque de quem se vê de repente num ambiente desconhecido – e o percebe hostil. Para exprimir esse sofrimento, Pompeia escolheu uma criança e um colégio.[15]

Segundo essa autora, *O Ateneu* é um misto de romance e memórias, e oscila entre as insinuações de Machado de Assis e as ousadias dos naturalistas, varia no estilo da sobriedade ao rebuscamento. Lúcia Miguel Pereira, com sua inequívoca autoridade de crítica literária, ainda observa que se trata de "caricatura de um colégio famoso na época, o colégio Abílio, uma crítica aos internatos, à sua ação desmoralizadora; na essência, porém, nada mais era do que o drama da solidão"[16].

Olívio Montenegro também diz que *O Ateneu* é um misto de romance, de memória e de crônicas. "Mas em tudo prevalece a imaginação romanesca do autor."[17]

Não sou crítico. Nem mesmo sou um leitor qualificado, um leitor modelo. Sou leitor comum, leitor empírico, de sorte que minha visão pode não coincidir com apreciações de teóricos da literatura. Como tal, não encontrei traços de Machado de Assis em *O Ateneu* nem vi nele um naturalismo à moda de Zola. Vi, sim, se quiser, um naturalismo

---

14 R. Pompeia, *O Ateneu*. As citações remetem à edição de 1956, da Francisco Alves, mas trabalhei com outras.

15 L.M. Pereira, *Prosa de Ficção*, p. 108.

16 Ibidem, p. 108.

17 O. Montenegro, *O Romance Brasileiro*, p. 116-117.

psicológico. Todo ele reflete uma vida interior intensa. Raul Pompeia era, sim, uma personalidade complexa. Os tímidos ou são dominados pelo complexo de inferioridade, constroem seu mundo interior, fecham-se nele e, nesse caso, vivem uma humildade doentia; ou, ao contrário, se sentem superiores, veem-se sempre nas alturas, sonham com a grandeza; são dominados por um orgulho doentio que não admite fracasso e nem sequer os menores deslizes. Raul Pompeia era desse tipo, e quem melhor lhe traçou o retrato foi Olívio Montenegro:

> a timidez em Pompeia não era um impulso de humildade. Era uma defesa. Era o casco de tartaruga do seu orgulho. Assim é que não se conhecem episódios de amor na vida de Raul Pompeia, a não ser amores platônicos, os únicos que satisfazem verdadeiramente as naturezas que são orgulhosas e tímidas ao mesmo tempo. Platonicamente pode se amar todas as mulheres, e amar sem risco de insucesso[18].

Na verdade, nem se pode amar todas as mulheres, mas apenas a mulher idealizada, porque, normalmente, o tímido se forma por alguma ação da mãe. Da mãe excessivamente protetiva, acima da qual não existe ninguém mais. Logo, ela é a mulher ideal, de que não se encontra no mundo outra igual. Ou da mãe severa, que maltrata, e então as mulheres todas são como ela. Logo, o tímido constrói, para seu amor platônico, uma mulher ideal, diferente das demais, diferente de sua mãe.

Os romances de primeira pessoa têm, por regra, um sentido memorialístico. Primariamente, é memória do narrador, se ele for o protagonista, como no caso de O Ateneu: memória de Sérgio. Nem sempre, porém, se trata de memória do autor. Brás Cubas, por exemplo, é memória de Brás Cubas, não memória de Machado de Assis. Sim, O Ateneu é memória de uma vida no colégio, vida do Sérgio, biombo do autor? Afirma-se, em geral, que o autor se esconde atrás da personagem Sérgio[19]. Essa identificação me parece um pouco exagerada. Acho que o romance é menos a projeção da personalidade do autor do que o produto de suas observações. Nisso, sim, reside sua conotação naturalística.

18 Ibidem, p. 115.
19 Ibidem, p. 119.

Para identificar narrador e autor, cita-se a seguinte cena da narrativa de Sérgio:

> Entretinha-me a espiar os companheiros, quando o professor pronunciou o meu nome. Fiquei tão pálido que Mânlio sorriu e perguntou-me, brando, se queria ir à pedra. Precisava examinar-me.
> De pé, vexadíssimo, senti brumar-se-me a vista, numa fumaça de vertigem. Adivinhei sobre mim o olhar visguento do Sanches, o olhar odioso e timorato do Cruz, os óculos azuis do Rebelo, o nariz do Nascimento, virando devagar como um leme; esperei a seta do Carlos, o quinau do Maurílio, ameaçador, fazendo cócegas ao teto, com os dedos feroz; [...] Cambaleei até à pedra. O professor interrogou-me: não sei se respondi. Apossou-se-me do espírito um pavor estranho. Acovardou-me o terror supremo das exibições, imaginando em roda a ironia má de todos aqueles rostos desconhecidos. Amparei-me à tabua negra para não cair. Fugia-me o solo aos pés, com a noção do momento: envolveu-me a escuridão dos desmaios, vergonha eterna! Liquidando-se a última energia [...] pela melhor das maneiras piores de liquidar-se uma energia.

Esse é um comportamento típico de um tímido. Pouco importa que Raul Pompeia tenha alguma vez enfrentado situação igual, porque, tímido como era, a cena por ele descrita nessa passagem pode perfeitamente se lhe aplicar. A cena apresenta outras situações que sintetizam a péssima convivência do Sérgio com seus colegas de colégio. Não suportava os colegas. Nutria alguma simpatia por Bento Alves. Passava horas em sua companhia.

> Confusamente ocorria-me a lembrança do meu papelzinho de namorada faz de conta, e eu levava a seriedade cênica a ponto de galanteá-lo, ocupando-me com o laço da gravata dele, com a mecha de cabelo que lhe fazia cócega aos olhos; soprava-lhe ao ouvido segredos indistintos para vê-lo rir, desesperado de não perceber.

Um comportamento nitidamente homossexual.

> Andavam assim as coisas, em pé de serenidade, quando ocorreu a mais espantosa mudança.

Não sei que diabo de expressão notei-lhe no semblante, de ordinário tão bom. Desvairamento completo. Apenas me reconheceu, atirou-se como fizera Rômulo e igualmente brutal. Rolamos ao fundo escuro do vão da escada.

Foi uma briga violenta, até que Aristarco, o diretor, chegou. Bento Alves, ao vê-lo, escapuliu. Aristarco exigiu do narrador uma explicação sobre a briga. Sérgio respondeu com violência. O diretor rugiu; com uma das mãos prendeu-lhe a blusa, a estalar os botões. Com a outra segurou-o pela nuca. Ergueu-o no ar e o sacudiu. Sérgio pegou-lhe o bigode. O diretor o arremessou ao chão, reclamando: "Sérgio, ousaste tocar-me! Feriste um velho! [...] Fui vilmente injuriado", disse.

Sérgio esperou castigo excepcional, que, no entanto, não ocorreu. Achou que não veio porque, tendo em vista que Bento Alves se despediu do Ateneu naquela mesma tarde, não valia a pena perder de uma vez dois pagadores prontos, só pela futilidade de uma ocorrência.

Restou-lhe a amizade de Egbert. "Eu por mim positivamente adorava-o e o julgava perfeito." Nesse arroubo de felicidade, evocava o idílio de Paulo e Virgínia, mas logo essa amizade também feneceu.

Quando li *O Ateneu* pela primeira vez, lancei nas folhas brancas do fim do livro algumas observações que ainda me parecem válidas. Essas observações se referem ao narrador. Sérgio, o narrador, protagonista e herói do romance, conta a história em linguagem contemporânea, o que quer dizer, o narrador-menino narra suas peripécias no colégio. Foi a partir dessas perspectivas que fiz aquelas observações. Disse então: o livro é "muito intelectualizado para um menino". "Quem está escrevendo é Raul Pompeia, mas, se põe a narração na boca de uma criança, é necessário descer a seu nível." E ainda, "O discurso sobre a arte atribuído ao dr. Cláudio [p. 117s], reproduzido por uma criança, me soa inverossímil." "O narrador, às vezes, parece falar de outra pessoa, como se estivesse fora da história."

O discurso do narrador segue método rigoroso. Primeiro, mostra o colégio, depois seu diretor, depois seus alunos, seu funcionamento e tudo mais.

Em *O Ateneu*, o leitor percebe com clareza a oralidade que caracteriza o discurso do romance de primeira pessoa. Esse aspecto, aliado ao princípio da onipresença, dá contemporaneidade ao discurso do narrador, como se estivesse narrando o acontecimento, enquanto ainda aluno do colégio, ressalvado aquele sentido intelectualizado mencionado anteriormente. Nisso está uma das belezas da ficção de primeira pessoa.

Sérgio, o narrador-protagonista herói da trama romanesca, na verdade, conta sua história no colégio, não quando ainda o frequenta, mas anos depois, o tempo não se sabe, mas, por certo, muito tempo depois, pois o livro tem o subtítulo "Crônica das Saudades" e termina com elas sob dúvidas, depois do forte incêndio que destruiu o Ateneu. "Aqui suspendo a crônica das saudades. Saudades verdadeiramente? Puras recordações, saudades talvez se ponderarmos que o tempo é a ocasião passageira dos fatos, mas sobretudo – o funeral para sempre das horas."

Qualquer que seja a relação do narrador com o autor, o certo é que Raul Pompeia construiu um belo romance de formação, o melhor da literatura brasileira sobre a vida de um colegial.

4. O MEMORIALISMO DE JOSÉ LINS DO REGO

José Lins do Rego Cavalcanti (1901-1957) escreveu treze romances, dos quais cinco são de primeira pessoa, e ainda as memórias de sua primeira infância, como ele próprio qualifica seu livro *Meus Verdes Anos*[20].

> Chamei de verdes anos os tempos da minha primeira infância. E em livro de memórias procurei reter tudo o que ainda me resta daquela "aurora" que para o poeta Casimiro fora a das saudades, dos campos floridos, das borboletas azuis. Em meu caso as borboletas estiveram misturadas a tormentos de saúde [ele tinha asma, chamada "puxado"], à ausência de mãe [assassinada pelo pai esquizofrênico], a destemperos de sexo.

20 J.L. do Rego, *Meus Verdes Anos*. Todas as citações foram extraídas da edição de 1957 da José Olympio.

VI O ROMANCE DE FORMAÇÃO: INFÂNCIA E COLEGIAIS

A leitura de *Meus Verdes Anos* deveria sempre preceder a leitura dos romances, sobretudo dos romances de primeira pessoa: *Menino de Engenho, Doidinho, Banguê, Pureza e Eurídice*[21]. Os romances de José Lins do Rego, mesmo os de terceira pessoa, têm sempre um fundo autobiográfico. Esse memorialismo é acentuado, sobretudo, nos romances que integram o chamado "ciclo da cana-de-açúcar": *Menino de Engenho, Doidinho, Banguê, Moleque Ricardo* e *Usina*. Os dois últimos fogem à nossa análise, porque são romances de terceira pessoa. *Menino de Engenho, Doidinho* e *Banguê* são de primeira pessoa, nos quais o memorialismo do autor chega a ser tipicamente autobiográfico. *Meus Verdes Anos*, que é a autobiografia da primeira infância, se assemelha muito a esses três romances ambientados na vida dos engenhos de seu avô materno, Zé Lins, que nos romances é chamado de Zé Paulino. Essa autobiografia tem o mesmo estilo daqueles três romances, até mesmo os diálogos entre familiares e amigos do engenho são parecidos com os dos romances: parece uma autobiografia romanceada. Não é, porque, como já vimos, uma coisa são os romances autobiográficos que, por mais memorialistas que sejam, constituem transfigurações da realidade, nos quais o narrador não se identifica com o autor, enquanto a autobiografia é uma narrativa retrospectiva da vida de uma pessoa real, feita por essa mesma pessoa, onde o narrador se identifica por um lado com o titular da história, e por outro lado, com o autor do livro.

O que confunde um pouco é a constatação de que as personagens de seus romances se identificam ou, no mínimo, se parecem muito com as pessoas de sua convivência, tal como configuradas em *Meus Verdes Anos*.

5. UM CONFRONTO ESTIMULANTE

Veremos que *Menino de Engenho* é o que mais se aproxima dos *Meus Verdes Anos*. "Revejo ainda hoje a minha mãe deitada na cama branca, a sua fisionomia de olhos compridos, o quarto cheio de gente."[22] Aqui

---

21 *Eurídice* não será examinado aqui, mas, por uma questão de método, no capítulo VIII.
22 Assim se inicia *Meus Verdes Anos*.

o "eu" é autobiográfico. Não é de um narrador fictício, inventado para falar pelo autor, como no *Menino de Engenho*: "O quarto de dormir do meu pai estava cheio de pessoas que eu não conhecia. Corri para lá, e vi minha mãe estendida no chão e meu pai caído em cima dela como um louco."[23] "O doutor matou a dona Clarice!", isto é, o pai do narrador (Carlinhos) matou-lhe a mãe. Em *Doidinho*[24], o mesmo narrador Carlos de Melo, ou Carlinhos, já no colégio de Itabaiana, volta a referir-se à figura do pai: "O meu pai no asilo e meu nome Doidinho". "Meu pai doido, o meu nome Doidinho." Em *Menino de Engenho*: "O meu pobre pai, dez anos depois, morria na casa de saúde, liquidado por uma paralisia geral". Esses episódios que o narrador apresenta em ambos os romances são, naturalmente, fictícios, fundados, porém, em fatos reais e verídicos.

O narrador dos romances não enuncia o nome do pai. Em *Meus Verdes Anos*, o autor, José Lins do Rego, não só enuncia o nome de seu pai, João do Rego Cavalcânti, como apresenta seu retrato. No entanto, pouco fala dele ou sobre ele e, quando o faz, é em tom de queixa. "Por que só queriam que eu chamasse ao meu pai de João do Rego?" Se fazia alguma coisa que desagradava, logo diziam: "Não nega que é filho de João do Rego". Fala também alguma coisa de seu avô paterno, Zé do Rego. A presença dominante aí é a do avô materno, Zé Lins, dono de vários engenhos, com destaque para o engenho Corredor, onde o menino Zé Lins do Rego viveu nos seus verdes anos, após a morte da mãe. Sua avó Janoca também aparece em alguns momentos. Outra figura marcante nessa autobiografia é Maria Menina, sua tia Maria, que ele tinha como segunda mãe, tal o modo carinhoso como ela o tratava, mas ela se casou e o deixou com a queixa de que perdia a sua segunda mãe. Aí veio a tia Naninha, que também se casou logo, mas não o abandonou, levou-o para morar com ela em Pilar, com a discordância do marido, que não gostava dele, sentimento compartilhado pelo menino Zé Lins. Outras figuras importantes eram o tio Lourenço, irmão mais novo do seu avô, a velha Sinhazinha, irmã caçula de sua

---

23 J.L. do Rego, *Menino de Engenho*. Todas as citações foram extraídas da edição de 1957 da José Olympio.

24 Idem, *Doidinho*. Todas as citações foram extraídas da edição de 1956 da José Olympio.

VI O ROMANCE DE FORMAÇÃO: INFÂNCIA E COLEGIAIS 283

avó, casada com o dr. Quincas, do engenho Novo, matrimônio de curta duração, razão por que Sinhazinha foi morar no engenho Corredor, criava negrinhas para judiar das pobres; a negra Pia era severamente castigada, por qualquer razão e até sem razão. "Uma vez a chave da despensa desapareceu. A velha Sinhazinha botou logo para a negra Pia. Deram na pobre e nada de aparecer a chave." Dias depois, descobriram a chave escondida: "Tinha sido obra da velha para ver a negra Pia no castigo". O tio Joca, do engenho Maravalha, o tio Lourenço, do engenho Gameleira. O velho Lula de Holanda Chacon, do engenho Santa Fé, que fazia divisa com o engenho Corredor, assim como o capitão Vitorino Carneiro da Cunha, que tinha o apelido de Papa-Rabo. E as negras, serviçais do engenho, Generosa, Germínia, Avelina e sua filha Marta e os moleques com quem Zé Lins brincava e fazia traquinagens.

Essas pessoas são mencionadas aqui com alguma minúcia, porque todas elas se transformaram em personagens dos três primeiros romances de José Lins do Rego: *Menino de Engenho*, *Doidinho* e *Banguê*, quase sempre com seus nomes verdadeiros, salvo o do avô, Zé Lins, em *Meus Verdes Anos*, Zé Paulino nos romances. O engenho Corredor se transforma, no romance, em engenho Santa Rosa, ambos com o rio Paraíba passando a alguns metros da Casa Grande.

Seu Lula e o capitão Vitorino são personagens de destaque em *Fogo Morto*, como titulares da segunda e terceira partes do romance, que não será analisado aqui por ser de terceira pessoa.

6. MENINO DE ENGENHO

Menino de Engenho, como disse, é o romance que mais se parece com os *Meus Verdes Anos*. O narrador conta sua vida, passada no engenho Santa Rosa do avô Zé Paulino, desde os quatro anos de idade. O autor, em *Meus Verdes Anos*, conta sua história real, passada no engenho Corredor de seu avô Zé Lins. O rio Paraíba banhava a ambos, "corria bem próximo ao cercado. [...] O leito do rio cobria-se de junco e faziam-se plantações de batata-doce pelas vazantes." Em *Menino de Engenho*, repetia-se: "O rio subiu até a calçada da casa-grande." Seu leito de areia branca cobria-se de salsas e junco verde-escuro, e nas vazantes plantavam batata-doce". Ambos ficavam perto de Pilar e eram vizinhos do engenho Santa Fé do velho Lula de Holanda Chacon. Ambos se referem a seu Lula como um senhor de engenho decadente, que rodava com o seu cabriolé. O capitão Vitorino, chamado Papa-Rabo, é uma das pessoas reais dos *Meus Verdes Anos*, transfigurado em personagem de ficção no *Menino de Engenho*, e mais ainda em *Fogo Morto*.

> A esses dias de festas Papa-Rabo não faltava. Meu avô tinha-o na conta de bestalhão. Chamava-se Vitorino Carneiro da Cunha e se considerava tão importante quanto os maiores da Várzea. Diziam que perdera o juízo depois de uma febre. Morava no engenho Maçangana, embora tivesse sido proprietário do engenho Beleza. [...] Podia estar na frente de senhoras, de padres, de gente da maior cerimônia, e desde que se sentisse com vontade de desabafar abria a boca nos maiores impropérios. Criara o nome de Papa-Rabo porque mandara certa vez cortar a cauda do seu cavalo. Mas não admitia que assim fosse tratado.

A tia Maria do autor de *Verdes Anos* é a mesma do narrador de *Menino de Engenho*. "Fiquei assim no engenho do meu avô, aos cuidados da tia Maria." Em *Menino de Engenho*, o narrador diz: "Três dias depois da tragédia [o assassinato de sua mãe, por seu pai], levaram-me para o engenho de meu avô materno". "Minha tia Maria, um anjo... [...] ficou toda em cuidados comigo". Tia Maria era considerada segunda mãe do autor de *Meus Verdes Anos*, tanto quanto o era do narrador de *Menino de Engenho*. Quando a tia casou, ele sentiu que perdia sua segunda mãe. Tempos depois, grávida, volta ao engenho Corredor para ter a criança, como, no romance, volta ao engenho Santa Rosa para o mesmo fim. A tia Sinhazinha comparece como pessoa real em *Meus Verdes Anos* e como personagem em *Menino de Engenho*, tão má na vida real como na ficção romanesca.

Essas indicações apenas provam o quanto *Menino de Engenho* é um romance autobiográfico. Os momentos mais íntimos de tristeza da personagem Carlinhos refletem as reais tristezas "que não deviam ser as de um menino", diz José Lins do Rego, no prólogo de *Meus Verdes Anos*.

VI O ROMANCE DE FORMAÇÃO: INFÂNCIA E COLEGIAIS

O neto de um homem rico [acrescenta] tinha inveja dos moleques de bagaceira. A separação violenta de minha segunda mãe [referência ao casamento da tia Maria] marcou-me a sensibilidade de complexo de renegado. A ausência do pai, que não era bem-visto pelos parentes maternos, fez de mim uma criatura sem verdadeiro lastro doméstico.

É em *Menino de Engenho* que esses sentimentos aparecem com mais veemência:

Era um menino triste. Gostava de saltar com os meus primos e fazer tudo o que eles faziam. Metia-me com os moleques por toda parte. Mas, no fundo, era um menino triste. Às vezes dava para pensar comigo mesmo, e solitário andava por debaixo das árvores da horta, ouvindo sozinho a cantoria dos pássaros [...] Enquanto os canários vinham e voltavam, eu me metia comigo mesmo, nos meus íntimos solilóquios de caçador.
[...]
Minha tia Maria tomava conta de mim como se fosse mãe. E a lembrança de minha mãe enchia os meus retiros de cinza. Por que morrera ela? E de meu pai, por que não me davam notícias? Quando perguntava por ele, afirmavam que estava doente no hospital. E o hospital ia ficando assim um lugar donde não se voltava mais. Via gente do engenho que ia para lá, com carta do meu avô, não retornar nunca. E as negras quando falavam do hospital mudavam a voz: "Foi para o hospital." Queriam dizer que foi morrer.

Aqui está a marca essencial do romance de primeira pessoa: o subjetivismo memorialístico.

Em *Meus Verdes Anos*, José Lins do Rego menciona com frequência as ameaças de mandá-lo para o colégio. "Sempre me ameaçavam com esta palavra, e a minha imaginação o concebia como um enorme muro a separar os meninos do mundo. Quando fazia um malfeito qualquer, vinham logo: 'Vai endireitar no colégio. Silvino de Mercês só endireitou no colégio'. O colégio de Itabaiana." Pois o *Menino de Engenho* termina quando o narrador foi levado para o colégio.

"Menino perdido, menino de engenho."

7. DOIDINHO

Aí está como se ligam *Menino de Engenho* e *Doidinho*. Um termina com o narrador Carlinhos indo para o colégio, o outro começa quando ele, aos doze anos, chega ao colégio e recebe as mesmas ameaças: "Pode deixar o menino sem cuidado. Aqui eles endireitam, saem feito gente, dizia um velho alto e magro para o meu tio Juca, que me levara para o colégio de Itabaiana", o Instituto Nossa Senhora do Carmo.

Os críticos divergem quanto ao valor dos dois romances. Otávio de Faria observa que é opinião de muitos, e dos mais abalizados, que *Doidinho* marca um progresso sensível sobre *Menino de Engenho*. Ele, no entanto, confessa que, por mais que procurasse, e apesar de todo o prazer que a leitura de *Doidinho* lhe proporcionou, não conseguia compreender por que se falava de "progresso", por que se dizia que o novo romance era superior ao primeiro ou que o sr. José Lins do Rego "lucrou" como romancista. Alcântara Machado entendeu que "os livros não se diferenciam em coisa nenhuma: Carlinhos no engenho, Doidinho no colégio. Estilo monocórdio muito bem afinado. A narração vai deslizando, não há pressa, mas também não há rodeios. Chega a gente às vezes a ter a impressão desses livros de leitura estilo João Kopke [...] em que tudo é descrição e descrição posta na pena de um escolar"[25]. E termina suas considerações com esse desejo: "É de desejar que Doidinho cresça, fique adulto, faça muita asneira, morra velho." O desejo se concretizou, porque, como veremos, o Carlinhos, Carlos de Melo, voltou adulto e formado em Direito, em *Banguê*[26].

São opiniões de leitores qualificados, leitores modelos, porque dotados de bagagem teórica que lhes possibilita penetrar no âmago dos romances com autoridade, para dizer de suas qualidades e de seus defeitos. Não é o meu caso. Sou leitor comum, leitor empírico sem aqueles dotes, de sorte que minha leitura é como se fosse a de qualquer do povo, leitura de prazer, leitura sem as preocupações técnicas, sem a preocupação de deslindar as profundezas da obra.

---

25 Antônio de Alcântara Machado, Um Cronista do Nordeste, *Doidinho*, p. 11-15.
26 Ibidem, p. 15. Pena que o texto não traga data para conferência.

Nessa perspectiva, penso que *Doidinho* é realmente superior a *Menino de Engenho*. Este, sim, pode parecer livro de leitura no estilo de João Kopke; é plano, moroso, sem profundidade; suas personagens são planas: algumas, como José Paulino, seu Lula e o capitão Vitorino vão se arredondar em outros romances, respectivamente em *Banguê* e *Fogo Morto*; não cria tipos inesquecíveis, que só se firmarão em outros romances; a memória aí é mais de fatos e acontecimentos, mais da inteligência que da sensibilidade, memória voluntária, que nos traz ocorrências (cheias do Paraíba, visita de Antônio Silvino, casamento de tia Maria, a maldade da tia Sinhazinha etc.), não a memória involuntária, que nos vem espontaneamente, e se localiza no fundo do espírito. Aqui o subjetivismo autobiográfico não é intimista.

Em *Doidinho* o próprio narrador já tem outra dimensão. É bem melhor construído, efetivamente um protagonista diante de antagonistas, como o diretor do colégio, Maciel, bem caracterizado como personagem "redonda". Daí decorre uma estrutura dramática, um conflito estético, que *Menino de Engenho* não tem. A estética dramática se apoia em diálogos e se acentua à medida que esses diálogos são mais intensos e dinâmicos. *Menino de Engenho*, em sua estrutura plana, lenta, sem confrontos, apresenta poucos diálogos, diálogos chochos, sem resposta, simples comentários:

> "Eu imagino como deve estar o coronel Cazuza" –, dizia um deles. "Naquela idade, a sofrer destas coisas."
> Compreendi que falavam do meu avô.
> "Um homem de bem como ele, e tão infeliz com a família."
> [...]
> Uma mulher chegou-se para mim, e toda cheia de brandura: "Que minino bonitinho! Onde está a sua mãe, meu filho?"
> [...]
> "Agora vamos saltar" –, disse-me ele; [...] "o engenho fica ali perto".
> [...]
> "É ali o engenho, mas nós temos que andar um bocado".

Direi: diálogos inexpressivos. Se fosse um romance intimista, seria justificável o pouco diálogo. Quando o narrador se volta para o seu interior, não é preciso dialogar, porque a dramaticidade constitui um debate consigo mesmo, uma dialogação interior. *À la recherche du temps perdu*, de Proust, é um exemplo expressivo.

Doidinho já começa com um diálogo ou um monólogo aterrador:

> "Pode deixar o menino sem cuidado. Aqui eles endireitam, saem feitos gente", dizia um velho alto e magro para o meu tio Juca, que me levara para o colégio de Itabaiana. Estávamos na sala de visitas. Eu, encolhido numa cadeira, todo enfiado para um canto, o meu tio Juca e o mestre. Queria este saber da minha idade, do meu adiantamento. O meu tio informava de tudo: doze anos, segundo livro de Felisberto de Carvalho, tabuada de multiplicar.
>
> "Então não esteve em aula desde pequeno, pois aqui tenho alunos de sete anos mais adiantados."
>
> Já me olhava como se estivesse me repreendendo.
>
> "Mas o senhor vai ver: com um mês mais, estará longe. Eu me responsabilizo pelo aluno. O menino de Vergara chegou aqui de fazer pena: não sabia nem as letras. E está aí."

E assim por diante. O diretor sempre a ralhar, a usar a palmatória. Tremia diante dele.

> Quando ouvi – "Senhor Carlos de Melo!" –, foi como se me chamasse para uma surra [lembrando aqui passagens de Sérgio, de *O Ateneu*].
>
> Levantei-me tremendo.
>
> "Sente-se aqui! Leia sua lição."
>
> Fui lendo sem saber o quê. "Júlia, a boa mãe." Mas truncava tudo, pulando as linhas.
>
> "É o cúmulo, gritava o velho, deixar-se um menino deste tamanho sem saber nada. Só bicho se cria assim. Por que o senhor está chorando?"

O narrador, sempre nervoso e impaciente, ainda não tinha levado palmatória.

> Fazia um mês que eu chegara ao colégio. Um mês de um duro aprendizado que me custara suores frios. Tinha também ganhado o meu apelido: chamavam-me Doidinho. O meu nervoso, a minha impaciência mórbida de não parar em lugar, de fazer tudo às carreiras,

VI O ROMANCE DE FORMAÇÃO: INFÂNCIA E COLEGIAIS

os meus recolhimentos, os meus choros inexplicáveis, me batizaram assim pela segunda vez. Só me chamavam Doidinho.

Eis a caracterização psicológica do narrador, que inexiste em *Menino de Engenho*. Seu Maciel não respeitava nem os enfermos. Assim aconteceu com o Aurélio, que em certas ocasiões "não podia se levantar, e dias inteiros ficava na cama com um lenço amarrado na cabeça. E o seu Maciel não respeitava nem esta enfermidade ambulante: dava no pobre também". Em *Doidinho*, ao contrário de *Menino de Engenho*, a dialogação é expressiva, dinâmica.

> No outro dia, na aula, a tempestade caiu em cima de mim sem piedade.
> "Venha para a lição, seu Carlos de Melo."
> Com um mês, me adiantara de verdade: lia corrente. Agora, porém, a causa era outra. Os meus nervos, como as dores dos reumáticos, pressentiam de longe o tempo ruim. Fui tremendo para a lição. Estava quase no fim do livro, na história de um diabo de esporas compridas e de barbichas longas, que fora tentar um rapaz. Ele queria que o jovem espancasse a irmã e matasse o pai. Mas, fugindo da tentação, o rapaz achava a cousa mais cruel do mundo isto que lhe pedia o capeta.
> "Então entrega-te ao vício da embriaguez."
> E o rapaz, bêbado, fez tudo o que o demônio queria.
> A lição saíra sem um erro. Tremida, mas certa.
> Fui sentar-me com a impressão de que tivesse andado em uma corda por cima de um abismo. Mas aquele diabo do livro estava ali para me tentar. José Augusto, que se sentava perto de mim, fez um sinal que eu não compreendi. Perguntei-lhe o que era.
> "Passe para cá, seu Carlos de Melo."
> O diretor surpreendeu-me.
> "Que conversas são estas? Não quero maroteiras aqui."
> E seis bolos cantaram nas minhas mãos. Fiquei de pé na frente da mesa, oprimindo os soluços que se elevavam com o protesto de minha sensibilidade machucada.
> "Seu doudo (ele não chamava doido), quer fazer do meu colégio bagaceira de engenho. Está muito enganado."

Coisas semelhantes ao *O Ateneu*, porém o diretor Maciel é muito diferente do diretor Aristarco. Aquele era desumano, espancava os alunos por qualquer dá cá aquela palha. Aristarco nunca usou a palmatória no Ateneu. Promovia festas para os alunos, nas quais havia uma certa alegria, ainda que Sérgio, o narrador, não tivesse muito entrosamento com os colegas, ao contrário de Doidinho, mas que, como Sérgio, não convivia bem com os colegas. Como Sérgio, só fez um amigo, a quem chamava de Coruja, que escrevera uma carta ao avô, a seu pedido, contando os castigos que sofria no colégio e, por isso, foi objeto da palmatória do diretor. Coruja, no entanto, deixou o colégio. "E quando fecharam atrás de mim o internato, era como se eu já tivesse deixado o Coruja lá fora. Não sei por que havia para comigo esta má vontade do destino."

O Coruja, no entanto, voltou e causou grande decepção a Doidinho, quando lhe disse que era decurião. "Entrara nele o poder. Sim, ele era decurião. [...] O cargo teria força para mudar aquela candura, aquele coração grande de meu amigo?" Não podia mais ser chamado de Coruja: é José João. "Ele é como o rei da Inglaterra: quando sobe muda de nome." O próprio Coruja disse a Doidinho: "Carlos, agora estou diferente. Seu Maciel me botou no lugar do Felipe e me pediu umas coisas. Não sou mais aluno. Por isso não posso mais brincar com você."

O narrador perdia substância, amolecia, afrouxava. Achava até que ia morrer logo. "Faltava-me uma amizade que me envolvesse, arredando-me desses pensamentos. O colégio, um vazio humano para mim. Cadê Coruja, que me queria bem? Cadê Maria Luísa, que eu amava?" Não participava dos exercícios de tiro. Confundia os lados, o esquerdo com o direito. Maciel ameaçou: "o senhor precisa de bolo também para aprender estas cousas". Inúteis as ameaças. Não conseguia acertar. "No sábado saí-me pessimamente nos exercícios. Fui excluído da formatura. O velho me mandou para casa sem me olhar. [...] Sabia o que queria dizer aquela indiferença: meia dúzia de bolos no mínimo para desabafar-se." Coruja lhe provocara um grande desgosto: dera parte dele. O narrador se tornara abúlico e o romance se apagava. Durante os exercícios ficava no colégio. Foi lhe crescendo a saudade de casa.

> O colégio inteiramente vazio. [...] O trem da Paraíba apitou. E de súbito me irrompeu uma vontade de fugir. Iria de trem. Tinha

VI O ROMANCE DE FORMAÇÃO: INFÂNCIA E COLEGIAIS

> dinheiro para a passagem de segunda classe. Saí da janela para ilu-
> dir este desejo impertinente. Andei pela casa toda, com a compa-
> nhia intrusa me aconselhando: "Foge, besta, ninguém sabe; o teu
> avô não se importa." [...] Ouvi o trem da Paraíba saindo. A sineta
> da estação tocava. "Foge, besta". [...] Tinha dinheiro para a passa-
> gem. Entrei no quarto. A roupa estava dentro da mala. O trem pas-
> saria à uma hora. [...] Vesti-me devagarinho, calcei as botinhas [...]
> Tinha dois mil-réis, uma moeda de prata das grandes. Apalpei-a
> no bolso. [...] Saí pelo corredor como um ladrão, imperceptível,
> rápido, alcançando a porta da rua.

Foi caminhando para a estação. O trem estava atrasado. Comprou
o bilhete. O chefe da estação o olhava. Ouviu o apito do trem. "Cheguei para o lugar onde paravam os carros de passageiros." Estava com
medo de que chegasse alguém para prendê-lo. Tomou o carro num
banco do fim, meio escondido. O padre Fileto o viu, disse-lhe que ia
ver o avô. Fugiu, o colégio ficou para trás e o romance terminou.

8. BANGUÊ

Banguê é o romance com o qual José Lins do Rego completa a trilogia
do narrador Carlos de Melo[27].

Aos 24 anos, homem, senhor de seu destino, formado em Direito,
sem saber nada, volta ao engenho Santa Rosa. "'Vamos ver para que
dá o senhor', me disse o meu avô no dia de minha chegada. O Santa
Rosa seria o mesmo de meus dias de menino? Sem dúvida a vida passara também por ele. Onde estavam Generosa, Galdina, Ricardo?"
O velho José Paulino estava lá, alquebrado, tossindo, mas ainda assim
pertinente e queria saber para que ele dava.

A primeira parte do romance é dedicada a essa personagem, presente e dominante nos dois primeiros romances da trilogia. Já andava
mais curvo e seu grito de mando não ia tão longe. O narrador recorda
o verso de um poeta que, como ele, voltava à casa paterna: "'Deserta
a casa, entrei chorando'. Não, não era chorando que eu voltava: era

---

27 Todas as citações são extraídas da edição de 1956 da José Olympio.

enfadado, cheio de melancolia. E nem as saudades dos tempos outros me davam coragem para me fixar ali onde fora o meu paraíso de antigamente. E não havia nada mais triste do que um retorno a esses paraísos desfeitos", conclui.

E, no entanto, ele, o narrador, queria continuar a sua gente, ser também um senhor de engenho. Achava bonito e grande ser sucessor do avô. Sentia orgulho em empunhar o cacete de patriarca do velho José Paulino. A tradição de sua gente o enchia de orgulho. Ia longe nos seus sonhos, pensava em montar no humilde Santa Rosa o luxo de tudo que fosse conforto, faria um mundo de seu engenho.

Tudo literatura, reconhecia o narrador. Nascera assim com esse gosto pela fantasia. "Tudo em mim era falso, todos os meus sonhos se fixavam em absurdos. Pensava em barões, em carruagens, quando o velho José Paulino era um simples." Para os efeitos literários, ele, o narrador, se enchia de orgulho de seus parentes rurais, no entanto se sentia cada vez mais afastado deles. A velha Sinhazinha, contudo, aquela mulher má do *Menino de Engenho*, começava a fazer-lhe oposição. "Quantas causas tens, Carlos?"

Seu tio Juca tramava para afastá-lo do engenho, que estava em nítida decadência, mas, assim mesmo, despertava ambições. "Onde estavam o solar dos Melos, os marquesões, as baixelas de prata em que comiam os Melos, a vida larga e farta dos senhores de engenho?"

O narrador recordava. Lembrou-se de Maria, Luiz e seus ciúmes do colégio, de seu Maciel. Saía a passear por perto. "Quando dei sinal de mim, estava no engenho de seu Lula!"

Na segunda parte, o narrador introduz Maria Alice, uma personagem nova. "Chegara ao engenho para passar uns tempos. Meu avô recebeu o pedido de cavalo para a estação, aborrecido." Ficaria sem liberdade com uma estranha dentro de casa. A moça chegou doente. O marido ficou uns dias, mas teve que voltar, deixando a mulher. Tinha uns olhos maravilhosos. Quase os fechava quando ria. "Reparava nela, naquela beleza que não precisava de tática para vencer os outros. O marido trouxera-a ao engenho à procura de bons ares. E, no entanto, tudo que uma boa saúde poderia exibir ela tinha: cor, alegria, carne." O avô retrucava: "Esta menina enche uma casa."

VI O ROMANCE DE FORMAÇÃO: INFÂNCIA E COLEGIAIS

Como nos livros anteriores, falou-se da cheia do Paraíba, da grande cheia que botou água nos batentes da cozinha do Maravalha, engenho do tio Joca.

O avô adoeceu. Maria Alice cuidou dele com carinho de filha. Carlos, o narrador, aproxima-se dela, empresta-lhe livros para ler. Conversam sobre essas leituras. Ele temia que Maria Alice soubesse de suas relações com a cabocla Maria Chica, que ia se oferecer no seu quarto. Maria Alice se condoía da vida da gente pobre. Aquela gente não tinha nada. Não comia nada. Ao saber dos salários que se lhe pagavam, exclamou: "Que coisa horrível. Um homem na cidade para carregar uma mala ganha muito mais do que esses em doze horas."

Maria Alice achava que os senhores de engenho podiam pagar mais. Carlos, encantado com ela, concordava. Exagerou na piedade dela pelos cabras. "Concordava, vendo em tudo uma espoliação, como se não fosse a minha gente que viesse há anos vivendo daquele regime monstruoso, como se eu não tivesse sido criado com o suor daqueles pobres diabos, e os nove engenhos do meu avô, a sua riqueza, não proviesse daqueles braços e da fome de todos eles!"

Essa é uma passagem em que José Lins do Rego critica o sistema ou até se pode dizer, faz, por meio do narrador, uma autocrítica do sistema em que ele próprio, como aquele, foi criado. Maria Alice sugere ao narrador escrever sobre aquela gente. "Em vez de exaltar a vida dos donos, o doutor podia se interessar pelos pequenos." José Lins do Rego não seguiu exatamente o conselho. Escreveu livros sobre aquela gente, porém conciliou os objetivos. Falou da gente pobre, mas não deixou de exaltar os donos, sobretudo seu avô, na personagem do avô do narrador.

O certo é que Carlos, o narrador-protagonista, estava tão encantado por Maria Alice que concordava com ela, mesmo quando suas observações se revelavam críticas ao sistema.

> Ainda se tratavam com cerimônia. Ele era o "doutor" e ela era a "senhora". Pedi-lhe que não me desse aquele doutor ostensivo.
> "E como hei de chamá-lo? O senhor não é doutor?"
> "Não sou doutor para a senhora, dona Alice."
> "E então, para que este dona?"

Começavam aí as intimidades: "desde aquele dia se foram as cerimônias da nossa conversa", conta o narrador, que se apaixonara. "Procurava meu quarto e era ela que me ficava na cabeça. Lia pensando em Maria Alice. Os romances falavam dela. Via heroínas com sua cara, em todos que lia."

Vai surgindo alguma introspecção. Nada profundo. Não é do feitio de José Lins do Rego descer às profundezas da alma humana. A realidade física de uma vida vivida no engenho é que lhe tocava a sensibilidade. Sua imaginação extrai do passado de sua gente os momentos estéticos mais autênticos de sua obra romanesca. Olívio Montenegro já observou que "seres e coisas concordam perfeitamente entre si nos melhores romances de José Lins do Rego. Em *Menino de Engenho* e sobretudo em *Banguê*, o homem e a paisagem se completam numa união como de família"[28].

Só *Pureza* faz exceção. Ali, a vida interior de Lola, narrador e protagonista, é dominante, até porque a realidade fática da estação Pureza, em que o romance foi ambientado, é tão estreita que só poderia enquadrar um romance de poucos recursos descritivos. Representação...

Os poucos momentos de reflexão interior de *Banguê* não chegam sequer a insinuar um romance psicológico. Tudo não passava do devaneio de um fraco, de um indeciso, que não sabia se um olhar profundo e penetrante de Maria Alice queria ou não dizer que ela estivesse sentindo qualquer coisa por ele.

Aí vieram os passeios a cavalo, os pormenores, os pequenos fatos, que o talento do romancista transfigurou em acontecimentos. Os nossos cavalos marchavam juntos. Já ia uma lavadeira bater roupa na água doce do rio, que corria nos confins do engenho... Maria Alice não sabia desviar dos galhos de mato que lhe batiam no rosto... O narrador tinha que ir na frente, abrindo as porteiras, afastando os galhos...

"Descemos dos cavalos para ver de mais perto as coisas que nos rodeavam. Era preciso tocar na terra com nossos próprios pés, ficamos mais humanos, ali onde tudo nos convidavam para a vida. E fomos andando. Maria Alice mais perto de mim.

---

28 Prefácio, *Banguê*, p. XIV.

VI O ROMANCE DE FORMAÇÃO: INFÂNCIA E COLEGIAIS

"Estava calado, ouvindo tudo o que ela dizia sem uma palavra. Quem estava falando quase que aos berros era o meu sexo, era todo o meu vigor animal com a mulher que ele desejava pertinho de si, sentindo-a agarrada aos desejos como aquelas parasitas das árvores." Os seres e a paisagem se harmonizavam com os homens...

O jogo do amor ia cada vez entretecendo, amadurecia, numa construção de rara habilidade técnica, sem trancos, sem cotoveladas, singularmente macio. Carlos sentia Maria Alice mais e mais perto de entregar-se: "...da cabeça aos pés pedindo um macho...". E seu sexo lhe prendia as pernas. "Via os olhos dela clamando qualquer coisa. E no escuro das cajazeiras apertei-a para junto de mim com um beijo na boca, mordendo-a como faminto. Ficou inerme, com um ligeiro tremor nos lábios, o seu corpo junto ao meu corpo. Mordi-lhe o cangote até que gritou."

"E [ela] me beijava sofregamente e vinha de seus beijos um gosto morno de amor, de coito se aproximando."

Ele, um homem que andava com Maria Chica, agora tinha aquela mulher que sabia mais coisas do que ele, era mais culta. Foi-se embora a melancolia que punha cinza naqueles verdes da mata, naquele vermelho do flamboaiã. Cantava. O avô andava pelos cantos. Carlos até tomara gosto pelo serviço. Fazia o apontamento dos trabalhadores, ajudava o velho Zé Paulino. Maria Alice exprimia a opinião de que eles exploravam os trabalhadores. "E me perguntava que moral eu queria de uma gente que não comia, que não tinha remédio, que viera da escravidão dos negros para aquela outra, que se iludia com três dias de folga para fazer o que quisesse."

Assim, José Lins do Rego punha na boca de Maria Alice a censura ao sistema de exploração ao trabalhador agrícola pelos coronéis latifundiários, a ponto de Carlos perguntar-se se ela era comunista, pergunta bem da técnica dos exploradores, quando alguém lhes censurava o modo de agir desumano. Por isso, Maria Alice respondeu que "era somente humana", como Madalena em *S. Bernardo*, de Graciliano Ramos.

Ela se entristecia. Havia cometido uma indignidade. Casara sem amor, é verdade, mas seu marido era um homem bom, não merecia aquilo. Carlos sugeriu coisas absurdas, ela abanava a cabeça. Não, tinha que ir. Carlos sentia a realidade. "Aquilo só podia ser mesmo para acabar, aquele viver de conto árabe. Dera-me gosto pela vida, dera-me vigor de homem, uma vontade firme de procriar, de me sentir além de mim mesmo."

E numa tarde a realidade chegou, porque o marido veio buscá-la. Carlos foi esperá-lo na estação. Chegou cheio de alegria, transbordando pelo caminho em perguntas, rindo-se com o tempo. Maria Alice o recebeu no alpendre, abraçou-o efusivamente. Carlos ficou zonzo. Saiu sozinho pelo engenho, foi à casa de purgar... "Na estrada fui andando com a cabeça a trabalhar. Era um trabalho de destruição, uma análise minudente de um inimigo sobre outro. Quis fugir da dissecação cruel, mas o bisturi estava em mãos de mestre. Cortava mesmo no podre."

Maria Alice se foi com o marido. Carlos ficou perdido, porém com a mesma indignidade. Viu Maria Chica de barriga, deitou-se com ela. "O meu filho, lá dentro, mexia de um lado para outro. Botava a mão e sentia bulindo."

O narrador ficou a andar como leso de um lado para outro. Adoeceu. Tinha febre todas as tardes. Andava pelo engenho para não ver nada. Parecia doido. Os trabalhadores lhe tiravam o chapéu, assombrados. A narrativa segue esse descontrole do narrador. A doença era um nada. Ele logo se recompôs e já estava, na terceira parte do romance, discorrendo sobre os engenhos de sua gente e seu povo. Maria Alice foi se esfumando. Sai de cena. Agora era o banguê. Sonhava. "Depois que elevasse o meu engenho às alturas, Mario Santos passaria uns dias comigo. Na certa escreveria um artigo, falando no meu banguê sem escravos, dizendo que assim a vida rural se humanizava."

Era ainda a lembrança de Maria Alice. Não havia sido ela quem o aconselhara a tratar os homens do eito humanamente? Teria também uma mulher bonita que encheria a casa grande de filhos e de alegria...

Os devaneios foram cortados com a morte do avô, um acontecimento que não foi apenas um golpe no narrador, porque foi um corte

VI O ROMANCE DE FORMAÇÃO: INFÂNCIA E COLEGIAIS

profundo naquele mundo mágico dos senhores de engenho. Mundo amargo para os trabalhadores...

Começa a disputa sobre o espólio do velho. Tio Lourenço conciliava. Melhor ficar cada um onde está. O Santa Rosa, enfim, ficou para o narrador. Mas ele não sabia bem o que fazer. Não plantou nada. No entanto, sonhava com "o Santa Rosa de safra grande, com os dois assentamentos fumegando, os picadeiros cheios, os carros de bois carregados".

Era um fraco. Deixou que um dos seus agregados, o Marreira, fosse crescendo e se impondo, mancomunado com seus adversários. Começou a ter medo, a supor emboscadas. Preparou sua defesa com quatro cabras armados. "Aquele negro terminava me matando", pensava. Mas ele apareceu com uma novidade. Estava fazendo negócio com a usina S. Félix. Mediu o perigo: a usina dentro do Santa Rosa.

Eis aí como José Lins do Rego foi construindo a transformação, insinuando de longe a presença da usina, que fechava o cerco a um senhor de engenho abúlico, solitário. "A usina S. Félix se mobilizava para me destruir. As várzeas do Santa Rosa desafiavam seus arados."

Recordava: "De noite, sozinho, na sala de jantar, com o candeeiro de gás e a mesa somente posta na cabeceira, lembrei-me das noites de chá dos velhos tempos, da lâmpada de álcool prateando tudo, na mesa cheia de gente, o meu avô contando histórias. E aquilo não era de época remota: era de ontem, quase". Que adiantava, naquele momento, avaliar a grandeza do avô? O fato era um só: a usina na porta do Santa Rosa. Sem ânimo para a luta, o narrador entrega os pontos: "O melhor que eu fazia era vender aquele engenho e ganhar o mundo". O ano fora ruim. O açúcar não alcançara o preço e o algodão dera prejuízo. O engenho era seu, ele é quem mandava em tudo, mas que adiantava se não produzia e não podia pagar as dívidas? A usina estava às suas portas, devorava tudo. "Isso é parte da usina. Você deve a eles. Eles querem o engenho. E fogo nas canas. Fique certo do que estou dizendo", era a voz sábia do tio Joca. A usina o chamou, precisavam falar de negócios. Não tinha pago a prestação. O usineiro ponderou, era apenas o gerente de uma sociedade anônima, tinha responsabilidades perante os acionistas. Lamentava muito, mas não podia prorrogar as letras. Infelizmente o fato era aquele: a execução do Santa Rosa em hasta pública.

O narrador chora.

Espalha-se a notícia de que a usina iria tomar conta do Santa Rosa. O tio Juca em sua salvação. Com família, ia fundar uma usina. Queria o Santa Rosa. Carlos, enfim, vendeu-lhe o engenho e de lá saiu rico. O Santa Rosa se findara. "Amanhã, uma chaminé de usina dominaria as cajazeiras. Os paus-d'arco não dariam mais flores, porque precisam das terras para cana. E os cabras do eito acordariam com o apito grosso da usina."

10. PUREZA

Pureza[29] é, por assim dizer, romance de transição do rural para o urbano, dos engenhos de açúcar (*Menino de Engenho, Doidinho e Banguê, Moleque Ricardo, Usina*) para a cidade (*Eurídice*). O autor não se desvinculou, de todo, do mundo dos engenhos, pois lá estão o coronel José Joaquim, do engenho Jussara, e o coronel Joca, do engenho Gameleira. O narrador informa: "Às tardes eu saía de casa para passear pelos altos. O meu chalé estava cercado pelas terras do engenho Gameleira. E por onde eu passeava era propriedade do coronel Joca."

Pureza deve seu nome a uma estação ferroviária, da então Great Western, no município de Timbaúba, em Pernambuco, perto da divisa com a Paraíba. O narrador Lola (Lourenço de Melo) é quem nos conta sobre o lugar para onde foi, porque seu médico recomendou repouso num clima seco e ar puro.

> Era um recanto retirado, onde só existia mesmo, além da casa do chefe da estação, o chalé onde eu morava. [...] O lugar é uma delícia [...] A minha casa fica rodeada de grandes eucaliptos, que rumorejam ao vento. Cigarras e pássaros fazem um rumor que acaricia os nervos. Lá embaixo corre um rio por cima de pedras. E o silêncio do ermo é de 24 horas.

29 Todas as citações foram extraídas da edição de 1956 da José Olympio.

VI O ROMANCE DE FORMAÇÃO: INFÂNCIA E COLEGIAIS

Levou a negra Felismina, que era mesmo que sua escrava, para cuidar da administração da casa: "pensando bem, Felismina não era mais que uma escrava. No dia em que eu lhe falei de ordenado marcado, ela chorou de infelicidade". Ela atendia os fornecedores, pagava. E ainda:

> Saí do consultório do dr. Marques com o pavor da tuberculose. Era a moléstia da família. Vira minha mãe morrer aos pedaços. Que coisa triste os dez anos que ela passou conosco, morrendo, se entregando aos poucos, reagindo com uma coragem admirável ao mal que lhe roía a vida.
> [...]
> Depois foi a doença de meu pai. Tivera uma síncope no escritório e o trouxeram para casa, muito mais pálido do que era. O dr. Marques me dissera, com aquela sua voz grossa e arrastada:
> "O Deodoro está muito doente. Há uns dois anos, examinando-o, constatei-lhe uma grande lesão cardíaca. Isto é de família. O pai e o irmão se foram assim".

Desde esse dia seu pai começou a agonizar. Logo morreu. Tudo isso acabrunhava o narrador que, no entanto, não queria contar sua vida, "ela é tão pequena, tão sem relevo [...], para que deixar aos outros o exemplo de fraqueza como a minha?"

Ambiente acanhado. Ali a vida é mesquinha. O trem chega e o trem parte. "Pureza fica no seu silêncio, no seu grande silêncio. Era a estação mais triste da estrada de ferro. Outras existiriam com as mesmas vidas vegetando pelos casebres, com a beleza das árvores, com o canto das cigarras e dos pássaros." O chefe da estação apita. O trem apita. "E nada é mais triste nessas ocasiões do que um trem que se comunica, envia a sua mensagem por dentro da noite." O chefe da estação Antônio Cavalcanti, homem fraco, sem caráter, tinha com sua mulher Francisquinha duas filhas, Margarida e Maria Paula, que ficavam na janela. O narrador se entusiasmou com Margarida, que foi para ele fonte de vida. Era outro homem. "Todo o meu corpo vibrava, estremecia, quando Margarida vinha subindo as escadas. Viria para mim. Viria me dar o grande prazer. Então, enquanto ela não chegava, o meu coração esfriava, o meu coração corria léguas em minhas veias." Margarida se ausentava, Maria Paula se aproximava. "Visto de fora, o meu caso seria muito simples: um rapaz da cidade chegara ao mato, encontrara duas irmãs bonitas, dadas ao amor, e se entregara às duas. Gozava, desfrutava o manancial." Amava Maria Paula. Com ela o amor não seria aquele instante de Margarida. Era alguma coisa mais do que seu corpo. Dava mais substância do que a outra. Chico Bembém queria se casar com Maria Paula. Ela não encontraria um homem como ele, mas não aceitou sua proposta de casamento. "Maria Paula recusava Bembém por minha causa." O que ele queria era uma mulher que lhe completasse a vida, que fosse o outro lado dele mesmo, um ser, uma criatura, e não aquela indiferença de Margarida. A irmã, sim, o contentava. Deixava-o feliz. Marcou sua saída de Pureza. Levaria Maria Paula consigo.

> Dona Francisquinha soubera de tudo. E, para espanto meu, me procurou para falar. Vinha com a maior calma negociar de potência para potência. Eu vira aquela mulher morta de dor, na manhã em que Margarida fugira, na manhã em que Maria Paula viera para ficar comigo. E agora me procurava para saber o que eu pretendia fazer com a filha […] A mãe de Maria Paula se conformara.
> [...]
> No entanto aconteceu aquilo que mudaria a direção de tudo: Chico Bembém apareceu como em romance. O fato se deu pela manhã. Eu estava no alpendre, quando ouvi gritos que vinham da estação. Olhei para lá e vi Chico Bembém como no dia da briga com os carreteiros, gritando para dentro da casa, com uma violência de louco. Dizia horrores. Família disso, daquilo. A filha estava na safadeza, e o pai e a mãe gostando.

O homem entrou casa adentro. O narrador ouviu os gritos das mulheres. Uma força estranha o fez correr para a estação. Pegou-se com Bembém, sem atinar com os fatos e os riscos, pois poderia ter-lhe acontecido uma desgraça. Bembém desapareceu, porém Lola, o narrador, tinha medo. Chegou o sábado e tudo já estava preparado para a partida do trem das duas horas. Maria Paula, na estação, tomava as suas providências. Seus pais permitiam que ela fosse com ele, como sua amante. Acontece, então, o inesperado, quando Felismina anuncia:

VI O ROMANCE DE FORMAÇÃO: INFÂNCIA E COLEGIAIS

"Seu Lola, Chico Bembém está lá embaixo, dizendo que vem falar com o senhor."

A negra tremia, e ele teve medo. Pensou:

> O homem queria me matar na certa. Falar comigo era um pretexto para me desprevenir. Viera disposto ao crime. [...] Demorei um instante, refletindo no perigo que corria. Tudo aquilo que organizara em Pureza podia se aniquilar para sempre com uma facada no coração. Tive medo de descer. A espátula estava na bolsa pequena, com o livro que eu separara para ler no trem. Armei-me com ela e fui descendo a escada, fazendo um esforço tremendo para me dominar. [...] O homem esperava no alpendre. Marchei para lá depressa, como quem quisesse vencer um perigo. No bolso do paletó estava a espátula de aço. E defrontei Chico Bembém.

Bembém levantou-se. "Era uma lástima de gente de tão desfigurado que estava. De olhos fundos, barba grande, sujo. Tive pena e nojo de Bembém". Ele, contudo, não foi em cima de Lola, não o agrediu. Sua fala era muito mansa. Lola foi se acalmando. "Aos poucos, fui entendendo o que ele dizia. Uma narrativa desarticulada, sem nexo. Pedia-me desculpas da briga em casa do chefe. [...] Depois vi Chico Bembém com os olhos cheios de lágrimas."

E ele disse com tanta humildade, na verdade com tanta humilhação:

> "Doutor, não leve a moça."
> Aquilo era mais forte que a punhalada que eu esperava. Foi lá dentro, furou fundo. Tive medo de chorar com ele, pobre homem que se arrasava, que se rebaixara pelo amor, que se degradara daquele jeito pelo amor. E eu causara tudo. Afastei-me para que ele não visse que os meus olhos estavam cheios de lágrimas. Dominei-me. O tique-taque do telégrafo continuava. E os pássaros cantando pelos eucaliptos. Um homem a meus pés. A meus pés vira Dona Francisquinha pedindo pela mesma mulher. Bembém de cabeça baixa, com o chapéu na mão. Dei uns passos pelo alpendre e tomei de súbito a resolução: não levaria Maria Paula. E no trem das duas abandonei Pureza, com Felismina.

Pureza não tem vida externa. Alguns passeios do narrador, quando via as casinhas dos trabalhadores, os paus-d'arco, mais altos que as outras árvores, as flores amarelas. Predomina o mundo interior, por isso o plano da representação, o monólogo interior e o diálogo interno dominam. O plano narrativo fica reduzido a pouquíssimos diálogos. Por conseguinte, também o protagonista-narrador tem, como é próprio do romance de primeira pessoa, completo domínio sobre os fatos e os acontecimentos. Sua forte presença não deixa destaque para as demais personagens. Antônio Cavalcanti, chefe da estação, pouco aparece, tem-se apenas o retrato negativo que dele faz o narrador. Dona Francisquinha, sua mulher, uma sofredora, sempre amedrontada, fala com Felismina aos cochichos. Felismina, a negra que ainda parece viver na escravidão, humildemente a serviço de seu Lola. As duas irmãs, rivais no amor do narrador, mas sem conflito, entregues a uma passividade exasperante, veem nele uma tábua de salvação que um dia aportou em Pureza para salvá-las da inutilidade da vida.

Em resumo, como diz Lúcia Miguel Pereira,

> a análise psicológica mais desenvolvida, a sondagem da vida interior, dão a Pureza um cunho diverso dos outros romances do autor. Embora também dominado pelo sexo – Pureza gira afinal em torno desse problema –, o Lola é mais sensível, mais completamente humano do que Carlos de Melo. Sem se elevar muito, ele é menos preso à terra do que o outro, com quem, entretanto, partilha muitos pontos semelhantes[30].

---

30 Nota, em J.L. do Rego, *Pureza*, p. 8.

SÉTIMO CAPÍTULO

Escrivão e Amanuense

1. ISAÍAS CAMINHA

Recordações do Escrivão Isaías Caminha, de Lima Barreto
(1881-1922)[1], publicado em 1909, é romance em que o "eu" autobiográfico do narrador reflete a biografia do autor como foi bem assinalado
por José Veríssimo em carta a Lima Barreto: "A sua amargura, legítima, sincera, respeitável, como todo nobre sentimento, ressumbra
demais no livro, tendo-lhe faltado a arte de esconder, quando talvez
a arte o exija. Seria mais altivo não mostrar tanto."[2]

Lima Barreto tratou de esconder, por meio da metaficção, a atribuição da autoria do romance ao próprio narrador Isaías Caminha,
escrivão da Coletoria Federal de Caxambi, estado do Espírito Santo.
Isaías entregou o manuscrito do livro a ele, que o fez publicar inicialmente em sua revista Floreal. "Mais tarde, graças ao encorajamento
que mereceu a obra do escrivão, tratei de publicá-lo em volume."[3]

---

1 A.H. de Lima Barreto, Recordações do Escrivão Isaías Caminha. Todas as citações foram
   extraídas da edição de 2010 da Companhia das Letras.
2 A. Bosi, Figuras do Eu nas Recordações de Isaías Caminha, em Lima Barreto, op. cit.,
   p. 11.
3 Notícias Breves, em Lima Barreto, op. cit., p. 61.

No prefácio, Isaías esclarece que não foi sua intenção fazer obra de arte, romance, nem obra de ódio. E Lima Barreto pôs na boca de Isaías, o narrador, suas amarguras e suas ironias. "Não sou propriamente um literato, não me inscrevi nos registros da livraria Garnier do Rio, nunca vesti casaca e os grandes jornais da Capital ainda não me aclamaram como tal – o que de sobra, me parece, são motivos bastante sérios para desculparem a minha falta de estilo e capacidade literária."

"Ah! seria doutor! Resgataria o pecado original do meu nascimento humilde, amaciaria o suplício premente, cruciante, o onímodo de minha cor..." O pecado original do nascimento refere-se ao fato de que Isaías era filho de padre com uma negra, daí ser mulato, como Lima Barreto.

As *Recordações* mostram como é importante perceber o comportamento e o modo de ser do narrador para a definição e a compreensão da estrutura do romance de primeira pessoa. O romance não é formalmente dividido em partes. O narrador, entretanto, dá uma grande guinada a partir do capítulo VIII, que importou em transformar sua natureza e, por conseguinte, a estrutura do próprio romance. Nos sete primeiros capítulos, temos o narrador-protagonista que conta sua história, sobretudo sua vida no Rio de Janeiro, para onde foi, incentivado até pela mãe. "'Vai, meu filho' – disse-me ela afinal –, 'Adeus... E não te mostres muito, porque nós...'"

As reticências dela são expressivas, a dizer "porque nós *os negros, nós as pessoas de cor*" não podemos nos mostrar muito para não sofrermos com o desprezo, as discriminações, as humilhações... E logo Isaías iria experimentar o amargor da discriminação, antes mesmo de chegar ao Rio.

> O trem parava e eu abstinha-me de saltar. Uma vez, porém, o fiz; [...] Tive fome e dirigi-me ao pequeno balcão onde havia café e bolos [...] Servi-me e dei uma pequena nota a pagar. Como se demorasse em trazer o troco, reclamei: "Oh!" fez o caixeiro indignado e em tom desabrido, "Que pressa tem você?" [...] Ao mesmo tempo ao meu lado, um rapaz alourado reclamava o seu, que lhe foi

VII ESCRIVÃO E AMANUENSE

prazerosamente entregue. O contraste feriu-me, e, com os olhares que os presentes me lançaram, mais cresceu a minha indignação. Curti durante segundos uma raiva muda, e por pouco ela não me arrebentou em pranto; trôpego e tonto, embarquei e tentei decifrar a razão da diferença dos dois tratamentos.

As personagens, nessa primeira parte, são mencionadas, mais do que caracterizadas. Laje da Silva, do qual só se sabe que era dono de uma padaria. Os jornalistas Oliveira e Gregoróvitch só foram mais bem caracterizados na segunda parte. O dr. Castro, o deputado a quem o narrador foi recomendado para obter um emprego, não era encontrado. Por isso, o narrador se dirige aos leitores para adverti-los: "Se os senhores algum dia quiserem encontrar um representante da grande nação brasileira, não o procurem nunca na sua residência."

Dizia isso por experiência própria, porque, durante as inúmeras vezes, a toda hora do dia, em que fora ao hotel em que morava o deputado Castro, sempre tivera o desprazer de ouvir a resposta seca do porteiro: "Não está". Um dia, alguém lhe disse que se quisesse encontrá-lo teria que procurá-lo na casa da amante. E assim foi. Encontrou-o e lhe entregou a carta de recomendação que o coronel mandava a ele, solicitando um emprego para o portador. A carta, contudo, não surtiu efeito, porque o deputado retrocedeu: "o país está em crise, em apuros financeiros, estão extinguindo as repartições, cortando despesas; é difícil arranjar qualquer coisa; entretanto..." E tudo parou nas reticências. O narrador saiu indignado, seu ódio ganhou mais força. "Num relâmpago, passaram-me pelos olhos todas as misérias que me esperavam, a minha irremediável derrota [...]. Veio-me um assomo de ódio, de raiva má, assassina e destruidora; um baixo desejo de matar, de matar muita gente [...]." Sentia-se humilhado, esmagado.

O capítulo VI é uma espécie de transição, a partir de considerações do presente, quando o narrador se refere ao livro que escrevia:

> Penso – não sei por quê – que é este livro que me está fazendo mal...
> E, quem sabe, se excitar recordações de sofrimentos, avivar as imagens de que nasceram não é fazer com que, obscura e confusamente, me venham as sensações dolorosas já semimortas? Talvez mesmo

> seja angústia de escritor, porque vivo cheio de dúvidas, e hesito de dia para dia em continuar a escrevê-lo. [...] Se me esforço por fazê-lo literário é para que ele possa ser lido, pois quero falar das minhas dores e dos meus sofrimentos ao espírito geral e no seu interesse, com a linguagem acessível a ele. É esse o meu propósito.

Apesar disso, acrescentou que não era a ambição literária que o movia ao procurar esse interesse para animar e fazer viver aquelas pálidas *Recordações*. Com isso, diz o narrador, queria modificar a opinião de seus concidadãos, obrigá-los a pensar de outro modo, para que não hostilizassem e maltratassem rapazes como haviam feito com ele. Estava torturado com a redação de seu livro, escrevia noite adentro, até que sua mulher o chamasse para dormir. Assim, o leitor fica sabendo no meio do romance que ele se casou, numa espécie de incursão no futuro. Ali, mesmo que em suave transposição, Isaías retorna ao passado, justamente ao episódio de sua detenção e de sua conversa com o delegado, agora mais humano e conselheiro. Não deixa, porém, de dar uma alfinetada na autoridade, revelando seu caráter dependente de alguém tido como mais importante, um jornalista.

Os jornalistas são outro grupo sempre muito criticado nos livros de Lima Barreto.

> A imprensa! Que quadrilha! [...] Nada há parecido como o pirata antigo e o jornalista moderno: a mesma fraqueza de meios, servida por uma coragem de salteador; conhecimentos elementares do instrumento do que lançam mão e um olhar seguro, uma adivinhação, um faro para achar a presa e uma insensibilidade, uma ausência de senso moral a toda a prova... E assim dominam tudo, aterram, fazem que todas as manifestações de nossa vida coletiva dependam do assentimento e da sua aprovação... Todos nós temos que nos submeter a eles, adulá-los, chamá-los gênios, embora intimamente os sintamos ignorantes, perversos, imorais e bestas...

Acrescenta ainda:

> hoje é a mais tirânica manifestação do capitalismo e a mais terrível também [...] São grandes empresas, propriedade de venturosos donos destinados a lhes dar o domínio sobre as massas, em cuja

VII ESCRIVÃO E AMANUENSE

> linguagem falam, e a cuja inferioridade mental vão ao encontro, conduzindo os governos, os caracteres para os seus desejos inferiores, para os seus atrozes lucros burgueses...

Essas críticas severas, expressas pela personagem Plínio de Andrade, são juízos próprios de Lima Barreto, já que a personagem é reconhecidamente o próprio autor. É preciso admitir, porém, que, no essencial, as críticas são válidas ainda hoje, com a diferença de que, embora imprensa e jornalistas sejam merecedores dessas críticas, reconhece-se atualmente que uma imprensa livre com seus jornalistas é imprescindível à vigência de um verdadeiro regime democrático, com toda forma de liberdade de expressão. Pois não se encontrou ainda um meio também democrático para corrigir essas distorções da mídia.

Em sequência, Lima Barreto põe na boca do narrador as características de Plínio de Andrade, mulato como ele próprio. "Andrade acabou de falar e tirou o chapéu um instante. Vi-lhe o cabelo crespo, lanoso e revolto, e toda a sua cabeça angustiada e inteligente assomou a meus olhos com uma grande expressão de rebeldia."

O capítulo VII termina com o narrador triste pela notícia da morte de sua mãe. Estava chorando quando Gregoróvitch Rostóloff apareceu e a ele narrou suas amarguras, angústias, misérias e fome. Gregoróvitch, então, o convidou a aparecer à noitinha na redação de *O Globo*, nome fictício com o que se nomeia o *Correio da Manhã* no romance, nada a ver, pois, com o atual jornal das Organizações Globo, que só foi fundado em 29 de julho de 1925.

Isaías consegue, enfim, o lugar de contínuo no jornal. No capítulo VIII se dá a transformação da natureza do narrador e, portanto, do próprio romance. Até ali o narrador era o protagonista da história. Até ali predominou o subjetivismo, o predomínio do "eu" autobiográfico com suas dificuldades, frustrações, fome, miséria, tristezas. Agora a fome ia acabar. O narrador, porém, contínuo do jornal, fica praticamente à margem da história que passa a narrar como mera testemunha. Enfim, transformou-se de narrador-protagonista em narrador-testemunha. Não mais toma parte nas ações romanescas. Limita-se a contá-las.

O protagonista, dali em diante, é o diretor-proprietário do jornal, dr. Ricardo Loberant, nome fictício que identifica Edmundo Bittencourt, diretor do *Correio da Manhã*, jornal fundado por ele e por Paulo Bittencourt em 1901 e fechado em 1974 em razão de sua oposição ao regime militar. Edmundo Bittencourt é caracterizado no romance como um "homem muito magro, muito alto, anguloso, com um grande bigode de grandes guias, loiro, de um loiro sujo, tirando para o castanho, e um olhar erradio, cheio de desconfiança [...] Com uma grande sede de domínio e grandes apetites de mulheres e prazeres, mas sem talento, sem pertinácia e paciência, para atingir à fortuna e aos grandes cargos [...]".

As personagens também são outras: os jornalistas. Assim como o nome *O Globo*, os nomes dos jornalistas também são fictícios, mas indicam pessoas reais, como já visto em relação a Edmundo Bittencourt. Pacheco Rabelo Aires d'Ávila é Pedro Leão Veloso Filho, redator-chefe; Leporace é Vicente Piragibe, secretário do jornal; Adelermo Caxias é o escritor e jornalista Viriato Correia, cujo texto o diretor increpou de porcaria.

> "Está com a bicha" – disse o Meneses. "Ainda não tinha visto isto, hein, Adelermo?"
>
> "Admira-me que só agora tivesse visto que era porcaria... De manhã, nada disse."
>
> "Não há admirar", fez um outro. "A mulher só lhe fala nas coisas do jornal ao jantar, e ele guia-se muito pela opinião dela..."
>
> Adelermo acendeu um cigarro, tirou uma fumaça calado; depois, impregnado de tristeza, disse vagarosamente que era triste que os seus trabalhos tivessem que ficar sujeitos ao *veredictum* de uma menina das irmãs de caridade.

É um texto pleno de ironias maldosas. De um lado, o modo desprezível como o diretor tratava o escritor que escrevia no seu jornal. De outro, a ignorância desse mesmo diretor, que fica sujeito às opiniões de sua jovem mulher quanto às coisas do jornal e, nas entrelinhas, o domínio do dono de jornal, mesmo sendo um medíocre ignorante.

VII ESCRIVÃO E AMANUENSE

A personagem Frederico Lourenço Couto, o Floc, era João Itiberê da Cunha, um dos fundadores do *Correio da Manhã*, que assinava a crítica teatral e musical do jornal. O Lobo era Cândido Lago, que assinava a seção "O que é Correto", e era o consultor gramatical do jornal. Losque era Gastão Bourquet, escritor e humorista; Lara era supostamente Bastos Tigre ou Antônio Sales, este, tio de Pedro Nava. Os demais eram a infantaria, o grosso do exército, do qual fazia parte o Oliveira, que admirava o diretor como a um deus e supunha-se extraordinário no seu ofício de repórter; o resignado Meneses, indulgente criatura que, naquele ambiente de fatuidade e ignorância, era o único simples e o único que estudava; o Rolim, o elegante Rolim, vigorosamente analfabeto, mas lindo como Narciso; o Costa; o Barros, o agente de anúncios. Essas, sim, são personagens criadas, inteiramente fictícias, embora o Rolim possa referir-se a Francisco Souto, que foi presidente da Associação Brasileira de Imprensa (ABI)[4].

O diretor era o centro das atenções e quem dava as cartas.

> O seu gabinete era alvo de uma peregrinação. Durante o dia e nas primeiras horas da noite, entrava toda gente, militares, funcionários, professores, médicos, geômetras, filósofos. Uns vinham à cata de elogios, de gabos aos seus talentos e serviços. Grandes sábios e ativos parlamentares que vi escrevendo os seus próprios elogios. O *leader* do governo enviava notas, já redigidas, denunciando os conchavos políticos, as combinações, os jogos de interesses que se discutiam no recesso das antecâmaras ministeriais. Foi sempre coisa que me surpreendeu ver que amigos, homens que se abraçavam efusivamente, com as maiores mostras de amigos, vinham ao jornal denunciar-se uns aos outros.

Passagens como essa mostram como nessa parte do romance não é mais o "eu" autobiográfico do narrador que está em cena, mas é a objetividade realista e documental, que revela costumes políticos e sociais que influíram o fazer político do Brasil, denunciando o poder de uma imprensa, poder centrado em seu diretor-proprietário, que

---

4 Note-se, as informações sobre esses jornalistas foram por mim colhidas das notas 44 e seguintes do capítulo VIII da edição das Recordações de que faço uso.

ainda tem traços fortes na mídia de hoje: "No jornal, o diretor é uma espécie de senhor feudal a quem todos prestam vassalagem e juramento de inteira dependência: são seus homens. As suas festas são festas do feudo a que todos têm a obrigação de se associar; os seus ódios são ódios de suserano, que devem ser compartilhados por todos os vassalos, vilões ou não."

O narrador vivenciava tudo isso como simples contínuo do jornal, como que à margem dos acontecimentos, como mera testemunha. Não uma testemunha passiva, mas uma testemunha que se serve do único meio a seu alcance para protestar, criticar. Sobretudo denunciar as discriminações de toda natureza de que rapazes como ele sofriam.

Já fazia uns dois anos que o narrador era contínuo no jornal. Um trágico acontecimento, contudo, contribuiu para que sua posição melhorasse. Floc, o crítico literário do jornal, matou-se na redação. O diretor não estava e precisava ser avisado, antes da chegada da polícia, mas não se encontrava em casa. "Onde estaria? Veio o Rolim. O Adelermo e ele cochicharam. O redator de plantão chamou-me. 'Caminha! Tu vás aí a um lugar e do que vires não dirás nunca nada a ninguém. Juras?' 'Juro.'"

Mandou-o à casa da Rosalina procurar o diretor, e lá o encontrou entre mulheres e lhe contou o acontecido: "Seu Floc matou-se na redação." Assim, surpreendido em plena orgia, o diretor, vexado, nada lhe disse inicialmente, "mas já me olhava mais, considerava-me [...] Breve me fez perguntas de boa amizade: donde era eu, que idade tinha, se era casado etc. As respostas eram dadas conforme as perguntas; bem cedo, porém, graças à bondade com que me tratava, as ampliei até a confidência."

Um dia em que se encontraram na escada, Isaías se surpreendeu com uma pergunta do diretor: "'Caminha, você é capaz de tomar notas numa repartição e redigi-las?' [...] Respondi, porém, modestamente: 'Pode ser, doutor. Experimente; se for bem, o senhor me dirá'".

Foi assim promovido a repórter e se tornou íntimo do diretor, que logo o convidou para um jantar. "Desse dia em diante as dificuldades desapareceram. A redação toda me encheu de consideração e a minha intimidade com o diretor aumentou."

Aprendeu os processos, fez-se exímio. Aprendeu a ler jornais e revistas e tirar deles ideias que desenvolvia. Descobriu a técnica do escrever no jornal, onde

> compreende-se o escrever de modo diverso do que se entende literariamente. Não é um pensamento, uma emoção, um sentimento que se comunica aos outros pelo escritor; e não é o pensamento, a emoção e o sentimento que ditam a extensão do que se escreve; [...] a questão não é comunicar pensamento, é convencer o público com repetições inúteis e impressioná-lo com o desenvolvimento do artigo.

No fim, o narrador fez uso dos mesmos processos éticos que censurava nos outros, ao servir-se de sua amizade com o diretor e da influência política deste para obter uma sinecura: "pedi que se interessasse para obter o lugar que ocupo", ou seja, o cargo de escrivão da Coletoria Federal de Caxambi no estado do Espírito Santo.

2. AMANUENSE BELMIRO

O Amanuense Belmiro é um romance de Cyro dos Anjos (1906-1994)[5], publicado em primeira edição em 1937. Originou-se de uma série de

---

5 C.V. dos Anjos, *Dois Romances: O Amanuense Belmiro e Abdias*, 1957. Todas as citações foram extraídas da edição de 1957 da José Olympio. *Abdias* também é romance de primeira pessoa, mas não será objeto de consideração aqui. Basta apenas observar que ele tem a forma de diário e lembrar que ele continua o *Amanuense*, como nota Álvaro Lins: "Num e noutro aparece a mesma 'filosofia' belmiriana; o ambiente é o mesmo, a cidade de Belo Horizonte, Gabriela tem muito de Carmélia. Abdias, este então bem se poderia chamar Belmiro. Ambos são funcionários públicos, tímidos inteligentíssimos, incapazes para a ação, possuídos do demônio da análise e da dúvida, líricos e céticos ao mesmo tempo, criadores, nos seus diários íntimos, de um mundo imaginário que constitui compensação para as suas existências solitárias de inadaptados ao mundo real. Apenas Abdias me parece menos tímido do que Belmiro, e tanto assim que está casado enquanto o outro permanecera celibatário; também Abdias me deu a impressão – talvez uma simples impressão – de não ser tão inteligente quanto Belmiro, de não apresentar, no mesmo grau, aquela diabólica clarividência levantada sobre a análise e a malícia. Por outro lado, ele é mais sentimental, mais humano, mais infeliz, tem mais ânsia de amor e comunicação com os seus semelhantes do que Belmiro. Veja-se a propósito a página, de uma beleza comovente, que Abdias escreve dias depois da morte da mulher". Cf. Apresentação, em Cyro dos Anjos, *Abdias*.

crônicas que o autor havia publicado em *A Tribuna*, sob o pseudônimo de Belmiro Borba, nome do narrador do romance. Na verdade, não é apenas o narrador. Belmiro Borba, como Brás Cubas (de *Memórias Póstumas de Brás Cubas*), Bento Santiago (de *Dom Casmurro*), Paulo Honório (de *S. Bernardo*), é o autor ficcional do livro. Diz ele, logo no início:

> É plano antigo o de organizar apontamentos para umas memórias que não sei se publicarei algum dia.
> [...]
> "Por que você quer escrever um livro, seu Belmiro?"
> Respondi-lhe que perguntasse a uma gestante por que razão iria dar à luz um mortal, havendo tantos.
> Se ela estivesse de bom humor, responderia que era por estar grávida.
> Sim, vago leitor, sinto-me grávido, ao cabo, não de nove meses, mas de trinta e oito anos [...] sou um amanuense complicado, meio cínico, meio lírico, e a vida fecundou-me a seu modo, fazendo-me conceber qualquer coisa que já me está mexendo no ventre e reclama autonomia no espaço.

O leitor o acompanha nessa aventura, sempre por ele informado de como anda sua narrativa, que frequentemente chama de diário, embora não tenha essa forma, dizendo a certa altura que não tenciona escrever um romance. Tirada machadiana, como muitas outras no romance, sem necessidade de demonstração explícita.

Pouco importa, tem sabor de crônicas, mas cheira a romance, porque se trata de obra de ficção, suas personagens muito bem caracterizadas, com seus pequenos conflitos e fantasias amorosas. "A mistura belmiriana de perspicácia, cultura, banalidade e lirismo fixa, em profundidade, uma personagem frequente e central na literatura brasileira."[6]

As personagens são apresentadas logo de início. "Éramos quatro ou cinco, em torno de pequena mesa de ferro, no bar do parque, em alegre véspera de Natal! As mulatas iam e vinham, com requebros, sorrindo dengosamente para os soldados do Regimento de Cavalaria." O parque é o parque Municipal, o bar é o famoso Bar do Ponto, em

---

6   R. Schwarz, Sobre o Amanuense Belmiro, *O Pai de Família e Outros Estudos*, p. 13.

VII ESCRIVÃO E AMANUENSE

Belo Horizonte, frequentado na mesma época, meados da década de 1930, por Pedro Nava e seu grupo. Belmiro e seus amigos discutiam ali problemas de alta indagação naquela véspera de Natal de 1934.

> Ali pelo oitavo chope, chegamos à conclusão de que todos os problemas eram insolúveis. Florêncio propôs, então, o nono, argumentando que esse talvez trouxesse uma solução geral.
> [...]
> "A solução é a conduta católica", afirmou o amigo Silviano, meio vago, como que atendendo a uma ordem interior de reflexões, que não era bem a de nossa conversação.
> Redelvim convidou-me, com um olhar malicioso, a prestar atenção ao filósofo.
> "Hein?" indaguei, voltando-me para este.
> "A conduta católica! Isto é, fugir da vida, no que ela tem de excitante", continuou, como que a falar para si mesmo. "Jerônimo anda mergulhado na teologia. É a solução. Sublimou-se nos doutores."
> [...]
> O jovem Glicério ousou enfrentá-lo. [...] dizendo que o católico destrói a vida pelo modo mais violento. Introduz, em nosso cotidiano, a preocupação da vida eterna, sacrificando, a esta, aquela.

Jandira, que de tudo sabe, disse que Silviano andava em crise aguda. Contou que o filósofo retrocedera aos vinte, pois, já à beira dos quarenta, estava amando as moças em flor, como diria Proust.

Incluam-se Francisc/Franciscuinha e Emília, velhas irmãs que viviam com o narrador, e alguns vizinhos, e aí se tem o grupo de personagens do livro que gira em torno desses temas e pequenas querelas, tudo temperado com um pouco de ironia à maneira machadiana e um lirismo um tanto enrustido, bem a modo dos mineiros tímidos.

De quando em quando, lembrando que está escrevendo um livro, fala um pouco de seus amigos, caracterizando-se cada vez mais.

> Feliz Florêncio! Enquanto Silviano se consome em escafandrias, Redelvim se perde em furores, Jandira busca aventuras para se iludir e Glicério se mostra perplexo, Florêncio é o mesmo homem de chapéu-chile e ventre honrado, que nos abre de longe os braços, gritando na Avenida:
> "Você precisa comer mais feijão, homem. Que carga de ossos!"

E mais no fim do livro, reafirmando que não tencionava escrever romance, ainda nos fala deles com certa melancolia.

> E os amigos se desviaram de mim. Redelvim foi pouco afetivo, tomou seu rumo. Anda pela fazenda e dele não se têm notícias. Glicério deixou a Seção e passou a trabalhar nos serviços de advocacia do Estado: foi o bastante para afrouxar nosso convívio. Jandira se afasta cada vez mais, quase me parece estranha. Dentro em pouco, talvez nada tenhamos em comum. [...] Vive no seu mundo de Pereirinhas e de Azevedos Leões. Apenas Silviano, ainda que pouco encontradiço, permanece a oferecer interesse. [...] Mas continua Florêncio. Que dizer dele? É um homem sem história, e nisso está sua felicidade.
>
> Como um ano, que passa, modifica o aspecto das coisas! Minha vida se reduz a Emília, Carolino, Giovanni e Prudêncio. Isto é: encolhe-se na rua Erê, como dentro de um caramujo.

Assim como as personagens foram entrando de mansinho na narrativa, dela vão saindo devagarinho e se pode dizer que o livro termina porque as personagens se foram...

Isso tudo estava previsto.

> Bem vejo [disse o narrador tempos atrás] que, durante o tempo percorrido, a pequena roda não foi sustentada por força própria, nem pelos misteriosos princípios de aglutinação que regulam as aproximações humanas. Se Jandira e Redelvim – de um lado – e Silviano e Glicério – de outro – se entendem, o mesmo não acontece entre Redelvim e Glicério, Redelvim e Silviano, Silviano e Jandira, Silviano e Florêncio. Noto que fui eu, com o meu desejo de sociedade, quem criou e sempre procurou sustentar essa agitada assembleia onde atuam forças tão antagônicas.
>
> Finalmente, as dissensões de pensamento, agravadas pela atmosfera pesada deste fim de ano, lhe apressaram a dissolução. Redelvim, anarquista; Jandira, socialista; Silviano, o homem da hierarquia intelectual e da torre de marfim; Glicério, com tendências aristocráticas; Florêncio, tranquilo pequeno burguês, de alma simples, que não opina.

O narrador é consciente de que as personagens se impõem.

> Não se trata de romance. É um livro sentimental, de memórias. Na verdade, dentro de nosso espírito as recordações se transformam em romance e os fatos, logo consumados, ganham outro contorno, são

VII ESCRIVÃO E AMANUENSE

acrescidos de mil acessórios que lhes atribuímos, passam a desen-
rolar-se num plano especial, sempre que os evocamos, tornando-
-se, enfim, romance. Romance trágico, romance cômico, romance
disparatado, conforme cada um de nós, monstros imaginativos, é
trágico, cômico ou absurdo.

É isso: nega que escreve um romance, mas procede tal qual um
romancista diante de sua obra. Enfim, obtivemos sem muita precisão
o perfil das personagens. E o narrador?

Belmiro, o narrador, o amanuense, era da família de Vila Caraíba,
onde o pai tinha uma fazenda. O velho queria que ele fosse agrônomo
ou agrimensor. Mas deu em droga na fazenda, andou zanzando pela
Vila metido em serenatas e noutras relaxações. "Coitado do velho.
Neguei as virtudes da estirpe. Sou um fruto chocho do ramo vigoroso dos Borbas que teve seu brilho rural." O velho pensou que se o
menino não se ajeitava na fazenda, que fosse agrônomo. Mandou-o a
Belo Horizonte para "tirar a carta de agrônomo". Mas ele se pôs a andar
com literatos, a sofrer imaginárias inquietações. Quando, no fim do
ano, o pai foi a Belo Horizonte e descobriu o logro, fez cena pesada.
O velho voltou com grande dor no coração. Um deputado, enfim,
o introduziu na burocracia com profundo desgosto do pai. "Um amanuense!" Sim, um amanuense complicado, meio cínico, meio lírico.

É dessa faceta lírica que vem a sua aura romântica, despertada na
noite de Carnaval ali na avenida do lado da praça Sete, onde se pôs a
examinar as colombinas, levado de um lado para outro pelos foliões.
Foi ali que aconteceu algo extraordinário: um braço que tinha uma
mão branca e fina enlaçou o seu: a dona da mão era uma branca e
doce donzela. Foi uma visão extraordinária. "Pareceu-me que descera
até a mim a branca Arabela, a donzela do castelo que tem uma torre
escura onde as andorinhas vão pousar."

Seu espírito romântico é dominado pelo mito de Arabela de
mistura com reminiscências de Vila Caraíba, que faz crescer desme-
suradamente nele um Belmiro patético e obscuro:

depois de uma infância romântica e de uma adolescência melancó-
lica, o homem supõe que encontrou sua expressão definitiva e que

sua própria substância já lhe basta para as combustões interiores; crê encerrado o círculo e volta para dentro de si mesmo à procura de fugitivas imagens do passado, nas quais o espírito se há de comprazer.

E é assim que volta o mito de Arabela, humanizado na rapariga da noite de Carnaval. Um embuste do espírito, que lhe aguçou a paixão e ele se pôs a procurá-la.

Glicério lhe falara de uma moça extraordinariamente bela que morava numa casa por onde passaram. E lá estava ela à janela. Reconheceu. Era a Arabela que ele vira no Carnaval. Glicério, seu colega de repartição, a conhecia. Era Carmélia Miranda, filha do dr. Aurélio, que tinha morrido havia um mês. Amiudou os passos, comprovou que era a sua Arabela. Perturbou-se, pois era um incorrigível produtor de fantasias. Ficou a imaginar coisas, sonhou um idílio. "Quando cheguei ao Bar do Ponto, estava, nada mais, nada menos, transmudado em distinto cavalheiro que seria o protetor da donzela, sucedendo, na casa, ao falecido pai."

Esse Bar do Ponto era frequentado realmente pelo autor real do livro, Cyro dos Anjos, como integrante do famoso Grupo do Estrela, assim chamado porque se encontravam no Café e Confeitaria do Estrela nos meados da década de 1930. Alguns membros do grupo também frequentavam o Bar do Ponto no parque Municipal, como Pedro Nava. O grupo era liderado por Carlos Drummond de Andrade e dele faziam parte escritores e poetas do modernismo mineiro como Aníbal Machado, Abgar Renault, João Alphonsus Guimarães, Mário Casasanta, Cyro dos Anjos, Ascânio Lopes e outros.

O devaneio de Belmiro mistura realidade e fantasia ficcional. A paixão por Arabela-Carmélia constitui a linha amorosa do romance, amor diáfano tão pouco consistente era, platônico porque só existia nas fantasias de Belmiro, que não tinha coragem de se declarar à moça. "É extraordinário que você tenha imaginado tanta coisa em torno de uma criatura simples como Carmélia!", disse-lhe certa vez Glicério, que a conhecia.

> Descobri que Glicério a amava também. Começou a interessar-se por ela desde que o pus a par dos meus amores e, em vez de me

aproximar dela, passou a afastar-me, com mil pretextos. Em certo momento, disse-me duras franquezas, chamando-me à realidade, mostrando que, em minhas condições de vida, jamais poderia pretender a moça.

Não passou muito tempo, soube pelo próprio Glicério que ela ia casar-se com um primo. Ficou então inquieto, procurando nos jornais anúncios da boda, até que o casamento se realizou. E essa é a história de amor do romance, que pretendeu seguir o estilo de Machado de Assis: ser difuso.

O narrador nesse romance se parece com o narrador de *Humilhados e Ofendidos*, de Dostoiévski, ou seja, tem o lugar de narrador-protagonista, mas sem protagonismo. Essa expressão *protagonista sem protagonismo*, se soa equívoca, exprime a ideia de que a personagem tem um papel central, é a dona da história, da narrativa, e as demais personagens são secundárias em relação a ela; *sem protagonismo*, quando, apesar de ser a principal, não tem domínio sobre as demais personagens, não as dirige, nem tampouco é a personagem com maior destaque. Isso é bem claro, como veremos em *Humilhados e Ofendidos*. Em *O Amanuense Belmiro*, isso não acontece, porque as personagens são todas planas. Não há destaque. O protagonista é um companheiro como os demais, com a diferença de que é ele quem narra os acontecimentos.

OITAVO CAPÍTULO

"Os Bichos do Subterrâneo"

1. QUESTÃO DE ORDEM

"Os Bichos do Subterrâneo" é empréstimo que me permito tomar de Antonio Candido, *venia concessa*, à moda dos bacharéis. Está em *Ficção e Confissão*[1]. É que este capítulo pretende explorar aqueles romances amargos, que buscam no mundo submerso dos heróis a estética do intimismo, do subjetivismo, se não da mente sombria, às vezes perversa quando não simplesmente doentia.

2. MEMÓRIAS DO SUBSOLO

Memórias do Subsolo[2] romance de Dostoiévski, publicado em 1864, é uma narrativa de primeira pessoa do tipo confessional, mas não é uma confissão, nem é uma autobiografia, pois não se trata da história da vida do narrador, muito menos do autor, de sorte que o termo "memória" do título não exprime o verdadeiro sentido da obra. O próprio tradutor entende que "Notas do Subterrâneo" seria semanticamente

1 A. Candido, *Ficção e Confissão*, p. 99.
2 F.M. Dostoiéviski, *Memórias do Subsolo*. Todas as citações foram extraídas da edição de 2012 da Editora 34, tradução de Boris Schnaiderman.

correto, posto que a tradução mais imediata de *zapiski* é anotações, apontamentos e notas. "Mas" – acrescenta ele –, "visto que, por extensão, a palavra russa também significa memória, reminiscência, diário, achei preferível *Memórias do Subsolo*." Outros tradutores também assim o preferem, como Paulo Bezerra que, em sua tradução de *Problemas da Poética de Dostoiévski*, de Mikhail Bakhtin, sempre se refere ao romance como *Memórias do Subsolo*[3].

Apesar disso, se a palavra russa *zapiski* significa primariamente anotações, apontamentos, notas e, só por extensão, "memórias", eu preferiria o sentido primário mais conforme à semântica do texto. *Anotações do Subsolo*, como a tradução em outros idiomas, consoante indica o tradutor brasileiro.

Romance de primeira pessoa, cujo narrador é um herói inominado, razão pela qual a crítica a ele se refere como o homem do subsolo, porque um homem soterrado pela amargura, submerso na subjetividade ignominiosa; "não consegui chegar a nada, nem mesmo tornar-me mau: nem bom nem canalha, nem honrado nem herói nem inseto". Enfim, "ali, no seu ignóbil e fétido subsolo, o nosso camundongo, ofendido, machucado, coberto de zombarias, imerge num rancor frígido, envenenado e, sobretudo, sempiterno".

O homem do subsolo extravasa sua alma diante do leitor, melhor diria, vomita sua bílis amarga nos leitores coletivos que sempre invoca: "senhores", "meus senhores". "Tenho agora vontade de contar, senhores, queirais ouvi-lo ou não, porque não consegui tornar-me sequer um inseto."

Esse é o livro que abriu a segunda fase romanesca de Dostoiévski, com base no qual ele foi tachado de "talento cruel", mas é, sobretudo, a primeira parte, sob o título "O Subsolo", em que

> a narrativa como um todo se constitui como uma espécie de rendilhado psicológico. Mas penso que nesses traços rudes da narrativa, transmitidos por mim, é possível ver quão profundamente Dostoiévski se interessava pelos fenômenos da crueldade, da tirania e do sofrimento, e quão atento ele estava a essas coisas. Talvez o mais interessante em *Memórias do Subsolo* seja essa falta de motivos na

---

3 M. Bakhtin, *Problemas da Poética de Dostoiévski*, por exemplo, p. 64, 66, 178, 263, 267, 269, 284, 286 e 308.

VIII "OS BICHOS DO SUBTERRÂNEO" 321

exasperação do homem do subsolo contra Liza. Em geral não se encontra motivo algum para sua exasperação[4].

Aqui Mikhailóvski envolve comportamentos do homem do subsolo expressados na segunda parte do romance, intitulada "A Propósito da Neve Molhada", anunciada no fim da primeira parte: "Agora está nevando, uma neve quase molhada, amarela, turva. Ontem nevou igualmente e dias atrás, também. Tenho a impressão de que foi justamente a propósito da neve molhada que lembrei esse episódio que não quer agora me deixar em paz. Pois bem, aí vai uma novela. Sobre a neve molhada."

Ao ler a primeira parte, de intenso solilóquio, em que o narrador, homem do subsolo, extravasa suas fortes emoções, o leitor pensa que tudo provém da sua "avançada velhice". "Estou agora com quarenta anos; e quarenta anos são, na realidade, a vida toda; de fato, isso constitui a mais avançada velhice. Viver além dos quarenta é indecente, vulgar, imoral." Quando se chega à segunda parte, onde ele destila toda a sua exasperação, o leitor vê, logo na primeira linha, que naquele tempo ele tinha apenas 24 anos.

Trabalhava numa repartição, mas não olhava para ninguém, porque, na verdade, odiava todos os funcionários, desprezava a todos. "Mas, quer desprezando, quer colocando as pessoas acima de mim, eu baixava os olhos diante de quase todos que encontrava. [...] É possível que eu fosse o único em toda a repartição a ter continuamente a impressão de ser um covarde e um escravo." Qualificava-se de covarde e escravo. Estende o qualificativo a todo homem. Ele tinha essa impressão, porque era cultivado, "doentiamente cultivado". Sim, ele era um homem culto, e o homem culto tem a justa percepção das coisas. "Todo homem decente de nossa época é e deve ser covarde e escravo." É a lei da natureza para todo homem decente sobre a terra.

Dostoiévski põe na boca do seu herói as ironias sobre o romantismo. O romântico é um homem de natureza larga e um grande maroto, o maior dos nossos marotos.

4 N. Mikhailóvski, Um Talento Cruel, em B.B. Gomide (org.), *Antologia do Pensamento Crítico Russo (1802-1901)*, p. 437.

O homem do subsolo era um solitário que expelia diatribes por todos os lados e contra todos. Tinha impulsos histéricos, com lágrimas e convulsões, não tinha para onde voltar-se. A angústia fervilhava dentro dele, surgia-lhe um anseio histérico de contradição, de contraste, como disse ainda na primeira parte. "O caso todo, a maior ignomínia, consistia justamente em que, a todo momento, mesmo no instante do meu mais intenso rancor, eu tinha consciência, de modo vergonhoso, de que não era uma pessoa má, nem mesmo enraivecida; que apenas assustava passarinhos em vão e me divertia com isso."

Encaramujado como costumam ser os tímidos e hipocondríacos, incapazes de relacionar-se, medrosos da aproximação de mulheres, mesmo quando se lançam à libertinagem o fazem consigo mesmos, porque a angústia pode levar a semelhante histeria, como confessa: "Praticava a libertinagem solitariamente, de noite, às ocultas, de modo assustado, sujo, imbuído da vergonha que não me deixava nos momentos mais asquerosos e que até chegava, nesses momentos, à maldição. Mesmo assim eu já trazia na alma o subsolo".

Não estariam aí os motivos ou a explicação, não a justificação, daquela exasperação do homem do subsolo contra Liza? Tinha uma solução apaziguadora, que era refugiar-se no "belo e sublime".

Devaneava. Devaneios que lhe vinham com particular doçura e intensidade após a devassidãozinha, vinham com arrependimento e lágrimas, com maldições e êxtases. Tudo muito próprio de uma mente doentia. E o amor? O amor acontecia nesses seus devaneios, nesses "salvamentos em tudo que é belo e sublime", embora fosse um amor fantástico, que jamais convidava efetivamente para algo humano.

O homem do subsolo invoca com frequência *o belo e o sublime*. "Digam-me o seguinte: por que me acontecia [a consciência doentia], como se fosse de propósito naqueles momentos – sim, exatamente naqueles momentos em que eu era capaz de melhor apreciar todas as sutilezas do 'belo e sublime." Era dos que comungam de tudo que é belo e sublime, bebia à saúde de tudo que é belo e sublime; amava o que é belo e sublime; fazia tudo pelo belo e sublime. O belo e sublime era seu refúgio, seu lenitivo, tanto quanto o "dois e dois são quatro" era o seu tormento:

VIII "OS BICHOS DO SUBTERRÂNEO"

> Mas dois e dois são quatro é, apesar de tudo, algo insuportável. Dois e dois são quatro constitui, a meu ver, simplesmente uma impertinência. Dois e dois ficam feitos um peralvilho, atravessado no vosso caminho, as mãos nas cadeiras, cuspindo. Estou de acordo em que dois e dois são uma coisa admirável; mas, se é para elogiar tudo, então dois e dois são cinco também constitui, às vezes, uma coisinha muito simpática".

Mistura o rancor a certa dose de ironia ou mesmo de galhofa.

O "belo e sublime" ele foi buscar na filosofia, não, porém, com o sentido em que está lá. Esses conceitos ocupam a maior parte da *Crítica da Faculdade do Juízo* de Kant, que compreende a *analítica do belo* e a *analítica do sublime*, e no qual se acha a doutrina estética do autor.

Quanto ao *belo*, tudo decorre do conceito do gosto[5], para concluir que o *belo* é o que apraz universalmente sem conceito. O belo se encontra também na natureza. O *sublime* não; ele só se encontra nas nossas ideias. *Sublime* é o que é absolutamente grande[6]. São conceitos diferentes, quase contrapostos em Kant. O sentimento do sublime é um sentimento do desprazer a partir da inadequação da faculdade de imaginação na avaliação estética da grandeza[7]. Antes de Kant, Burke já dissera: "O belo e o sublime são ideias de natureza, diferentes: um tem fundamento na dor e o outro no prazer."[8]

O sentimento do belo e do sublime do homem do subsolo, contudo, não aplacou seu rancor nem sua visão pessimista do homem, pois, segundo Dostoiévski, "o homem é estúpido, de uma estupidez fenomenal. E "ainda que não seja estúpido, é monstruosamente ingrato! É ingrato numa escala fenomenal. Penso até que a melhor definição do homem seja: um bípede ingrato. Mas isso ainda não é o seu maior defeito, seu maior defeito é sua permanente imoralidade".

Com esses conceitos do homem é que o homem do subsolo se relacionava ou, melhor, conflitava com os outros seres humanos. Na segunda parte do livro, ele já não fala tanto consigo mesmo, pois

---

5   I. Kant, *Crítica da Faculdade do Juízo*, p. 86.
6   Ibidem, p. 83.
7   Ibidem, p. 103-104.
8   Apud N. Abbagnano, Sublime, *Dicionário de Filosofia*, p. 293.

encontrou alguns ex-colegas de escola: Simonov, Trudoliubov, Fier-fítchkin e Zvierkóv. Este era um oficial a quem os outros combinaram oferecer um jantar de despedida, porque estava de partida para outra província. O homem do subsolo, entretanto, não fora convidado para o jantar, porque Zvierkóv o considerava uma pessoa insignificante. Não era bem-vindo. Não gostavam dele como ele também não gostava dos colegas. No entanto, foi o primeiro a chegar ao encontro. Não havia sido avisado de que o jantar fora encomendado para a seis horas e não para as cinco. Pormenor que mostrava o desprezo de seus colegas. Foi por um instante o centro das atenções, mas sempre em tom de zombaria. Ele, por sua vez, foi se irritando. O diálogo fica cada vez mais conflitivo.

Brigou com os colegas. Depois de algum tempo, desprezado, resolveu ir embora. Tomou um trenó, e lá foi ele conversando consigo mesmo. Não era tanto um diálogo interior, porque era expresso, ainda que em voz baixa. Resmungava interiormente. Iria vingar-se de seus inimigos. Apressava o cocheiro.

"Lutaremos de madrugada, está resolvido." Precisava escolher os padrinhos para o duelo. Resolveu. O primeiro transeunte seria padrinho, entendendo que o caso era idêntico a um afogado que é preciso retirar da água. Durante todas essas cogitações e suposições, de repente um frio gélido lhe percorreu o corpo. E aí, como sempre, sua mente cogitava coisa diferente. Não seria melhor ir agora mesmo para casa? Mas não, é impossível, dançava sua mente. E aquele passeio de três horas, da mesa à lareira? Não, eles e ninguém mais deviam ajustar contas com ele. "Terão de lavar esta desonra!" A mente começa a alertá-lo. E se eles o mandarem para o distrito policial?! E se Zvierkóv, por desprezo, recusar-se ao duelo?! "Nesse caso, [...] quando ele estiver partindo de viagem, agarro-o pelo pé e arranco-lhe o capote, no momento de sua subida para o carro. Vou ferrar-lhe os dentes no braço, mordê-lo." Essas transcrições são absolutamente necessárias, porque só elas mostram a que ponto chega uma mente doentia. Essa mesma mente doentia, contudo, tem lampejos de clarividência e logo começa a opor objeções ou consequências destinadas a dissuadi-lo de seus intentos.

VIII "OS BICHOS DO SUBTERRÂNEO"

Aqui o autor mostra sua maestria na construção romanesca. Faz o narrador transitar de um estado a outro suavemente e, com leveza e delicadeza, introduz uma nova personagem. Ele a notara entrar no recinto.

> Maquinalmente, lancei um olhar para a moça que entrara: entrevi um rosto fresco, jovem, um tanto pálido, de sobrancelhas retas, escuras, olhar sério e como que um tanto surpreso. Isto me agradou no mesmo instante: eu a odiaria se ela tivesse sorrido.
> [...]
> Tinha uma fumaceira na cabeça. [...] A angústia e a bílis ferviam novamente e buscavam saída. De repente vi, a meu lado, dois olhos abertos que me examinavam curiosa e fixamente.
> [...]
> Um pensamento sombrio nasceu-me no cérebro e passou-me por todo o corpo, sob a forma de certa sensação desagradável, semelhante à que se tem ao entrar num subterrâneo úmido e abafado. Era, de certo modo, pouco natural que justamente, apenas naquele momento, aqueles dois olhos tivessem decidido começar a examinar-me. Lembrei-me também de que, no decorrer de duas horas, eu não trocara uma palavra sequer com aquela criatura.

Na verdade, parece que passou toda ou boa parte da noite com a moça, mas não a tocou. Enfim, travou com ela um diálogo quase monossilábico, entre vivaz e inexpressivo. Melhor, um interrogatório, no qual indagava: "Qual o seu nome?" "Liza." "De onde veio?" "De Riga." "Seus pais, onde estão, quem são?" Ela a tudo respondia "sim", "não", "assim". "Aquele *assim* significava: deixa-me, está me aborrecendo." Ele tampouco sabia por que ainda não havia ido embora, pois também se sentiu aborrecido e angustiado. Depois de minutos calados, iniciou-se novo diálogo em que ela, um pouco confusa, fazia perguntas a cada informação dele sobre um caixão que retiraram de uma espécie de porão e sobre a morte que ele insinuava. Ele aí lhe faz um discurso que leva o leitor a supor que, enfim, está amando, quer que Liza mude de vida; encontrou uma mulher, vai humanizar-se. A sequência, contudo, mostra exatamente o contrário. Um longo diálogo, que revela a parte mais dramática do romance. Um diálogo, tipo socrático, que empurra Liza para o fundo do poço, ou para o subterrâneo em que ele habitava... "Daqui a um ano seu preço vai cair [...] vai passar daqui para uma parte mais baixa [...] A desgraça será, se, além disso, aparecer -lhe uma doença, digamos, uma fraqueza do peito. [...] E então você vai morrer. [...] Mas dá pena. Quem? Dá pena, a vida."

Ele retoma um discurso mais ameno, como se a quisesse como sua mulher. "Eu e você... nos unimos... ainda há pouco, e nem uma palavra dissemos um ao outro, e, depois, você ficou a examinar-me como uma selvagem, e eu a você, também. É assim que se ama? É assim que uma pessoa deve unir-se a outra?" Mas logo: "Isto é simplesmente uma indecência, aí é que está!". Logo adiante: "Sabe, Liza? Se eu tivesse família, desde criança, não seria como sou agora. Penso nisso com frequência. De fato, por pior que possa ser a vida em família, tem-se pai e mãe e não gente estranha, inimiga". É até comovente ouvi-lo falar de família. "Ora, pode acontecer que tudo dê certo numa família: com a graça de Deus, o marido é bom, cuida de você, ama-a, não a deixa um pouco sequer! É bom viver em família assim! Por vezes, mesmo que haja aflição, é bom; e onde é que não existe aflição? Você talvez ainda se case, e saberá então." Tudo isso não parece um preparativo para uma declaração de amor? Mas não era nada disso. Era simplesmente uma técnica de atormentação, ou o modo de como sua mente doentia se disfarçava, logo retomando o clima de subsolo.

Uma observação dela o espicaçou dolorosamente. Uma fina observação para uma prostituta: "você... fala como se estivesse lendo um livro", que ele ouviu como um tom de mofa. Reagiu, como sempre cruelmente. "O amor! Para merecer este amor, alguns estão prontos a entregar a alma, a enfrentar a morte. E que preço darão agora ao seu amor? Você foi comprada, você inteira, para que procurar neste caso saber do amor, quando mesmo sem amor tudo é possível?" Liza entra em desespero. Deitada de bruços, seu rosto comprimia o travesseiro, o corpo estremecia em convulsões.

> "Liza, minha amiga, fiz mal... perdoe-me", comecei.
> Mas ela apertou-me as mãos entre os seus dedos com tamanha força que percebi estar dizendo algo inoportuno e me calei.
> "Aqui está o meu endereço, Liza; venha a minha casa."
> "Irei...", murmurou com decisão, sempre sem erguer a cabeça.
> "E agora eu me vou embora, adeus... até logo."

VIII "OS BICHOS DO SUBTERRÂNEO"

O pensamento de que Liza pudesse ir à sua casa o atormentava intensamente:

> em relação a Liza, eu, de certo modo, não me sentia satisfeito. Como se apenas ela me atormentasse. E se ela vier?, pensava eu sem cessar. Ora, não faz mal, que venha. Hum... Já é ruim o simples fato de que há de ver, por exemplo, como eu vivo. Ontem, apareci diante dela tão... herói... e agora, hum! Aliás, foi mal que eu me tivesse deixado decair a tal ponto. Em casa, é simplesmente uma indigência. [...] E o meu roupão, que não dá para cobrir o corpo! Que frangalhos... E ela há de ver tudo isto [...].

Mas ela chegou depois de três dias. Chegou em má hora, quando o homem do subsolo estava em cerrada briga com seu criado. Ela entrou, ele vestia seu roupão puído. Não, não se envergonhava de sua pobreza, mas ficou muito irritado de ela o ver daquele jeito. Reclamou do criado, queria matá-lo. Ela, calma, contemporizava. "Que é isso?" Desfez-se em lágrimas. Ela esperava que ele a ajudasse a sair daquela vida, sair da casa de sua cafetina... Ah, mas aí a perversidade dele aflorou, violenta e irônica. Então, ela viera à sua casa porque ele lhe tinha dito *palavras piedosas*? O cinismo de suas palavras a esmagou. "'Salvar!' –, continuei, pulando da cadeira e correndo diante dela de um canto a outro da sala. O sadismo assim se expressa mais por gestos afrontosos do que por palavras. E mais a odiava por ter ela descoberto o seu estado de miserabilidade e, por isso, a humilhava cruel e impiedosamente. No entanto, "eis o que sucedeu: ofendida e esmagada por mim, Liza compreendera muito mais do que eu imaginara. Ela compreendera de tudo aquilo justamente o que a mulher sempre compreende em primeiro lugar, quando ama sinceramente, isto é, compreendera que eu mesmo era infeliz".

Os sentimentos contraditórios, contudo, o envolvem,

> precisamente pelo fato de sentir vergonha de olhá-la, em meu coração se acendeu de repente outro sentimento... o sentimento de domínio e de posse. Meus olhos brilharam de paixão, e eu aperteilhe fortemente as mãos. Como eu a odiava e como estava atraído por ela naquele instante! Um sentimento fortalecia o outro. Isto

parecia quase uma vingança!... Em seu rosto apareceu a princípio como que uma perplexidade, como que um medo até, mas isto durou apenas um instante. Ela abraçou-me com ardor e entusiasmo.

Não muito tempo depois, ele a espia à distância, ela sentada no chão, a cabeça reclinada sobre a cama, chorando. Isso o irritou. Ela já sabia de tudo. Ele a ofendera para sempre. Aí, volta ele ao amor ou à sua incapacidade para amar. Era um homem vil, incapaz de amar Liza.

> Sei que me dirão que isto é inverossímil; que é inverossímil ser tão malvado e estúpido como eu; acrescentarão talvez que era inverossímil não passar a amá-la ou, pelo menos, não avaliar aquele amor. Mas inverossímil por quê? Em primeiro lugar, eu não podia apaixonar-me, porque, repito, amar significava para mim tiranizar e dominar moralmente. Durante toda a vida, eu não podia sequer conceber em meu íntimo outro amor, e cheguei a tal ponto que, agora, chego a pensar por vezes que o amor consiste justamente no direito que o objeto amado voluntariamente nos concede de exercer tirania sobre ele.
>
> Mesmo nos meus devaneios subterrâneos, nunca pude conceber o amor senão como uma luta: começava sempre pelo ódio e terminava pela subjugação moral; depois não podia sequer imaginar o que fazer com o objeto subjugado.

Liza, finalmente, se retira, e neste instante o homem do subsolo ainda comete mais uma de suas vilanias: abre-lhe a mão e nela deposita uma nota de cinco rublos. O contraste foi acachapante; dignamente, sem que ele percebesse, ela deixou o dinheiro sobre a mesa. Ele, então, chamou-a, gritou, foi-lhe atrás, mas ela partira. E, apesar de tudo, voltou pensativo para seu quarto. "Uma sensação terrivelmente penosa me dominava." Envergonhado, faz uma proposta ociosa: "o que é melhor, uma felicidade barata ou um sofrimento elevado?" Passados tantos anos, tudo lhe vem à memória de modo demasiadamente *mau*. "Muita coisa lembro agora como um mal, mas... não será melhor encerrar aqui essas 'Memórias'? Parece-me que cometi um erro ao começar a escrevê-las. Pelo menos, senti vergonha todo o tempo em que escrevi esta *novela*: é que isto não é mais literatura, mas um castigo correcional."

VIII "OS BICHOS DO SUBTERRÂNEO"

Extraordinário!

É uma construção fantástica. Só uma mente conturbada é capaz de construir uma personagem tão torturada e, mais ainda, tão torturante. Todos sabem que Dostoiévski tinha sérios problemas psicológicos. Era tido mesmo como um neurótico, que desde a infância sofrera da misteriosa doença que era a epilepsia, problemas que se agravaram depois de sua condenação a oito anos de trabalhos forçados, comutados para quatro, mas um procedimento monstruosamente cruel seguido antes que o veredicto fosse lido para os acusados: disseram-lhes que seriam fuzilados, levaram-nos até o local da execução, tiraram a camisa deles e o primeiro grupo de prisioneiros foi amarrado aos postes. Só então a verdadeira sentença foi lida. Um dos homens enlouqueceu. Os eventos daquele dia deixaram uma profunda cicatriz na alma de Dostoiévski, causando um trauma do qual nunca se recuperou[9].

Isso, com certeza, se reflete em suas personagens, em geral, de almas retorcidas, mentes doentias, como é o caso do homem do subsolo. Não sofresse o autor de males psicológicos, não teria sido capaz de construir uma personagem tão cruel e perversa, tão sombria, como o narrador de *Memórias do Subsolo*. E se o fizesse, por certo seria inverossímil, falsa, artificial. Nesse caso, teria cabimento dizer, como afirmou Nikolai Mikhailóvski, que *Memórias do Subsolo* é um "bestiário"[10]. É, sim, uma obra irritante, mexe fundo na emoção do leitor, que, às vezes, se arrepia de tanto horror. Então, não pode ser um "bestiário". Talvez haja exagero no mau proceder do protagonista-narrador, mas até aí é uma apreciação subjetiva. O que mais incomoda é o vazio que o leitor percebe nesse caráter doentio do narrador. Nada foi explicitado que o motive. Nem por isso se pode concordar com Mikhailóvski, quando diz: "O herói tortura porque gosta, porque lhe agrada torturar. Não há motivos ou objetivos aqui e, para o pensamento do autor, eles não são absolutamente necessários, já que há uma

---

9 Relatado em V. Nabokov, *Lições de Literatura Russa*, p. 143, 145.
10 N. Mikhailóvski, op. cit., p. 434.

crueldade incondicional, uma crueldade 'em si e para si' [*an und für sich*], e é ela precisamente que interessa."[11]

As motivações são implicitamente psicológicas. Na literatura brasileira, encontramos torturadores psicológicos, protagonistas angustiados que praticam crueldade. Cristiano, de *Um Homem Dentro do Mundo*, da autoria de Oswaldo Alves, torturava a mulher, também sem motivos, mas a causa de seus sofrimentos e de sua situação psicológica era manifesta na frustração amorosa; ainda assim, esse narrador está longe dos recalques do homem do subsolo. Luiz da Silva, o protagonista-narrador de *Angústia*, é talvez a personagem brasileira que mais se aproxima do narrador do subsolo. É como ele "um frustrado, um tímido e solitário, dotado de um poder mórbido de autoanálise, que o faz, em consequência, desenvolver um nojo impotente dos outros e de si mesmo"[12]. Mas Luís da Silva, no fim das contas, teve uma frustração amorosa que contribuiu para agravar sua mente doentia a ponto de chegar ao assassinato. Essas frustrações amorosas de um Cristiano e de um Luís da Silva, no entanto, são motivos aparentes, manifestos, pois, na verdade, os motivos reais desses comportamentos estão mais no fundo, porque, por regra, pessoas de psicologia complexa assim tiveram sua formação distorcida na infância, geralmente devido aos maus-tratos da mãe. Derivam daí suas frustrações amorosas, pois enxergam na mulher amada um carrasco como a mãe. Ou, ao contrário, pensam numa mulher ideal, o oposto da mãe, mas, quando se deparam com a realidade, sentem-se logrados e se desesperam, chegando mesmo a estrangular a amada, tal o caso do Julinho de *Eurídice*, a ser visto.

3. ANGÚSTIA

Angústia[13], romance de Graciliano Ramos (1892-1953), publicado em primeira edição em 1936, não chegou a ser repudiado pelo autor, talvez excomungado, a ponto de achar absurdos os elogios a ele concedidos

11 Ibidem, p. 438.
12 A. Candido, op. cit., p. 110, 112.
13 G. Ramos, *Angústia*. Todas as citações foram extraídas da edição de 1987 da Record.

VIII "OS BICHOS DO SUBTERRÂNEO"

por parte da crítica. Houve até quem o considerasse obra-prima. Antonio Candido, numa primeira apreciação crítica, não lhe poupa censura.

> Obra-prima não é, mas é o mais ambicioso e espetacular de quantos [Graciliano] escreveu. Romance excessivo, contrasta com a discrição, o despojamento dos outros [...] partes gordurosas e corruptíveis [...]. É livro ferruginoso e opaco. O leitor chega a respirar mal no clima opressivo em que a força criadora do romancista fez medrar o personagem mais dramático da ficção brasileira – Luís da Silva.[14]

Graciliano Ramos escreveu uma carta ao crítico (12 de novembro de 1945), concordando com seu julgamento. Afirmou que alguns elogios ao livro o exasperaram, "pois nunca tive semelhança com Dostoiévski nem com outros gigantes". Esclareceu que "*Angústia* saiu ruim", porque "é livro mal escrito. Foi isto que o desgraçou". Logo no início de *Memórias do Cárcere*, retoma a explicação: "Por que foi que um dos meus livros saiu tão ruim, pior que os outros? Pergunta um crítico. E alinha explicações inaceitáveis. Nada disso: acho que é ruim porque está mal escrito, e está mal escrito porque não foi emendado, não se cortou pelo menos a terça parte."

Graciliano Ramos não teve condições de rever o manuscrito porque, no mesmo dia em que o deu à datilógrafa, foi preso (3 de março de 1936). É certo, mas tão logo pôde, mandou um bilhete à esposa, ordenando-a que remetesse um artigo a ser publicado na Argentina, pegasse o livro com a datilógrafa e o enviasse ao editor. Nas páginas de *Memórias do Cárcere* sempre reclamou da impossibilidade de rever o livro. Isso parece tê-lo atormentado o tempo todo de sua prisão. Ele também reclamava da demora do editor em lançar o livro, e ficou contente quando sua mulher lhe trouxe a obra editada e os direitos autorais, que chegaram em boa hora, pois seus recursos, amarrados no cós da cueca, estavam muito minguados.

Quando eu estava preparando estas notas e, ao mesmo tempo, lendo as *Memórias do Cárcere*, encontrei entre as páginas do quarto volume um pedaço de jornal que lá pus sabe-se quando!... Não anotei

14 A. Candido, op. cit., p. 46.

que jornal era[15], mas tinha a data de 20 de março de 1954. Era um pedaço da coluna Momentos Literários, da escritora Maria de Lourdes Teixeira, alusivo ao primeiro aniversário da morte de Graciliano Ramos, em que falava de seus romances, com a seguinte observação: "Conquanto seu nome de romancista se firmasse com *S. Bernardo*, atingiu foros de primeira grandeza com *Angústia*."

S. Bernardo é um dos romances de Graciliano Ramos que Antonio Candido mais aprecia, seguido de *Vidas Secas*. Este se encaixa na temática da época, desde que, em 1928, José Américo de Almeida publicou seu *A Bagaceira*, que, como *Vidas Secas*, historia a saga dos retirantes. A seca foi também tema de canções como *Maringá* que, aliás, teve em José Américo seu estimulador.

O compositor da canção é o mineiro de Uberaba, Joubert de Carvalho, que foi para São Paulo estudar Medicina e, uma vez formado, mudou para o Rio e compôs *Taí*, gravada por Carmen Miranda, e *De Papo pro Ar*, entre outras, enquanto exercia a Medicina. Seu desejo, porém, era ser médico do Hospital da Marinha, subordinado então ao Ministério da Viação e Obras Públicas, que tinha José Américo de Almeida como ministro. Joubert de Carvalho foi aconselhado a procurar o ministro e pedir o cargo. Fez a ele o pedido. José Américo respondeu que, se ele compusesse uma canção sobre a seca, lhe daria o cargo de médico no hospital. Joubert voltou para casa e começou a trabalhar na composição. Descobriu que no sertão da Paraíba, estado do ministro, existia a cidade de Ingá, a mais castigada pela seca. Supôs lá uma Maria, que seria assim a Maria do Ingá, que contraíram para Maringá, que deu título à canção, em ritmo de toada, em 2/4:

> Foi numa leva
> Que a cabocla Maringá
> Ficou sendo a retirante
> Que mais dava que falá
> E junto dela
> Teve alguém que suplicou
> Pra que nunca se esquecesse
> De um caboclo que fiou.

15 Suponho hoje que fosse o *Diário de S. Paulo*.

VIII "OS BICHOS DO SUBTERRÂNEO"

Com isso o compositor se tornou médico do hospital, chegando mesmo a ser seu diretor.

Li *Angústia* anos antes de ler a crítica de Antonio Candido. Leitor comum, não achei ruim o romance. Ao contrário, achei-o bom, bastante bom, apesar de defeitos notórios, como os reconhecidos pelo autor na carta referida: "muita repetição desnecessária", "um divagar maluco em torno de 'coisinhas bestas'" etc. O leitor empírico considera isso, quando percebe, não como defeito, mas como manifestação de desequilíbrio do narrador Luís da Silva, como desvio de sua mente atarantada. Talvez o autor tenha atinado para esses aspectos da colaboração dos leitores, já que era o livro mais lido de sua produção romanesca.

Não é certamente uma obra-prima, mas é obra densa, mais do que as outras, que mexe mais com o leitor. Se um juízo de valor, que classificasse os romances de Graciliano Ramos em escala valorativa, tivesse alguma utilidade, eu o faria na seguinte ordem crescente: *S. Bernardo, Angústia, Vidas Secas* e *Caetés*. Isso é apenas uma escala preferencial, pois não há critério válido para tal classificação, posto que cada romance de Graciliano Ramos é um mundo à parte. Como medir comparativamente os valores de *S. Bernardo* e *Vidas Secas*, por exemplo? Entre *Angústia, S. Bernardo* e *Caetés*, como romances de primeira pessoa, isso ainda é possível, por meio de análise dos respectivos narradores. O narrador de *Caetés* é menos expressivo do que o narrador de *S. Bernardo* e o narrador de *Angústia* é o mais denso de todos.

Antonio Candido, em *Ficção e Confissão*, a propósito do narrador de *Angústia*, Luís da Silva, em quem se vê "uma fúria evidente contra a sua vida e sua pessoa, a quem falta, na verdade, o mínimo de confiança para viver", diz que o único parente dele que conhecia "é o herói de *Um Homem Dentro do Mundo*, de Oswaldo Alves". O grau de parentesco pode até ser de filiação, porque este último foi publicado bem depois daquele (1936 e 1940, respectivamente), então é possível supor uma influência de *Angústia* sobre o romance de Oswaldo Alves.

Há, no entanto, diferenças fundamentais. Cristiano, o narrador de *Um Homem Dentro do Mundo*, como em seguida veremos, não tinha propriamente frustrações sexuais nem era reflexo de problemas de infância do autor. Oswaldo Alves foi criado numa família que passou por dificuldades financeiras em certo período, porém seus pais, que conheci bem, não eram opressivos. Cristiano era casado. Suas frustrações eram amorosas, a paixão desvairada por Raquel, que ele abandonou no Rio ao voltar para sua terra. Seu tormento martirizava a esposa, Ana, com quem se casara sem amor, por causa de seu dinheiro.

Luís da Silva tinha sérias frustrações sexuais; tímido, solitário, desenvolveu um mundo interior sombrio que se refletia em suas atitudes dúbias e inseguras, com tendência mórbida a remoer fantasias negativas, tudo proveniente de uma infância infeliz, de convivência desajustada com os pais, numa situação muito mais próxima do Julinho de *Eurídice*, de José Lins do Rego.

Em estudos posteriores, Antonio Candido, sob a influência de leituras dostoievskianas, fez uma análise mais densa e mais compreensiva de *Angústia*. A influência aparece já no título do estudo: "Os Bichos do Subterrâneo", mas, sobretudo, na invocação de *Memórias do Subsolo*, de Dostoiévski, e na utilização do conceito de *duplo*, substancial nas obras do romancista russo, para a compreensão de Luís da Silva. Assim, analisando o terrível conceito que o narrador de *Angústia* tem de si próprio, ou seja, o de não ter autoestima, afirma: "Este conceito terrível é enunciado pelo narrador das *Memórias* escritas num subterrâneo, de Dostoiévski, cuja invocação ajuda a conhecer o protagonista de *Angústia*. Ambos são homens acuados, tímidos, vaidosos, hipercríticos, fascinados pela vida e incapazes de vivê-la, desenvolvendo um modo de ser de animal perseguido."[16]

Angústia é o tipo de romance que só podia ser escrito na primeira pessoa, porque só assim o "eu" é capaz de extrair do fundo da alma todo o sofrimento e hipocondria que lá se aninha. O narrador de primeira pessoa tem a potencialidade de descer às profundezas do *subterrâneo* e de lá trazer, do mais íntimo, todas as mazelas sopitadas e recalcadas, inibidoras da personalidade, para expô-las esteticamente. Mas isso

16 A. Candido, op. cit., p. 112.

só ocorre se o autor também tiver dentro de si sopitadas as mesmas mazelas. "Impossível conceber o sofrimento alheio se não sofremos", sentencia Graciliano[17]. Significa, enfim, que conferir à personagem romanesca o que o autor não sente é cair na inverossimilhança.

Aqui se comprova que o discurso do narrador de primeira pessoa é o discurso direto e imediato, aquele que nomeia, comunica, enuncia e representa, porém, apesar de tudo, não é um discurso autônomo, porque a narração, enquanto substituição do discurso do autor, a ele se submete. É que o autor, ao escrever um romance de primeira pessoa, inclui em seu plano o discurso de outrem para exprimir as suas próprias intenções[18]. Isso quer dizer que o narrador só tem condições de expor as mazelas de alma delegada a ele pelo autor.

Assim pensava Graciliano. Ao comentar os célebres mocambos que José Lins do Rego havia descrito em *Moleque Ricardo*, admirava-se de como ele, que não conhecia aquela vida, fora capaz de realizar uma narração com tal semelhança. E acrescenta: "Eu seria incapaz de semelhante proeza! Só me abalanço expor a coisa observada e sentida."[19]

Pode-se, por isso, dizer que *Angústia* tem muito de Graciliano. Para entender isso, é preciso ler *Memórias do Cárcere*, onde ele mais expõe sua personalidade.

4. UM HOMEM DENTRO DO MUNDO

Um Homem Dentro do Mundo é um romance de Oswaldo Alves[20], publicado em 1940, com segunda edição em 1985. Foi saudado pela crítica mais abalizada como um grande romance. Alceu Amoroso Lima (Tristão de Athayde), de paciência esgotada em face "de romances medíocres, maus ou péssimos", quando abriu as páginas desse livro de autor desconhecido, um romance, sem a mais sombra de "tese", como

---

17 G. Ramos, *Memórias do Cárcere*, p. 88.
18 M. Bakhtin, op. cit., p. 213 e 214.
19 G. Ramos, *Memórias do Cárcere*, p. 44.
20 O. Alves, *Um Homem Dentro do Mundo*. Todas as citações foram extraídas da edição de 1985 da Global.

este – disse – contém sempre uma filosofia de vida. Afirma ainda: "No subconsciente deste livro há um desespero latente, uma ausência de luz, uma absoluta carência de caridade, de esperança, de fé, que bem mostram a que terríveis abismos de negação nos leva a ausência de Deus." Álvaro Lins, por seu lado, disse que "poucas vezes se tentou com tanta insistência, com tamanha segurança, a expressão de certos estados de alma, raros e fugitivos, que por sua própria natureza parecem querer escapar à descrição", observando que a "principal originalidade do sr. Oswaldo Alves foi a de haver realizado um romance de pensamentos e não de acontecimentos"[21].

Um Homem Dentro do Mundo só podia ser escrito na primeira pessoa, única técnica capaz de captar as profundezas de uma alma atormentada. Se escrito na terceira pessoa, soaria artificial, porque, do exterior, não há como sentir o drama do outro.

O romance é autobiográfico na medida em que narra a vida do narrador Cristiano, mas também se apoia em elementos autobiográficos concretos, ou seja, em dados da realidade pertinente ao autor, que aparecem nos entrechos de uma vida amargurada.

> Ana deu corda na vitrola...
> Minha vida agora é isto: ouvindo o dia inteiro, e até tarde da noite, os discos que pedi de Belo Horizonte...
> Sabia que minha mulher sofria, sentia-me culpado, mas procurava me justificar para diminuir a certeza de minha ruindade.
> Às vezes eu via lágrimas em seus olhos. Sentia remorsos, descobria-lhe uma censura muda – e me afastava resmungando:
> "Que quer que eu faça? Você pensa que tenho culpa?"
> Ana abanava a cabeça com um sorriso tão bom que eu me perdia, com raiva de mim mesmo. Agora ela me olha, e percebo que está chorando silenciosamente.
> E resignada, pergunta:
> "Cristiano, eu tenho culpa de você sofrer assim?"

21 *Sobre Crítica e Críticos.*

VIII "OS BICHOS DO SUBTERRÂNEO"

Esse o drama que percorre, cada vez com mais intensidade, as páginas pessimistas, amargas do romance, entrecortadas com aspectos autobiográficos do narrador, que é reflexo de momentos da vida do autor.

O narrador, Cristiano, conta:

> Quando entrei em casa, meu pai estava assentado perto do fogão e aquecia os pés; minha mãe preparava o chá. Fiquei calado perto dele. Cornélio da Silva Porto virou-se, ficou com as mãos abertas por cima das labaredas e perguntou se havia arranjado o carro de bois para levar a mudança. Respondi que sim e olhei para minha mãe, que vinha com as xícaras de chá.
>
> Chamou Nilza, que cochilava no assento do fogão, e serviu-nos.
>
> Lembro-me que naquela noite não pude dormir, preocupado com a mudança para Buritizal.
>
> Via minha mãe muito triste e Nilza chorando o dia todo. Dona Celuta advertiu:
>
> "Não faça isso, minha filha. Seu pai é muito bom e não tem culpa."
>
> Para mim, Buritizal ou Buriti da Estrada fazia pouca diferença.
>
> Nilza, irmã do narrador, foi quem o estimulou a ir-se embora para o Rio de Janeiro, com a ideia de vencer, cheio de boas intenções.
>
> Mas surgiu Raquel atrapalhando tudo, transtornando meus planos.

São realidades concretas, vividas pelo autor. Oswaldo Alves nasceu, de fato, em Buriti da Estrada (hoje, cidade de Pompéu, MG). Era filho de Joaquim Alves e dona Aurora Alves que, realmente, se mudaram para Buritizal por volta de 1936. Ali já viviam duas irmãs do autor: dona Maria Olenita, casada com um comerciante do lugar, e dona Grijalva, solteira, as quais eram professoras no grupo escolar. Sei disso, porque nasci em Buritizal e fui aluno delas. Presenciei a chegada da mudança quando eu tinha cerca de onze anos. Wadico, como era chamado Oswaldo Alves, tinha uns dezenove anos. Vivia zanzando pelas ruas poeirentas do lugarejo, sem fazer nada.

> Quando chegamos a Buritizal [disse o narrador], eu não imaginava que ia passar aí a fase mais angustiosa da minha vida. Os primeiros dias me foram indiferentes. Deitado na rede armada na coberta, via minha mãe nos arranjos da nova casa, onde mal cabiam os móveis. Com o pano amarrado à cabeça, ela andava de um lado para outro

espanando, limpando tudo, mudando de lugar o que fora posto às pressas e agora não lhe parecia bem.

Meu pai, desde o primeiro dia, andava atarefado, procurando alguns cabras que quisessem acompanhá-lo à mata, na preparação de dormentes. Mal de vida, sem poder meter-se em negócio mais rendoso, que não o afastasse da família, resolvera extrair madeira e dormentes para vender à Rede Mineira de Viação.

Tudo isso, que o pai do narrador fez, é a reprodução do que fez Joaquim Alves, pai do autor.

Essa situação, tirando aspectos ficcionais, retrata a tragédia do pai do autor de *Um Homem Dentro do Mundo*. Cornélio da Silva Porto e Celuta, pai e mãe do narrador, correspondem a Joaquim Alves e dona Aurora, pais do autor. Nilza, irmã do narrador, é Olenita, irmã do autor. Nilza estimulou o narrador a ir para o Rio de Janeiro do mesmo modo como Olenita incentivou Wadico a ir embora.

Várias personagens do romance são pessoas que existiam no povoado, na época, minhas conhecidas. Assim, o Sabino, o Leôncio, o Tibúrcio, o Zé Mariano.

> À noite, na venda do Tibúrcio, todos rodeavam o balcão ensebado, onde a carne seca se misturava com as rapaduras melosas. Moleques de doze a dezessete anos ficavam a ouvir os cabras conversando, copo de cachaça na mão. Bocas arreganhadas e risos safados, ouvindo as quadrinhas do Sabino e os palavrões do Leôncio, escornado num canto. O cachaceiro falava de todo mundo – e todo mundo achava graça. Quando mexiam com ele, soltava palavrões, xingava – e os cabras davam gargalhadas.

Tudo isso era real. O Tibúrcio foi compadre do meu pai, padrinho de uma de minhas irmãs. Tinha um pequeno comércio de secos e molhados, e seu balcão era efetivamente ensebado, porque sobre ele se punham as bandas de toucinho. Morreu em 1998, em Sete Lagoas, com cem anos de idade. O Leôncio, praticamente o único inveterado cachaceiro do lugar, procedia tal como narrado. Conheci bem o Leôncio. Certa vez também mexi com ele na rua, perto de minha casa. Ele estava bêbado e correu atrás de mim com um facão na mão. Na corrida, meu chapéu caiu e ele o picou em pedaços com o facão.

Interessante é saber que o Tibúrcio, personagem do romance, foi o primeiro a ter o livro em mãos em Buritizal e o exibia a todos, orgulhoso de se ver nele.

Zé Mariano era o alfaiate do lugar e tinha também uma barbearia, aonde o narrador ia para ouvir o resumo dos romances de Perez Escrich, e onde eu cortava cabelo.

No capítulo 8 do livro, aparece Berenice como filha da irmã do narrador, Nilza, que morreu enquanto ele estava no Rio. Berenice existiu como filha da irmã do autor, dona Olenita, que morreu uns dois anos depois que o autor foi para o Rio. "Nunca eu poderia imaginar que, tão pouco tempo depois, minha irmã deixaria de existir. Até hoje ela me persegue. Estou sempre a vê-la, quando menos espero."

Do ponto de vista estético, não é relevante saber se esses fatos e essas pessoas são reais, porque os leitores do romance, em geral, os têm como integrantes no processo ficcional. Quem os conhece, como eu, percebe o quanto os romancistas são capazes de ficcionalizar aspectos reais da vida. Como disse Vargas Llosa: "O gênero romance não nasceu para contar verdades [...] estas, ao passar para a ficção, transformam-se sempre em mentira."[22]

Esses aspectos autobiográficos do autor não têm peso algum na trama romanesca, porque o "eu" de *Um Homem Dentro do Mundo* não é autobiográfico, mas o "eu" da camada mais profunda da alma, o "eu" do solipsismo que reduz tudo a sensações, só existe meu ego, minha consciência, minha existência mental, o subjetivismo radical, o egoísmo, o pessimismo, o intimismo.

Por isso, há poucos diálogos e são diálogos rápidos, muitas vezes simples monólogos, ou diálogo do narrador consigo mesmo, num trabalho mental intenso. Esses aspectos passados em Buritizal sequer têm cor local. Já não falo do vocabulário típico: *trem, assungar, imbondar*; refiro-me ao linguajar característico da região, onde Guimarães Rosa aclimatou alguns dos seus contos, como *Sarapalha*, na beira do rio Pará, um dos rios que banham as terras de Pompéu (ex-Buriti da Estrada). E "Duelo":

---

22 M.V. Llosa, Prólogo, *Tia Júlia e o Escrevinhador*.

Com pouco, subia o caminho para a vista do tabuleiro abre-horizonte, onde corriam as seriemas, aos gritos e aos bandos de pernas compridas. Mas, daí por frente, Turíbio Todo começou a ver lugares que não conhecia. Campinas pardas, sem madeira... Buriti da Estrada... Terra vermelha, "carne-de-vaca"... Pompéu... Indaiás nanicas, quase sem caules, abrindo as verdes palmas... Papagaio ... E ele tocava de avança-peito, sempre no rumo e sul.[23]

Em "Uma História de Amor (Festa de Manuelzão)":

Esse Adelço se casara, tinha sete meninos pequenos, a mais velha com sete anos, e trabalhava para toda lavoura e gado, numa fazenda pompeana, beira do córrego Boi Morto, depois noutra, entre o córrego Queima-Fogo, o córrego da Novilha Brava, depois noutra no córrego Primavera ou dos Porcos, lugar chamado o Barra-do-Barras; depois noutra, final, no Buriti-do-Açude.[24]

Tudo fazendas e lugarejos das terras de Pompéu. Queima-Fogo, lugar em que vivi dos cinco aos oito anos de idade. Buriti-do-Açude foi o primeiro nome de Buritizal.

Terminada a fase de Buritizal, Cristiano, o narrador, vai para o Rio de Janeiro. Decepciona-se ao ver a praça da República. Olhava tudo, esperando que alguma coisa o deslumbrasse. Muita gente na rua. Multidão. Lembrou-se de uma boiada assustada, deslocando-se numa avançada louca. "Comecei a andar. Restava alguma esperança e umas notas amarrotadas no bolso. Mas a esperança ia se desfazendo no meio daquela gente apressada, que não se apercebia de mim. Senti medo e um grande arrependimento. Vim para trabalhar e viver, e enchia-me de desânimo no momento mesmo da chegada." Lembrava-se do pai, dos dormentes. Via as iniciais que se acendiam e se apagavam na sua imaginação, com os letreiros: "R.M.V." [Rede Mineira de Viação] "E eu no Rio de Janeiro, a esperança se desfazendo. Os bolsos estavam vazios."

23 J.G. Rosa, *Sagarana*, p. 174.
24 Idem, *Manuelzão e Miguilim*, p. 113.

VIII "OS BICHOS DO SUBTERRÂNEO"

Sonhava: "Eu era um revoltado, acossado pelas dificuldades da vida. Pensava com amargura no comodismo dos outros. No entanto, em todos os meus pensamentos, em todas as situações que eu vivia em sonho, terminava sempre por me dar um lugar privilegiado – uma vida de dissipação, dinheiro fácil, conforto".

Tinha pouco dinheiro. Tomou um quarto no hotel. Pagou uma semana adiantado. Os bolsos ficaram vazios. Procurou anúncio de emprego no *Jornal do Brasil*. Recortou o endereço de uma pensão. Contaria sua situação, diria que estava sem dinheiro, mas era honesto, comoveria. Ensaia um diálogo: "Minha senhora…"

Parou engasgado. Saiu para a rua. Mostruários bizarros. Um caixeiro o pegou pelo braço. Precisava fazer isso, senão seria despedido. Ganhava duzentos mil-réis. Teve raiva do patrão daquele sujeito. "Experimentei a sensação de estar sumindo, evaporando, com vontade de estrangular o miserável que não tinha pena daquele caixeiro e deixava-o morrer aos poucos." Tudo isso ia amargando-lhe a vida. Entrou numa pensão. "Senhora… Venho do interior…" Engasgou, sem poder articular uma palavra. "Fale." Disse o que desejava. Só se pagasse adiantado. "Quis ainda dizer alguma coisa…" A velha o deixou parado na porta, e entrou resmungando. "A raiva me enchia o peito."

Precisava arranjar um emprego. Esperou o comércio abrir. Andava de rua em rua, de casa em casa. Passou o dia assim "e cada porta em que entrava deixava-me mais desanimado, convencido de que ia passar fome…". Rasgava um anúncio, retirava outro do bolsinho, parava à porta de outra casa: "Sinto muito, mas não precisamos." Os pés doíam. A cabeça escaldava. Jantou mal. Lembrava-se de Nilza. "Minha irmã era uma luz naquela tempestade de sentimentos que se misturavam na minha alma." Via hipocrisia em cada cara, sentia nojo de tudo. Difícil viver no meio dessa gente que só sabia enganar. O mundo se povoara de abutres. Descia a rua Larga com profundo sentimento de mágoa. "E fome. Muita fome." Precisava ver os anúncios de emprego. Lembrou-se de que não tinha dinheiro para comprar o jornal. Também era inútil. Havia comprado várias vezes, sem resultado. Entrou em todas as casas de comércio. Recebia apenas sorrisos amáveis, algumas vezes, recusas delicadas. Daí a consciência lúcida da realidade dura. "As recusas delicadas, a fome, tudo me dava medo. Veio-me a ideia trágica de acabar de vez com tudo aquilo. Tanto bonde, tanto automóvel passando. Certamente que um deles poderia dar fim aos pensamentos que me queimavam a cabeça."

Fome. Viu um restaurante. Sentiu o cheiro de carne assada. Viu a mesa com travessas de comida. "Olhei angustiadamente aquela gente que jantava bem, senti um desejo feroz de arrasar tudo aquilo, uma vontade forte de sensações violentas", esmurrar as pessoas bem vestidas. "Via-me entrando no restaurante quebrando tudo, distribuindo socos, derrubando os garçons, sentando-me à mesa para comer até fartar. Uma dor funda tolhia-me os movimentos." Dormiu no banco do jardim. Noite longa... O guarda lhe disse que ele não podia dormir ali. Guardas maus. Caminhava. Chegou ao Cais do Porto, na praça Mauá. Via os navios flutuando no meio da baía. Esqueceu-se dos problemas. Imaginou-se a bordo do vapor, viajando como turista. Via-se no tombadilho, ouvindo música. Mulheres bonitas cruzavam por todos os lados. Misturava-as com as caboclas de Buritizal, que repelia. Tinha raiva. Viajou por toda a América, a Europa. Jogou nos cassinos de Monte Carlo. Aí a beleza das transições psicológicas. Estando ele assim no mundo da lua, sentiu vagamente alguém perto dele. Ouviu uma voz estranha, longínqua, "vinda não sei de onde: 'Você também gosta de viajar?' 'Não! Estou conversando com o dono do hotel, em Tóquio.'"

"O sujeito ficou assombrado, disse que eu estava doido. Girei o corpo mole, olhando-o, abri de todo as pálpebras. E continuei a olhar o navio." O pensamento transtornado volta-se à cabocla, de quem tinha raiva e não queria fosse ela. O sujeito, cada vez mais espantado, não tirava os olhos dele. Sacudiu-o com força: "Você está é doido!"

> Muito tempo depois, voltava a mim como se tivesse feito, não uma viagem de turismo, mas um trajeto longo, por caminhos tortuosos e desconhecidos, numa noite erma e escura.
> A manhã era linda e não tinha reparado nisto. Refeito do ligeiro desmaio, via um mundo extremamente belo, claro e cheio de sol. Uma grande vontade de viver enchia-me a alma. Era como se eu fosse um deus.

VIII "OS BICHOS DO SUBTERRÂNEO"

Essas oscilações psicológicas mostram o estado mental do narrador. O sujeito, intrigado, perguntou o que o atormentava. Apresentou-se, chamava-se Mário Lessa. Contou o que o afligia. Ele o convidou para ir comer num restaurante. Lessa trabalhava numa fábrica de bebidas, morava numa pensão. Perguntou se ele queria trabalhar na fábrica de bebida. Levou-o para a pensão. Arranjou-lhe uma cama no seu quarto. Depois, levou-o à fábrica, onde se empregou. Seu Magalhães, o dono, era tolerante. Ficou gostando dele. Levava-o para jantar em sua casa requintada. Conheceu a mulher dele, bonita, Silvia. Desejou-a. Mas conheceu Raquel, com quem se enrabichou. Dormia lá, perdia hora, chegava tarde ao serviço. Desculpava-se. Começou a faltar. Percebeu que seu Magalhães andava triste. Sofria ao imaginar que dona Silvia, a quem queria muito, em breve não teria a bela casa do Botafogo. Chamou-lhe a atenção. "Você tem faltado muito, está ficando relaxado." Desculpou-se, mentiu: "Ando meio doente, seu Magalhães". Os negócios de seu Magalhães iam mal. Estava arruinado. Dona Silvia, inconsolada, chorava.

Cristiano se via outra vez na rua. Tinha guardado dinheiro, mas gastou com Raquel. Não conseguia viver sem ela. Seu tormento aumentava, sentia-se perdido... Novamente teria que arranjar um emprego. Nervoso, agressivo, a cabeça rodando, a alma doendo. Pensava em Raquel com outro homem. Teve um diálogo áspero com ela. "Não há homem aqui. Mas um dia você vai encontrá-lo. Se não quiser assim..."

Mirou-a de alto a baixo. Olhou bem no fundo dos seus olhos e arrancou da garganta aquela voz rouca, arrastada:

"Adeus, Raquel!".
Ela segurou-o pelo braço:
"Que é isto?"
"Não volto mais; adeus."
Fez menção de sair, ela o conteve:
"Não! Não vai, não! Deixe-me explicar!"
Saiu.
"Adeus, Raquel!"
"Louco!"

Tomou o trem no dia seguinte e voltou para Buriti da Estrada.

"Muito tempo depois, com medo de Raquel, vencido, voltei para Buriti da Estrada. E esbarrei com aquela realidade espantosa [a morte da irmã querida], que me encheu de remorso e me deu este peso na alma, esta vontade de não viver, com que me encostei em Morada Nova", com o espírito envenenado pela dúvida e o coração doendo pela morte de Nilza.

Casou-se com Ana, filha de pais abastados, por isso não precisava trabalhar, passava o dia inteiro na rede, ouvindo discos que, a seu mando, a mulher punha na vitrola. O fantasma de Raquel o atormentava dia e noite. Maltratava a mulher. Levou a sobrinha, Berenice, para fazer companhia a Ana.

> Ana dedica-se inteiramente à minha sobrinha, deixando-me só. E começo a achar que minha mulher não devia ser feliz, enquanto eu continuo sofrendo. Meu despeito cresce, vai aos poucos tomando conta de mim – e nasce o desejo de fazer minha mulher sofrer. Chego a imaginá-la se debatendo nos meus braços para se libertar. Imagino que gostaria de provocar nela uma dor física intensa. Procuro refúgio nas recordações para livrar-me dessa ideia cruel.

Adiante:

> Se Ana soubesse as dificuldades que passei, ficaria admirada. Talvez nem acreditasse que eu, sempre taciturno e indiferente, tivesse tido uma vida tão difícil. Mas Ana não sabe de nada. Nunca lhe falei da minha vida. Nunca lhe disse que a causa de tudo que está acontecendo conosco são os fracassos que me atingiram tantos anos antes. Minha mulher é boa, meiga, mas penso que, no fundo, guarda um ressentimento que não desaparecerá nunca. Se ela conhecesse meu passado, certamente me perdoaria. E o ressentimento se transformaria em piedade.

O romance termina com o narrador deixando a mulher e a sobrinha e partindo para o Rio de Janeiro à procura de Raquel.

É um romance triste. A narrativa foi construída com a angustiosa reflexão do narrador. Romance psicológico, introspectivo, subjetivo,

VIII "OS BICHOS DO SUBTERRÂNEO" 345

5. EURÍDICE

Eurídice[25] foge da tripla linha romanesca de José Lins do Rego: a decadência dos engenhos de açúcar do Nordeste, o regionalismo e o memorialismo. Bem o disse Rachel de Queirós:

> Em *Eurídice* não temos pitoresco, nem seca, nem inverno, nem usina, nem barreira. Apenas um homem e as suas lembranças. Angústia, solidão, e uma espécie de espanto retrospectivo da mente crítica e pensante ao remoer a memória das passadas torturas, que já chegam até nós como que endurecidas e ressecadas por um anterior processo de recalcamento e de pavor.[26]

Essa "memória" é a psicológica, conjunto de lembranças, não a que se refere o caráter memorialístico dos romances autobiográficos. *Eurídice* está nessa hipótese, porque o narrador é o protagonista da história; não é o memorialismo no sentido de que a história contada no romance é reflexo da história do autor, diferentemente de *Menino de Engenho, Doidinho* e *Banguê*.

O intimismo subjetivo perdura em *Eurídice*, na medida em que se trata de romance de primeira pessoa, em que o "eu" do narrador é dominante. É romance urbano, ambientado na cidade do Rio de Janeiro, a primeira parte numa casa da rua da Tijuca e a segunda na "pensão" de dona Glória na rua do Catete. Essa duplicidade de ambiente quebra a unidade da história, porque, em cada um deles, as personagens são diferentes, de sorte que a persistência do narrador ou as poucas lembranças retrospectivas não são suficientes para sustentar a unidade do romance. Na casa da rua da Tijuca, além do narrador, ainda menino, até os doze anos, havia sua mãe, Leocádia, dominante; a irmã Isidora, que equilibrava as relações traumáticas da mãe com o filho. E ainda, circunstancialmente, a outra irmã, Laura com o marido; Luís, namorado de Isidora; temporariamente a tia Catarina, irmã de

---

25 J.L. do Rego, *Eurídice*. Todas as citações foram extraídas da edição de 2012 da José Olympio.

26 "O Fabuloso Lins do Rego". Artigo publicado no *Diário de Notícias*, Rio de Janeiro, em 1947, e reproduzido nas p. 19-23 da 11ª edição (2012) de *Eurídice*.

Leocádia e o marido Fontes, residentes em Alfenas, Minas Gerais, que vinham passar férias na casa. Todos com características bem definidas. Essas personagens desaparecem na segunda parte, salvo a visita do tio Fontes, por alguns dias na pensão de dona Glória.

A mudança de ambiente e das personagens modifica também a natureza da história. Terminada a primeira parte com a ida do narrador, o Julinho, para o colégio em Alfenas, dá-se um corte na história, um hiato, decorrente da ausência do narrador, uma vez que o ambiente do colégio não faz parte do enredo. Quando o narrador volta do colégio com dezessete anos, começa a segunda parte, com ele anunciando que irá continuar a sua história. Na verdade, vai recomeçá-la em outro ambiente, com outras personagens que são dona Glória, dona da pensão na rua do Catete; suas duas filhas, Noêmia e Eurídice; José Faria, companheiro de quarto do narrador; Alberico Campos, o velho Campos ou o Campos das Águas; e dona Olegária.

O narrador Júlio, ou simplesmente Julinho, conta sua história, suas peripécias, a partir de um presídio onde se encontra, por razões que só no final do romance o leitor descobrirá. Esse é um aspecto que gera certo suspense no correr da leitura. No presídio, ele escreve sua história em um caderno, mas não quer que ela seja tomada como um romance ou que tudo que ele põe naquele caderno, que são "notas de uma história verdadeira, dê a impressão de um desejo de transformar em peripécias de um conto exótico o que só foi a minha realidade". Essa, na verdade, é uma fórmula de denotar o caráter ficcional de uma história, dizendo que se trata de história verdadeira, história real.

Julinho, o narrador, nasceu e se criou numa casa dominada pela presença de um fracasso. A tristeza de sua mãe, Leocádia, dominava o ambiente da casa da rua da Tijuca. Essa tristeza refletia-se em tudo. A mãe era seca para com ele e se mantinha distante para com as duas filhas. Nunca se viu, em sua casa, uma ceia de família ou qualquer outra cerimônia, "onde se derramasse a menor quantidade de ternura". Misturam-se terceira e primeira pessoas: "O Julinho das carícias de minhas irmãs, da severidade de minha mãe, da aspereza de meu pai, crescera igual a um enjeitado." Aí o tema do romance, a causa da tragédia do narrador, como ele reafirma quando morreu seu pai:

> Chorei como todos de casa. E vi minha mãe, que eu imaginava mansa e vencida, erguer-se aos gritos e chorar alto, tão alto que ainda agora como que o sinto aos meus ouvidos. Corri para perto dela. E não me esqueço, não posso me esquecer, do gesto de repulsa que ela fez para me afastar de junto. Fugi para um canto da sala, como que batido e ofendido. [...] Em mim ficou, igual a uma dor de surra, aquele gesto de minha mãe a me empurrar. Não posso esquecer.

Esse o caráter profundamente psicológico do romance, reforçado com a infeliz expressão do médico, quando, ao adoecer, foi procurá--lo: "Este menino será assim sempre. É filho de velhos. [...] Aquilo me ficou doendo. Era um filho de velhos. E por ser assim seria mais fraco, mais doentio que os outros que eram filhos de moços." Isso marca a complexa personalidade do narrador.

Essa densidade psicológica domina o romance. Daí a consequente angústia do protagonista que, no entanto, tinha na irmã Isidora o amparo carinhoso que o aliviava da tortura que a tristeza e as mágoas da mãe descarregavam sobre ele. Não precisava afirmar que estava num presídio, porque esse modo de tratamento de uma mãe não poderia gerar senão uma personalidade deformada, suscetível das mais desastradas atitudes. Mas Isidora ia casar-se. A mãe insistia para que ela se casasse com o dr. Luís de Moura e Sá. É humano que Julinho antipatizasse com ele, porque aquele intrometido vinha retirar dele a atenção e o carinho da irmã.

> O que me desesperava era a indiferença de Isidora. Abandonado estava pela irmã que imaginava que fosse tudo para mim. Os olhos miúdos do noivo e aquela alegria de besta me alucinavam. E outra vez uma raiva assassina se apoderou de minha vontade. Estava certo que Isidora não me deixaria ir para o colégio de Minas, e ela deixava. Era por causa do noivo.
> [...]
> Como eu queria que a irmã subisse e viesse me dizer: "Olha, Julinho, tudo o que faço é porque a minha mãe quer. Dorme, Julinho, dorme, meu anjo; eu sou mais do que tua mãe!"

Não podia fugir da sua triste sina: "E não posso fugir. Agarra-se à minha memória e vem à minha sensibilidade este tempo da infância infeliz, de tantos amargores, de tão cruéis feridas em meu corpo e em minha alma".

Melhor se não tivesse vingado, disse sua mãe, certa vez. Então, incutiu-se nele a ideia de que sua vida carregava alguma desgraça e, assim, sua morte, ao nascer, teria trazido paz à família. Era, pois, um estorvo, um transtorno. Se era responsável por toda aquela mágoa da mãe sofredora, merecia morrer. "Aí me surgiu a ideia sinistra. Sim, pela primeira vez a ideia da morte me apareceu." Um dia, de manhã, antes de ir para a escola, viu a mãe na sua cadeira a ler um livro.

> Uma vontade invencível me encheu de coragem e eu corri para perto dela e tomei-lhe as mãos para beijá-la.
>
> Aconteceu, porém, isto que eu conto ainda com uma ferida no coração: a minha mãe fugiu do meu agrado, e de olhos vidrados, com um grito de nojo, empurrou-me. As suas mãos se ergueram em garras, e, se eu não tivesse fugido de perto, me teria ela estrangulado. Escuto ainda nos meus ouvidos aquele grito e as palavras que vieram após:
>
> "Peste! Vai para o inferno!"

De tudo isso, só poderia vir o ódio, ódio a tudo e a todos. "Comecei a odiar a todos de casa. A odiar Isidora. Queria excluí-la deste meu ódio. E era impossível. Todos naquela casa eram da mesma espécie."

Foi para o colégio em Alfenas, Minas Gerais. Voltou de lá com dezessete anos, ia matricular-se na Escola de Direito. Relembrava que muita coisa se passou depois do casamento de Isidora, que morreu de parto do primeiro filho. Ele também mudara, dera para estudar com tal paixão que chegara a criar renome em toda a cidade. A vida no colégio transcorrera tranquila e mansa.

Era outro, não era mais o Julinho a chorar por tudo, mas tinha saudade, "uma esquisita saudade, até das dores que chorava". Analisava-se. "Muito me detive em analisar-me; senti os fatos que me pareceram reais e cheguei a verificar que a minha verdade não seria um único desejo de sobrepor-me aos outros, ou de aos outros parecer

VIII "OS BICHOS DO SUBTERRÂNEO" 349

o que não era." Essa sua verdade impunha ser fiel no contar sua história. "Quero, no continuar da história que vou contar, permanecer fiel a tudo, sem o menor desvio de meus passos para estradas outras que não sejam os caminhos estreitos, de pedra, de espinhos, mas os meus caminhos."

Foi morar na rua do Catete, na pensão de dona Glória. Quem o levou para lá foi um estudante de Direito, José Faria. Ocupou uma cama no mesmo quarto do novo amigo, que o modelara à sua imagem. Ali moravam o velho Campos, ou Alberico Campos, funcionário público e dona Olegária, duas personagens relevantes na história de Julinho. Dona Glória estimava muito o José Faria.

> "O José é de meu coração. Aqui está há três anos, e nunca tivemos a menor desinteligência. Também é um moço de qualidade. O seu pai não podia escolher melhor companhia."
> E quando lhe disse que não tinha pai, quis logo saber de toda a minha vida. Aquele meu fraco de confessar-lhe a situação foi uma porta abera para dona Glória. Ela também perdera o pai aos doze anos.

O narrador se emociona. Na sala estavam duas moças, Noêmia e Eurídice, que dona Glória apresentou como suas filhas. Eram lindas, tinham os cabelos soltos a cair nos ombros, olhos grandes e lábios vermelhos. O telefone tocou e elas atenderam. Falavam alto e riam. Falavam do Faria. Faria já estava no quarto ano de Direito. Era homem feito para tudo. Julinho se sentia garantido perto dele. A presença de Faria impunha respeito.

Figura interessante era o seu Campos das Águas. "Olha, moço, chama-me pelo nome. Chamo-me Alberico Campos, ouviu?!", disse ele um dia ao José Faria. Dizia-se poeta, já tinha publicado algum soneto em o *Século*. Julinho gostava do velho Campos. Quando estava a ouvi-lo se sentia distante de preocupações. Dona Glória não gostava dessas ligações com o velho. "Seu Júlio, aqui nesta casa sou como mãe. Tenha cuidado com o velho Campos. É meu hóspede, gosto dele, aqui mora há mais de dez anos, mas tenha cuidado. Homem que vive de contar farolagens não é comigo."

Faria tampouco gostava de seu Campos. Este um dia convidou Julinho para sair, e foi dizendo que estudante que não faz a sua boêmia não se vacina para a vida. E acrescentou: "Este Faria, mais tarde, vai sentir a falta das carraspanas que não fez". Levou Julinho a uma casa de mulheres. Tomaram cerveja. Uma mulher o chamou. "Vamos, meu bem." Campos o animava. A cerveja fervia no sangue.

> Subi a escada, trêmulo, mas um fogo infernal me escaldava o sangue. E tudo se passaria de um jeito que não poderia deixar de contar. Quero contar porque daí começou qualquer coisa de terrível para mim. Era uma experiência extraordinária. Vencera a minha timidez, tudo o que era meu agia como se eu estivesse sendo conduzido por uma força invencível. Mas, quando estava quase que fora de mim, veio-me a imagem de Isidora. Eu havia desejado que ela morresse de parto. Aquilo fulminou-me. E um pavor tão grande apoderou-se de mim, que espantou a mulher. Tive vontade de correr. E chorei como se fosse um menino perdido.

O fracasso o prostrara. Sentia-se dominado por uma ansiedade que não sabia explicar muito bem o que era. Parecia sonho, uma agonia de sonho. Mas Noêmia se aproximou. Sorria para mostrar uma boca de dentes brancos e de lábios cheios. Sua pele era macia. Gestos arrebatados. Cantava com doçura a sua música triste. Faria não a tolerava. Tratava-a com secura. Eurídice, sim, agradava ao seu companheiro. Julinho notou algo de diferente em Faria. Havia alguma coisa a atuar fortemente nele. "O homem grave que não se metia na disputa dos colegas, o estudante que só cuidava de suas aulas, de seus livros, de seus pontos, já não era ele. Agora via-o em conversa, em grupo, a tomar posição contra os comunistas, a dar opinião radical sobre os acontecimentos. A mim, me tratava como se fosse uma criança a quem não devesse tocar em certos assuntos." Uma noite apareceu na pensão de camisa verde, com dragonas de chefe. O velho Campos, quando o viu chegar para o jantar metido no uniforme de grande integralista, pediu licença, e retirou-se da mesa. Comentou mais tarde: "Olha, menino, isso é um partido para bunda-suja". Faria, no entanto, queria que Julinho entrasse no partido, mas Julinho fugia dessa ligação com um compromisso definitivo. Nada poderia fazer sem se aconselhar com o tio Fontes. Noêmia anunciou-lhe que ia se casar. Eurídice, no entanto, passara a ter um interesse estranho por ele.

"E tudo fora muito simples. Nada tinha ela de semelhante à outra. Se não era bonita, mostrava, no entanto, uma personalidade que, perto da agitação de Noêmia, a fazia parecer de outro sangue." Mas ela confessava estar doida pelo Faria. Seu Campos convidou Julinho para um passeio. Confessou o motivo por que o havia chamado. "Olha, filho, o Jaime qualquer dia destes faz uma desgraça. Eu não quero dizer nada, mas se ele descobre as ligações de Eurídice com o galinha-verde, vai haver coisa feita. Tenho medo desse menino. Mas esse tipo que mora contigo não merece outra coisa."

O velho Campos também o convidou para irem à Lapa. "Mulheres, filho; sem mulheres nada se faz." Ele foi ali recebido com festas. Julinho começou a sentir-se mal. "Um asco indomável se apoderou de mim. E, pretextando sair para uma necessidade, cheguei à porta da rua e pus-me a correr até à praia. O vento bom da Glória me lavou daquela imundice." Chegou em casa abatido. Fugira mais uma vez da companhia do velho Campos. Mais de uma vez lhe dissera ele que devia procurar mulheres. Mulheres de qualquer qualidade, mas mulheres. "Encolhi-me na cama, e quando o meu companheiro chegou não dei sinal de vida." Mais tarde viu que entrava gente no quarto.

> Era Eurídice, que estava na cama de Faria. Fiz o maior esforço de minha vida para permanecer sem um movimento. E tudo me chegava aos ouvidos, todos os rumores, todos os gemidos abafados, todos os suspiros. [...] Todo o meu corpo se agitava, numa vibração de espasmo. Depois ouvi um silêncio de morte. E vi Eurídice desaparecer como um fantasma, na escuridão.

Teve ódio do Faria. Ele, que queria salvar a pátria, defender as tradições, a família, Deus, e todas as purezas do mundo, não passava de um cínico, de um hipócrita. Julinho amava Eurídice e ela amava o Faria. Uma fixação. Não podia mais fugir da presença dela. E ela só falava com ele para saber de Faria, que estava envolvido num movimento político, o integralismo. Dizia que estavam prontos para empolgar o poder. Atacaram o palácio presidencial. Faria foi morto na intentona. Agora Eurídice estava livre. Ofereceu-se para ir ao teatro com Julinho.

> Quero contar tudo como se passou nessa noite que considero definitiva, em minha vida. Sei que estávamos no Teatro Recreio, e Eurídice ficara ao meu lado. Vi, naquela manhã, que os seus olhos me queriam dizer alguma coisa. Fugira deles. Agora estava Eurídice ligada a mim, ao lado da tia Catarina, que se ria à grande com as histórias do cômico. Mas aos poucos eu fui sentindo que a mão de Eurídice me apertava o braço, que a sua perna se juntava à minha. E um calor cobriu-me o corpo inteiro.

Começou a namorar Eurídice, como se nada tivesse acontecido anteriormente. Morrera Faria, e a Eurídice que existia para Julinho era outra moça, sem ligação alguma com a antiga. O velho Campos o advertiu: "Estás a brincar com fogo". Essa moça não merece respeito. "Eurídice não é mulher para a tua vida." Dona Glória também dizia:

> "Seu Júlio, aqui nesta casa nunca admiti namoro de hóspedes com minhas filhas."
> [...]
> "Que intenções tem o senhor para com a minha filha?"
> Temi a pergunta de Dona Glória, mas controlado, fazendo um tremendo esforço para não trair o meu pavor, lhe disse:
> "Gosto de Eurídice, Dona Glória, e quero casar com ela."

Começou a fazer planos, a medir os fatos, a arredar dificuldades e criar o seu mundo. Noêmia o procurou. Advertiu: "Eurídice não é mulher para ti". Tinha havido muita coisa séria entre ela e o Faria. Essa história de casamento era uma burrada. Eurídice era um monstro para o velho Campos, um monstro para Noêmia. Todos o chamavam de criança e diziam que Eurídice era um monstro. Que monstro? Julinho se atordoava. Mais uma vez o velho Campos disse: "Essa menina Eurídice não é de brincadeira". Julinho cismava. Eurídice fugia dele. Ficou em desespero. Uma ânsia irresistível de sair, de andar, o arrastou da cama ainda com a madrugada. A cidade dormia. "Eurídice, sempre Eurídice a cercar-me, a atormentar-me. Ficara-me o cheiro de seu corpo, como uma nódoa no meu olfato."

VIII "OS BICHOS DO SUBTERRÂNEO"

Voltou para casa. Eurídice o olhava com tal malícia que o arrasou a serenidade com que procurava fugir. Quando a casa ficou silenciosa e vazia, Eurídice foi ao seu quarto. Falou de coisas corriqueiras. "Alheia àquela outra Eurídice que escapara de minhas mãos na noite anterior." Lembrou-se de Faria a censurá-lo. Lembrou de Isidora, triste e abandonada. Marcou encontro com Eurídice. "Acredito que foram estas horas de espera, para o encontro marcado pela mulher que amava, os mais terríveis instantes de minha vida." Curioso é que foi se acalmando. "E assim, ao ver Eurídice, no ponto dos bondes de Santa Teresa, aproximei-me, sem espécie alguma de medo."

Andaram um pedaço pela mata sombria. Havia cigarras cantando, ouvia bem o trinado de pássaros e o rumor de seus pés pelas folhas secas.

Agora o que existia em mim era uma mistura de ira e amor, de asco e desejo indomável. Eurídice falava, falava manso, e a sua voz foi me arrastando para uma espécie de precipício. Queria fugir e não podia. E nos sentamos num recanto escondido. Ouvi bem que ela falava de Faria, e os seus olhos estavam molhados. Procurei beijá-los, e ela fugiu de minha boca. Então, em mim se desencadeou uma fúria que não era uma vontade minha. A fala de Eurídice mais ainda me exasperava. Ouvia-a como se fosse a voz áspera de minha mãe. Ao mesmo tempo as palavras pareciam sair da boca de Isidora. [...] Uma força estranha se apoderou de mim. O cheiro do corpo de Eurídice subia, me afogava. Ela estava ali, quieta, mole, vencida. E senhor de mim, capaz de vencer todos os obstáculos, debrucei-me sobre ela para esmagá-la. Eurídice resistiu, quis erguer-se do chão úmido, mas a minha força era de uma energia descomunal. Sabia que a tinha em minhas mãos e que as minhas mãos eram de ferro. E procurei a boca que fugia, que gritava, e aos poucos foi ficando em silêncio pesado. As minhas mãos largaram o pescoço quente de Eurídice. E ela estava estendida, como na minha cama. O corpo quase nu na terra fria.

NONO CAPÍTULO

Polifonia das Estepes

1. INTRODUÇÃO

Um crítico severo de Dostoiévski, que nele viu um *talento cruel,* disse, não obstante, que ele "é simplesmente um grande e original escritor"[1]. Na verdade, digo, um dos maiores romancistas que o mundo já conheceu. O epíteto, "talento cruel", se tem valor, aplica-se apenas na segunda fase da produção romanesca de Dostoiévski, quando afloraram com certa crueza os temas do parricídio, o estupro da mulher indefesa, ou por ser criança, como no caso da menina violentada por Stavróguin, ou jovenzinha, como no caso de Nastácia Filípovna[2].

De fato, como observa Luigi Pareyson, a produção literária de Dostoiévski se divide em dois períodos, separados por uma crise que induz a falar de transformação, se não de renascimento.

> O primeiro período, que compreende, entre as obras principais, *Gente Pobre, Recordações da Casa dos Mortos, Humilhados e Ofendidos,* é inspirado por uma visão laica e "europeizada" da vida, formada

---

1 N. Mikhailóvski, Um Talento Cruel, em B.B. Gomide (org.), *Antologia do Pensamento Crítico Russo (1802-1901)*, p. 430.
2 L. Pareyson, *Dostoiévski, Filosofia, Romance e Experiência Religiosa*, p. 17.

por um humanismo filantrópico, um socialismo utópico e um genérico otimismo em relação à fraternidade humana. O segundo período começa com *Memórias do Subsolo*, de 1864, e compreende também os grandes romances, *Crime e Castigo, O Idiota, Os Demônios, O Adolescente*, os *Irmãos Karamázov*. É inspirado por uma concepção trágica da vida, que une, numa robusta síntese, uma religiosidade profunda, um vivo sentido da terra, uma vigorosa consciência da realidade do mal e da força redentora da dor, bem como a convicção de que o homem realiza plenamente suas próprias possibilidades somente se não quer substituir-se a Deus, mas reconhece sua transcendência.[3]

Dessas obras, quatro são de primeira pessoa, sendo duas da primeira fase: *Recordações da Casa dos Mortos* e *Humilhados e Ofendidos* e duas da segunda: *Memórias do Subsolo* e *O Adolescente*. Este não será examinado e *Memórias do Subsolo* já o foi. Portanto, só os dois primeiros serão objeto de consideração neste capítulo. Mas uma ideia geral da literatura do autor é pertinente, daí as duas passagens expressivas de Ledo Ivo:

> Assim, o leitor comum, consumidor ocasional ou inveterado de Dostoiévski, manja logo, no impacto da primeira leitura, que sua obra, vertiginosa como uma carruagem correndo desembestada num escuro caminho de neve e de lama, tem, primacialmente, duas faces, entre as inúmeras: uma voltada para a Rússia, para a angústia de seu tempo de cidadão, e outra dirigida para a universalidade do homem, para o tempo em que a criatura se desprende de sua terra e de seu calendário e se impõe como o comparsa de um tempo maior, transfundido em eternidade.[4]

E mais adiante:

> tudo em Dostoiévski se insere numa hierarquia de símbolos e mitos. As criaturas, os objetos; os acontecimentos, as intrigas, o que se move e acontece nos seus romances têm um sentido que ultrapassa o contexto e por isto mesmo se traduz raconto e mensagem, em qualquer língua, mudando-se, com a leitura, no idioma particular

3 Ibidem, p. 23.
4 Aqui e Agora (prefácio do tradutor), em F. Dostoiévski, *O Adolescente*, p. VII e VIII.

IX POLIFONIA DAS ESTEPES

do leitor, consubstanciando a universalidade nos limites mais íntimos e subterrâneos.

Mikhail Bakhtin, um dos maiores críticos e teóricos da literatura do século XX, escreveu um livro da mais alta importância teórica sobre a poética de Dostoiévski, em que o considera um dos maiores inovadores no campo da forma artística e no qual sustenta a tese de ter sido ele o criador do romance polifônico. Daí deriva-se o título deste capítulo: "Polifonia das Estepes". *Polifonia*, porque característica do romance dostoievskiano, em que as vozes permanecem independentes e combinam-se numa unidade de ordem superior à da homofonia, por combinar elementos diametralmente opostos da narrativa à unidade do plano filosófico e ao movimento em turbilhão dos acontecimentos; por combinar numa criação artística confissões filosóficas com incidentes criminais; incluir o drama religioso na fábula da história vulgar, por meio de todas as peripécias da narrativa da aventura; e por conduzir as revelações de um novo mistério[5]. *Estepes*, porque é uma das expressões da paisagem russa à qual é voltada a obra de Dostoiévski.

Em síntese, as obras de Dostoiévski são monumentais porque constituem expressão não apenas da arte, mas da ciência, da filosofia, da moral, da religião, da política, do belo e do feio, do pequeno e do grande, do particular e do universal[6].

2. RECORDAÇÕES DA CASA DOS MORTOS

Recordações da Casa dos Mortos (1862)[7] é o título conhecido do livro em que Dostoiévski chamou a atenção do público como representação da vida das galés, "descrição de uma espécie de inferno". O livro

---

5 M. Bakhtin, *Problemas da Poética de Dostoiévski*, p. 14, 23.
6 Isso que Ivan Marques disse a respeito na edição da Zahar de *O Ateneu* se aplica ainda com mais justeza a Dostoiévski; cf. I. Marques, Apresentação, em R. Pompeia, *O Ateneu*, p. 7.
7 O título conhecido é este, mas o volume que estou compulsando é *Memórias da Casa dos Mortos*. Todas as citações são da edição de 2013 da L&PM, tradução de Natália Nunes e Oscar Mendes.

se refere ao período em que o autor cumpriu, na Sibéria, quatro anos de prisão e trabalhos forçados por se envolver em movimentos revolucionários. O crime era político, mas ele cumpriu pena em um presídio de condenados comuns, em meio a assassinos e a ladrões. "Todas as humilhações e sevícias a que foi submetido são descritas em pormenores, assim como os criminosos entre os quais viveu", informa Vladimir Nabokov[8].

O livro não é, porém, tipicamente autobiográfico. É certo que ele é fundado na experiência vivida pelo autor. Aqui temos uma notável demonstração de como um romancista talentoso pode transfigurar a realidade a ponto de os aspectos ficcionais encobrirem os fatos reais. Então, à distância, o leitor, não prevenido lê a obra como se lê um romance. É por essa razão que o analiso aqui e não no capítulo das autobiografias e memórias.

Esse caráter romanesco foi dado pelo próprio autor via a metaficção pela qual se atribui a um narrador fictício a autoria de um manuscrito que o autor real publica em seu nome. Esse processo está descrito na introdução ao livro. O autor conta que, numa dessas cidadezinhas no meio da estepe siberiana, conheceu Alieksandr Pietrovitch Goiântchikov, colono, pertencente à nobreza da Rússia e proprietário, que depois foi presidiário de segunda categoria [preso do forte, sob comando militar, anotam os tradutores] por ter assassinado a mulher no primeiro ano do casamento, por ciúme, e que, até o término dos dez anos de presídio impostos pela lei, levava uma existência plácida e ignorada. Enfim, passou algum tempo sem visitá-lo e quando voltou ele tinha morrido. O narrador conseguiu com a taciturna senhoria ver as coisas deixadas por Pietrovitch, entre as quais uma cesta de papéis e, em meio a eles,

> havia um caderno menor, bastante volumoso, escrito numa letra miúda e inacabado, talvez abandonado ou esquecido pelo próprio autor. Era uma descrição, embora incoerente, dos dez anos de vida de presídio que Alieksandr Pietrovitch sofrera. De vez em quando essa descrição era interrompida por outras narrativas, por estranhas

8 V. Nabokov, *Lições de Literatura Russa*, p. 145.

e espantosas evocações, escritas com mão nervosa, convulsiva, como debaixo de algum temor. [...] os apontamentos do presidiário, "Cenas da Casa dos Mortos", conforme ele os chamava em qualquer passagem do seu manuscrito, não me pareciam isentos de interesse. Todo esse mundo completamente novo, desconhecido até agora; algumas observações particulares a respeito desses homens perdidos seduziram-me e inspiraram-me uma certa curiosidade.
[...]
A casa dos mortos era um grande casarão, todo rodeado por um muro alto em forma de hexaedro irregular, isto é, por uma fiada de altos postes cravados profundamente na terra, fortemente ligados uns aos outros por meio de cordas reforçadas com triângulos transversais e virados para cima, formando a cerca exterior do presídio. Num dos lados desse recinto estava a porta do forte, sempre fechada, e sempre, de dia e de noite, guardada por sentinelas [...] Para além dessa porta ficava o mundo luminoso e livre, onde viviam pessoas normais. Na parte de dentro ficava um mundo especial, que não se parecia com o outro, que tinha as suas leis especiais, os seus trajos, as suas regras e costumes, uma casa dos mortos de além-túmulo, e uma vida... como não existe em lugar algum, e pessoas singulares, tal é o recanto especial que me proponho a descrever.
[...]
O alojamento era uma sala comprida, de teto baixo e abafada, mal iluminada por velas de sebo que emanavam um vapor pesado e sufocante.

O major, chefe imediato da colônia penal, era uma criatura fatal para os presos, os quais tratava de maneira que os fazia tremer, pois era de uma severidade que beirava a loucura; o que mais intimidava era o seu olhar penetrante e inquisitorial, do qual ninguém podia escapar.

O narrador era um nobre, bastante diferente do autor. Tinha certas regalias. Podia ter um cozinheiro que preparasse sua comida e alguém quem lavasse sua roupa, mediante pagamento.

Óssip cozinhou para mim, durante vários anos seguidos, única e exclusivamente um pedaço de carne assada. [...] Suchílov lavava-me a roupa. Para este fim tinham construído uma grande poça d'água. Era nessa poça, numas telhas que a administração fornecia, que se lavava a roupa dos presos [...] A par disso o próprio Suchílov inventou mil coisas para me ser agradável; preparava-me o chá, fazia-me vários recados, arranjava-me aquilo de que eu precisava, levava o meu capote para coser, engraxava as botas quatro vezes por mês.

O narrador é, pois, um preso especial, alguém da elite russa, por isso tem vida amena na prisão, amena em relação aos demais presos. Há presos que o serviam mediante pagamento de quantia módica ou mediante presente ou aguardente.

O narrador fala de vários deles: Suchílov, Micháilov, Akin Akímitch, Skirátov, Luká Kuzmitch, Pietov, Issai Fomitch Bumstei (Judeu), Baklúskin, entre outros, que fazia dialogarem entre si e assim, descritos e tratados como personagens de romance. Para o leitor de hoje, pouco importará que se trate de pessoas reais tanto elas são configuradas como personagens de ficção, em diálogos de ficção.

> "A quem é que incumbe desmontar a barca?", murmurou um, como se falasse consigo mesmo e sem dirigir-se a ninguém.
> "É cão aquele que o fizer."
> "Aquele que o fizer é porque não tem medo de nós", observou outro.
> "Onde, diabo, irão todos esses gajos?", perguntou o primeiro a meia voz.
> [...]
> "Ó compadre, olha como anda o amigo Pietrovitch" –, observou um, chamando assim o camponês, por troça. É de notar que os presos olhavam sempre os camponeses com um certo desprezo, de maneira geral, apesar de metade serem camponeses.
> "O de trás caminha como se estivesse plantando nabos."
> "Pesa-lhe a cabeça; com certeza tem muito dinheiro!" –, observou outro."

A narrativa é feita de episódios, pequenas narrativas e diálogos na forma de romance. Assim o caso de Luká Kúzmitch. O argumento da narrativa, a descrição de como Luká Kúzmitch tinha derrubado o major, apenas por prazer:

> Quando cheguei a K...v, tiveram-me algum tempo no presídio. Olho aquilo: vejo a meu lado um grupo de vinte homens. Circassianos, altos, fortes como touros. E além disso tão mansinhos! A comida era má, e o major manejava-os como queria – Luká atropelava as

IX POLIFONIA DAS ESTEPES

palavras de propósito. – Fico ali um dia, outro; vejo... Que gente
tão covarde! 'Por que', disse-lhes eu, 'aguentam vocês esse burro?'
'Anta, vai tu falar com ele!', e riam-se de mim. Eu me calo. E havia
lá um circassiano muito trocista, rapazes – acrescentou de repente
encarando com Kobílin e dirigindo-se a todos em geral. – Contava
como o tinham condenado e como tinha falado no Tribunal e chorado; dizia que tinha filhos e mulher na terra. Era um homenzarrão
grisalho e gordo. 'E', disse ele, 'falei-lhe: Não! Estou inocente!' Mas
ele, o filho do diabo, sempre escrevendo. Fui e gritei-lhe: 'Assim tu
te arrebentes, se eu não estou inocente'. E ele sempre escrevendo...
Então perdi a cabeça'".

"Vássia, dá-me linha, a do presídio está podre."

"Esta é da loja" –, respondeu Vássia dando-lhe a linha.

"O nosso novelo, o que temos na oficina, é melhor. Os daqui
é o inválido que compra e sabe-se lá de que comadre é que ele os
compra! –, continuou Luká, enfiando a agulha, virado para a luz.

"A dele, com certeza."

"Sim, é claro."

"Bem. E que foi feito do major?" –, perguntou, muito solícito,
Kobílin.

Foi o que Luká quis ouvir. No entanto não retomou imediatamente a sua narrativa e fingiu até não reparar em Kobílin. Enfiou
a agulha com muita fleugma; mudou a posição das pernas, com
calma e indolência, e por fim continuou:

"Até que por fim sublevei os meus ucranianos e tive de ocupar-
-me do major. Mas já de manhã eu pedira uma faca ao meu companheiro; fiquei com ela e guardei-a, muito naturalmente, como
se fosse por acaso. O major apareceu correndo, furioso. Então eu
lhes disse: 'Não se assustem, russinhos!'. Mas parecia que lhes tinha
caído a alma aos pés. Chega o major, furioso, bêbado: 'Que se passa
aqui? Que aconteceu? Eu sou czar e também sou Deus!'. Quando
ele disse isso de 'Eu sou o czar e também sou Deus!' – continuou
Luká –, puxei um pouco a faca para fora da manga. 'Não', disse eu
e, pouco a pouco ia-me aproximando dele, 'não. Como pode Vossa
Senhoria dizer que é ao mesmo tempo o nosso czar e o nosso Deus?'
'Ah! Mas quem és tu? Quem és tu?', exclamou o major. 'És o cau-
sador do motim?' 'Não', disse eu, e cada vez me ia aproximando
mais, 'não; como Vossa Senhoria sabe perfeitamente, o nosso Deus
onipotente, e que está em toda parte, é um só', disse eu. 'E o nosso
czar também é um só, que Deus colocou acima de todos nós. É ele,
saiba Vossa Senhoria, o monarca. Mas o senhor', disse eu, 'é apenas Vossa Senhoria, ou simplesmente o major... o nosso chefe, por

graça do czar e pelos seus serviços'. 'O quê? O quê?' E já não sabia o que havia de dizer, e entaramelava-se todo. Ficou estupefato. 'Pois é assim mesmo', disse eu e, arremetendo contra ele, fui e, de repente, enterrei-lhe a faca nas tripas, até o cabo. Entrou com muita suavidade. Ele caiu, pesado, e apenas mexeu um pouco os pés. Depois guardei a faca. 'Olhem, russinhos', disse eu, 'agora levantem-no'".

Depois disso faz ele uma longa digressão, de que destaco uma passagem importante sobre a condição do preso que não se esquece de que é um homem e tem necessidade de que respeitem sua dignidade.

> Todos os homens, sejam quem forem, ainda mesmo inferiores, precisam, ainda que se seja uma necessidade só instintiva, inconsciente, de que respeitem a sua dignidade de homem. O próprio preso sabe que é um preso, um réprobo, e conhece a sua condição perante o superior; mas nenhum estigma, nenhuma cadeia consegue fazê-lo esquecer que é um homem. E como é de fato um homem, necessário se torna, por isso, tratá-lo humanamente. Meu Deus! Se um tratamento humano pode humanizar até aquele no qual a imagem de Deus parece já se ter apagado! A estes desgraçados é preciso tratá-los ainda humanamente. É nisso que está para eles a salvação e a alegria. Tive oportunidade de conhecer alguns chefes bons e generosos. Vi bem o efeito que produziam nesses degradados moralmente. Alvoroçaram-se como crianças e, como crianças, começam a amar. [...] O preso deseja que o seu superior possua condecorações, que tenha boa apresentação e goze também das boas graças de algum chefe mais elevado; que seja severo e grave, e reto, e vele pela sua dignidade.

Depois dessa digressão, Luká conta as consequências do seu ato de matar o major:

> "Deram-me 105 [chicotadas], meu caro. Sabem que mais? Por um pouco que não me matavam" –, encareceu Luká, dirigindo-se de novo a Kobílin. "Depois de me terem condenado a essas 105, exibiram-me em público. [...] Até essa data eu nunca soubera o que era chicote. [...] Timotchka despiu-me, estendeu-me e gritou: 'Coragem, que queima!' Quando me deu a primeira chicotada, estive quase a ponto de gritar e cheguei até a abrir a boca; mas não gritei. Faltava-me a voz. Quando me bateu pela segunda vez, queres crer

IX POLIFONIA DAS ESTEPES

que já não o ouvi dizer dois? Quando volto a mim, ouço-o contar: 'Sessenta!'. Por quatro vezes me tiraram depois do estrado e deixaram-me espirar por uma meia hora. Borrifavam-se com água. Eu olhava para todos com uns olhos exorbitados e pensava: 'Vou morrer aqui...'".

Enfim, como observado, o livro proveio de experiência pessoal de Dostoiévski, que cumpriu pena de quatro anos (1850-1854) na Sibéria, o que o marcou profundamente. Mas o livro não é rigorosamente a narrativa desse seu confinamento doloroso, ainda que se chame *Recordações da Casa dos Mortos*. Ultrapassa esse limite subjetivo concreto e se universaliza pela transfiguração romanesca.

O narrador é fictício, criação do autor, como visto.

Se o narrador é fictício, serão reais ou imaginários os presos com quem ele dialoga? Provavelmente sejam reais, transfigurados, porém, em personagens de um romance.

3. HUMILHADOS E OFENDIDOS

A edição que tenho de *Humilhados e Ofendidos*[9] traz um prefácio de Otto Maria Carpeaux sem uma palavra especificamente sobre essa obra, embora faça importantes considerações sintéticas sobre alguns romances de Dostoiévski:

> A ação dos romances é fraca, às vezes incompleta (*Crime e Castigo*), às vezes sem evolução explicável (*O Adolescente*), ou intencionalmente embrulhada (*Karamázov*), e uma vez, nos *Possessos*, tão confusa que ninguém poderia contar o enredo. Parecem escritos somente para preparar essas grandes cenas dramáticas: diálogos e monólogos, discussões e confissões, tentativas espasmódicas dos personagens para se explicarem a si mesmos, ao seu criador e a nós outros. Com efeito, precisam de explicações as suas atitudes inéditas: a raiva misantropa do homem do subsolo; o orgulho

9 F.M. Dostoiévski, *Humilhados e Ofendidos*. Todas as citações foram extraídas da edição de 1933 da José Olympio, tradução de Rachel de Queirós.

mortífero de Raskolnikov e sua conversão repentina, quando a prostituta Sônia lhe lê o perícope de Lázaro; os sucessos epilépticos do príncipe Mischkin que determinam a marcha dos acontecimentos no *Idiota*; a perversão de Stavrogin e o suicídio de Kirillov, nos *Possessos*; a reconciliação entre pai e filho, no *Adolescente*, pela estranha explicação da "arte de contar anedotas"; a hostilidade furiosa de três dos irmãos Karamázov contra o seu pai, enquanto o romance termina antes de ser explicada a atitude diferente do quarto dos filhos. É um mundo de atitudes inexplicáveis.

Como não há uma palavra sobre *Humilhados e Ofendidos*, será que o prefaciador entendeu que nele está tudo explicado?

A primeira coisa que me chama a atenção nesse romance é o relacionamento do narrador com as outras personagens. O narrador é Vania (Ivan Petrovich), cuja posição na trama romanesca é ambígua. Sua presença nos acontecimentos suscita a ideia de que seja ele o protagonista. O que é curioso: ele tem um lugar de protagonista, mas não é uma figura de proa, não digo figura de proa no enredo porque este é insignificante. E aí se dá razão a Otto Maria Carpeaux, quando diz que a ação dos romances é fraca. O enredo gira em torno do romance de Natacha Nicolaievna com Aliocha, filho do príncipe Piotr Alexandrovich Valkovski, tomando-a do narrador que, no entanto, segue sendo seu amigo e conviva e até confidente. Assim, o narrador é um protagonista anti-herói.

O romance não é nada psicológico, não é intimista, nem chega a ser uma história do narrador. Esse romance confirma a ideia de que o narrador-protagonista de primeira pessoa nos romances de acontecimentos é sempre mal caracterizado. Nos romances psicológicos e intimistas, o narrador tem grande destaque em prejuízo das demais personagens. Nos romances de acontecimentos, contudo, como *Humilhados e Ofendidos*, é figura apagada.

DÉCIMO CAPÍTULO

Sinfonia dos Sertões

1. INTRODUÇÃO

Grande Sertão: Veredas, de Guimarães Rosa, publicado em 1956[1], é um dos romances mais analisados da literatura brasileira. A crítica já esmiuçou linguagem, estrutura, personagens, vocabulário, itinerário do narrador-protagonista, oralidade e o mundo em que tudo se move. Dou apenas alguns destaques[2].

---

1   Todas as citações foram extraídas da edição de 1972 da José Olympio.
2   A. Candido, Jagunços Mineiros de Cláudio a Guimarães Rosa, em *Vários Escritos*, p. 101s.; F. Lucas, *Ficções de Guimarães Rosa*; J.C. Garbuglio, *O Mundo Movente de Guimarães Rosa*; W.N. Galvão, *As Formas do Falso e Mínima Mímica*, sobretudo o capítulo "Um Vivente, seus Avatares"; L.M. Covizzi, *O Insólito em Guimarães Rosa e Borges*; M. Fantini (org.), *Machado e Rosa – Leituras Críticas*, com vários ensaios sobre *Grande Sertão: Veredas*; A. Barbosa, *Sinfonia de Minas*; A. Viggiano, *O Itinerário de Riobaldo Tatarana: Espaço Geográfico e Toponímia em Grande Sertão: Veredas*; P.C.C. Lopes, *Utopia Cristã no Sertão Mineiro*; C.R. Brandão, *Memória Sertão, Cenários, Cenas, Pessoas e Gestores nos Sertões de João Guimarães Rosa e de Manuelzão*; P. Rónai, *Rosiana*; B. Lombardi, *Diário do Grande Sertão*; esse diário registra a experiência vivida pela atriz na minissérie ▶

Todas essas análises contribuem para a boa compreensão do romance, compreensão naquele sentido heideggeriano, como um momento que vai do todo à parte e da parte ao todo no ofício de desvendar o sentido de um texto. Em cada uma das análises críticas encontramos elementos enriquecedores de nossa compreensão de *Grande Sertão: Veredas*. Minhas leituras, porém, me comprovaram que, de fato, a ambiguidade, em termos postos por Walnice Nogueira Galvão, é mesmo o "princípio organizador deste romance, através de todos os níveis; tudo se passa como se ora fosse ora não fosse, as coisas às vezes são e às vezes não são", e "a estrutura do romance é também definida por um padrão dual recorrente. A coisa dentro da outra"[3], até porque a dualidade é um elemento provocador de ambiguidades. "Nas linhas gerais tem-se o conto no meio do romance, assim o diálogo dentro do monólogo, o letrado dentro do jagunço, a mulher dentro do homem, o Diabo dentro de Deus."[4]

Reinaldo/Diadorim é a grande ambiguidade, desde o nome dual até sua personalidade externamente masculina e internamente feminina. Essa ambiguidade gera as dúvidas e as vacilações do narrador Riobaldo, que não sabe se vai ou se fica, se ama ou não ama Diadorim, em quem vê roupa de homem, porém mãos e feições de mulher, cujos olhos verdes sempre flertam com ele, como uma namorada, de modo tão irresistível que ele, jagunço muito macho, se ataranta com esse amor impossível e condenado de um homem por outro homem. Daí o intenso drama romanesco, porque Diadorim sabe da sua condição, do seu segredo, sabe, pois, que esse amor é possível, por isso

> ▷ *Grande Sertão: Veredas* produzida pela Rede Globo de Televisão, na qual encarnou a personagem Reinaldo/Diadorim, projeto iniciado em 1982, quando Walter Avancini convidou Bruna para o papel. "Três anos depois o projeto deslanchou, o diretor [Avancini] se embrenhou no mato, ao norte de Minas Gerais, comandando uma equipe de trezentos profissionais, entre técnicos e atores, mais cerca de dois mil figurantes eventuais [...]. Ao longo de quase noventa dias de gravação, gastaram-se em média uma tonelada de frutas por semana, um boi a cada refeição, treze mil copos d'água todos os dias, oito dúzias de base para maquiagem por semana, cinquenta litros de sangue cenográfico... Foram utilizados de 800 a 2.500 cavalos, 59 ônibus (às vezes cem), duzentas camas-beliches, oitocentos lençóis e fronhas, trezentos rolos de fita..." (informações colhidas nas notas prévias da editora do *Diário*).
> 3   W.N. Galvão, *As Formas do Falso*, p. 13.
> 4   Ibidem.

X SINFONIA DOS SERTÕES

sempre dá esperanças a Riobaldo, a ponto de lhe adiantar que, tão logo consumasse a vingança da morte de Joca Ramiro, lhe contaria um segredo que guardava.

Além dessa ambiguidade, suscitada por Nogueira Galvão, pretendo explorar aquela dualidade estrutural, discutida por Márcio Seligmann-Silva, que caracteriza *Grande Sertão: Veredas* como um gesto testemunhal e confessional, pois me parece que é com base nela que se pode definir adequadamente a posição do narrador do romance.

2. A LINGUAGEM

Minha referência à linguagem do romance de Guimarães Rosa vem plena de subjetivismo, porque, sendo também filho daquele mundo rosiano, foi em boa medida a linguagem de minha infância e de minha adolescência. Cordisburgo, terra de Guimarães Rosa, fica à direita do rio Paraopeba, importante afluente do São Francisco; minha terra fica à esquerda. Quem segue pela rodovia Belo Horizonte-Brasília, depois de Sete Lagoas, encontra a cidade de Paraopeba e, pouco antes dela, entrando num desvio à direita, chega a Cordisburgo e à gruta de Maquiné ali perto; seguindo em frente, encontra não muito longe um trevo: à direita se vai para Curvelo, Diamantina, Corinto, Montes Claros, Pirapora, cidades mencionadas no romance; à esquerda, se vai para Brasília e, poucos quilômetros adiante, virando novamente à esquerda, atravessa-se o rio Paraopeba, ingressando no município de Pompéu, de onde sou. Nasci num povoado de nome Buritizal, então vinculado a Buriti da Estrada, distrito de Pitangui, que, ao adquirir autonomia, tomou o nome de Pompéu. Esses nomes, Buriti, Buritizal, bem mostram que são lugares juntos de brejos onde medra, em grande quantidade, esse tipo de palmeira, esguia e elegante, cantada por Afonso Arinos, e também denota ser terras onde se encontram muitas veredas com buritizais. Denoto com isso que nasci e fui criado até os 22 anos no ambiente do *Grande Sertão: Veredas*, e sempre por ali regressei. De Buritizal, com a família, morei em um lugarejo de um município ainda menor: Queima-Fogo, nome que figura em contos de Guimarães Rosa, como vimos na análise de *Um Homem Dentro do Mundo*. Dali, fui com meus pais morar em Sete Lagoas, de onde nos mudamos para São José da Lagoa, junto ao trevo a que me referi anteriormente, e depois para Curvelo. Tudo, como se vê, já nos gerais e entrada para o sertão mineiro.

Ademais, meu pai se embrenhava naquele sertão de Andrequicé, lugar mencionado no romance, para comprar porcos. Certa vez, veio com ele dali um caboclo chamado Dondé, história que conto no meu romance de igual nome[5].

Na obra de Guimarães Rosa, o que primeiro chamou a atenção da crítica e impactou a todos foi o insólito da linguagem do romance. Não sofri o mesmo impacto quando o li a primeira vez em 1972, porque já tinha alguma vivência com aquele modo de falar, que perdi ao vir para São Paulo e, por necessidades acadêmicas, tomei aulas de dicção com a mãe da atriz Nydia Licia, a professora Maria José de Carvalho, e com o professor Oswaldo Melantônio.

Fábio Lucas falou várias vezes da linguagem do romance. "Obra volumosa, de linguagem inovadora, de ruptura com os cânones vigentes, espelhados nos modelos realistas europeus."[6] Noutro passo: "a linguagem de Guimarães Rosa, a mais brasileira, a mais complexa, a mais irredutível à retórica e, por isso, à gramática normativa. A prosa mais poética e, por isso mesmo, a mais intraduzível para outro idioma". No entanto, Edouardo Bizzarri, que foi meu professor no Instituto Ítalo-Brasileiro, fez dele magnífica tradução para o italiano. Quanto à referência à gramática normativa, a minha opinião de leitor comum é a de que a linguagem do romance não a ofende. Adiante-se, desde logo, que se trata de linguagem corretíssima do pondo de vista gramatical. Salvo alguma ênclise desconforme, o resto é tudo muito bem escrito, até no falar dos sertanejos. Não se emprega o dialeto caipira nesse romance, salvo raríssimas exceções. Já não falo do narrador, que era homem letrado. Falo da jagunçada iletrada.

Quando Bruna Lombardi, no seu *Diário do Grande Sertão*, usa expressões como "*Tô* arrasada [...] *tô* morta de fome [...] a poesia *tá*

5 J.A. da Silva, *Dondé*.
6 F. Lucas, Festejo de Guimarães Rosa, *Ficções de Guimarães Rosa*, p. 3.

X SINFONIA DOS SERTÕES

tão presente"[7], não está reproduzindo o modo de falar do *Grande Sertão: Veredas*, que não faz uso desse tipo de linguagem.

A fala sertaneja no romance é reproduzida pela linguagem local sincopada, pelas frases interrompidas e suspensas de que esse depoimento de João Goanhá é bem expressivo no julgamento de Zé Bebelo: "Eu cá, ché, eu estou p'lo qu' o ché pro fim expedir."

Continua adiante, depois de ponderação de Joca Ramiro: "Antão pois antão..." – ele referiu forte: "meu voto é com o compadre Sô Candelário, e com meu amigo Titão Passos, cada com cada... Tem crime não. Matar não. Eh, diá!..."

É também representativo este trecho de uma fala do narrador: "Eh, que se vai jájá? É que não. Hoje, não. Amanhã, não. Não consinto. O senhor me desculpe, mas em empenho da minha amizade aceite: o senhor fica. Depois, quinta de manhã cedo, o senhor querendo ir, então vai, mesmo me deixa sentindo sua falta. Mas hoje ou amanhã, não. Visita, aqui em casa, comigo, é por três dias."

É um vocabulário em que se misturam termos arcaicos, mas conservados ali e até corrente então, e neologismos formados pelo escritor, às vezes com elementos de idiomas estrangeiros, e por um processo enriquecedor de prefixação e sufixação legítimo, e formas onomatopaicas ("blimbilim", p. 14). Vocábulos nem sempre dicionarizados, o que dificulta a leitura.

Então, vêm, por exemplo: conchegamos, sobrefoi, maismente, meiamente, sonhejando, nãozão, olhalhão, sofreúdo (sofredor), coisice, andaço, susséguinte, essezinho; tranquibérnia (tramoia, burla), tapigas (barricadas), ramafeio (ralé), esbarrar (muito usado na região com o sentido de parar, deter-se: "Ricardão esbarrou de cochilar", parou de cochilar); divulgar (no sentido de ver, notar: "gente assim conforme eu nunca tinha divulgado", p. 290); somar (no sentido de importar: "Mas Hermógenes com aquilo não somou", p. 201, igual a não se importou com aquilo); trunco (muxoxo); pé pubo (pé podre); forçurar-se (apressar-se); peta (mentira, foi muito usado na região); upar (subir, montar: "Zé Bebelo upou na sela", p. 215); "o macuco

---

7 B. Lombardi, op. cit., p. 50, 51; grifos nossos.

vinha andando, sarandando" (saracoteando); tutameia (título de um dos livros de Guimarães Rosa, termo muito usado na região como coisa de pouco valor, irrisória); maludo (muito usado no sentido de homem corajoso, bravo); sungar (empregado uma só vez) é forma de "assungar" (p. 57), levantar, erguer, vocábulo muito usado na região. Lembro-me que, quando chegamos a São Paulo, fomos morar num apartamentinho com um corredor comum com outra família; uma manhã, a filha da moradora engasgou e minha irmã saiu ao corredor gritando para a vizinha: "Assunga o braço dela, assunga, assunga", e a vizinha, atarantada, sem saber o que ela estava falando, até que minha irmã mesma foi lá e ergueu os braços da criança, que desengasgou. Aí duas coisas do lugar: o verbo "assungar" no sentido de levantar, erguer, e a prática de que, erguendo-se os braços de uma criança engasgada, ela desengasga.

Homem daquele mundo, confirmo o que disse Walnice Nogueira Galvão sobre as fontes da linguagem de *Grande Sertão: Veredas*:

> Guimarães Rosa foi buscar no sertão a linguagem de que Riobaldo se utiliza. É de lá que vêm os torneios de frase, os regionalismos e os arcaísmos resgatados. Como se sabe, o idioma conserva-se melhor longe dos centros urbanos, onde o isolamento o protege das inovações trazidas pelas correntes migratórias, pelo jargão da mídia e pela gíria. Os dois traços básicos da linguagem empregados por Riobaldo são, por isso, os regionalismos e os arcaísmos.[8]

3. ESTRUTURA FORMAL

Grande Sertão: Veredas não é formalmente dividido em partes, nem em capítulos ou seções. A narrativa procede maciçamente desde a primeira palavra "Nonada" até a última, "Travessia" e se fecha com o símbolo do infinito, a dizer: o texto acaba, a história termina, mas a travessia vai ao infinito.

---

8 *Mínima Mímica*, p. 248.

X SINFONIA DOS SERTÕES

Apesar de não ter divisão formal, o leitor atento percebe pelo menos três partes bem demarcadas. A primeira vai do início até o encontro dos meninos; a segunda, até a morte de Joca Ramiro; a terceira, finalmente, até o desfecho.

Grande Sertão: Veredas é um romance de primeira pessoa. Significa que nele existe um narrador que conta a história na primeira pessoa. No caso, o narrador é um velho jagunço aposentado de nome Riobaldo, apelidado de Tatarana (ou seja: taturana, lagarta-de-fogo, lagarta que queima, por ser ele um bom atirador, aquele que queima o alvo), no fim chamado também de Urutu Branco (cobra muito venenosa). Adiante vemos a figura do narrador do romance. Interessa-nos a sua narrativa nesta primeira parte do livro. Ali ele é difuso, tergiversador, mistura os assuntos, vai adiantando temas que só depois serão efetivamente contados. Já fala de Diadorim. "Diadorim me pôs o rastro dele para sempre em todas essas quisquilhas. Diadorim, duro sério, tão bonito, no relume das brasas", indicando já de início o relacionamento possível ou impossível dos dois.

Faz reflexões de grande relevo social:

> Uma coisa é pôr ideias arranjadas, outra é lidar com país de pessoas, de carne e sangue, de mil-e-tantas misérias... Tanta gente – dá susto de saber – e nenhum se sossega: todos nascendo, crescendo, se casando, querendo colocação de emprego, comida, saúde, riqueza, ser importante, querendo chuva e negócios bons... De sorte que carece de se escolher: ou a gente se tece de viver no safado comum, ou cuida só de religião só. Eu podia ser: padre sacerdote, se não chefe de jagunços; para outras coisas não fui parido.
>
> [...]
>
> O senhor... Mire e veja: o mais importante e bonito do mundo, é isto: que as pessoas não estão sempre iguais, ainda não foram terminadas – mas que elas vão sempre mudando. Afinam e desafinam. Verdade maior. E, outra coisa: o diabo, é às brutas; mas Deus é traiçoeiro! ah, uma beleza de traiçoeiro – dá gosto! A força dele, quando quer – moço! – me dá o medo pavor! Deus vem vindo: ninguém não vê. Ele faz é na lei do mansinho – assim é o milagre.
>
> [...]

> Digo: o real não está na saída nem na chegada; ele se dispõe para a gente é no meio da travessia.
>
> [...]
>
> O senhor sabe: tanta pobreza geral, gente no duro ou no desânimo. Pobre tem de ter um triste amor à honestidade.

Adianta as personagens principais da trama romanesca e faz delas apreciação rápida, a cada qual destacando o signo marcante.

> Esses homens! Todos puxavam o mundo para si, para o concertar consertado [...]. Montante, o mais supro, mais sério – foi Medeiro Vaz. Que um homem antigo... Seu Joãozinho Bem-Bem, o mais bravo de todos, ninguém nunca pôde decifrar como ele por dentro consistia. Joca Ramiro – grande homem príncipe! – era político. Zé Bebelo quis ser político, mas teve e não teve sorte: raposa que demorou. Sô Candelário se endiabrou, por pensar que estava de doença má [lepra]. Titão Passos era o pelo preço de amigos: só por via deles, de suas mesmas amizades, foi que tão alto ajagunçou. Antônio Dó – severo bandido. Mas por metade; grande maior metade que seja. *Andalécio*, no fundo, um bom homem de bem, estouvado raivoso em sua toda justiça. Ricardão, mesmo, queria era ser rico em paz: para isso guerreava. Só o Hermógenes foi que nasceu formado tigre e assassim. E o "Urutu-Branco"? [o próprio Riobaldo] Ah [...], era um pobre menino do destino. (Grifo nosso.)

Apesar de todas as tergiversações, dos vai e volta das primeiras oitenta páginas do romance que, não raro, desanimam leitores a prosseguir, o certo é que elas são importantes como uma espécie de introdução ao romance que rigorosamente só começará adiante. Nessas páginas, o narrador constrói o ambiente sertanejo em que se desenrola a ação romanesca. Ali conta ao senhor, seu interlocutor, suas superstições e visão do sobrenatural, onde "viver é muito perigoso". Ali está o espaço mágico em que se desenrolam os acontecimentos que o narrador *testemunha* e dos quais também participa, aspecto externo que emoldura aquele idílio amoroso que o narrador *confessa* ao mesmo ouvinte, aspecto interno que dá ao romance o seu *leitmotiv*, a sua própria razão de ser, enfim a sua essência romanesca, conforme veremos a seu tempo.

O fantástico, o maravilhoso que, ao lado das personagens são as duas forças no romance, desponta já nas primeiras linhas:

X SINFONIA DOS SERTÕES

> Causa de um bezerro: um bezerro branco, erroso, os olhos de não
> ser – se viu – [...] Cara de gente, cara de cão: determinaram – era
> o demo.
> [...]
> Do demo? Não gloso [...] desfalam no nome dele – dizem só:
> o Que-Diga. Vote! Não..."
> [...]
> O diabo, na rua, no meio do redemunho.

Em itálico no original, para chamar a atenção do leitor, como a alertá-lo para a expressão mística que povoa o livro desde as primeiras linhas até as últimas, como se vê nas páginas 450 e 451, e a dizer que essas coisas do diabo não são invenções do escritor nem do narrador, porque são manifestações das crendices e da religiosidade do sertanejo.

Nós, os filhos de Pompéu, nós os pompeanos, sabíamos dessas aparições do diabo para além do rio São Francisco: Abaeté, Morada Nova, Tabocas. Pois nessas Tabocas havia um destemido violeiro, tão senhor de suas virtualidades que até desafiou o "cara de cão", numa tarde de sol, bem linda, em que ele, sentado à porta de seu rancho, ponteava com tanta beleza a viola, que, cheio de entusiasmo, falou bem alto: "Eta violinha chorosa! Nem o capeta pode com você hoje". Mal fechou a boca e já ouviu um som de viola que vinha pela estrada. Quando olhou, viu um moço bonito passar por debaixo da cerca de arame, enquanto a viola, sem parar de tocar, voava por cima, e aí veio emparelhar-se com o violeiro caipira, e as violas encheram o mundo de um som tão divino que é até estranho que viesse das mãos do demo.

Nós, no Pompéu, não temíamos que o diabo viesse até nós porque havia uma forte barreira que o impedia, o rio, o São Francisco, que, por ter nome de santo, o "coisa ruim" não atravessava. Mas a notícia de suas artimanhas do outro lado corria por ali, inclusive essa de que rodava no meio do redemoinho...

Quando eu estava elaborando estas notas, fui a Portugal e, numa livraria, encontrei *O Malhadinhas* (1922)[9], novela de Aquilino Ribeiro (1885-1963), em edição de 1958 ainda preparada pelo autor e encadernada

---

9 A. Ribeiro, *O Malhadinhas*. Todas as citações foram extraídas da edição de 2011 da Bertrand.

com *Mina de Diamantes*, "novela inédita e decorrente nas mesmas coordenadas beiroas". Abri ao acaso *O Malhadinhas* e li na abertura: "Danado aquele Malhadinhas de Barrelas, homem sobre o meanho, reles de figura, voz tão untuosa e tal ar de sisudez que nem o próprio Demo o julgaria capaz de, por um nonada, crivar à naifa o abdômen dum cristão."

Bem se vê que há semelhança com o início de *Grande Sertão: Veredas*. Há outras semelhanças de estilo, de ritmo. "Nada se me punha pela frente, nem a noite, nem as invernais, nem os ladrões das estradas qual o que! Com latim, rocim e florim andarás mandarim." *O Malhadinhas* é cheio de ditos populares: "Outra venha que rabo tenha"; "Se honrada vais, mais honrada venhas"; "se é feio fica-te com a tua, que eu vou com a minha". O Malhadinhas, como o Riobaldo, também tem pacto com o diabo. O narrador, Malhadinhas, também tem interlocutores a quem invoca com frequência. "Agora deitem vossorias consultas e digam-me [...]".

Continuando esses meus estudos, encontrei um texto de Fábio Lucas, em que ele até pleiteia aproximações entre as obras de Guimarães Rosa e de Aquilino Ribeiro[10]. Fábio Lucas junta um texto de Antônio F. Fornazaro em que faz mais do que essa aproximação, entendendo mesmo que *O Malhadinhas* é uma das fontes do *Grande Sertão: Veredas*.

> Os pontos de contato acima – que podem desdobrar-se em um punhado de outros – cremos indicam que *O Malhadinhas* e *Grande Sertão: Veredas* têm mais em comum que o uso do vocábulo "nonada" nos seus umbrais. Mesmo levando em conta as enormes divergências entre um e outro, acreditamos, o livro de Aquilino foi uma das fontes inspiradoras do mestre mineiro. O parentesco entre Riobaldo e Malhadinhas, seu provável ancestral, quando provado – e cremos poderá sê-lo sem grandes dificuldades –, não deixará de ser honroso – para o almocreve de Barrelas, ao menos.[11]

---

10 "Guimarães Rosa de Passagem", em Fábio Lucas, op. cit., p. 41.
11 "O Malhadinhas" de Aquilino Ribeiro e "Grande Sertão: Veredas" de Guimarães Rosa: Ponto de Contato, em F. Lucas, op. cit., p. 48-53.

A novela de Aquilino Ribeiro é de 1922. De 1958 é a última edição em vida do autor, encadernada com *Mina de Diamantes*. *Grande Sertão: Veredas* é de 1956, portanto, bem posterior. É bem provável que Guimarães Rosa o tenha lido, e bem lido. Pode até ser que se tenha inspirado nele, o que requer prova, difícil, e é possível que Aquilino Ribeiro tenha chegado a conhecer o romance do mineiro. Sim, *O Malhadinhas* é um longo monólogo, tanto quanto é o *Grande Sertão: Veredas*, mas este é muito mais do que isso. Tudo isso é possível e até provável, porém a obra de Guimarães Rosa é tão superior, de sorte que, qualquer que seja a relação que possa ter com a outra, sequer vale a pena investigar se ela teve alguma influência, por mais remota que seja.

Direi que essa primeira parte termina com o seguinte texto:

> Sendo isto. Ao doido, doideiras digo. Mas o senhor é homem sobrevindo, sensato, fiel como papel, o senhor me ouve, pensa e repensa, e rediz, então me ajuda. Assim, é como conto. Antes conto as coisas que formaram passado para mim com mais pertença. Vou lhe falar. Lhe falo do sertão. Do que não sei. Um *grande sertão*! Não sei. Ninguém ainda não sabe. Só umas raríssimas pessoas – e só essas poucas *veredas*, veredazinhas. O que muito agradeço é a sua fineza de atenção. (Grifos nossos.)

Como se vê, na parte grifada está o enunciado do título do romance: *Grande Sertão: Veredas*. E como também se vê, expressão de final de história, tanto quanto o texto seguinte a tem para o começo:

> Foi um fato que se deu, um dia, se abriu. O primeiro. Depois o senhor verá por quê, me devolvendo minha razão.
> Se deu há tanto, faz tanto, imagine: eu devia de estar com uns quatorze anos, se. Tínhamos vindo para aqui – circunstância de cinco léguas – minha mãe e eu. No porto do Rio-de-Janeiro nosso [esclarece o narrador], o senhor viu. Hoje, lá é o porto de seo Joãozinho, o negociante. Porto, lá como quem diz, porque outro nome não há. Assim sendo, verdade, que se chama, no sertão: é uma beira de barranco, com uma venda, uma casa, um curral e um paiol de depósito. Cereais. Tinha até um pé de roseira. Rosmes!

4. O MENINO RIOBALDO ENCONTRA
O MENINO DIADORIM

Aqui começa o romance, com o encontro dos dois meninos ali no porto: "Aí pois, de repente, vi um menino, encostado numa árvore, pitando cigarro. Menino mocinho, pouco menos do que eu, ou devia de regular minha idade. Ali estava, com um chapéu-de-couro, de suji-gola baixada, e se ria para mim [...] e era um menino bonito, claro, com a testa alta e os olhos aos-grandes, verdes."

Suscita-se aí um problema do tempo em o *Grande Sertão: Veredas*, cujo *espaço* é o *sertão*.

> O senhor tolere, isto é o sertão. Uns querem que não seja: que situado sertão é por os campos-gerais a fora a dentro, eles dizem, fim de rumo, terras altas, demais do Urucuia. Toleima. Para os de Corinto e do Curvelo, então, o aqui não é dito sertão? Ah, que tem maior! Lugar sertão se divulga: é onde os pastos carecem de fechos; onde um pode torar dez, quinze léguas, sem topar com casa de morador; e onde criminosos vivem seu cristo-jesus, arredado do arrocho de autoridade.

E o tempo? Não se tem um tempo preciso de quando ocorreram os fatos narrados em o *Grande Sertão: Veredas*. Ao ler o romance, o leitor fica com a impressão de que tudo se deu nas primeiras décadas do século xx. No entanto, há uma indicação no final do livro segundo a qual Diadorim nasceu "em um 11 de setembro da era de 1800 e tantos...". É vago, mas esse 1800 e tantos pode bem ser no final, de sorte que, se Diadorim tinha em torno de vinte ou vinte e poucos anos quando morreu, pode-se concluir que o tempo do romance é mesmo o das primeiras décadas do século xx.

Nessa segunda parte o narrador não tergiversa. Conta sua vida desde os primeiros anos, a morte de sua mãe, Bigri. "Ela morreu, como minha vida mudou para a segunda parte. Amanheci mais. De herdado, fiquei com aquelas miserinhas – miséria quase inocente – que não podia fazer questão." Foi então levado para a fazenda São Gregório, de seu padrinho Selorico Mendes, que o recebeu bem e declarou

X SINFONIA DOS SERTÕES

purgar arrependimento por não o ter reconhecido há mais tempo. Deu-lhe armas, ensinou-o a bem atirar. Enviou-o para o Curralinho, para ter escola e morar em casa de um amigo. Já no segundo ano o Mestre Lucas determinou que ele o ajudasse, ensinando aos menores as letras e a tabuada. Riobaldo qualificou-se professor a ponto de o Mestre Lucas indicá-lo para dar aulas em uma fazenda que, para surpresa dele, eram aulas para o famoso Zé Bebelo.

Foi na fazenda São Gregório, numa madrugada, que ele conheceu três figuras de jagunço com as quais haveria de cruzar no futuro.

> Meu padrinho escutava, aprovando com a cabeça. Mas para quem ele sempre estava olhando, com uma admiração toda perturbosa, era para o chefe dos jagunços, o principal. E o senhor sabe quem era esse? Joca Ramiro! Só de ouvir o nome, eu parei, na maior suspensão.
> [...]
> Dele, até a sombra, que a lamparina arriava na parede, se trespunha diversa, na imponência, pojava volume. E vi que era um homem bonito, caprichado em tudo. Vi que era homem gentil. Dos lados, ombreavam com ele dois jagunções; depois eu soube – que seus segundos. Um, se chamava Ricardão: corpulento e quieto, com um modo simpático de sorriso; compunha o ar de um fazendeiro abastado. O outro – Hermógenes – homem sem anjo-da-guarda. Na hora, não notei de uma vez. Pouco, pouco, fui receando. O Hermógenes: ele estava de costas, mas umas costas desconformes, a cacunda amontoava, com o chapéu raso em cima, mas chapéu redondo de couro, que se quer uma cabaça na cabeça. Aquele homem se arrepanhava de não ter pescoço. As calças dele como que se enrugavam demais da conta, enfolipavam em dobrados. As pernas, muito abertas; mas, quando ele caminhou uns passos, se arrastava – me pareceu – que nem queria levantar os pés do chão. Reproduzo isto, e fico pensando: será que a vida socorre à gente certos avisos?

Nesse final, o leitor atento percebe que o futuro reserva alguma coisa entre eles...

Essa segunda parte tem uma bela reflexão de Riobaldo sobre o conceito de amigo: "Amigo, para mim, é só isto: é a pessoa com quem a gente gosta de conversar, do igual o igual, desarmado. O de que um tira prazer de estar próximo. Só isto, quase; e os todos sacrifícios.

Ou – amigo – é que a gente seja, mas sem precisar de saber o porquê é que é."

Há também, nessa parte, dois momentos culminantes. O primeiro é o encontro de Riobaldo com um menino que mais tarde se soube ser Diadorim, tema que merecerá exploração mais acurada a seguir. O segundo é o julgamento de Zé Bebelo.

5. JULGAMENTO DE ZÉ BEBELO

Zé Bebelo, o mesmo que tinha sido aluno de Riobaldo, foi, sem motivação, guerrear as forças de Joca Ramiro. Derrotado e preso, seria morto pura e simplesmente, porque essa é a lei dos jagunços. No entanto, ele, malandro e esperto, abusado, defronte de Joca Ramiro gritou: "*Assaca! Ou me matam logo, aqui, ou então eu exijo julgamento correto legal*". Riobaldo se afastou para prevenir os que faltavam. Não voltou logo. Não queria enxergar Zé Bebelo, "achava melhor". É interessante esse aspecto, em respeito ao princípio da onipresença no romance de primeira pessoa. Esse princípio requer que o narrador só conte o que ele viveu ou viu, como Riobaldo, o narrador, e ele não estava presente no início dos fatos; no romance de terceira pessoa, ao contrário, o narrador é dotado de onisciência; sabe tudo, penetra no pensamento, na imaginação e até nos sonhos dos outros e conta o visto e o não visto, o tanto presenciado e suposto. O "eu" do narrador de primeira pessoa exige presença e vivência. Mas esta pode ser indireta, como aconteceu no episódio em análise. O narrador Riobaldo estava ausente. Quando chegou, Diadorim comentou: "Homem engraçado, homem doido!", e lhe deu notícia, que o narrador reproduz:

> Tinha sido aquilo: Joca Ramiro chegando, real, em seu alto cavalo branco, e defrontando Zé Bebelo a pé, rasgado e sujo, sem chapéu nenhum, com as mãos amarradas atrás, e seguro por dois homens. Mas, mesmo assim, Zé Bebelo empinou o queixo, inteirou de olhar aquele, cima a baixo. Daí disse:
> "Dê respeito, chefe. O senhor está diante de mim, o grande cavaleiro, mas eu sou seu igual. Dê respeito!"

X SINFONIA DOS SERTÕES

"O senhor se acalme. O senhor está preso..." –, Joca Ramiro respondeu, sem levantar a voz.

Mas, com surpresa de todos, Zé Bebelo também mudou de toada, para debicar, com um engraçado atrevimento:

"Preso? Ah, preso... Estou, pois sei que estou. Mas, então, o que o senhor vê não é o que o senhor vê, compadre: é o que o senhor vai ver..."

"Vejo um homem valente, preso..." –, aí o que disse Joca Ramiro, disse com consideração.

"Isso. Certo. Se estou preso... é outra coisa..."

"O que, mano velho?"

"É, é o mundo à revelia!..." –, isso foi o fecho do que Zé Bebelo falou. E todos que ouviram deram risada.

Aqui termina a narrativa de Diadorim para Riobaldo, que daí por diante retoma a narrativa do julgamento, com Zé Bebelo fazendo graça e atrevimento. Trouxeram um tripé para Joca Ramiro presidir ao julgamento nele sentado, mas Zé Bebelo,

> ligeiro, nele se sentou. – "Oxente!" –, se dizia. A jagunçama veio avançando, feito um rodear de gado – fecharam tudo, só deixando aquele centro, com Zé Bebelo sentado, simples, e Joca Ramiro em pé, Ricardão em pé, Sô Candelário em pé, o Hermógenes, João Goanhá, Titão Passos, todos! Aquilo, sim, que sendo um atrevimento; caso não, o que, maluqueira só. Só ele sentado, no mocho, no meio de tudo. Ao que, cruzou as pernas. E:
> "Se abanquem... Se abanquem, senhores! Não se vexem..." –, ainda falou, de papeata, com vênias e acionados, e aqueles gestos de cotovelo, querendo mostrar o chão em roda, o dele.

Brilhante. Temos que reconhecer a comicidade e a genialidade da personagem. E não acabou. Pois Joca Ramiro não se fez de rogado; de repente, astuto e natural, aceitou o oferecimento de se abancar: "risonho ligeiro se sentou, no chão, defronte de Zé Bebelo. Os dois mesmos se olharam". E que fez Zé Bebelo? "Se levantou, jogou para um lado o tamborete, com pontapé, e a esforço se sentou no chão também, diante de Joca Ramiro". Uma verdadeira menipeia no centro do sertão, o julgamento prosseguiu com tomada de acusação, defesa e depoimentos: Hermógenes pediu pena de morte: "Sujeito que é um tralha!"; Joca Ramiro temperou: "mas ele não falou o nome-da-mãe, amigo..."; Sô Candelário não via crime. "Veio guerrear, como nós também. Perdeu, pronto! A gente não é jagunço? [...] brigou valente. Crime que sei, é fazer traição, ser ladrão de cavalos ou de gado... não cumprir a palavra..."

Aí Sô Candelário enuncia a moral sertaneja. Por isso, ele conclui que se deveria soltar o homem. Riobaldo faz o discurso de defesa. Propõe que Zé Bebelo seja desterrado para fora do estado com o compromisso de não voltar. Nesse sentido decidiu Joca Ramiro. Zé Bebelo quis saber para quanto tempo era o desterro. Joca Ramiro sentenciou: "Até enquanto eu vivo for, ou não der contraordem."

Assim termina o julgamento, com Zé Bebelo indo embora. Riobaldo, sempre ambíguo, fala a favor e contra. "Só o que me consolava era ter havido aquele julgamento, com a vida e a fama de Zé Bebelo autorizadas. O julgamento? Digo: aquilo para mim foi coisa séria de importante." Em seguida, diz: "'O que nem foi julgamento legítimo nenhum: só uma extração estúrdia e destrambelhada, doideira acontecida sem senso, neste meio do sertão...' –, o senhor dirá [...] Ah, mas, no centro do sertão, o que é doideira às vezes pode ser a razão mais certa e demais juízo!"

O leitor pode bem entender se não era o caso de que esta segunda parte não devesse findar com o julgamento. Pondero que o julgamento foi um episódio importante, mas, em si, não trouxe transformações imediatas na ação romanesca, o que só irá acontecer com a morte de Joca Ramiro, porque com a guerra continua, ainda que com outro objetivo, qual seja o da vingança do grande chefe. Demais, a rigor, essa morte foi uma consequência do julgamento. Lembra-se de que Hermógenes e Ricardão discordaram raivosamente da solução dada pelo chefe: "Mamãezada", protestou Hermógenes. É certo que, após o julgamento, o bando não tinha muito que fazer. "Bando muito grande de jagunços não tem composição de proveito em ocasião normal, só serve para chamar soldados e dar atrasamento e desrazoada despesa", observou o narrador. Joca Ramiro partiu. O bando restante, incluindo Riobaldo e Diadorim, fica sob a direção de Titão Passos. "Dá sempre tristeza alguma, um destravo de grande povo se desmanchar." Saíram,

X SINFONIA DOS SERTÕES

desdobraram léguas e mais léguas, arranchando entre Quem-Quem e Solidão; "e muitas idas marchas: sertão sempre. Sertão é isto: o senhor empurra para trás, mas de repente ele volta a rodear o senhor dos lados". Chegam em belas terras. Ali, no Guararavacã do Guaicuí, era bonito, sim senhor. A grande pasmaceira.

> Madrugar vagaroso, vaiado, se escutando o grito a mil do pássaro rexenxão. [...] todo dia se comia bom peixe. [...] Nunca faltava tempo para à-toa se permanecer. Dormi, sestas inteiras. [...] Me lembrei do não-saber. E eu não tinha notícia de ninguém, de coisa nenhuma deste mundo [...] O mundo estava vazio.

Nessa pasmaceira Riobaldo se exprimia num longo diálogo interior sobre a travessia de sua vida. Naquele lugar ficou sabendo que gostava de Diadorim, gostava "de amor mesmo amor, mal encoberto em amizade. Me a mim, foi de repente, que aquilo se esclareceu: falei comigo. Não tive assombro, não achei ruim, não me reprovei – na hora". Até o momento em que chegou a notícia da morte de Joca Ramiro.

Essa pasmaceira, criticada, tem importante função estética, pois esse período de descanso possibilitou maior aproximação entre Riobaldo e Diadorim e, consequentemente, o aumento do amor que só Riobaldo manifestava, até aquela exclamação tão espontânea – "Diadorim, meu amor...", porque "no durar daqueles meses de estropelias e guerras, no meio de tantos jagunços, e quase sem espairecimento nenhum, o sentir tinha estado sempre em mim, mas amortecido, rebuçado".

Foi ainda nessa segunda parte que o narrador teve um pressentimento do desfecho:

> O senhor mesmo, o senhor pode imaginar de ver um corpo claro e virgem de moça, morto à mão, esfaqueado, tinto todo de seu sangue, e os lábios da boca descorados no branquiço, os olhos dum terminado estilo, meio abertos meio fechados? E essa moça de que o senhor gostou, que era um destino e uma surda esperança em sua vida?! Ah, Diadorim...

"Ah, e, vai, um feio dia, lá ele apontou, na boca da estrada que saía do mato, o cavalinho castanho dava toda pressa de vinda, nem cabeceava." Quem podia ser? Um brabo. O Gavião-Cujo que abriu os braços gaguejou, porque a notícia era enorme. Levantou os braços e falou: "Mataram Joca Ramiro!..."

Diadorim deu um uivo e caiu feito morto estava. Riobaldo nem pôde dar ajuda, pois mal pôs a mão para desamarrar o colete-jaleco, Diadorim voltou a si, num alerta, e o repeliu, muito feroz. Era, sem dúvida, um comportamento estranho. Diadorim não quis apoio de ninguém, levantou-se. "Assaz que os belos olhos dele formavam lágrima." Gavião-Cujo completou a notícia. Quem matou foi o Hermógenes. O Hermógenes... Os homens do Ricardão... O Antenor... Muitos.

Gavião-Cujo contava as minúcias: que o Hermógenes e o Ricardão de muito haviam ajustado entre si aquele crime, se sabia. O Hermógenes distanciou Joca Ramiro de Sô Candelário, com falsos propósitos, conduziu mais o pessoal do Ricardão. Aí, atiraram em Joca Ramiro, pelas costas, carga de balas de três revólveres... Joca Ramiro morreu sem sofrer. "'E enterraram o corpo?' –, Diadorim perguntou, numa voz de mais dor, como saía ansiada." Gavião-Cujo não sabia. Sob a chefia inicial de Titão Passos as forças voltaram à guerra. Depois, chegou Medeiro Vaz e assumiu o comando. Avançavam atrás dos "judas".

> Nesse meu caminho fazendo, tirei minha desforra: faceirei. Severgonhei. Estive com o melhor de mulheres. Na Malhada, comprei roupa [...] Mas Diadorim não se fornecia com mulher nenhuma, sempre sério, só se em sonhos. Dele eu ainda mais gostava.

Foram dar na fazenda Santa Catarina. Ali Riobaldo travou conhecimento com Otacília. Medeiro Vaz adoeceu e morreu. "E foi assim que a gente principiou a tristonha história de tantas caminhadas e vagos combates, e sofrimentos [...] até ao ponto em que Zé Bebelo voltou, com cinco homens, descendo o rio Paracatu numa balsa de talos de buriti, e herdou brioso comando; e que debaixo de Zé Bebelo fomos fazendo, bimbando vitórias."

Chegaram à fazenda dos Tucanos. Aí foram cercados sob um fogo cerrado. Riobaldo vai perdendo a confiança no comando de Zé Bebelo. Momentos de um conflito surdo entre os dois. Foi também

X SINFONIA DOS SERTÕES

ali que Guimarães Rosa produziu belas páginas sobre o episódio da matança dos cavalos. A batalha da fazenda dos Tucanos durou dias... Fizeram um acordo de suspensão da batalha. Mas os comandados de Zé Bebelo tiveram que sair a pé, porque foram mortos todos os seus cavalos. "Quadrante que assim viemos, por esses lugares, que o nome não se soubesse."

Diadorim advinha o futuro.

> Você se casa, Riobaldo, com a moça de Santa Catarina. Vocês vão casar, sei de mim, se sei; ela é bonita, reconheço, gentil moça paçã, peço a Deus que ela te tenha sempre muito amor... Estou vendo vocês dois juntos, tão juntos, prendido nos cabelos dela um botão de bogari. Ah, o que as mulheres tanto se vestem: camisa de cassa branca, com muitas rendas... A noiva, com o alvo véu de filó...

Seguiram com a caminhada e chegaram no Currais-do-Padre, lugar que não tinha curral nenhum, nem padre; só buritizal... grandes pastos. "De lá vinham saindo renascidos, engordados, os nossos cavalos, isto é, os que tinham sido de Medeiro Vaz, e que agora herdamos. Escolhi o mais vistoso", diz o narrador. Tiveram que montar em pelo até o Curral Caetano, onde se tinha quantidade grande de arreios guardados. Seguiram. Então toparam com uns quantos homens de estranhos aspectos, dando sinal para voltar dali, sem explicar a razão. Zé Bebelo requereu explicação: "Ossenhor uturje, mestre, a gente vinhemos, no graminhá... Ossenhor uturje..."

É uma das poucas vezes em que Guimarães Rosa emprega o falar estranho dos caipiras, linguagem de difícil compreensão.

O comando de Zé Bebelo ia afrouxando. Parava longo tempo nos lugares, numa abulia de gente doente, mas doente ele não estava. Riobaldo inquietava-se, insatisfeito com o andar da carruagem. O inimigo era o Hermógenes. Hermógenes Saranhó Rodrigues Felipes – como ele se chamava. Um positivo pactário. O fato fazia fato. Riobaldo queria também ele fazer o pacto com o diabo. Aí pactário com pactário se enfrentariam. Ele e o Hermógenes. "Aquilo, o resto... Aquilo – era eu ir à meia-noite, na encruzilhada, esperar o Maligno – fechar o trato, fazer o pacto! [...]E veio mesmo outra manhã, sem assunto, eu decidi comigo: É hoje... Mas dessa vez eu ainda remudei." As vacilações, as ambiguidades do herói.

Enfim chegou o dia. Riobaldo. Então, ele subiu à noitinha. "Deus deixa que eu fosse, em pé, por meu querer, como fui." Caminhou para as Veredas-Mortas. Varou a quiçaça, o mato rasteiro, depois tinha o lance de capoeira, e o cerrado mato. Chegou lá, escuridão de todo lado. Riobaldo tirou de dentro do seu tremor as espantosas palavras. Desengastou perguntas.

> Quem é que era o Demo, o Sempre-Sério, o Pai da Mentira? Ele não tinha carnes de comida da terra, não possuía sangue derramável. Viesse, viesse, vinha para me obedecer. Trato? Mas trato de iguais com iguais. Esperar [...] do que vinha em cata.
>
> Ele tinha que vir, se existisse. Naquela hora, existia. Tinha de vir demorão ou jájão. Mas, em que formas? Chão de encruzilhada é posse dele, esponjeiro de bestas na poeira rolarem. De repente, com um catrapus de sinal, ou momenteiro com o silêncio das astúcias, ele podia se surgir para mim. Feito o Bode-Preto? O Morcegão? O Xú? [...] ele já devia de estar me vigiando, o cão que me fareja.
> [...]
> E em troca eu cedia às arras, tudo meu, tudo o mais – alma e palma, e desalma... Deus e o Demo! "Acabar com o Hermógenes! Reduzir aquele homem!..."
> [...]

O Diabo, na rua, no meio do redemunho.
Riobaldo remordeu o ar:

> "Lúcifer! Lúcifer!..." –, aí eu bramei, desengulindo.
> Não. Nada.
> [...]
> "Lúcifer! Satanás!..."
> Só outro silêncio.
> [...]
> "Ei, Lúcifer! Satanás, dos meus Infernos!"
> Voz minha se estragasse, em mim tudo ser cordas e cobras.
> E foi aí. Foi. Ele não existe, e não apareceu nem respondeu – que

X SINFONIA DOS SERTÕES

385

é um falso imaginado. Mas eu supri que ele tinha me ouvido. Me ouviu, conforme a ciência da noite e o envir de espaços, que medeia.

Não veio, mas Riobaldo sofreu mudança. Tagarela. Começou a dar sugestões a Zé Bebelo. Diadorim mesmo estranhou aqueles modos dele. Aí chegou João Goanhá, com os cabras. João Goanhá chefe e Zé Bebelo chefe? "Agora quem aqui é que é o Chefe?", Riobaldo perguntou. Só por saber. Um tinha de ser o chefe. Outra vez perguntou doidivãs, ousado: "Agora quem é que é o Chefe?"[...] Quem é que é o Chefe?", repetiu. Ninguém respondeu. Nenhum deles era. "E eu – ah – eu era quem menos sabia – porque o Chefe já era eu. O Chefe era eu mesmo! Olharam para mim." Riobaldo se tornou o Chefe. Impôs-se Chefe. Urutu Branco, falou Zé Bebelo. Mas não foi um grande chefe, foi um chefe muito semelhante a Zé Bebelo, de rodar, rodar, e nada resolver. Diadorim mesmo se arredou dele, com uma decisão de silêncio. Riobaldo agora tinha o seu segredo. Tinha? "E, mesmo, na dita madrugada de noite não tinha sucedido [...]. O pacto nenhum – negócio não feito. [...] Demônio mesmo sabe que ele não há, só por só, que carece de existência." Sempre a ambiguidade... "O que era para haver, se houvesse, mas que não houve: esse negócio. Se pois o Cujo nem não me apareceu, quando esperei, chamei por ele? Vendi minha alma algum? Vendi minha alma a quem não existe? Não será o pior?" Adiante: "E o diabo não há! Nenhum. É o que tanto digo. Eu não vendi minha alma. Não assinei finco. Diadorim não sabia de nada."

Riobaldo, no entanto, resolveu levar seu bando ao encontro do Hermógenes em sua fazenda na Bahia. O obstáculo era o famoso e temido Liso do Sussuarão (planície). Mas ele iria varar o Liso, ia atacar a fazenda do Hermógenes, o que nem o arrojo de Medeiro Vaz fora capaz. Juntou os guerreiros. Declarou a eles. Determinou. "O que era – que o raso não era tão terrível? Ou foi por graças que achamos todo o carecido, nãostante no ir em rumos incertos, sem mesmo se percurar?" Chegaram perto do encontro com os judas. "Daí, mesmo, que, certa hora, Diadorim se chegou, com uma avença. Para meu sofrer, muito me lembro [...] 'Riobaldo, escuta: vamos na estreitez deste passo...' –, ele disse; e de medo não tremi, que era de amor – hoje sei."

Enfim, atacaram a casa do Hermógenes; morreu muita gente. "De seguida tochamos fogo na casa [...] Armou incendião [...] E de lá saímos quando o fogo rareou, tardezinha." Trazia presa a mulher do Hermógenes. A isca que haveria de atrair o inimigo, "o inimigo vinha, num trote de todos, muito sacudido". Nos campos do Tamanduá--tão foi grande batalha. Seguiram para o arraial do Paredão, porque o Hermógenes, da banca do poente, podia vir. Viesse feito. Esperaram. Mas o Hermógenes, "mór maldito", vinha da banda do norte, vinha de sopetão, no Paredão, por outra banda, para arrebatar a mulher... Quando menos esperavam: tiros! Feito um trovão. Gritos e tiros. Paredão era uma rua só. Agarraram mais da metade do arraial, do arruado. O sobrado inclusive. "Com anseio, olhei, para muito ver, o sobrado rico, da banda da mão direita da rua, com suas portas e janelas pintadas de azul, tão bem esquadriadas. Aquela era a residência alta do Paredão, soberana das outras. Dentro dela estava sobreguardada a mulher, de custódia. E o menino Guirigó e o cego Borromeu, a salvos." Diadorim diz para Riobaldo subir ao sobrado. Lá no alto é que era lugar de chefe. "Com teu dever, pela pontaria mestra: que lá em riba, de lá tu mais alcança..." Foi. Lá de cima viu o povo do Hermógenes, que tantos eram. O chefe, no entanto, ainda vacilava.

"E eu, hesitado nos meus pés, refiz fé: teve o instante, eu sabia meu dever de fazer. Descer para lá, me ajuntar com os meus, para ajudar? Não podia, não devia de; daí, conheci. Ali, um homem, um chefe, carecia de ficar – naquele meu lugar, sobrado." De cima viu Diadorim vir do topo da rua, punhal em mão, avançar – correndo amouco...

> O Hermógenes: desumano [...] Diadorim foi nele... Negaceou, com uma quebra de corpo, gambetou... e eles sanharam e baralharam, terçaram. De supetão... e só.
> E eu [Riobaldo] estando vendo! Trecheio, aquilo rodou, encarniçados, roldão de tal, dobravam para fora e para dentro, com braços e pernas rodejando, como quem corre, nas entortações... Esfaqueavam carnes. [...] Ao ferreiro, as facas, vermelhas, no embrulhável. A faca, eles se cortaram até os suspensórios.

Diadorim crava e sangra o Hermógenes... "Ah, cravou no vão e ressurtiu o alto esguicho de sangue: porfiou para bem matar! Soluço que não pude, mar que eu queria um socorro de rezar uma palavra que fosse, bradada ou em muda." Riobaldo desmaia. O chefe. Quando despertou de todo, Diadorim tinha morrido. E a guerra? João Goanhá disse: ganhamos, acabamos com eles!

6. ESTRUTURA SEMÂNTICA

A primeira coisa que nos chama a atenção em *Grande Sertão: Veredas*, já o disse, é a figura do narrador, o modo como ele faz a narrativa e o tempo em que essa é feita. Não é o momento de teorizar sobre a fenomenologia do narrador. Mas algo se tem que adiantar aqui, a fim de compreender a posição dele no romance.

O narrador, pelo visto, é Riobaldo, também chamado Tatarana, jagunço aposentado que, ao mesmo tempo em que *confessa* seu amor secreto e envergonhado por Diadorim, *testemunha* as lutas dos sertanejos (e delas participa) no norte de Minas Gerais. O narrador tem uma posição ambígua. Ele narra suas memórias a um senhor cujo nome não é mencionado, mas é sempre invocado ao longo da narrativa: "Tiros que o *senhor* ouviu foram briga de homem não"; "O *senhor* tolere, isto é sertão"; "*Senhor* pergunte aos moradores [...]"; "Digo ao *senhor*, foi um momento movimentado"; "Travessia da minha vida [...] o *senhor* veja, o *senhor* escreve". E no fim, ainda voltado ao seu interlocutor, conclui:

> Cerro. O *senhor* vê. Contei tudo. Agora estou aqui, quase barranqueiro. Para a velhice vou, com ordem e trabalho. Sei de mim? Cumpro. O rio de São Francisco – que de tão grande se comparece – parece é um pau grosso, em pé, enorme... Amável o *senhor* me ouviu, minha ideia confirmou: que o Diabo não existe. Pois não? O *senhor* é um homem soberano, circunspecto. Amigos somos. Nonada. O diabo não há! É o que eu digo, se for... Existe é homem humano. Travessia. (Grifos nossos.)

Quem é esse *senhor*, que ouve a história de Riobaldo com tanta paciência? O leitor? Não, porque esse *senhor* é qualificado de "doutor" e pessoa que sabe das coisas, "pessoa culta, portanto". Essa caracterização aponta para o próprio Guimarães Rosa que, com sua caderneta, entrevistava os sertanejos e fazia anotações. É, pois, plausível ver aí uma transfiguração dessa prática real para a ficcional.

A narrativa não é contemporânea à trama romanesca, como geralmente acontece nos romances de primeira pessoa. O foco narrativo fica desse modo voltado para fatos de um passado distante. Assim situado, o narrador tem uma posição ambígua, pois, embora desempenhe papel importante nos acontecimentos que conta, não é o protagonista na guerra dos jagunços, em que esteve sempre subordinado aos chefes Joca Ramiro, Medeiro Vaz e Zé Bebelo. Só assumiu a chefia no final e, no auge da derradeira batalha, quando deveria ajudar Diadorim contra Hermógenes, desmaiou: "eu tinha estado sem acordo". Aí ele narra como testemunha, mas, sendo ele também confessor de um amor impossível e secreto que só se desvenda no fim, pode-se dizer que ele narra suas memórias, suas aventuras e desventuras. Tendo em vista o primeiro aspecto, é que se pode afirmar que "o romance *Grande Sertão: Veredas*, de Guimarães Rosa, apresenta a estrutura de um relato literário de teor testemunhal"[12] e, sob o segundo aspecto, um romance confessional, no dizer de Márcio Seligmann-Silva:

> Guimarães Rosa conseguiu canalizar para seu romance de 1956 as fantásticas forças retóricas tanto da confissão como do testemunho. Riobaldo narra suas memórias a um paciente senhor. O romance é o teatro de suas memórias, e o fio que mantém toda a tensão da trama é o relacionamento amoroso e posto como condenável entre ele e Diadorim. O *segredo* é apenas revelado no final da narrativa-confissão-testemunho. O ponto de vista subjetivo do narrador em primeira pessoa, que apresenta, por um lado, o que *viu* e, por outro, o que *viveu*, emoções e sofrimentos, é apresentado de modo exemplar por Rosa na expressão de Riobaldo: "Coisas que vi, vi, vi – oi…" Ver e viver fundem aqui. O romance contém tanto elementos confessionais, como também o testemunho em suas duas faces: a de testemunho como ocular, *testis*, e a de testemunho como tentativa de apresentação do inapresentável, *superstes*. O senhor a quem ele

12 M. Fantini, Guimarães Rosa e o Testemunho, em Marli Fantini (org.), *Machado e Rosa – Leituras Críticas*, p. 65.

se dirige é uma construção complexa e essencial na situação teste-munhal e confessional.[13]

7. JAGUNÇOS

O jagunço é uma figura que vem de longe. Como tal, foram configu-rados por Euclides da Cunha os seguidores de Antônio Conselheiro. Uma configuração de duvidosa pertinência. Primeiro, Euclides o inse-riu na sua concepção naturalista mesológica e, pois, como uma espécie de raça, um "anacronismo étnico"[14]. Por isso, em Canudos, "o serta-nejo simples transmudava-se, penetrando-o, no fanático destemeroso e bruto. [...] E adotava, ao cabo, o nome até então consagrado aos tur-bulentos de feira, aos valentões das refregas eleitorais e saqueadores de cidade – *jagunços*"[15]. Essas teses de Euclides da Cunha há muito estão superadas. Os seguidores de Antônio Conselheiro não eram salteado-res de cidades nem mesmo agressores. Lutaram, sim, bravamente em defesa de sua comunidade e foram massacrados por isso. Não eram, portanto, jagunços naquele sentido atribuído por Euclides nem no sentido dos jagunços de o *Grande Sertão: Veredas*.

Antonio Candido trata do assunto a partir de condições histó-rico- sociológicas. Reconhece que a violência habitual ocorre no Brasil através de um diverso tipo social, como os cangaceiros da região nor-destina. Cita vários romances em que o fenômeno é objeto de ação romanesca[16], para, em síntese, dizer que, em *Grande Sertão: Veredas*, "o jagunço oscila entre o cavaleiro e o bandido"[17].

> O jagunço é, portanto, aquele que, no sertão, adota uma certa con-duta de guerra e aventura compatível com o meio, embora se revista de atributos contrários a isto; mas não é necessariamente pior do que os outros, que adotam condutas de paz, atuam teoricamente

---

13 M.S. da Silva, *Grande Sertão: Veredas* como Gesto Testemunhal e Confessional, em Marli Fantini (org.), op. cit., p. 52.
14 E. da Cunha, *Os Sertões*, p. 220, 350.
15 Ibidem, p. 192.
16 A. Candido, Jagunços Mineiros de Cláudio a Guimarães Rosa, *Vários Escritos*, p. 101s.
17 Ibidem, p. 113.

por meios legais como o voto, e se opõem à barbárie enquanto civilizados. Ao contrário, parece frequentemente que o risco e a disciplina dão ao jagunço uma espécie de dignidade não encontrada em fazendeiros "estadonhos" solertes aproveitadores da situação, que o empregam para seus fins ou o exploram para maior luzimento da máquina econômica.[18]

No município de Pompéu, onde nasci e vivi até os dezoito anos, jagunço era quem emprestava, com ou sem estipêndio, a força de sua coragem e armas a qualquer dos lados em disputa. Lembro-me do Manuel Rocha, que foi jagunço dos Menezes na briga com a família Afonso. Esse tipo de jagunço não era de salteadores. No meu tempo de jovem na região, mencionada no romance, nunca ouvi falar em guerra de jagunços em Minas, na forma do *Grande Sertão: Veredas*. A violência habitual em Minas, como no Cariri do padre Cícero, se manifestava nas lutas pela dominação do poder local. Havia só o Partido Republicano Mineiro, mas, dentro dele, formavam-se em regra duas facções para disputar o poder local. Durante a República Velha, o poder local em Minas era exercido pela câmara dos Vereadores. Não havia prefeito. A função de agente do Executivo era desempenhada pelo presidente da Câmara, que era o vereador mais votado. Então, a luta visava conseguir a maior votação para vereador. Era um lugar das oligarquias coronelistas. "O município constitui, desde a Colônia, a base de um poder local, forte e dominador, pelo que, em verdade, constituía o espaço público de dominação oligárquica."[19] Aí sim se dava a violência entre facções, cada qual formada por correligionários e simpatizantes não reconhecidos propriamente como jagunços[20].

Parece-me, portanto, que não houve um modelo mineiro para a jagunçagem do romance, sendo uma criação romanesca com alguns elementos dos cangaceiros, como taxas cobradas de fazendeiros. Riobaldo confessa que cobrava dois, cinco, dez contos dos fazendeiros, que pagavam sem pestanejar. "Jagunço – criatura paga para crimes,

18 Ibidem, p. 114-115.
19 J.A. da Silva, *O Constitucionalismo Brasileiro*, p. 312, 313.
20 Ibidem.

X SINFONIA DOS SERTÕES

impondo o sofrer no quieto arruado dos outros, matando e roupilhando", assim o narrador define o jagunço.

Riobaldo foi um jagunço vacilante. Não tinha vocação de jagunço: "eu não era valente nem mencionado medroso. Eu era um homem restante trivial. A verdade que diga, eu achava que não tinha nascido para aquilo, de ser sempre jagunço não gostava". Entrou no jaguncismo por causa de Diadorim. Quis sair muitas vezes. Convidou Diadorim para os dois irem embora da jagunçagem, pois os vivos têm de viver por si só, "e vingança não é promessa de Deus, nem sermão de sacramento. Não chegam os nossos que morreram, e os judas que matamos para documento do fim de Joca Ramiro?!". Ao ouvir isso, Diadorim com ironia e amargura replicou: "Riobaldo, você teme?", e ainda, se ele quisesse mesmo ir, que fosse.

Riobaldo ainda não sabia que Joca Ramiro era pai de Diadorim, então seu raciocínio era correto ao pensar que não tinha por que participar daquela guerra para matar o Hermógenes e o Ricardão que, em si, não lhe fizeram mal, para vingar a morte de um homem com o qual não tinha ligações. Por isso, avisou a Diadorim: "Vou e vou. Só inda acompanho é até o Curral-do-Padre. Lá eu requeiro para mim um cavalo bom… E trovejo no mundo…". Diadorim, porém, que depois confessou ser filho de Joca Ramiro, recusou o convite e ainda exprobou o companheiro que havia prometido seguir em frente.

Por essas razões eu disse que, no que tange à guerra da jagunçagem, o narrador Riobaldo não é protagonista; mesmo depois que assumiu a chefia do bando não atuou como um verdadeiro protagonista. Vivia dando voltas e mais voltas em vez de ir diretamente encontrar-se com os antagonistas. Diadorim o censurou.

O que mais demonstrou a fraqueza do narrador, no entanto, foi o momento final já lembrado, quando no alto do sobrado, vendo que Hermógenes marchava de punhal na mão ao encontro de Diadorim, para se atracarem nas facas, não foi capaz de usar sua grande pontaria para eliminar o inimigo e salvar o grande amigo; *desmaiou*, e só se recuperou quando a guerra já havia terminado e Diadorim estava morto.

8. UM AMOR IMPOSSÍVEL?

O narrador é *testemunha* (e participante) da guerra dos jagunços, mas é o *protagonista* de um grande amor. Disse antes que *Grande Sertão: Veredas* é o teatro das memórias do narrador, o jagunço Riobaldo, e o fio que mantém toda a tensão da trama é o relacionamento amoroso que ele, não raro, teve como condenável com Diadorim. A construção romanesca desse amor é de grande finura do romancista, porque tudo acontece como se o destino, o acaso, fosse o responsável.

Foi o acaso que levou Riobaldo ao porto do rio, o de Janeiro, afluente do São Francisco. Foi o acaso, o destino, que o fez ver "um menino, encostado numa árvore, pitando cigarro. Menino mocinho, regulando de sua mesma idade, uns treze ou quatorze anos. Ali estava ele com seu chapéu de couro, olhando e rindo para ele, atraente tanto que Riobaldo se achegou para perto dele. Era um menino bonito, claro, com testa alta e os olhos aos-grandes, verdes".

Riobaldo o olhava com um prazer de companhia, como nunca por ninguém tinha sentido. Achava que ele era muito diferente, gostou daquelas finas feições, a voz muito leve, muito aprazível. Sentiu que o menino também simpatizava com ele.

Já aí se sente uma ligação profunda. Percebe-se mesmo um idílio que haveria de comover aqueles sertões bravios. E o menino o convidou a passear de canoa. Deu-lhe a mão para descer o barranco. Era uma mão bonita, macia e quente. Riobaldo estava vergonhoso, perturbado. Reações psicológicas muito próprias de um adolescente diante de uma garota bonita e gentil. Mas não era uma garota e, sim, um menino, daí a perturbação. Reações que haveriam de repetir-se ao longo do romance. O menino comportava-se com a delicadeza de uma menina, mas seu visual externo era de um menino. Era um menino corajoso, destemido. Atravessam o São Francisco. Riobaldo temeroso porque não sabia nadar. "Carece de ter coragem", disse-lhe o menino. "O menino sorriu bonito." Afiançou: "Eu também não sei". Os olhos dele produziam uma luz.

O menino mandou o canoeiro encostar. Desceram. Andaram na margem e sentaram num lugar mais saliente. Por detrás deles, sem aviso, apareceu a cara de um homem. Era um rapaz mulato, alto e forte, com feições muito brutas. Debochado. Quis abusar deles, o mulato veio insistindo. O menino o chamou para perto dele. "Você meu nego? Está certo, chega aqui…", falou imitando mulher. O menino embebeu ferro na coxa do mulato que deu um grito e varou o mato, enquanto o menino abanava a faquinha nua na mão, e nem se ria.

Riobaldo, enfim, teve que deixar o menino, teve que ir com a mãe que o esperava no porto. "Mas onde é bobice a qualquer resposta, é aí que a pergunta se pergunta. Por que foi que eu conheci aquele Menino? […] para que foi que tive de atravessar o rio, defronte com o Menino?" As respostas viriam no futuro, mas como, de que modo? Que menino era aquele? Seu nome, como se chamava? Riobaldo não tinha resposta. Sua vida se transtornou, porque sua mãe Bigri morreu e foi grande a sua tristeza. "Ela morreu, como a minha vida mudou para uma segunda parte." Foi, como visto, levado para a fazenda de seu padrinho Selorico Mendes.

Ali Riobaldo ficou vivendo na lordeza, até que lhe disseram que suas feições copiavam o retrato de Selorico Mendes. Que ele era seu pai. "Afianço que, no escutar, em roda de mim o tonto houve – o mundo todo me desproduzia, numa grande desonra. Pareceu até que, de algum encoberto jeito, eu daquilo já sabia. Assim já tinha ouvido de outros, aos pedacinhos, ditos e indiretas, que eu desouvia." Com suas armas, revoltado contra seu padrinho, saiu de casa, aos gritos, pelo cerrado afora, montou seu cavalo e se foi ao encontro do mestre Lucas. Este o acolheu e até o indicou para dar aulas numa fazenda. Surpresa foi que o aluno ia ser Zé Bebelo. E com menos de mês Zé Bebelo se tinha assenhorado de reter tudo, sabia muito mais que ele mesmo.

Zé Bebelo tinha o projeto de sair pelo Estado em comando de guerra para acabar com os jagunços, até o último. Incorporou no seu bando Riobaldo como seu secretário, mas quando quisesse bastava acenar e ele dava baixa de ir-se embora. Em certo ponto do caminho resolveu melhor sua vida: fugiu.

Mais uma vez Riobaldo dá mostra de que não tinha vocação para a vida de jagunço. Tinha um bom cavalo, tinha dinheiro e estava bem armado. Sem destino e sem vontade de chegar a nenhuma parte.

Rodou mundo por uns vinte dias até que se encostou no rio das Velhas. Foi dar na casa de um tal Manoel Inácio, onde no jantar encontrou três homens, que se disseram tropeiros. O chefe deles começou a fazer indagações.

> Ah, mas, ah! – enquanto que me ouviam, mais um homem, tropeiro também, vinha entrando, na soleira da porta. Aguentei aquele nos meus olhos, e recebi um estremecer, em susto desfechado. Mas era um susto de coração alto, parecia a maior alegria.
> Soflagrante, conheci. O moço, tão variado e vistoso, era, pois sabe o senhor quem, mas quem, mesmo: Era o Menino! O Menino, senhor sim, aquele do porto de-Janeiro, daquilo que lhe contei, o que atravessou o rio comigo, numa bamba canoa, toda a vida. E ele se chegou, eu do banco me levantei. Os olhos verdes, semelhantes grandes, o lembrável das compridas pestanas, a boca melhor bonita, o nariz fino, afiladinho. Arvoamento desses, a gente estatela e não entende […]. Eu queria ir para ele, para abraço, mas minhas coragens não deram […] O Menino me deu a mão: e o que mão a mão diz é o curto: às vezes pode ser o mais adivinhado e conteúdo; isto também.

Mais uma vez o destino, o acaso, aproxima Riobaldo e Diadorim e o faz para sempre, porque Riobaldo se incorpora ao bando chefiado por Titão Passos. Fica sabendo que o nome daquele moço era Reinaldo que, mais tarde, numa prova de confiança, diz tratar-se de nome de guerra, porque seu verdadeiro nome era Diadorim. O leitor, na verdade, já sabia disso, pois no início da narrativa o narrador Riobaldo já havia enunciado esse nome.

Riobaldo se apaixona cada vez mais por Diadorim. Não lhe declara seu amor, afinal de contas, para ele, era um homem. Mas confessa esse amor a seu interlocutor ou nos seus solilóquios e diálogos interiores. "Mas ponho minha fiança: homem muito homem que fui, e homem por mulheres! – nunca tive inclinação pra aos vícios desencontrados. Repilo o que, o sem preceito." Riobaldo vacilava, falava no seu amor a Diadorim, mas, às vezes, reagia à sua inclinação para esse amor.

> Então, – o senhor me perguntará – o que é aquilo? Ah, lei ladra, o poder da vida. Direitinho declaro que, durante todo tempo, sempre mais, às vezes menos, comigo se passou. Aquela mandante

amizade. Eu não pensava em adiação nenhuma, de pior propósito. Mas eu gostava dele, dia mais dia, mais gostava. Diga o senhor: como um feitiço? Sei que sim. Mas não. E eu mesmo entender não queria. Acho que. Aquela meiguice, desigual que ele sabia esconder o mais de sempre. E em mim a vontade de chegar todo próximo, quase uma ânsia de sentir o cheiro do corpo dele, dos braços, que às vezes adivinhei insensatamente – tentação dessa eu espairecia, aí rijo comigo renegava. Muitos momentos. Conforme, por exemplo, quando eu me lembrava daquelas mãos, do jeito como se encostavam em meu rosto, quando ele cortou meu cabelo. Sempre. Do demo: Digo? Com que entendimento eu entendia, com que olhos era que eu olhava?

Tinha ciúmes.

Esse ciúme de Diadorim, não sei porque... [...] Digo ao senhor [...] Deixei meu corpo querer Diadorim; minha alma? Eu tinha recordação do cheiro dele [...] não podia divulgar, mas lembrava, referido, na fantasia da ideia. Diadorim – mesmo o bravo guerreiro – ele era [...] aquele perfume no pescoço: a lá, aonde se acabava e remansava a dureza do queixo, do rosto... Beleza – o que é? E o senhor me jure! Beleza, o formato do rosto de um: e que para outro pode ser decreto, é, para destino destinar... E eu tinha de gostar tramadamente assim, de Diadorim, e calar qualquer palavra. Ele fosse uma mulher, e à-alta e desprezadora que sendo, eu me encorajava: no dizer paixão e no fazer – pegava, diminuía: ela no meio de meus braços! Mas dois guerreiros, como é, como iam poder se gostar, mesmo em singela conversação – por detrás de tantos brios e armas? Mais em antes se matar, em luta, um com o outro. E tudo impossível. Três-tantos impossível, que eu descuidei, e falei: *"Meu bem, estivesse dia claro, e eu pudesse espiar a cor de seus olhos"*; o disse vagável num esquecimento, assim como estivesse pensando somente, modo se diz um verso. Diadorim se pôs pra trás assustado. *"O senhor não fala sério!"* – disse. Riu mamente. Arrepio como recaí em mim, furioso com meu patetar. *"Não te ofendo, Mano. Sei que tu é corajoso..."* – eu disfarcei, afetando que tinha sido brinca de zombarias, recompondo o significado. Aí, e levantei, convidei para se andar. Eu queria airar um tanto. Diadorim me acompanhou. E ainda:
O nome de Diadorim, que eu tinha falado, permaneceu em mim. Me abracei com ele, mel se sente é todo lambente – "Diadorim,

meu amor..." Como é que eu podia dizer aquilo? Explico ao senhor: como se drede fosse para eu não ter vergonha maior, o pensamento dele que em mim escorreu figurava diferente, um Diadorim assim meio singular, por fantasia, apartado completo do viver comum, desmisturado de todos, de todas as outras pessoas – como quando a chuva entre-onde-os-campos. Um Diadorim só para mim. Tudo tem seus mistérios. Eu não sabia. Mas com minha mente, eu abraçava com meu corpo aquele Diadorim – que não era de verdade. Não era? A ver que a gente não pode explicar essas coisas.

Enfim, uma bela história de amor. Linda pelo inusitado de sua construção, pelas insinuações que leva o leitor a certo suspense, porque sempre espera pelo que possa acontecer e não acontece. Extraordinariamente encantadora, sobretudo pela sua ambiguidade, ambiguidade de Diadorim que, em si, sabe que amar Riobaldo não tem nada de fora de propósito, porque se sabe mulher, apenas não pode dar a entender sua condição feminina, por isso promete a Riobaldo que, depois da morte de Hermógenes e Ricardão em vingança pelo assassinato de Joca Ramiro, teria um segredo para lhe revelar. A ambiguidade de Diadorim gerava a ambiguidade de Riobaldo, que o amava, mas não podia amá-lo, que o queria só para ele, mas não podia querer. Ambiguidade consequente do romance, e é isso que o torna um grande romance, o maior da literatura brasileira, um dos maiores da literatura universal. Ambiguidade até o fim, quando, em duelo à faca com Hermógenes, este morre, mas também mata Diadorim. Assim termina a guerra entre os bandos de jagunços e termina a história de amor com a grande surpresa, que foi a revelação do segredo de Diadorim, quando a mulher de Hermógenes, prisioneira do bando de Riobaldo, pede para trazer aquele moço bonito que estava morto lá fora para um banho, e aí se descobre que Diadorim era, em verdade, uma mulher, uma bela mulher de olhos verdes, ainda abertos no seu todo esplendor, que Riobado beija simplesmente transtornado: Diadorina e não Diadorim.

Acontecia aí a premonição de Riobaldo:

> O senhor mesmo, o senhor pode imaginar de ver um corpo claro e virgem de moça, morto à mão, esfaqueado, tinto todo de seu sangue, e os lábios da boca descorados no branquiço, os olhos dum

terminado estilo, meio abertos meio fechados? E essa moça de quem o senhor gostou, que era um destino e uma surda esperança em sua vida?! Ah, Diadorim... e tantos anos já se passaram.

Isso dito ainda no início da história. Eis uma das belezas do romance de primeira pessoa. Aquele sentido de oralidade, que já mencionei na análise de *Memórias Póstumas de Brás Cubas*, faz a contemporaneidade da narrativa ao momento da leitura. Quando Riobaldo disse isso, os fatos já se tinham passado há muito tempo. ("Eu me lembro das coisas, antes delas acontecerem..."), para ele, portanto, não era premonição nem pressentimento, mas acontecimento. Para o leitor, contudo, era premonição, porque ele não sabia o que viria no futuro.

O leitor, no fim, questiona o escritor: por que matar Diadorim? Por que Riobaldo, com sua famosa pontaria, ao ver da janela do sobrado o Hermógenes marchar firme de faca na mão para matar Diadorim, deixou que consumasse a tragédia? Por que um amor tão bonito não acabou no altar, com um final feliz para os amantes?

É possível que Guimarães Rosa tenha pensado tudo isso. Pode-se supor que tenha meditado muito sobre o melhor final para o grande romance, pois um final medíocre poria tudo a perder. E o suposto final feliz com o casamento de Riobaldo com Diadorina revelada seria inequivocamente um final medíocre. Por isso, preferiu a tragédia, não pela tragédia em si, mas porque por meio dela se realizaria um final estético com uma mulher bonita, nua, estendida na mesa, momento culminante em que se descobriu o grande segredo.

O leitor também pode questionar por que, então, não encerrou aí o romance, com esse final apoteótico? Talvez por isso mesmo. A apoteose seria o final da guerra entre jagunços e não o final do grande amor, essência do romance. Por que não terminar com Riobaldo desesperado ao descobrir que Diadorim era mulher:

> Que Diadorim era o corpo de uma mulher, moça perfeita... Estarreci. A dor não pode mais do que a surpresa. A coice d'armas, de coronha...
> Ela era. Tal que assim se desencantava, num encanto tão terrível; e levantei mão para me benzer – mas com ela tapei foi um soluçar, e enxuguei as lágrimas maiores. Uivei. Diadorim! Diadorim era

> uma mulher. Diadorim era mulher como o sol não acende a água do rio Urucuia, como eu solucei meu desespero.
>
> [...]
>
> Aqui a estória se acabou. Aqui, a estória acabada. Aqui a estória acaba.

Sim, a história acaba aqui, mas ainda resta a vida de Riobaldo, o protagonista, que resoluto sai de lá, em galope, doidável, depois de repartir com os companheiros o dinheiro que tinha, tirar o cinturão-cartucheira – e assim ultimar o jagunço Riobaldo. Por que não terminar o romance com o herói saindo a galope e metendo o pé no mundo? É que ainda existia a Otacília, faltava cumprir o desejo de Diadorim, que era de que Riobaldo e Otacília se unissem em casamento. Diadorim mesmo providenciou isso, quando mandou um bilhete a Otacília e ela veio encontrar-se com Riobaldo. Riobaldo, na verdade, tinha dois amores: Diadorim, que para ele era um amor impossível enquanto sabia ser ele um homem, e Otacília enquanto mulher bonita. Assim, Riobaldo saiu desesperado, soube que seu padrinho/pai lhe tinha deixado de herança duas fazendas, e logo encontrou Otacília.

> Quando eu olhei, vinha uma moça. Otacília.
>
> Meu coração rebateu, estava dizendo que o velho era sempre novo. Afirmo ao senhor, minha Otacília ainda se orçava mais linda, me saudou com o salvável carinho, adiante de amor. Ela tinha vindo com a mãe. E a mãe dela, os parentes, todos se praziam, me davam Otacília como minha pretendida.

Casaram e, como Diadorim previra, viveram felizes, pois, como ele queria, ela lhe deu amor. Riobaldo, contudo, nunca esqueceu o amor de Diadorim: "minha mulher [Otacília] foi que me auxiliou, rezas dela, graças. Amor vem de amor. Digo. Em Diadorim, penso também – mas Diadorim é minha neblina...".

9. UMA GRANDE METÁFORA

No fundo, *Grande Sertão: Veredas* é uma grande metáfora da vida, como travessia, que no real se põe para o homem não no começo nem no fim, mas na sucessão dos instantes que a compõem, porque "a lembrança da vida da gente se guarda em trechos diversos, cada um com seu signo e sentimento, uns com os outros acho que nem não misturam"[21]. Travessia, no fundo, é o símbolo desse "viver em descuido prosseguido". Cerro, porque o diabo não existe. "Existe é homem humano. Travessia."

---

[21] Cf. J.C. Garbuglio, op. cit., p. 27.

DÉCIMO PRIMEIRO CAPÍTULO

Orquestra de Catedrais

Mas a composição formal da obra de Proust, que parecia tão alemã aos olhos dos franceses da época, e não somente por causa de suas longas frases obscuras, possui [...] uma impulsão musical. [...] Proust chega a celebrar os mestres da Idade Média que teriam colocado ornamentos em locais tão escondidos nas catedrais a ponto de saberem que ninguém jamais os veria. A unidade não é feita para o olhar humano, e é ao se tornar invisível no meio da dispersão, e somente a um observador divino, que ela poderia se manifestar. É pensando nessas catedrais que se deve ler Proust, mantendo-se obstinadamente ligado ao concreto e sem pretender compreender rapidamente aquilo que não se apresenta de imediato, mas somente através de mil facetas.

Theodor Adorno, Petits Commentaires de Proust,
Notes sur la littérature.

1. INTRODUÇÃO

O romance *À la recherche du temps perdu*, de Marcel Proust (1871-1922), compreende sete volumes ou sete círculos, com certa autonomia entre si, embora com as mesmas personagens[1].

---

1   Essas obras têm sido publicadas de diversos modos, volume por volume, ou reunidos em tomos. Trabalho aqui com a edição de Robert Laffont, em três tomos: o primeiro composto de *Du côté de chez Swann* (*No Caminho de Swann*, 1913) e *À l'ombre des jeunes filles* ▶

Esses volumes narram a história de uma vida, da infância à maturidade, e a revelação da vocação literária. Cada um dos sete volumes corresponde a uma etapa dessa vida, a uma época, um lugar e um meio preciso, a personagens reveladoras para o narrador. Esses diferentes momentos conduzem à revelação final da criação que precisa desvendar, marcada pela chancela do tempo. *O Tempo Redescoberto* leva então a esse desenvolvimento o mais objetivo e crível das conclusões. O romance é bem o reflexo de seu título: "*uma busca do tempo perdido*"; vemos, desde o primeiro momento da narrativa, um ser que busca o seu passado, um herói que acorda em plena noite a se perguntar a que época de sua vida se liga esse momento de que ele toma consciência[2].

1.1. O Regente da Orquestra nas Catedrais

A figura da orquestra nas catedrais para definir o romance de Proust manifesta um sentido de desdobramento em ondas, na busca de algo misterioso, um novo Santo Graal, que o narrador só nos revela no final. A música das orquestras nas catedrais soa em ondas que se expandem ao infinito.

O regente dessa orquestra é um narrador inominado. Será o próprio Proust? *Eu* ou *Marcel*? A resposta será "eu" e não Marcel, como já discutimos no primeiro capítulo desta obra. Quer isso dizer que o narrador não se confunde com o autor do romance. Sim, o próprio Proust precisa que se trate de romance e não de uma autobiografia. Se é romance, o "eu" do narrador não é Marcel Proust. O narrador é um jovem burguês parisiense, nascido dez anos depois de Proust.

▷ *en fleurs* (À Sombra das Raparigas em Flor, 1919); o segundo com *Le Côté de Guermantes* (O Caminho de Guermantes, 1920-1921) e *Sodome et Gomorrhe* (Sodoma e Gomorra, 1921-1922); o terceiro, enfim, com *La Prisonnière* (A Prisioneira, 1923), *La Fugitive ou Albertine Disparue* (A Fugitiva, 1925) e *Le Temps retrouvé* (O Tempo Redescoberto, 1927). Os três últimos são póstumos. Utilizo também a edição em português da editora Globo, em sete volumes, com tradução de Mário Quintana, Carlos Drummond de Andrade, Manuel Bandeira, Lourdes Alencar e Lúcia Miguel Pereira.

2 Cf. G. Poulet, *L'Espace proustien*.

2. NARRADOR E MEMÓRIA

Começo aqui com esta passagem de Philippe Michel-Thiriet, que sintetiza um aspecto essencial do romance de Marcel Proust:

> La Recherche inteira repousa sobre a memória. Seu herói, o Narrador, se lembra e escreve. Proust faz distinção entre a memória intelectual, a anamnese, enfadonha e sem atrativo, e a memória involuntária que restitui só com a coloração dos momentos "extratemporais" surgidos do esquecimento: "a melhor parte de nossa memória está fora de nós [...]. Fora de nós? Em nós, por melhor dizer, mas escondida de nossos olhares, num esquecimento mais ou menos prolongado. É graças a esse esquecimento que podemos, de tempo a tempo, reencontrar o ser que fomos". [...]. Ressurgindo completamente do nada, as lembranças beneficiam-se, ao mesmo tempo, das pessoas do imaginário e da consciência do real (Jean Santeil). É a experiência da xícara de chá que vai desencadear toda a narrativa de Combray. Em O Tempo Redescoberto, os outros fenômenos da memória involuntária, como o amarrotamento do guardanapo e o tropeção nos pavimentos desiguais no pátio de Guermantes, provocam a decisão final do Narrador de se dedicar ao trabalho. Ele compreende enfim que sua vocação é a de interpretar todos os signos por meio da obra de arte que deixará para sempre o tempo redescoberto.[3]

Ficou dito que o narrador não é Marcel Proust, mas essa afirmativa precisa ser melhor conferida, porque À la recherche du temps perdu é sempre afirmada como produto da memória, por seu turno, instrumento de manifestação do "eu" autobiográfico. A vida que se conta no romance, contudo, não é a do autor, e, sim, a do narrador, ainda que muitos episódios do romance possam ter sido vividos por Proust, como o famoso episódio da madeleine (tipo de biscoito em forma de concha). Talvez assim tenha sido a lembrança de quando o narrador subia para se deitar, e sua mãe vinha beijá-lo quando já no leito, episódio que tantas páginas tomam da narrativa, e a tristeza que o invadia quando ela não vinha. Essas reminiscências construídas pela memória

---

3   P.M.Thiriet, Quid de Marcel Proust, Du côté de chez Swann, p. 214 e 215.

involuntária não são vivências reais no momento da escritura, senão fantasias que a imaginação tece sobre fatos passados. O que se quer aqui sustentar é que a memória involuntária, memória muscular, não se presta a narrações autobiográficas. Estas são produtos da *memória voluntária*, memória intelectual, única capaz de orientar a vontade consciente para a narrativa de uma vida real.

A memória involuntária desperta reminiscências profundas, que a imaginação transfigura em fantasias ficcionais. Como disse o narrador em *O Tempo Redescoberto*, existe uma memória involuntária dos membros. "Nossos membros estão repletos de lembranças adormecidas."[4] Assim, quando o narrador levou aos lábios uma colher de chá em que tinha amolecido um pedaço de *madeleine* e ela tocou seu palato, algo extraordinário se passou com ele.

> Depositei a xícara e me virei para meu espírito. É nele que se encontra a verdade. Mas como? Grave incerteza, todas as vezes que o espírito se sente ultrapassado por si mesmo; quando ele, o explorador, é a região obscura onde deve procurar e onde toda a sua bagagem não lhe servirá de nada. Explorar?
>
> Deponho a taça e volto-me para meu espírito. É a ele que compete achar a verdade. Mas como? Grave incerteza, todas as vezes em que o espírito se sente ultrapassado por si mesmo, quando ele, o explorador, é ao mesmo tempo o país obscuro a explorar e onde todo o seu equipamento de nada lhe servirá. Explorar? Não apenas explorar: criar. Está diante de qualquer coisa que ainda não existe e a que só ele pode dar realidade e fazer entrar em sua luz.[5]

Toda a Combray aflorou à sua mente: "a boa gente da aldeia e suas pequenas moradias e a igreja e toda a Combray e seus arredores, tudo isso que toma forma e solidez, saiu, cidade e jardins, de minha taça de chá"[6]. O mesmo é dizer: toda *À la recherche du temps perdu* saiu de sua xícara de chá...

E vinha a tristeza do narrador-criança porque a mãe não subia ao seu quarto para beijá-lo, e seu pai se irritava porque achava o rito absurdo.

4 "Les jambes, les bras sont pleins de souvenir engourdis."
5 *No Caminho de Swann*, p. 49.
6 Ibidem.

XI ORQUESTRA DE CATEDRAIS

Esses momentos do narrador-criança em Combray sempre me lembram outra criança triste e solitária, em outro palácio, em Comburg, que frequentava também um hotel, não o de Balbec do narrador, mas o de Saint-Malo: Chateaubriand.

Mas aí, como em toda *La Recherche*, a memória retrata a vida do narrador, não a vida de Marcel Proust, ainda que momentos desta sirvam de modelo transfigurado daquela.

Então, o *je* ("eu") do romance é do narrador, não de Marcel, a despeito de Álvaro Lins, em muitas passagens de seu importante livro sobre a técnica do romance em Marcel Proust, identificar as duas figuras, como no trecho a seguir, que nos dá uma interpretação relevante da obra, aquela que redescobre o tempo proustiano: "É na última cena, a *matinée* em casa da princesa de Guermantes, que o narrador – aqui, como quase sempre, o próprio Marcel Proust – não somente descobre todo o sentido da sua existência e ordena a sua concepção da arte, como também se decide a recriar um mundo de ideias, sensações e lembranças em forma literária."[7] A questão é: como pode ser Proust, se a cena e seu ambiente são de ficção?

A fenomenologia do narrador na obra de Proust é de difícil caracterização, porque ele não é nomeado, não é configurado, ainda que tenha pai e mãe (e até um irmão, mencionado umas duas ou três vezes), como se sabe desde as primeiras páginas de *No Caminho de Swann*, quando, desassossegado, na hora de dormir, aguardava o beijo da mãe, e o pai achava ridículo o ritual, não obstante, uma vez tivesse mandado a mulher passar a noite com a criança. Aqui, sim, bem se podem ver cenas que tenham sido vividas por Proust, muito apegado à mãe. Mas podem não ser assim as cenas referidas aos pais do narrador no início de *À Sombra das Raparigas em Flor*, que culminaram com o pai levando-o ao teatro com a avó para ver a Berma interpretar *Phèdre*. Os pais do narrador não são nomeados, mas sua avó se chama Bathilde Amedée, sobrenome de seu avô.

Embora inominado, o narrador é a personagem principal de *La Recherche*. Todo o romance, salvo "Um Amor de Swann" (segunda parte

7   A.Lins, *A Técnica do Romance em Marcel Proust*, p. 21.

de *No Caminho de Swann*, escrito em terceira pessoa, como visto no tópico 6 do capítulo I), é dominado por ele, quer como testemunha, quer como herói. Ele é *testemunha* enquanto apresenta as demais personagens, as descreve e as acompanha, muitas até à morte, como Swann, Odette, Bergotte, Saint-Loup, os Guermantes. Testemunha o apogeu e a decadência de Charlus, de Jupien, da sra. Verdurin, em *O Tempo Redescoberto*. Ele é *herói* enquanto vive três grandes amores, conforme o resumo de um dos comentadores da obra de Proust, que traduzo:

> O Narrador, jovem burguês parisiense, nascera uma dezena de anos depois de Proust. A primeira imagem que temos dele é aquela de uma insônia na qual passa a maior parte da noite a evocar sua vida de outrora em Combray na casa de sua tia-avó, em Balbec, Paris, Doncières, Veneza, alhures ainda, a evocar os lugares, as pessoas que aí conheceu, o que vira delas, o que delas se contara. Seus pais vivem em Paris e passam as férias em Combray, onde nasceu seu pai. Ele narra no presente aquilo que foi no passado e vai viver três grandes paixões amorosas: com Gilberte Swann (nas *Raparigas*); com a duquesa de Guermantes, um amor puramente platônico (em *Guermantes*); enfim, com Albertine (o episódio amoroso mais importante que vai de *Sodoma e Gomorra* à *Fugitiva*). O Narrador tem veleidades literárias, mas duvida de seu talento. Cada vez que ele renuncia, "instantes de privilégios", de duração intemporal, iluminações instintivas o estimulam a escrever. Ele as analisa e, por contragolpe, descreve os momentos confusos que, tendo-os precedido, constituem o "tempo perdido". O romance que o leitor tem em mãos é, pois, aquele que o herói vai compor. Assim, o fim do livro, que é o resultado de sua reflexão e suscita sua decisão literária, precede de fato o início da narrativa, que é a história de sua vocação.[8]

A vida amorosa do narrador não é modelada na vida de Proust, que sabidamente, como homossexual, não era dado ao amor de mulheres[9]. Poder-se-ia, no entanto, aventar a hipótese de transfiguração de seus amores com homens. Os analistas, no entanto, reconhecem que Proust sempe foi muito discreto a propósito do assunto.

---

8 P. Michel-Thiriet, op. cit., p. 190-191.
9 C. Mauriac, *Proust*, p. 121.

XI ORQUESTRA DE CATEDRAIS

La Recherche é povoada de "invertidos" de ambos os sexos e até de cenas escabrosas[10]. A homossexualidade de Proust, ao que parece, sempre foi muito discreta. Ele tinha amigos muito queridos, como Reynaldo Hahn. Para Gautier-Vignal, a companhia dele agradava a Proust pelas raras qualidades de seu espírito, por sua agradável conversação e por seus dons musicais[11]. Jean-Yves Tadié tampouco menciona ligações homossexuais entre os dois. "Diz-se que Proust amou seu secretário Agostinelli e falou-se a propósito de 'ligação', o que dá a entender que houve entre eles relações sexuais. A hipótese foi enunciada por biógrafos que não conheceram Proust, nem Agostinelli; e que não tiveram senão informações de segunda mão." Gautier-Vignal, autor do texto, mostra que essa ligação parece improvável a quem, como ele, conheceu Proust e que, em certa época, soube bastante bem qual era seu modo de vida[12].

Gautier-Vignal observa que não sabemos nada de preciso sobre a vida amorosa de Proust, senão que foi sensível à beleza e à graça. Fala-se de suas ligações com mulheres e homens, nada se pode afirmar com certeza a esse respeito, porém se acredita que sempre faltaram a Proust os meios físicos necessários a uma verdadeira vida amorosa, especialmente porque viveu anos e anos recluso em casa, sem sair praticamente para nada. Não obstante, admite a proximidade que se faz entre Agostinelli e Albertine, nos seguintes termos: "Fez-se uma aproximação entre a morte de Agostinelli e a de Albertine como ela nos é contada em *La Recherche*. A aproximação não é de se descartar, pois os romancistas se inspiram em acontecimentos de sua existência, deles, de seus próximos e de tudo que os jornais lhes apresentam."[13]

Tadié, no entanto, transcreve texto de Proust no qual ele confessa que adorava Alfredo Agostinelli: "Eu amava Alfredo de verdade. Não é suficiente dizer que o amava, eu o adorava", mas ressalva que as relações físicas eram fracas, "ou mesmo inexistentes."[14]

---

10 L. Gautier-Vignal, *Proust connu et inconnu*, p. 238. O capítulo VIII dessa obra, sob o título de "Proust et l'Amour", discute a vida amorosa do escritor.
11 Ibidem, p. 24.
12 L. Gautier-Vignal, op. cit., p. 241-242.
13 Ibidem, p. 243.
14 J.Y. Tadié, *Marcel Proust: Biographie*, v. II, p. 188.

O narrador quase não contracena com outras personagens. Aliás, *À la recherche du temps perdu* é um romance pouco dialógico; tampouco é tipicamente monológico, porque, não sendo um romance de tipo confessional, o discurso do narrador não recorre à dialogação interior, a não ser em momentos de grande reflexão sobre seu destino, como naquele dia decisivo na biblioteca da casa da princesa de Guermantes, em *O Tempo Redescoberto*.

O romance é especialmente expositivo, dissertativo, discursivo, não raro de forma enfadonha. O narrador cumpre com rigor o princípio da onipresença em cada linha do romance. Constrói as personagens, descreve-as, caracteriza-as, fala por elas, conta-lhes as aventuras e desventuras, porque rigorosamente se trata de romance de acontecimento; nem sei se é pertinente falar, com referência a ele, em "psicologismo exagerado e decadente", como o fez Kerpótin consoante informa Bakhtin[15].

A dialogação é, pois, parcimoniosa; os diálogos são pesados, com participantes discorrendo longamente, como se observa em um dos poucos diálogos de que o narrador, ainda criança, participou com seus pais e o diplomata Norpois, quando este discorreu sobre a arte da sra. Berma, sobre o rei Theodore, Swann e seu casamento com Odette, e aí ensinou a pronúncia do nome Swann (Svann), finalmente sobre o escritor Bergotte que, como se sabe, teve por modelo Anatole France. Norpois não o apreciava muito, fazendo restrições às suas obras[16].

Em *À Sombra das Raparigas em Flor* há também um pequeno diálogo entre o narrador e Gilberte, entrecortado pela luta entre ambos: "Passei as mãos pelo seu pescoço, soerguendo-lhe as tranças que usava soltas sobre os ombros, ou porque fosse ainda próprio da sua idade, ou porque sua mãe quisesse fazê-la parecer por mais tempo menina, para rejuvenescer a si mesma; nós lutávamos [...] ela como se eu lhe fizesse cócegas."[17]

Brincadeiras de dois adolescentes em começo de namoro, com aquela ingenuidade de todo amor juvenil. Sim, porque aí estava

---

15 M. Bakhtin, *Problemas da Poética de Dostoiésvski*, p. 42, nota 1; V. Kirpótin, *F.M. Dostoiévski*, p. 63-64.

16 *A l'ombre des jeunes filles en fleurs*, p. 404.

17 Ibidem, p. 419

começando a primeira paixão do narrador, que se arvora em felicidade, quando, doente em casa, recebe uma carta de Gilberte[18].

Proust era um analista da alma humana. O "eu" do romance não é o seu, mas é o seu veículo por meio do qual penetra nesse mundo subterrâneo de onde afloram surpresas de comportamento que só um perquiridor sagaz é capaz de compreender ou, pelo menos, tentar explicar. Não é sem razão que os analistas confrontam Proust e Freud, procurando, por esse meio, interpretar a obra proustiana, destacando passagens de sua narrativa romanesca[19]. A conclusão de Philippe Willemart é a de que

> Freud e Proust se beneficiaram dos mesmos estratos do saber que cada qual soube romper à sua maneira. Freud se desvinculou da psiquiatria e da neurologia para poder criar o campo da psicanálise. Proust se desvinculou das categorias literárias de seu tempo para poder inovar com um gênero de escrita original, que se torna uma referência insubstituível na literatura do século xx.[20]

3. ESPAÇO E TEMPO EM LA RECHERCHE

O romance é uma narrativa que se desenrola no tempo sobre o modo de ser e de proceder de umas tantas personagens e num espaço que pode ser mais ou menos definido. O espaço de ação das personagens de *Ulysses*, de Joyce, é Dublin, o de *Adeus às Armas*, de Ernest Hemingway, já é mais esgarçado, porque foi o palco italiano da guerra de 1914-1918, mas seu herói fugiu com a namorada, introduzindo, assim, modificações no espaço inicial.

Esses são espaços reais, porém os espaços romanescos podem ser, e não raro são, espaços fictícios, como é o caso de alguns em *La Recherche*.

18 Ibidem, p. 424.
19 Ver P. Willemart, parte III, capítulo 2, em *Os Processos de Criação na Escritura, na Arte e na Psicanálise*.
20 Ibidem, p. 187.

O conceito de espaço romanesco envolve a questão do mundo exterior do romancista, uma relação do narrador com o real, quando a instância da subjetividade enunciativa se projeta, ou se converte na instância da objetividade. Os quadros da enunciação discursiva se enriquecem com o cenário paisagístico do externo em termos de lugares onde se movem as figuras humanas do romance. Esse quadro em *La Recherche* não é homogêneo, não é contíguo, porque seu espaço, o ambiente romanesco, se compõe dos lugares no quais se encontra o narrador. Seu quarto de dormir de Combray, de Paris, ou um dos quartos de hotel, como o de Balbec, o salão de mme. Verdurin ou a mansão de Tansonville etc. Daí a pergunta: "O lugar onde está, qual é ele?" Daí também por que Georges Poulet diz que a obra proustiana se afirma como uma busca não somente do tempo, mas também do espaço perdido; não é apenas certo período de sua infância que o ser proustiano vê sair da taça de chá; é também um quarto, uma igreja, uma cidade, um conjunto topográfico sólido[21].

Assim, é correto dizer que "o espaço proustiano se ordena em torno de territórios sagrados, de caminhos opostos, de jardins misteriosos, de umbrais e de pontos de vista, escadas dos Guermantes, vitrinas de Balbec, antecâmaras dos Swann... O espaço sagrado de Elstir responde ao espaço sagrado da igreja, os labirintos de Veneza àqueles de Combray"[22].

Há, contudo, um espaço mágico, um lugar com seus arredores que nasce da xícara de chá do narrador[23], de onde tudo advém e que dá nome ao primeiro capítulo de *À la recherche*, "Combray", que está presente na realidade ou no imaginário do narrador ("durante muito tempo, quando, acordado de noite, eu me lembrava de Combray") nas páginas dos sete círculos do romance.

21 G. Poulet, op. cit., p. 13, 19 e 26-27.
22 B. Raffalli, Introduction, *À La recherche du temps perdu*, I, p. XCIV.
23 "E, como nesse divertimento japonês de mergulhar numa bacia de porcelana cheia d'água pedacinhos de papel, até então indistintos e que, depois de molhados, se estiram, se delineiam, se cobrem, se diferenciam, tornam-se flores, casas, personagens consistentes e reconhecíveis, assim agora todas as flores de nosso jardim e as do parque do sr. Swann, e as ninfeias do Vivonne, e a boa gente da aldeia e suas pequenas moradias e a igreja e toda a Combray e seus arredores, tudo isso que toma forma e solidez, saiu, cidade e jardins, de minha taça de chá." Cf. *Du côté de chez Swann*, p. 59.

XI ORQUESTRA DE CATEDRAIS

Os episódios do romance não se apresentam numa ordem temporal, senão em ordem espacial, porém, como visto, em espaços descontínuos. Os lugares que o compõem são distantes uns dos outros. Não se tocam. O caminho de Swann é oposto ao caminho de Guermantes. Por isso se diz que nada é mais trágico em Proust do que o sentimento do tempo negativo e do espaço separado[24]. Por que é assim? Porque o espaço de *La Recherche* se forma dos lugares onde se encontra o herói narrador, numa concepção heideggeriana do espaço, em virtude do princípio da onipresença que rege o romance de primeira pessoa. Por isso também, nos lugares onde está o herói, estão igualmente as personagens ou algumas delas.

Ainda segundo Georges Poulet: "O espaço proustiano é este espaço final, feito na ordem na qual se distribuem, uns em relação aos outros, os diferentes episódios do romance proustiano."[25] Madeleine em Combray, berço da família do narrador (primeira manifestação da memória involuntária); Tansonville, onde o narrador viu Gilberte pela primeira vez; Campos Elíseos, onde o narrador, adolescente, brincava com a jovem Gilberte e onde começou sua paixão por ela; Balbec, onde o narrador conheceu Saint-Loup, Elstir e, principalmente, conheceu e amou Albertine; o castelo de Guermantes, em cujo pátio o narrador tropeçou no pavimento desigual provocando-lhe a última experiência de sua memória involuntária (*O Tempo Redescoberto*); o caminho de Guermantes, ao redor de Combray, um dos passeios preferidos do narrador; o caminho de Méséglise, oposto ao de Guermantes, outro passeio preferido do narrador, chamado também "caminho de Swann" porque passa defronte da propriedade (Tansonville) de Charles Swann para alcançar a vila de Méséglise[26]; Doncières, cidade perto de Balbec, onde o narrador ia visitar Saint-Loup; Martinville-le-Sec, localidade perto de Combray, cujos dois campanários o narrador descreve quando passeava na viatura com o dr. Percepied; Montjouvan, residência de Vinteuil e sua filha, perto de Méséglise, onde o narrador assistiu a uma cena de lesbianismo entre a srta. Vinteuil e sua amiga; Saint-Hilaire,

24 G. Poulet, op. cit., p. 150.
25 Ibidem, p. 136.
26 *Du côté de chez Swann*, p. 126.

igreja de Combray; a biblioteca da princesa de Guermantes, onde o narrador descobriu sua vocação de escritor (*O Tempo Redescoberto*); os salões frequentados pelo narrador: o salão do príncipe e da princesa de Guermantes, o salão da duquesa de Guermantes, o salão da sra. de Villeparisis, o salão dos Verdurin.

De espaço a espaço, de lugar a lugar, o herói buscava reencontrar o *tempo perdido*, porque, nos termos mesmo do título que traz, o romance de Proust é exatamente *rechercher du temps perdu*: um ser, o narrador, se põe em busca de seu passado. E o romance termina quando "o tempo é reencontrado". Assim, do início ao fim, o tempo é a matéria-prima do romance, e até se diz que o tempo é a sua personagem mais importante, com uma famosa frase invocativa: "Por muito tempo, eu me deitava cedo" (*Longtemps, je me suis coucher de bonne heure*). A frase simples chama a atenção pelo contraste "longtemps" e "bonne heure" (*longo tempo* e *cedo*).

Cabe lembrar uma concepção de Gilles Deleuze um pouco diversa do que foi dito anteriormente, qual seja: "o tempo perdido não é simplesmente o tempo passado; é também o tempo que se perde, como na expressão 'perder seu tempo'; [...] e o tempo passado intervém como uma estrutura do tempo, mas essa não é a estrutura mais profunda". Ele conclui que "*La Recherche* é voltada para o futuro e não para o passado"[27]. Quem sabe se, no final deste estudo sobre o romance de Proust, encontremos algo que confirme essa ideia ou a refute. Por enquanto, minha pesquisa ficará mais numa busca do tempo certo, a partir de considerações bem terra a terra.

À la recherche du temps perdu cobre o tempo de sessenta anos de vida francesa. O narrador tem cerca de dez anos menos do que Marcel Proust, mas não é esse o tipo de tempo que temos que procurar nesta pesquisa, porque esses são tempos de duração, tempos externos ao

---

27 G. Deleuze, *Proust et les signes*, p. 9-10.

romance. O tempo que se procura aqui é o tempo vivencial do narrador, o tempo leitmotiv da narrativa, o tempo motivador do romance.

O leitor, desde logo, percebe dois tempos, ou duas faces do mesmo tempo: o *tempo negativo*, aquele que se perdeu, e o *tempo positivo*, aquele que foi reencontrado, mas ainda não sabe como eles se constituem. E pode até supor que o sétimo volume do romance, que tem o título *O Tempo Redescoberto*, não seja abrangido pelo título geral porque, se é tempo reencontrado, já não é mais tempo perdido. Mas não é assim, posto que o volume é todo ele ainda uma intensa busca do tempo, só no final reencontrado.

O tempo vivencial é o tempo fenomenológico husserliano, como forma unitária das vivências em um fluxo do vivido. O tempo passado, o tempo presente e o tempo futuro. O tempo passado em *La Recherche* é o tempo perdido, o tempo presente é o sabor da *madeleine*, o tempo futuro será o tempo reencontrado, aquele que o narrador irá descobrir no fim do volume sétimo do romance:

> Enfim esta ideia do tempo tinha para mim uma última vantagem, era um aguilhão, convencia-me da urgência de começar, se quisesse captar o que algumas vezes, no curso da existência, eu sentira em fugazes e fulgurantes intuições, no caminho de Guermantes, nos passeios de carro com a sra. De Villeparisis, e me fizera julgar a vida digna de ser vivida.
>
> Assim a considerava, agora mais do que nunca, pois parecia-me possível iluminá-la, ela que passamos nas trevas, fazê-la voltar à verdade original, ela que continuamente falseamos, em suma, realizá-la num livro. Como seria feliz quem pudesse escrever tal livro, pensava eu; e que trabalho teria diante de si! Para dar dele uma ideia, seria mister buscar comparações nas artes mais diversas e mais altas; porque esse escritor, que, aliás, de cada caráter deveria apresentar as faces opostas, para conferir peso e solidez a seu livro precisaria prepará-lo minuciosamente, com constantes reagrupamentos de forças, como em vista de uma ofensiva, suportá-lo como uma fadiga, aceitá-lo como uma norma, construí-lo como uma igreja, segui-lo como um regime, vencê-lo como um obstáculo, conquistá-lo como uma amizade, superalimentá-lo como uma criança, criá-lo como um mundo, sem desprezar os mistérios que provavelmente só se explicam em outros mundos, e cujo pressentimento é o

que mais nos comove na vida e nas artes. Nos grandes livros dessa natureza, há partes apenas esboçadas, que não poderiam ser terminadas, dada a própria amplidão da planta arquitetônica. Muitas catedrais permanecem inacabadas. Longamente nutrimos um livro assim, fortalecemos-lhe os trechos fracos, mas depois é que ele nos engrandece, que assinala nosso túmulo, que o defende do ruído em um pouco do esquecimento.[28]

O texto é longo, mas é importante; *primeiro*, porque nos dá a oportunidade de verificar a *relação tempo* e *memória involuntária*.

A memória involuntária é a memória dos músculos, não do intelecto. Ela une dois tempos (momentos): o presente e o passado. Ao receber um estímulo atual (agora), ela se projeta no passado onde fato idêntico se deu. Assim, o sabor da *madeleine* agora é semelhante àquele que o narrador sentiu em Combray quando criança, ressuscita Combray onde ele a degustou pela primeira vez[29]. É um mecanismo que projeta o agora no antes e traz o antes para o agora, com todas as suas qualidades. A importância do mecanismo está aí: o sabor de agora não ressuscita apenas o sabor de outrora, o ressuscita com tudo o que estava a ele associado. O sabor da *madeleine* ressuscitou Combray (retirou-a do esquecimento) com suas qualidades, cores, casas, igrejas e circunvizinhança, tal como nos diz Deleuze:

> O sabor, qualidade comum às duas sensações, sensação comum aos dois momentos, só está aí para evocar outra coisa: Combray. Com essa evocação, Combray ressurge de forma absolutamente nova. Não surge tal como esteve presente. Combray surge como passado, mas esse passado não é mais relativo ao presente que ele foi, não é mais relativo ao presente em relação ao qual é agora passado. Essa não é mais a Combray da percepção, nem da memória voluntária. Combray aparece tal qual não podia ser vivida: não em realidade, mas na sua verdade; não nas suas relações exteriores e contingentes, mas na sua diferença interiorizada, na sua essência. Combray surge num passado puro, coexistente com os dois presentes [...]

---

28 *Le Temps retrouvé*, p. 829-830; tradução do autor cotejada com a tradução de Lúcia Miguel Pereira, *O Tempo Redescoberto*, p. 387-388.
29 G. Deleuze, op. cit., p. 71.

XI ORQUESTRA DE CATEDRAIS

> Isto é: não mais uma simples semelhança entre um presente que é atual e um passado que foi presente.[30]

Segundo, porque aí as três expressões do Tempo, escrito lá com maiúscula: o *passado*, bem assinalado pelo advérbio *quelquefois* e referência ao "caminho de Guermantes" e passeios de carro com a sra. de Villeparisis do narrador-criança, como consta do primeiro volume do romance; o *presente*, indicado pelo advérbio *maintenant*; o *futuro*, com a ideia de escrever um livro e "Como seria feliz quem o escrevesse"!

Terceiro, o mais importante, porque é o primeiro texto que sinaliza o tempo reencontrado, como resultado do longo diálogo interior que propiciou as mais belas páginas do romance quando, no dia mais bonito da sua existência, o narrador viu iluminadas subitamente não apenas suas antigas hesitações intelectuais, mas a própria razão de ser de sua existência e quiçá da arte[31]. Essas sensações foram despertadas no narrador por três manifestações de memória involuntária: o *tropeção nas pedras irregulares* do calçamento do pátio do palácio da princesa de Guermantes, onde o narrador ia participar de uma recepção, sensação essa que outrora experimentara sobre dois azulejos irregulares no batistério de S. Marcos em Veneza; o *barulho da colher esbarrando num prato*, que lhe lembrou o bater de um martelo quando um empregado consertara alguma coisa numa roda do trem ao pararem na orla de uma pequena mata; o *guardanapo engomado* em que o narrador limpara a boca, exatamente como a toalha com a qual tivera tanta dificuldade em enxugar-se defronte da janela no dia de sua chegada a Balbec, "estendia, tirada de suas dobras quebradiças, a plumagem de um oceano verde e azul como numa cauda de pavão".

Essas três manifestações da memória involuntária desvaneceram todo o seu desânimo, ante a mesma felicidade em épocas diversas de sua vida, suscitada pela vista das árvores que ele julgara reconhecer num passeio de carro nos arredores de Balbec, ou dos campanários de Martinville, pelo sabor da *madeleine* umedecida numa infusão.

---

30 G. Deleuze, op. cit., p. 75-76.
31 *Le Temps retrouvé*, p. 229.

A causa dessa felicidade ele a percebeu ao serem confrontadas entre si as diversas impressões bem-aventuradas, que tinham em comum a faculdade de serem sentidas simultaneamente no *momento atual* e *no pretérito*, o sabor da *madeleine* fazendo o passado permear o presente a ponto de o tornar hesitante, sem saber em qual dos dois se encontrava; na verdade, o ser que nele então gozava dessa impressão e desfrutava o conteúdo extratemporal, repartidos entre o *dia antigo* e o *atual*, era um ser que só surgia quando, por uma dessas identificações entre o *passado* e o *presente*, se conseguia situar no único meio onde poderia viver, gozar da essência das coisas, isto é, fora do tempo. Só esse ser tinha o poder de fazer o narrador recobrar os dias escoados, o Tempo da memória voluntária e da inteligência.

Aí o primeiro sinal do *Tempo Redescoberto* que conduz à descoberta da vocação literária do narrador, questão que será aprofundada neste livro, em a "Descoberta do Enigma", sobre *À la recherche du temps perdu*. Aqui a preocupação foi examinar o papel do *Tempo* na estética romanesca proustiana, papel tão relevante que o romance começa com o conceito de tempo contido no termo *longtemps* e com a última palavra, *Temps*, escrita com maiúscula.

4. O NARRADOR E AS OUTRAS PERSONAGENS

O escritor é perseguido por suas personagens, e tem sua criação como um dever, depois daquela do herói[32]. Como se constroem as personagens proustianas? Os analistas sempre dizem que elas são montadas com base em diversos modelos. O narrador, em *O Tempo Redescoberto*, numa passagem, certamente falando por Proust, afirma que "neste livro não há um só fato que não seja fictício, nem uma só personagem real, onde tudo foi inventado por mim segundo as necessidades do que pretendia demonstrar"[33]. Mas, em uma passagem de *A Fugitiva*, o narrador, certamente interpretando Proust, admite que o romancista

---

32 J.Y. Tadié, *Proust et le roman*, p. 60.
33 *Le Temps retrouvé*, p. 687.

une diversos elemementos tomados de empréstimo à realidade, a fim de criar uma personagem imaginária[34].

Marcel Proust é um exímio construtor de caracteres. Suas personagens saem do meio dos enunciados do discurso narrativo como pessoas discretas, despontam de dentro da bruma de uma madrugada fria para se juntarem aos companheiros no raiar do dia. Não propriamente para integrar uma comunidade de personagens romanescas, porque, como visto, *À la recherche du temps perdu* é um romance pouco dialógico. O diálogo das personagens, na mais das vezes, está embutido no discurso monológico do narrador. A solidão é um pouco companheira das personagens proustianas, decerto pela transfiguração da solidão do autor no momento em que as criava.

Observei antes que o espaço em *La Recherche* se forma dos lugares onde está o narrador. Esse princípio da onipresença faz com que as personagens proustianas se encontrem ligadas à paisagem em cujo plano de fundo aparecem pela primeira vez[35].

Não preciso descer a minúcias sobre o processo que Proust adotava para construir suas personagens, que, no fundo, é mais ou menos usado por todo romancista. Segundo Proust, "não há chaves para os personagens deste livro, ou bem há oito ou dez para um só; o mesmo para a igreja de Combray, minha memória me emprestou como 'modelo' muitas igrejas"[36].

À la recherche du temps perdu é um romance construído com base em justaposições binárias: "uma linha nítida separa os lados de Swann e de Guermantes, que se repartem internamente em outros lados solidários, assim, por exemplo, o lado Swann engloba o lado Combray, que, por sua vez, engloba Méséglise. Esses são os dois grandes estratos sociais do romance, seus mais produtivos cadinhos de experiências culturais"[37].

---

34 "Que a resposta fatal ia dissociar em dois elementos distintos, que eu arbitrariamente havia unido, como um romancista que funde num só diversos elementos extraídos da realidade para criar um personagem imaginário".
35 G. Poulet, op. cit., p. 147.
36 P. Michel-Thiriet, op. cit., p. 169.
37 L.T. da Motta, *Proust: A Violência Sutil do Riso*, p. 77.

Essa justaposição binária se reproduz também na organização humana do romance: de um lado, estão as pessoas reais que povoam a narrativa; de outro, as pessoas fictícias, as personagens, que, às vezes, até se comunicam com aquelas, como é exemplo um rápido diálogo entre a princesa Mathilde, real, sobrinha de Napoleão III, e Odette, fictícia, no Bois de Boulogne.

Entre as personagens que mais interessam aqui, permito-me socorrer-me, em síntese, dos estudos de Leda Tenório da Motta na sua excelente tese de doutoramento[38].

Antes, porém, de me socorrer da citada autora, lembro uma justaposição que não consta de seus ensinamentos: de um lado, os nobres, tais os Guermantes (príncipe e princesa de Guermantes, duque e duquesa de Guermantes, marquês de Saint-Loup, barão de Charlus); de outro lado, os burgueses como a própria família do narrador, como sua tia Léonie; Swann e Odette de Crécy; o sr. e a sra. Verdurin; o escritor Bergotte; o violinista Vinteuil; o pintor Elstir; o médico Gotard; Morel; Jupien; Gilberte e Albertine; Bloch...

É dentre essas personagens que podemos distinguir a justaposição formada pelos grupamentos que Leda Tenório chama de colônias de homossexuais e de judeus. Os homossexuais dividem-se em dois lados: o lado dos homossexuais masculinos e o lado das lésbicas: *Sodoma e Gomorra*. Dentro de outra justaposição, de um lado, os homossexuais monovalentes, como Jupien, de outro os ambivalentes, como Saint-Loup, marido de Gilberte e apaixonado por Morel, ex-amante do barão de Charlus[39].

> Já à homossexualidade feminina são reservados paragens e eventos mais gentis, menos clandestinos. Pois, embora a surpresa de encontrar a srta. Vinteuil aos abraços com Léa seja para o Narrador algo tão estremecedor quanto surpreender o barão de Charlus com Jupien, e se bem que ele espreite a cena de longe, escondido atrás de

---

38 Ibidem. Como observa a autora em "Nota Prévia", o livro é um trabalho bastante modificado que teve origem numa tese de doutorado, defendida na Universidade de Paris VII, sob a orientação de Julia Kristeva, e arguida por Gérard Genette e Serge Doubrovski.

39 Ibidem, p. 78, com a observação de que "justaposição" não é uma terminologia que ela usa.

XI ORQUESTRA DE CATEDRAIS

um arbusto, na pradaria, em frente à casa da filha do músico, neste caso, tudo se passa de modo franco, mais aberto.[40]

Aqui e em outros momentos, notam-se os hábitos voyeuristas do narrador, que ficava tocaiando as pessoas para ver se as apanhava em flagrante de relações homossexuais.

Também os judeus do romance se justapõem binariamente: de um lado os judeus ricos e endinheirados, bem recebidos no mundo elegante do bairro de Saint-Germain, a que pertencia Swann, e também a família do narrador; de outro lado, os judeus pobres como Bloch, os judeus do gueto, "os israelitas da Aboukir" no dizer de Bloch[41].

As duas personagens mais complexas da galeria proustiana são Charles Swann e Charlus. Aquele, do mundo judaico. Este, da camada homossexual.

Swann é tão importante que mereceu ser parte do título do primeiro volume do romance, *No Caminho de Swann*; mais ainda, ganhou um verdadeiro romance dentro de *La Recherche*, um romance dentro do romance. A segunda parte do volume, com cerca de 150 páginas, sob o título de "Um Amor de Swann", é narrada do ponto de vista externo, na terceira pessoa.

Por viver em Combray e ser amigo da família do narrador, foi ele a primeira personagem com quem o narrador travou conhecimento, pois era quase a única pessoa a ir à sua casa, algumas vezes para jantar, outras vezes de improviso, depois do jantar. Essas visitas de Swann causavam sérios problemas ao narrador, então criança, porque, nessas noites, sua mãe não subia a seu quarto para dar "aquele beijo, precioso e frágil, que mamãe de costume me confiava em meu leito antes de eu adormecer"[42]. Por isso, foi ele o inconsciente autor das tristezas do narrador, confessa.

40 Ibidem, p. 79.
41 Ibidem, com diferenças. Nela há pormenores e observações bem mais amplos e interessantes que não cabem aqui.
42 *No Caminho de Swann*, p. 19.

No entanto, foi Swann quem falou ao narrador de Bergotte como um espírito encantador e uma maneira toda sua de dizer as coisas, um pouco hermético, mas agradável. Um escritor talentoso. Não muito adiante, nesse processo de vaivém, de antecipações e regressões, encontramos o narrador, antes mesmo do casamento de Swann, a falar da filha dele, Gilberte, que viria a ser seu primeiro amor. Gilberte, ainda criança, com sua babá que ele viu. "Assim passou junto a mim esse nome de Gilberte, oferecido como um talismã que me permitiria talvez reencontrar um dia aquela de quem ele acabava de fazer uma pessoa e que, um momento antes, não era mais do que uma incerta imagem."[43] Adiantava assim sua paixão por Gilberte, quando então frequentava muito a casa de Swann, tornando-se, desse modo, amigo daquele que lhe criava tantos aborrecimentos, seja impedindo que sua mamãe subisse para lhe dar o beijo de boa noite, seja interrompendo suas leituras no jardim da tia Léonie.

O narrador:

> acompanhamos a carreira mundana de Swann nos salões da aristocracia e sua paixão e ciúme pela cortesã de luxo, Odette de Crécy. Swann influi nas leituras e interesses artísticos do herói: ele lhe fala de seu escritor preferido, Bergotte, lhe presenteia com reproduções de pintura italiana e lhe indica como destino de viagem a praia de Balbec, onde, segundo ele, convivem uma natureza esplendorosa e a arte gótica da igreja da cidade[44].

Charlus forma com Swann, podemos dizer, uma síntese das justaposições binárias: a) de um lado, Swann integra a colônia judaica, Charlus é membro destacado da comunidade dos homossexuais; b) de outro lado, Swann é burguês endinheirado. Charlus é barão e, portanto, membro da comunidade dos coroados.

Palamède de Guermantes, barão de Charlus, foi apresentado ao narrador pela tia, a sra. de Villeparisis[45], mas o narrador já o tinha visto em Tansonville com Gilberte. O narrador também ficou sabendo

43 Ibidem, p. 132.
44 Guilherme Ignácio da Silva, Prefácio, em M. Proust, *O Caminho de Guermantes*, p. 10.
45 *À Sombra das Raparigas em Flor,* p. 618.

XI ORQUESTRA DE CATEDRAIS

que o barão era tio de Saint-Loup (Robert, marquês de Saint-Loup--en-Bray), visto ser irmão da condessa de Marsantes (Marie-Einard de Marsantes).

O barão era homem elegante, fino, olhos azuis, a quem a avó do narrador admirava. Foi, no entanto, em *Sodoma e Gomorra* que o narrador descobriu seu verdadeiro caráter e sua personalidade ambígua, quando, no seu habitual voyeurismo, o surpreendeu em uma cena de sedução com Jupien no hotel de Guermantes[46]. Depois, o narrador o reviu na estação de Doncières, onde o barão havia ido encontrar o violinista Morel, que se tornará seu grande amor. Mais: em *O Tempo Redescoberto*, o narrador assiste a uma cena de sadomasoquismo protagonizada pelo barão com Maurice.

Françoise é uma presença constante. Está frequentemente ao lado do narrador para servi-lo, como uma espécie de governanta de sua casa. Era serviçal da tia Léonie e, depois da morte desta, foi servir aos pais do narrador.

Saint-Loup é uma das personagens mais chegadas ao narrador. Surgiu-lhe no refeitório do Grande Hotel de Balbec:

> Numa tarde muito quente, achava-me eu no refeitório do hotel; tinham-no deixado em penumbra, para protegê-lo do calor, baixando as cortinas que o sol amarelava, e por entre os seus interstícios deixavam passar o azulado pestanejo do mar; nisto vi, pelo passeio central, que vai da praia à estrada, um rapaz alto, magro, fino de pescoço, cabeça orgulhosamente lançada para trás, de olhar penetrante, pele dourada e cabelos tão loiros como se houvessem absorvido todo o ouro do sol. Usava um traje de tecido muito fino, esbranquiçado, como nunca imaginei que se atrevesse a vesti-lo um homem, e que evocava por sua leveza o frescor do refeitório, ao mesmo tempo que o calor e sol de fora; andava muito depressa. Tinha os olhos cor de mar, e de um deles se desprendia a cada momento o monóculo. Todo mundo ficava a olhá-lo com curiosidade, pois sabiam que aquele marquesinho de Saint-Loup-en-Bray era famoso por sua elegância.[47]

46 *Sodome et Gomorrhe*, p. 503.
47 *No Caminho de Swann*, p. 240.

Foi assim que essa personagem apareceu na história, de forma não costumeira entre as personagens de *La Recherche*, ou seja, com sua imagem amplamente descrita, à exceção do rosto. Na mais das vezes, as personagens de Proust não aparecem tão fisicamente definidas, requerendo do leitor certo esforço para precisar sua imagem. Em geral, é pelo nome que as personagens se mostram ao narrador. O mais marcante foi o de Swann. O narrador nos conta:

> Na conversa sempre achava um meio de fazer com que meus pais pronunciassem o nome de Swann: era verdade que o repetia mentalmente sem cessar: mas tinha necessidade também de ouvir a sua deliciosa sonoridade e de fazer-me executar aquela música cuja muda leitura não me bastava. Aliás esse nome de Swann, que de há tanto eu conhecia, era agora para mim um nome novo, como acontece com certos afásicos em relação às palavras mais usuais.[48]

É, como diz Tadié, um nome que reina em toda a obra, desde os passeios de infância do narrador até a matinê de *O Tempo Redescoberto*, então já morto.

Isso mostra o papel do nome na pintura das personagens proustianas. Só o nome do narrador e de seus pais e avós não aparecem, por isso, embora muito mencionados no correr da obra, o leitor não tem deles a menor configuração.

Cottard é médico. Nele Proust concentrou sua ironia a respeito da medicina, de que seu pai, Adrien Proust, e seu irmão, Robert Proust, foram exímios representantes, como que, descontando nele as idiossincrasias que tinha contra os parentes médicos. Brichot, professor universitário, amigo de Charlus, com quem teve um longo diálogo sobre homossexualidade com rara interferência do narrador[49].

Gilberte é uma personagem importante no romance, porque foi o primeiro amor do narrador. Filha de Swann com Odette, ele a viu pela primeira vez nos Campos Elísios com a babá e, mais tarde, já moça feita, nos jardins da mansão do pai, Tansonville. O namoro começou

---

48 Ibidem.
49 *A Prisioneira*, p. 174s. Na versão em português, com tradução de Manuel Bandeira e Lourdes Sousa de Alencar, p. 333s.

XI ORQUESTRA DE CATEDRAIS

com brincadeiras e jogos[50]. Mas, quando o narrador partiu com sua avó para Balbec, já era quase completamente indiferente em relação a Gilberte.

Os Guermantes estão sempre presentes, mas nunca são muito bem caracterizados. São o duque e a duquesa e o príncipe e a princesa de Guermantes. A duquesa foi a segunda paixão do narrador, que com ela manteve um longo amor platônico. Os Guermantes estão do lado oposto de Swann. São da colônia dos nobres, enquanto este é dos burgueses. "Le côté de chez Swann" fica do lado oposto a "Le côté de Guermantes", respectivamente, títulos do primeiro e do terceiro volumes de *Em Busca do Tempo Perdido*.

Albertine foi a personagem mais importante, depois do narrador, pois foi o seu grande amor e, por isso, a história de amor marcante do romance. Ela é descrita aos poucos, até uma minuciosa configuração. Ficamos sabendo ao longo da narrativa ser ela uma jovem loira, sozinha, de ar triste, sob seu chapéu de palha ponteado de flores do campo[51]. Dela disse o narrador: "jamais conheci mulheres mais dotadas do que ela da engenhosa aptidão para a mentira animada, colorida com os próprios matizes da vida"[52]. Pobre, não tinha um tostão de dote, vivia bastante mal à custa de sua tia, a sra. Bontemps, que desejava desembaraçar-se dela etc. Foi, no entanto, quase no fim de *A Prisioneira*, quando as relações amorosas entre o narrador e ela periclitavam, que se faz dela um retrato físico e psicológico mais pormenorizado, quando o narrador se recorda das obras de arte que herdara de sua tia Léonie. Aí lembrou de Albertine, aprisionada em sua casa, para dizer:

> Mas não continha o meu quarto uma obra de arte mais preciosa do que todas aquelas? Era a própria Albertine. Olhava-a e me parecia estranho que fosse ela, ela que hoje, animal selvagem domesticado, roseira a quem eu fornecera o espeque, a moldura, a latada da sua vida, estava assim sentada, todos os dias, como em sua casa, perto de mim, diante da pianola, encostada à minha estante. Seus ombros, que eu vira curvados e dissimulados quando ela voltava carregando

50 *À Sombra das Raparigas em Flor*, p. 419.
51 Ibidem, p. 666.
52 *A Prisioneira*, p. 217.

os tacos de golfe, apoiavam-se aos meus livros. Suas pernas, tão bonitas, que no primeiro dia eu imaginara com razão terem manobrado durante toda a adolescência os pedais de uma bicicleta, subiam e desciam alternativamente sobre os da pianola, nos quais Albertine, agora de uma elegância que me fazia senti-la mais minha, porque era eu quem proporcionava a ela, pousava os seus sapatos de tecido dourado. Seus dedos, antes familiarizados com o guidom, pousavam agora sobre as teclas como os de uma santa Cecília. Seu pescoço, cujo contorno, visto de minha cama, era cheio e forte, àquela distância e sob a luz da lâmpada parecia mais rosado, menos rosado, porém, do que o rosto inclinado de perfil, a que os meus olhares, vindos das profundezas de mim mesmo, carregados de reminiscências e ardentes de desejos, acrescentavam um tal brilho, uma tal intensidade de vida que o seu relevo parecia desprender-se e guiar com força quase mágica, como naquele dia, no Grande Hotel de Balbec, em que me turvou a vista pelo excessivo desejo que tive de beijá-la; prolongava-lhe eu cada superfície além do que podia ver dele e por baixo do que me ocultava e não me fazia senão sentir melhor – pálpebras que semicerravam os olhos, cabeleira que escondia o alto das faces – o relevo daqueles planos superpostos. Seus olhos luziam como, num minério onde a opala ainda está encravada, as duas únicas facetas polidas, que, mais brilhantes do que o metal, fazem aparecer, no meio da matéria cega, uma como asas de seda malva de uma borboleta que tivessem posto debaixo de vidro. Seus cabelos negros e crespos, mostrando conjuntos diferentes cada vez que ela se virava para mim perguntando o que devia tocar, ora uma asa magnífica, larga na base, aguda na ponta, negra, empenada e triangulada, ora entrançando o relevo de seus cachos numa cadeia pujante e variada, cheia de cristas, de linhas divisórias, de precipícios, com o seu ondeado tão rico e tão multicolor, pareciam ultrapassar a variedade realizada habitualmente pela natureza e corresponder mais ao desejo de um escultor que acumula as dificuldades para fazer sobressair a flexibilidade, o ímpeto, o modelado, a vida de sua execução, e faziam realçar mais interrompendo-as para recobri-las, a curva animada e como que rotação do rosto liso e rosado, do fosco envernizado de uma madeira pintada. E por contrate com tanto relevo, pela harmonia também que a ligava aos objetos, que adaptara a sua atitude à forma e à utilização deles – a pianola que a escondia pela metade como uma caixa de órgão, a estante –, todo aquele canto do quarto parecia reduzido a não ser mais do que o santuário iluminado, o presépio daquele anjo musicista, obra de arte que, dentro em pouco, por uma doce magia, ia sair de seu nicho e oferecer aos

XI ORQUESTRA DE CATEDRAIS

meus beijos a sua substância preciosa e rosada. Mas, não, Albertine não era absolutamente, para mim, uma obra de arte.[53]

Andrée é uma das raparigas em flor, a mais bonita delas. Muito amiga de Albertine, era rica e quando ia para Balbec sempre a levava, cujas despesas mantinha. Mais tarde ela própria conta ao narrador que, mesmo quando vivia com ele, tinha relações sexuais com Albertine.

Bergotte, Vinteuil e Elstir são os três artistas de *La Recherche*. Proust venerava o mundo das artes, por isso criou três personagens-tipo: o romancista Bergotte, cujos romances o narrador leu e incentivou Albertine a lê-los; Vinteuil foi o músico famoso, compositor de uma sonata muito apreciada, da qual uma pequena frase foi o hino nacional do amor de Swann e Odette; e, finalmente Elstir, célebre pintor, que o narrador e Saint-Loup encontraram no restaurante de Rivebelle; o narrador então lembrou que era um artista muito conceituado, de grande valor e de quem ele se aproximou e se tornou amigo em Balbec, porque ele era conhecido das moças em flor. Sobre ele o narrador disse:

> Mas os raros momentos em que se via a natureza tal como é, poeticamente, desses momentos é que era composta a obra de Elstir. Uma das metáforas mais frequentes nas marinhas que tinha consigo naquele momento era justamente a que, comparando a terra ao mar, suprimia qualquer demarcação entre ambos. Era essa comparação, tácita e incansavelmente repetida numa mesma tela, que aí introduzia essa multiforme e possante unidade, causa, às vezes não claramente percebida por eles, do entusiasmo que provocava em certos amadores a pintura de Elstir.[54]

5. AMOR E MORTE

Amor e morte são conteúdos expressivos de *À la recherche du temps perdu*. Parece estranha essa união, mas ela me foi sugerida pelo narrador em uma passagem de angústia:

53 *A Prisioneira*, p. 443-444.
54 *À Sombra das Raparigas em Flor*, p. 680.

> Essa ideia da morte instalou-se em mim como um amor. Não que amasse a morte: detestava-a. Mas, ao passo que antes só pensava nela de longe em longe, como na mulher que ainda não se ama, agora sua obsessão aderia à mais profunda camada de meu cérebro, tão completamente que não podia me ocupar de outra coisa sem que essa coisa atravessasse primeiro a ideia de morte e, até quando me alheava de tudo e permanecia em inteiro repouso, a ideia da morte se me tornava uma companheira tão incessante como a ideia de mim mesmo.[55]

La Recherche não é um romance de amor, mas é um romance em que o amor e a morte são forças poderosas na sua formação estética. Não tem como enredo uma história de amor. Nela o amor é mais tema de reflexão do que de paixão, ainda que esta também exista, mas em episódios que sequer têm conexão entre si.

O tema do amor é cheio de ambiguidades. Saint-Loup é um caso típico. Sobrinho do sr. de Charlus, notório homossexual, não raro deixava transparecer as mesmas tendências, ainda que fosse amante de Rachel por muito tempo. Ninguém sabia que ele amava Gilberte, antiga paixão do narrador, que ficou muito surpreso ao receber a carta dela anunciando seu casamento com o marquês de Saint-Loup. A propósito, o narrador conta com alguma ironia, um pouco de ciúme e despeito, os comentários dos jornais, segundo os quais ele, Saint-Loup, abandonava a pequena nobreza (ele era um Guermantes) pela burguesia inteligente, porque Gilberte era filha de Charles Swann, judeu rico, que, ao morrer, lhe deixou grande fortuna. O narrador relata com certa mágoa que, sendo tão amigo do noivo, este nada lhe tenha dito. "Eu concluí, sem pensar no segredo que a gente guarda até o fim sobre certas coisas, que eu era menos amigo do que tinha pensado, o que, para o que concerne a Saint-Loup, me penaliza."[56]

Por isso, antes de examinar esses episódios amorosos, especialmente os pertinentes ao narrador, vamos, em apanhados pela obra, verificar a concepção de amor que Marcel Proust traduziu na narrativa. E vamos fazê-lo mediante transcrição de textos representativos.

---

55 O Tempo Redescoberto, p. 837.
56 La Fugitive, p. 530.

XI ORQUESTRA DE CATEDRAIS

> Nosso amor, enquanto significa amor a certa criatura, não é talvez alguma coisa muito real, pois se associações de devaneios agradáveis ou dolorosos o podem ligar por algum tempo a uma mulher até fazer-nos pensar que foi por ela inspirado de maneira necessária, por outro lado, se nos libertamos voluntariamente ou sem querer dessas associações, esse amor, como se fosse, ao contrário, espontâneo e proviesse apenas de nós, renasce para se entregar a outra mulher.[57]

Por isso, esse casamento causou grande tristeza ao narrador, talvez até uma pontinha de ciúme por ver sua primeira namorada casando-se com o seu melhor amigo, sem que sequer lhe fosse dito nada. Confessa: "E a tristeza, depressiva como uma mudança de casa, amarga como um ciúme, que me causaram [...]".[58]

Esse casamento foi o primeiro passo na confluência da burguesia e da nobreza, seguido do casamento da sra. Verdurin, depois de viúva, com o príncipe de Guermantes. Gilberte se tornou marquesa de Saint-Loup e montou seu salão, como sua mãe Odette. A sra. Verdurin virou princesa.

O narrador observa com ironia que Saint-Loup, feliz de ter, graças à grande fortuna de sua mulher, tudo o que podia desejar de bem-estar, não pensava senão em estar tranquilo após um bom jantar onde artistas vinham fazer-lhe boa música. E esse jovem homem, que parecera em certa época tão orgulhoso, tão ambicioso, convidava a partilhar de seu luxo camaradas que sua mãe não teria recebido.

Comentou-se essa união por longo tempo, fizeram-se intensos mexericos, pois estava visto que se tratava de um casamento de conveniência, bem arranjado pela mãe de Saint-Loup, a condessa de Marsantes.

A despeito das mágoas do narrador, ele se reaproximou de Gilberte anos depois, e passou a frequentar Tansonville, mansão do casal Saint-Loup, tanto que *O Tempo Redescoerto* abre com ele pernoitando naquela mansão. Estava de novo ligado a Gilberte. Depois de longos anos de interrupção, viu ressurgirem as relações de amizade. Tudo que Gilberte lhe recusara outrora, ela lhe concedia agora facilmente, "Sem dúvida porque eu não a desejava mais", conclui.

57 *À Sombra das Raparigas em Flor,* p. 266.
58 Ibidem, p. 532.

Gilberte estava infeliz, ao ver que era enganada pelo marido, não com outra mulher, mas com um homem. De fato, descobriu-se uma correspondência amorosa dirigida ao seu marido e assinada por Bobette, e soube, com surpresa, que quem assinava Bobette não era outro senão o violinista Morel, que fora amante do sr. de Charlus. Gilberte soube então que Saint-Loup a enganava com outro homem. Assim, a homossexualidade enrustida de Saint-Loup veio à tona.

5.1. Os Episódios Amorosos

O episódio amoroso mais destacado do romance é o de Swann e Odette, tão importante que mereceu uma história própria sob o título "Um Amor de Swann", de que já tratei no primeiro capítulo deste ensaio, a que me permito remeter o leitor.

5.2. Amores do Narrador

"Minha fé em Bergotte, em Swann, me fizera amar Gilberte, minha fé em Gilbert, o Mau, me fizera amar a sra. de Guermantes. E que larga extensão do mar compreendia o meu amor, mesmo o mais doloroso, o mais cioso, o mais individualizado, aparentemente, o que senti por Albertine!"[59]
O amor de Gilberte começou com brincadeiras nos Campos Elíseos, mas, quando o narrador parte com sua avó para Balbec, já era quase completamente indiferente a ela. O narrador sentiu o encanto de um rosto novo de onde renasce, para se dar a outra mulher. Já tinha mesmo superado seu amor platônico pela duquesa de Guermantes, pois agora ele estava em Balbec, em cujas praias conheceu as raparigas em flor, "uma jovem loira, sozinha, com uma cara triste sob o chapéu de palha semeado de flores campesinas, olhou-me um instante um com ar cismarento e pareceu-me agradável. Depois foi a vez de outra, depois de uma terceira"[60]. Albertine, Rosemonde e Andrée. "Essa Andrée, que no primeiro dia me parecera a mais fria de todas, era infinitamente mais delicada, mais afetuosa, mais fina que Albertine

59 O Tempo Redescoberto, p. 682.
60 À Sombra das Raparigas em Flor, p. 666.

XI ORQUESTRA DE CATEDRAIS

com quem mostrava uma carinhosa e paciente ternura de irmã mais velha."[61] Aqui, Proust adianta algo que só se descobrirá mais tarde, ou seja, as relações lésbicas de Albertine e Andrée.

Mas foi por Albertine que o narrador se apaixonou perdidamente. Confessa que sua primeira veleidade de amar Albertine não tinha sido senão apelos; seus outros amores não tinham sido senão pequenos tímidos ensaios, que preparavam este mais vasto amor: o amor de Albertine[62].

Esse amor começa nas páginas de *À Sombrra das Raparigas em Flor*, como já confessado, com o jogo do anel[63], prossegue em *O Caminho de Guermantes*, ainda vacilante em *Sodoma et Gomorra*, no fim do qual o narrador comunica à mãe que tinha que se casar com Albertine; intensifica-se em *A Prisioneira*, quando Albertine vai morar na casa do narrador. Ele a esconde de toda gente, e ela se transforma em sua prisioneira, praticamente sem sair do quarto; não há indicação de que tivessem tido relações sexuais, viviam em quartos separados. O narrador era muito ciumento, supunha que ela tivesse recebido em sua vida muitos galanteios e declarações com sensualidade[64]. Tinha mais ciúmes de Albertine com outras mulheres, sobretudo com a srta. Vinteuil, com Léa e com Andrée.

O tema de *A Fugitiva* ainda é esse amor. *A Prisioneira* termina com Françoise informando ao narrador "que a srta. Albertine partiu". *A Fugitiva* começa com a mesma informação: "A srta. Albertine foi-se embora!" E o narrador, repetindo o que havia dito em *A Prisioneira*, ou seja, "concluíra que não queria tornar a vê-la, que já não a amava. Mas estas palavras, *a srta. Albertine foi-se embora*, acabavam de produzir-me no coração um sofrimento tamanho que eu não podia resistir-lhe por muito tempo".

Assim, Albertine foge e o narrador fica à sua procura; manda Saint-Loup trazê-la de volta. Como ele diz, pôs o orgulho de lado e mandou

---

61 Ibidem, p. 723.
62 *A Prisioneira*, p. 290.
63 Ibidem, p. 742.
64 *A Prisioneira*, p. 27.

um telegrama desesperado, pedindo que voltasse sob quaisquer condições e, em mais uma de suas fraquezas, pedia apenas que o deixasse beijá-la só por um minuto três vezes por semana antes de deitar-se. No entanto, mal acabara de seguir o telegrama, recebeu outro da sra. Bontemps, dando-lhe a notícia de que Albertine não existia mais, tinha sido jogada contra uma árvore pelo cavalo e morrido[65]. *A Fugitiva* é toda tomada por esse amor, sobretudo pelos ciúmes do narrador que, mesmo depois de morta a amada, fica à procura de um relacionamento lésbico que ela tivesse mantido com a srta. Vinteuil ou com outras mulheres. Finalmente, Andrée revela que tivera relações lésbicas com Albertine.

Foi uma história de amor torturante, cheia de atitudes falsas, de mentiras, de incertezas. Enfim, a vida do narrador com Albertine não era, de sua parte, quando não tinha ciúmes, senão aborrecimento e, por outro lado, quando os tinha, senão sofrimento[66].

Um amor tão sofrido que justifica as palavras do narrador: "Essa ideia da morte instalou-se em mim como um amor", a dizer *o amor mata*. "Este perigo... que seria capaz de destruir toda vida: o amor."[67]

5.3. Mortes

O narrador faz considerações sobre a morte sempre a ligando ao amor, "posso dizer que todo este ano minha vida ao redor de um amor, de uma verdadeira ligação. E essa que era objeto de semelhante esforço, estava morta"[68]. E ainda, "a ideia de que temos de morrer é mais cruel do que morrer, menos do que a ideia de que outra pessoa está morta"[69].

5.4. Morte da Grand'Mère

O narrador tornara a atravessar a avenida Gabriel com sua avó; fê-la sentar num banco enquanto buscava um carro. Ela ainda não estava

---

65 *A Fugitiva*, p. 86.
66 *A Prisioneira*, p. 455.
67 *La Fugitive*, p. 495: "ce danger... qui serait capable de détruire toute vie: l'amour".
68 Ibidem.
69 Ibidem.

morta. Recém tivera um ataque nos Campos Elíseos. Ele já havia pressentido a morte dela diversas vezes na primeira parte de *O Caminho de Guermantes*[70], porém, era forçado a não lhe dizer o que pensava de seu estado, a calar-se de sua inquietação. Não lhe pudera falar sobre isso com mais clareza do que a uma estranha. Ela ainda não estava morta, e ele já estava sozinho. E até aquelas alusões que ela fizera aos Guermantes, a Molière, às conversas sobre o "pequeno bando", os frequentadores do salão dos Verdurin, tomavam aparência sem apoio, sem causa, fantástica, porque saíam do nada daquele mesmo ser que, no dia seguinte, talvez não mais existisse, para o qual não teria mais qualquer sentido, daquele nada – incapaz de conceber – que sua avó em breve seria.

> Realmente dizemos que a hora da morte é incerta, mas, quando dizemos tal coisa, imaginamos essa hora como que situada num espaço vago e remoto, não pensamos que tenha a mínima relação com o dia já começado e possa significar que a morte – ou a sua primeira apossação parcial de nós, depois do que não mais nos largará, – possa ocorrer nessa mesma tarde [...]e não se suspeita de que a morte, que marchava conosco em outro plano, numa treva impenetrável, escolheu precisamente esse dia para entrar em cena, dentro de alguns minutos, mais ou menos no instante em que o carro atingir os Campos Elísios. Talvez aqueles a quem habitualmente assusta a singularidade peculiar à morte achem alguma coisa de tranqüilizador nesse gênero de morte – esse gênero de primeiro contato com a morte –, porque ela aí se reveste de uma aparência conhecida, familiar, cotidiana.
>
> [...]
>
> E se Legrandin nos olhara com aquele ar de espanto, era porque a ele, como aos que então passavam, no fiacre em cujo banco minha avó parecia sentada – aparecera-lhes esta afundando, deslizando para o abismo, agarrando-se desesperadamente às almofadas que mal podiam reter-lhe o corpo precipitado, os cabelos em desordem, o olhar extraviado, incapaz de enfrentar o assalto das imagens que sua pupila não mais conseguia suster. Aparecera-lhes, se bem que a meu lado, imersa nesse mundo desconhecido, em cujo seio já recebera os golpes de que trazia as marcas quando eu a

---

70 *O Caminho de Guermantes*, I, p. 125, 130.

vira momentos antes nos Campos Elísios –, com o chapéu, o rosto e a mantilha desarranjados pela mão do anjo invisível com o qual havia lutado. Pensei depois que aquele instante do ataque não deveria ter surpreendido de todo a minha avó, que talvez até o tivesse previsto de longa data e vivido na sua expectativa. Não sabia sem dúvida quando viria esse momento fatal, incerta como os amantes que uma dúvida do mesmo gênero leva alternativamente a alimentar esperanças desarrazoadas e injustificadas suspeitas quanto à fidelidade da sua amante.[71]

5.5. Morte de Bergotte

O narrador sentiu muito a morte do romancista Bergotte, por quem tinha muito apreço. Essa morte foi narrada em algumas belas páginas de *A Prisioneira*, das quais apresento apenas alguns trechos.

> Soube que nesse dia ocorrera uma morte que me causou vivo pesar, a de Bergotte.
>
> [...]
>
> Havia anos que Bergotte já não saía de casa. Aliás, nunca apreciara a vida de sociedade, ou se a apreciara, teria sido por um dia apenas, para desprezá-la depois como tudo o mais e da mesma maneira que era a sua, a saber, não desprezar porque não podia obter, mas logo depois de haver obtido. Vivia tão simplesmente que não havia por onde suspeitar a que ponto era rico e, ainda que o soubesse alguém, enganar-se-ia, julgando-o avaro, quando a verdade é que jamais houve homem tão generoso. Era-o sobretudo com as mulheres, com as garotas, as quais ficavam envergonhadas de ganhar tanto por tão pouca coisa. Desculpava-se ele aos seus próprios olhos por saber que não poderia produzir tão bem senão na atmosfera de se sentir enamorado. O amor, digamos antes o prazer, um pouco entranhado na carne favorece o labor literário porque aniquila os outros prazeres, por exemplo os prazeres da sociedade, os que são os mesmos para toda gente. E, ainda que esse prazer traga desilusões, ao menos agita, dessa maneira também, a superfície da alma, que, sem isso, correria o risco de ficar estagnada. Por conseguinte, não é o desejo inútil ao escritor, porque primeiro o afasta dos outros homens e de se conformar com eles, para em seguida

71 Idem, p. 267.

restituir alguns movimentos a uma máquina espiritual que, passada uma certa idade, tende a se imobilizar-se. Não se chega a ser feliz, mas atenta-se nas razões que impedem de o ser e que ficariam invisíveis para nós sem essas brechas abertas subitamente pela decepção. Os sonhos não são realizáveis, bem sabemos; não os ideáríamos talvez se não fosse o desejo, e é útil ideá-los malograrem-se para que o seu malogro sirva de lição. Por isso refletia Bergotte: "Gasto com essas pequenas mais do que muito multimilionário, mas os prazeres e as decepções que elas me dão habilitam-me a escrever um livro que me rende dinheiro."

Morreu nas circunstâncias seguintes:

> Por causa de uma crise de uremia sem maior gravidade, haviam-lhe prescrito repouso. [...] Assim mesmo, saiu, para ver uma exposição holandesa. Ao pisar no primeiro degrau da escada sentiu tonteira [...]. As tonteiras aumentavam [...] Deixou-se cair subitamente num canapé [...]. Nova crise o prostrou, ele rolou do canapé ao chão, acorreram todos os visitantes e guardas. Estava morto.
> [...]
> Enterraram-no, mas durante toda a noite fúnebre, nas vitrines iluminadas, os seus livros, dispostos três a três, velavam como anjos de asas espalmadas e pareciam, para aquele que já não existia, o símbolo da sua ressureição.[72]

5.6. A Morte Anunciada de Swann

A morte de Swann foi por ele anunciada com bastante antecedência, num diálogo cheio de ambiguidades com a duquesa de Guermantes, previamente ao episódio do sapato vermelho no fim de *No Caminho de Guermantes*. O narrador estava presente, pois ao iniciar a narrativa diz que à época ficou perturbado.

> A morte de Swann impressionara-me na ocasião, profundamente. A morte de Swann! Swann não tem nesta frase o simples papel de um genitivo. Quero referir-me à morte particular, à morte enviada pelo destino ao serviço de Swann. Pois dizemos a morte para simplificar,

---

72 *La Prisonnière*, p. 153s. Na tradução de Manuel Bandeira e Lourdes Sousa de Alencar, p. 207s.

mas tantas são as mortes quantas as pessoas. Não possuímos sentido que nos permita ver, correndo a toda velocidade em todas as direções, as mortes ativas dirigidas pelo destino a este ou àquele. Muitas vezes são mortes que só se desobrigarão inteiramente de sua tarefa dois ou três anos depois. Correm, vão pôr um câncer nas entranhas de um Swann, saem depois para outras tarefas, só voltando quando, feita a operação pelos cirurgiões, é necessário repor o câncer. Depois vem o momento em que se lê no *Gaulois* que a saúde de Swann inspirou cuidados, mas que a sua indisposição está em perfeita via de cura. Então, poucos minutos antes do último suspiro, a morte, como uma religiosa que nos tivesse assistido em vez de nos destruir, chega para acompanhar os nossos derradeiros instantes e coroa com uma auréola suprema a criatura para sempre enregelada cujo coração cessou de bater. E é essa diversidade das mortes, o mistério de seus circuitos, a cor de sua charpa fatal que dá um quê tão impressionante às linhas dos jornais: "Soubemos com vivo pesar que o sr. Charles Swann faleceu ontem em Paris, na sua residência, vítima de pertinaz moléstia. Parisiense cujo espírito era por todos apreciado, assim como a firmeza de suas amizades escolhidas mas fiéis, sua falta será unanimemente deplorada, tanto nos meios artísticos e literários, onde a finura esclarecida de seu bom gosto fazia com que se sentisse bem e fosse procurado por todos, quanto no Jockey Clube, de que era um dos membros mais antigos e mais influentes. Pertencia também ao Clube da União e ao Clube Agrícola. Demitira-se faz pouco tempo de sócio do clube da rua Royale. Sua fisionomia espirituosa, assim como sua manifesta notoriedade não deixavam de excitar a curiosidade pública em todo *great-event* da música e da pintura, especialmente nos vernissages, de que fora frequentador fiel até os últimos anos de vida, quando só raramente saía de casa. As exéquias terão lugar" etc.

[...]

Swann era, ao contrário, uma personalidade intelectual e artística notável; e, embora nada tivesse "produzido", teve, contudo, a sorte de durar um pouco mais. E, todavia, caro Charles Swann, que conheci quando eu era ainda tão moço e tu já estavas tão perto do túmulo, foi porque aquele que decerto consideravas então um bobinho fez de ti o herói de um de seus romances, que se está voltando a falar de tua pessoa e que talvez sobrevivas. Se a propósito do quadro de Tissot que representa a sacada do clube da rua Royale onde apareces entre Gallifet, Edmond Polignac e Saint Maurice, falam tanto de ti, é porque sabem que há algumas de tuas feições na personagem de Swann.

XI ORQUESTRA DE CATEDRAIS

435

Voltando a realidades mais gerais, foi dessa morte predita e no entanto imprevista de Swann que o ouvira a ele próprio falar à duquesa de Guermantes, na noite em que se realizara a festa em casa da prima dela. A mesma morte cuja estranheza específica e impressionante se me deparara uma noite em que correndo os olhos pelo jornal a notícia me fizera estacar de repente, como se estivesse traçada em misteriosas linhas inoportunamente interpoladas. Havia estas bastado para fazer de um vivo alguém que já não pode responder ao que lhe dizem senão um nome, um nome escrito, passado subitamente do mundo real para o reino do silêncio. Eram elas que me davam ainda neste momento o desejo de conhecer melhor a casa onde antigamente tinham residido os Verdurin e onde Swann, que então não era apenas algumas letras impressas num jornal, jantara tantas vezes com Odette.[73]

5.7. Mortes de Saint-Loup e de Albertine

A morte de Albertine não teve maior repercussão no espírito do narrador. Transcreveu o telegrama em que a tia dela noticiava o fato e não aprofundou a questão, ainda que ao longo da narrativa o mencionasse de quando em quando, na forma "se Albertine estivesse viva". Mas, quando o narrador em *O Tempo Redescoberto* deu atenção à morte de Saint-Loup, lembrou-se dela. A morte de Saint-Loup o abalou muito.

> Retardou minha partida de Paris uma notícia que me abalou a ponto de impedir-me por algum tempo de viajar. Soube, com efeito, da morte de Robert de Saint-Loup, dois dias após voltar ao front, quando protegia a retirada de seus homens. Nunca ninguém participara menos do que ele do ódio coletivo por um povo. [...]. Tampouco odiava o germanismo; as últimas palavras que o ouvi proferir, havia seis dias, eram as primeiras de um *Lied* de Schumann, cantaroladas em alemão em minha escada, tanto que, por causa dos vizinhos, lhe pedi que se calasse. Habituado pela educação perfeita a podar sua conduta de qualquer apologia, qualquer invectiva, qualquer excesso verbal, desprezara diante do inimigo, como no momento da mobilização, o que lhe poderia ter salvado a vida, levando por aquele esquecimento de si mesmo, diante dos fatos que simbolizavam seus menores gestos, até a maneira de fechar a

73 *A Prisioneira*, p. 229-231.

porta de meu fiacre quando, sem chapéu, me acompanhava sempre que eu saía de sua casa. Permaneci vários dias fechado no quarto, pensando nele. Lembrava-me de sua chegada, pela primeira vez, em Balbec, vestido de flanela clara, com olhos esverdeados e buliçosos como o mar, atravessando o hall contíguo ao salão de jantar, cujas janelas envidraçadas abriam sobre a praia. Evocava a criatura à parte que me pareceu, cuja amizade tanto desejei. Esse desejo se realizara além do que eu poderia jamais esperar, sem, contudo, me causar então maior prazer, só mais tarde tendo-lhe eu percebido os grandes méritos, ocultos, como tantas coisas mais, sob a aparente tafulice. Tudo isso, o bom como o mau, ele esbanjara sem contar, todos os dias, e mormente no último, quando atacou uma trincheira por generosidade, pondo a serviços de outrem tudo quanto possuía, como na noite em que percorrera todos os sofás do restaurante, para não me incomodar. E tê-lo visto, em suma, tão pouco, em sítios tão vários, em circunstâncias tão diversas e separadas por longos intervalos, naquele hall de Balbec, no café de Rivebelle, no alojamento dos oficiais de cavalaria e nos jantares militares em Doncières, no teatro onde esbofeteara um jornalista, em casa da princesa de Guemantes, dava-me, de sua vida, quadros mais sugestivos, mais nítidos, e da sua morte, um sofrimento mais lúcido do que os em regra deixados por pessoas mais amadas, vistas, porém, tão continuamente que a imagem se lhes dilui numa espécie de vaga média de uma infinidade de figuras insensivelmente diferentes, e que nossa afeição, satisfeita, não nutre a seu respeito, como ao dos que só avistamos em momentos fugazes, durante encontros interrompidos a seu e nosso despeito, a ilusão da possibilidade de uma afeição maior, burlada apenas pelas contingências.

Poucos dias depois de tê-lo contemplado a correr atrás do monóculo, no hall de Balbec, e de o ter suposto tão orgulhoso, outra forma viva, que também já não existe senão em minha memória, me aparecera pela primeira vez na praia de Balbec: Albertine, calcando a areia naquela tarde inicial, indiferente a todos, marítima como uma gaivota. A ela, amei-a logo, tanto que, para poder passear diariamente em sua companhia, não fui, de Balbec, visitar Saint-Loup. E, entretanto, a história de minhas relações com ele prova também que em certa época eu deixara de amar Albertine, pois para ir passar algum tempo com Robert, em Doncières, moveu-me o desgosto de não ser correspondido o sentimento que nutria pela sra. de Guermantes. Sua vida e a de Albertine, tão tarde por mim conhecidas, ambas em Balbec, e tão depressa terminadas, apenas se haviam cruzado; foi ele, dizia de mim para mim, observando como

XI ORQUESTRA DE CATEDRAIS

as lançadeiras ágeis do tempo tecem fios entre as lembranças que nos pareciam a princípio mais independentes, foi ele que encarreguei de ir à casa da sra. Bontemps quando Albertine me deixou. E sucedia que aquelas duas vidas tinham segredos paralelos, por mim insuspeitado. O de Saint-Loup me penalizava talvez mais do que o de Albertine, cuja existência se me tornara tão estranha. Mas não me conformava com a brevidade de ambas. Tanto uma como outra me repartiam frequentemente, cercando-me de cuidados: "Você que é doente." E foram eles a morrer, eles, dos quais me era fácil, separadas, por intervalos afinal tão curtos, a imagem derradeira, na trincheira ou após a queda, e a primeira, que, mesmo no caso de Albertine, só valia agora para mim por associar-se à do sol poente sobre o mar.[74]

6. DESCOBERTA DO ENIGMA

A crítica, em geral, vê, em *À la recherche du temps perdu*, um enigma que seria descoberto nas últimas páginas do último volume. Aqui se daria a revelação da metáfora: "As últimas páginas do *Tempo Redescoberto* contêm a justificativa e a explicação da empresa. O que é esse Graal que o herói procurou, que ele alcança depois de tanto mal-entendido e experimentos."[75] Álvaro Lins põe o mistério nas primeiras linhas do seu magnífico livro sobre a técnica do romance em Marcel Proust, pois "o romance termina no momento mesmo em que se anuncia que vai ser começado"[76]. Mas o narrador, lembra Picon, jamais nos deu o nome do Graal que ele procurava. Portanto, o leitor que leu primeiro esses analistas também vai atrás desse grande mistério. Percorre, com o narrador, esse mundo imaginário e descobre que, se *La Recherche* é um romance triste, toda a sua tristeza ressumbra com toda força nas páginas de *O Tempo Redescoberto*, do qual emana uma atmosfera de fim de festa, se não de velório. O narrador, com seus 39 anos, vê o tempo escoar-se, vê que sua hora pode soar de um momento para outro, lembra a morte de muitas personagens:

74 *O Tempo Redescoberto*, p. 186-188.
75 G. Picon, Lecture de Proust, p. 147.
76 A. Lins, op. cit., p. 21.

Schwann, Bergotte, Albertine, Saint-Loup, e a decadência daqueles que ainda viviam: Charlus, o príncipe Guermantes, Gilberte...

Nas primeiras páginas do romance, em *No Caminho de Swann*, o narrador se refere à sua *chambre* na casa da sra. Saint-Loup, refere-se também ao gênero de vida que levava em Tansonville, na casa da sra. Saint-Loup[77]. O leitor não sabe do que se trata, porque Tansonville na época era residência de Charles Swann e não existia sra. de Saint-Loup, mas, quando abre *O Tempo Redescoberto*, lá está a explicação, porque assim é o romance de Proust, cheio de antecipações e de regressões. Por isso, não é mal que seja comparado a uma sinfonia em catedrais, pois a música é feita de temas aos quais se volta sempre em andamentos diversificados, mais lentos, mais acelerados, ou como ondas que sempre retornam ao ponto de partida, mais calmas ou mais impetuosas.

De fato, o primeiro capítulo de *O Tempo Redescoberto*, sob o título "Tansonville", tem início com o narrador retomando aquela ideia de que havia passado o dia na mansão da sra. Saint-Loup, apreciando o verde de sua janela, quando reconheceu o toque do campanário da da igreja de Combray, "não apenas a configuração desse sino, mas o sino mesmo, que, pondo assim sob os meus olhos, a distância das léguas e dos anos, veio, no meio da luminosa verdura com outro tom, tão sombrio que parecia apenas desenhado, inscrever-se no losango da minha janela".

Esses momentos reconduzem o narrador a Combray; Combray como que leitmotiv de tudo e o estímulo da memória involuntária pela qual o narrador busca reencontrar o tempo perdido, de sorte que *O Tempo Redescoberto* faz um balanço do tempo passado, porém igualmente configura algo que a história consagra: a aliança da classe nobre com a classe burguesa, bem simbolizada pelo casamento da sra. Verdurin, burguesa, com o príncipe de Guermantes, embora com sua transformação em princesa de Guermantes.

Se a memória do narrador perdera o amor de Albertine, há tempo morta, existe uma memória involuntária dos membros que sobrevive. Assim é que o narrador, no seu quarto em Tansonville, voltado para a

---

77 *No Caminho de Swann*, p. 28.

XI ORQUESTRA DE CATEDRAIS

parede, meio adormecido, chamava "Albertine". Não que tivesse pensado nela, nem sonhado com ela, nem que a tomasse por Gilberte: "é que uma reminiscência nascida em meu braço me fizera procurar atrás de mim a campainha, como em meu quarto de Paris"[78]. Essas reminiscências lhe traziam à mente as peripécias de seus amores e de suas incertezas.

"Entretanto, um dia eu falei a Gilberte de Albertine, e lhe perguntei se esta gostara de mulheres."[79]

E também das saudades: "Ah! se Albertine estivesse viva, combinaríamos um encontro ao ar livre, sob as arcadas."[80]

Aí vêm à mente do narrador fragmentos de paisagens e as noites em que o vento dissipava a chuvarada glacial, e ele se julgava bem mais à beira do mar furioso com o que tanto sonhava como se se sentisse em Balbec[81].

O narrador, assim, é reconduzido a Combray, ao mesmo tempo que o romance à sua origem. Como lembra Bernard Raffalli, "a fivela afivelou-se, o princípio de disjunção, no qual parecia repousar o funcionamento da obra, se vê aqui falido. Os dois *côtés* fusionaram-se: a 'diferença' não se situa onde se tinha por longo tempo acreditado"[82].

O tema mais importante de *O Tempo Redescoberto*, contudo, foi a recepção na casa da princesa de Germantes – princesa Verdurin –, não pela recepção em si, mas porque, ao chegar, uma circunstância fortuita ativou a memória involuntária do narrador, que desencadeou a revelação total que o levou à biblioteca da princesa, enquanto esperava para ingressar no salão, as reflexões que o conduziram à descoberta de sua vocação: uma pedra irregular do calçamento em que ele tropeçou no momento em que, procurando equilibrar-se, firmou o pé numa pedra mais baixa do que a vizinha, todo o seu desânimo desapareceu, ante a mesma felicidade em épocas diversas da sua vida suscitada pela vista das árvores de Hudemesnil, dos campanários de

78 *Du côté de chez Swann*, p. 572, 573.
79 Ibidem, p. 579.
80 *Le Temps retrouvé*, p. 601.
81 Ibidem.
82 Préface, *À la recherche du temps perdu*, v. I.

Martinville, pelo sabor da *madeleine* em Combray, e tantas outras sensações que lhe dissiparam inquietações com o futuro e dúvidas intelectuais, essa felicidade de agora fazia desaparecer as dúvidas sobre seus dons literários[83].

Vimos antes que esses dons literários consistiriam em escrever um livro minuciosamente preparado, com constante reagrupamento de forças e fadiga; seria feliz quem escrevesse tal livro, porém o narrador pensava mais modestamente no seu livro, cujos leitores não seriam seus leitores, mas leitores de si mesmos. Antevia a tarefa em que se empenharia quando, sentado à grande mesa de pinho, escreveria sua obra sob o olhar de Françoise e, pregando aqui e ali uma folha suplementar, construiria seu livro, não ousava dizer como uma catedral, senão modestamente como um vestido. Então, o narrador, depois de um longo monólogo interior, vai mostrando como seria o seu livro tal qual *À la recherche du temps perdu*, composto de impressões múltiplas que, provocadas por muitas moças, muitas igrejas, muitas sonatas, serviriam para construir uma única sonata, uma única igreja, uma única moça, e assim o narrador realizaria o que tanto desejava em seus passeios no caminho de Guermantes[84].

"Assim, a essa obra, a noção do Tempo que acabava de adquirir, me dizia chegada a hora de consagrar-me. Essa urgência justificava a ansiedade que de mim se apoderara ao entrar no salão, onde as fisionomias retocadas me deram a sensação do tempo perdido; mas, já não seria tarde e será que eu ainda conseguiria?"[85]

Veja-se que aqui, ao mesmo tempo que o narrador termina suas longas reflexões na biblioteca da princesa, entrando no salão onde ocorria a recepção, percebia pelas "fisionomias retocadas" da gente presente que perdera um tempo que precisava reencontrar antes que soasse a sua hora, "porque a minha hora podia soar naqueles minutos"[86].

---

83 *Le Temps retrouvé*, p. 703; na tradução de Lúcia Miguel Pereira, p. 207; cf. também G. Poulet, *L'Espace proustien*, p. 142; J. Milly, *Proust et le style*, p. 57s.

84 *O Tempo Redescoberto*, p. 390; no original francês, p. 830, 831.

85 Ibidem, respectivamente, p. 391 e 831.

86 *Le Temps retrouvé*, p. 832: "car mon heure pouvait sonner dans quelques minutes".

Agora todo o seu ser está voltado para a obra que devia realizar. Temia um acidente.

> Já não era despreocupado como ao regressar de Rivebelle, sentia-me responsável pela obra que em mim trazia (como por algo precioso e frágil que me houvesse sido confiado e quisesse depor intacto nas mãos de terceiros aos quais se destinava). [...] Sentir-me portador de uma obra fazia-me considerar mais temível e até (na medida em que essa obra me parecia necessária e duradoura) absurdo.[87]

A angústia de não poder terminar sua obra o conduzia à ideia da morte, ideia que se tornara tão inseparável dele como a própria ideia de si mesmo. Não obstante, cada vez mais fortalecia-se em seu espírito a convicção de que não só teria tempo como capacidade para realizar o seu livro, que seria tão longo como as *Mil e Uma Noites* e teria a forma por ele pretendida outrora na igreja de Combray – "a forma do Tempo". Essa a ideia de tempo que ele queria ressaltar em sua obra.

O leitor vai percebendo que o narrador retorna às reminiscências de sua infância, marcadamente àquele momento dominante em que a sineta do portão anunciava que Swann se fora e sua mãe subiria para lhe dar o beijo de boa noite como no início de *À la Recherche du Temps Perdu*, à qual sua obra vai ficando cada vez mais parecida, impregnada daquela forma do Tempo, juntando-se, enfim, os dois caminhos, o início e o fim do romance, "imerso nos anos, todas as épocas das vidas dos homens, tão distintas – entre as quais tantos dias cabem – no Tempo". Então, o tempo inicial e o tempo final se unificam ao tempo reencontrado, como as sonatas numa única sonata, as igrejas numa única igreja, e o enigma se desfaz porque o leitor descobre que o livro que o narrador escreve é este mesmo que ele, leitor, está acabando de ler nas derradeiras páginas de *O Tempo Redescoberto* e também descobre que, simbolicamente como na Santíssima Trindade, as três pessoas, *autor real*, *narrador* e *autor ficcionais*, se unificam numa só – Marcel Proust.

---

87 Ibidem, p. 832 e 833.

7. A GRANDE METÁFORA

À *la recherche du temps perdu* é, pois, uma grande metáfora, não metáfora no sentido tradicional do uso de uma palavra ou de uma expressão noutro sentido que não o próprio. Nesse sentido, a metáfora se baseia sempre na semelhança entre duas coisas ou fatos. É válida a concepção de que a metáfora, em todas as suas formas, seja sempre uma imagem, porque isso vincula metáfora e ficção considerada como uma imagem da realidade[88]. Assim toda obra de ficção é sempre metafórica.

Ao dizer, porém, que *La Recherche* é uma grande metáfora, quer-se tomar o conceito numa concepção contemporânea posta por Oswald Ducrot e Jean-Marie Schaeffer, para quem, enquanto a teoria tradicional fica encerrada na perpectiva lexicalista, como figura de palavra, a concepção interativa estabelece que "a metáfora não é deslocamento de palavras, mas uma transação entre contextos". Ela põe em jogo uma *interação* ou uma *oposição verbal* entre dois conteúdos semânticos – aquele da expressão no seu emprego metafórico e aquele do contexto literal vizinho[89]. "Toda frase metafórica contém um 'conteúdo' (ideia) – e um 'veículo' (a expressão) [...] A metáfora se produz quando o 'conteúdo' é confiado a um 'veículo' que designa habitualmente outra ideia; ela nasce da interação entre duas ideias confiadas a essa expressão."

A metáfora, assim, é o conflito entre um "quadro", o componente literal, e o componente não literal. A metáfora não é um traspasse lexical, mas "um evento da significação que concerne a todo enunciado. Ela não tem uma função ornamental, mas uma função significante e cognitiva[90].

---

[88] A.S. Amora, *Teoria da Literatura*, p. 135.
[89] O. Ducrot ; J.M. Schaeffer, *Nouveau dictionnaire encyclopédique des sciences du langage*, p. 587.
[90] Ibidem.

8. TEXTOS COMPLEMENTARES

Momentos Culminantes

À la recherche du temps perdu é um romance difícil; por ter rompido com a estrutura tradicional do romance, implicou uma técnica de construção romanesca com tanta novidade que o leitor, mesmo quando qualificado, não é capaz de captar suas possibilidades estéticas senão com várias leituras. E nem sempre aqueles que produzem textos para a compreensão de Proust ajudam muito, ainda que sejam de boa qualidade como o livro de Alcântara Silveira, para quem:

> Marcel Proust é desses romancistas cujo livro não se aborda como um romance qualquer, em que apenas existe uma historiazinha banal narrada em estilo literário, o qual, após a leitura, pode ser abandonado. *À la recherche du temps perdu* deve ser colocado naquele lugar da estante reservado às obras que devem ser relidas, porque ele não é apenas um romance, mas – como escreveu Álvaro Lins, em *A Técnica do Romance em Marcel Proust* – "a realidade transposta, transformada e transfigurada, numa visão estética, na qual a vida do autor se refletiu".[91]

Por isso, não é nada estranhável que Pedro Nava nos conta ter lido seis vezes *La Recherche*. Há conteúdos da maior importância nesse romance que só se apreende, na verdade, só se descobre, depois de inúmeras leituras sucessivas. Cada palavra, cada expressão, não raro, encobre expressividade estética que o leitor, mesmo perspicaz, não percebe senão depois de várias leituras. Por isso, há livro sobre todo tipo de manifestação proustiana[92].

Logo nas primeiras páginas do romance, em *No Caminho de Swann*, vêm as duas imagens fortes, dominantes, como leitmotiv: o beijo da mãe do narrador na hora de dormir e o gosto da pequena *madeleine*.

E há *momentos culminantes* que apresentarei nestes "Textos Complementares", com levíssimos comentários.

---

91 A. Silveira, *Compreensão de Proust*, p. 7-8.
92 Ver, por exemplo: J.P. Richard, *Proust et le monde sensible*; A. Benhaïm, Panim; G. Deleuze, *Proust et les signes*; A. Borrel; J.B. Naudiu; A. Senderens, *À Mesa Com Proust*.

"La petite madeleine"

A imagem inicial que constitui a ideia-força do romance é a da *pequena madeleine*, um apreciado biscoito francês em forma de concha. O episódio é muito importante na construção do romance, dizendo-se, inclusive, que ele saiu da taça de chá em que se umedecia o biscoito. Para além desse aspecto, o episódio é importante, porque foi por meio dele que se caracterizou primeiramente o fenômeno da *memória involuntária*. Dada essa relevância, vale a pena transcrever, na íntegra, sua manifestação primeira:

> Um dia de inverno, ao voltar para casa, vendo minha mãe que eu tinha frio, ofereceu-me chá, coisa que era contra meus hábitos. A princípio recusei e, não sei por que, acabei aceitando. Ela mandou buscar um desses bolinhos pequenos e cheios chamados madalenas e que parecem moldados na valva estriada de uma concha de são Tiago. Em breve, maquinalmente, acabrunhado com aquele triste dia e a perspectiva de mais um dia tão sombrio como o primeiro, levei aos lábios uma colherada de chá onde deixara amolecer um pedaço de madalena. Mas no mesmo instante em que aquele gole, de envolta com as migalhas do bolo, tocou meu paladar, estremeci, atento ao que se passava de extraordinário em mim. Invadira-me um prazer delicioso, isolado, sem noção de sua causa. Esse prazer logo me tornara indiferente às vicissitudes da vida, inofensivos seus desastres, ilusória sua brevidade, tal como o faz o amor, enchendo-me de uma preciosa essência: ou, antes, essa essência não estava em mim, era eu mesmo. Cessava de me sentir medíocre, contingente, mortal. De onde me teria vindo aquela poderosa alegria? Senti que estava ligada ao gosto do chá e do bolo, mas que o ultrapassava infinitamente e não devia ser da mesma natureza. De onde vinha? Que significava? Onde apreendê-la? [...] Explorar? Não apenas explorar: criar.
> [...]
> E de súbito a lembrança me apareceu. Aquele gosto era o do pedaço de madalena que nos domingos de manhã em Combray (pois nos domingos eu não saía antes da hora da missa) minha tia Léonie me oferecia, depois de o ter mergulhado em seu chá da Índia ou de tília, quando ia cumprimentá-la em seu quarto.
> [...]

XI ORQUESTRA DE CATEDRAIS

445

> E mal reconheci o gosto do pedaço de madalena molhado em chá
> que minha tia me dava [...] eis que a velha casa cinzenta, de fachada
> para a rua, onde estava seu quarto, veio aplicar-se, como um cená-
> rio de teatro, ao pequeno pavilhão que dava para o jardim e que fora
> construído para meus pais aos fundos; [...] e, com a casa, a cidade
> toda, desde a manhã à noite, por qualquer tempo, a praça para onde
> me mandavam antes do almoço, as ruas por onde eu passava e as
> estradas que seguíamos quando fazia bom tempo. [...] E assim agora
> todas as flores de nosso jardim e as do parque do sr. Swann, e as nin-
> feias do Vivonne, e a boa gente da aldeia e suas pequenas moradias e
> a igreja e toda a Combray e seus arredores, tudo isso que toma forma
> e solidez, saiu, cidade e jardins, de minha taça de chá.[93]

Aí a grande metáfora, porque o romance mesmo vem dessa xícara de chá. Por isso essa imagem povoa *À la recherche du temps perdu* até as últimas páginas do último volume, *O Tempo Redescoberto*, quando a metáfora se dissolve naquele simbolismo, lembrado antes, das três pessoas numa só.

O "Sole Mio"

O narrador e sua mãe tiveram um pequeno desentendimento em Veneza, porque ela queria ir-se embora e ele não. O modo como ela nem por um instante sequer levou em consideração, e nem mesmo a sério, sua súplica, despertou em seus nervos excitados pela primavera veneziana o velho desejo de resistência a um complô imaginário tramado contra ele por seus pais, que imaginavam que ele seria forçado a obedecer, essa vontade de luta que o impulsionava outrora a impor brutalmente sua vontade a eles, a que amava por demais.

Enfim, sua mãe partiu só para a estação. Enquanto isso, ele fez levar uma consumação ao terraço diante do canal e ali, enquanto esperava, ficou apreciando o pôr do sol ao mesmo tempo que, num barco parado em frente ao hotel, um músico cantava o *Sole Mio*[94]. O sol continuava a descer, sua mãe devia estar bem longe da estação, mas logo teria partido

---

93 *Du côté de chez Swann*, p. 57-59.
94 *O Sole Mio*, se sabe, é uma melodia napolitana de Giovanni Capurro e Eduardo di Capua, de 1901.

e ele estaria só em Veneza. Só com a tristeza de sabê-la apenada por ele e sem sua presença para consolá-lo. Foi nessa solidão que o narrador ouviu a bela canção napolitana: *O Sole Mio*.

A partir daí, Marcel Proust constrói uma de suas belas páginas num contraponto entre a música e a partida da mãe do narrador, como se fosse um diálogo entre dois instrumentos musicais, conforme se notara naquelas páginas sobre *la petite phrase* da sonata de Vinteuil (adiante)[95].

O narrador iria ficar só, o canto do *Sole Mio* se elevava como se fosse uma lamentação da Veneza que ele havia conhecido e tomava o testemunho de sua infelicidade. Era preciso parar de ouvir se quisesse unir-se de novo à mãe e tomar o trem com ela. Faltava-lhe, contudo, ânimo para tomar uma decisão. Seu pensamento se ocupava inteiramente em seguir o desenvolvimento das frases sucessivas do *Sole Mio*, em cantar mentalmente com o cantor, em prever o elã para arrebatá-la, em deixar-se também seguir com ela e para com ela depois igualmente recair. Essas frases eram um obstáculo a que tomasse aquela decisão; antes o obrigavam a uma decisão oposta; não partir, pois o faziam perder a hora. Para além disso, sem prazer em si mesmo, ouvir o *Sole Mio* se carregava de profunda tristeza, uma tristeza quase desesperadora. Indeciso a dizer: "Não parto." Não nessa forma direta, mas sob esta outra: "Vou ouvir ainda uma frase do *Sole Mio*." Sabia o que isso queria dizer: "Ficarei só em Veneza." Sentia uma grande tristeza, como uma espécie de frio entorpecedor que, no entanto, formava o encanto, um encanto desesperado, se bem que fascinante, desse canto; cada nota que lançava a voz do cantor com uma força quase muscular lhe tocava no fundo do coração. A voz do cantor descia ao grave quase sumindo e ele retomava do alto "como se necessitasse proclamar, uma vez mais, a minha solidão e o meu desespero."[96]

A música envolve o narrador com tal força que o entorpece, a ponto de tudo ao seu redor submergir. O mesmo acontecera quando tinha ouvido frases do septeto de Vinteuil: "No momento em que eu a imaginava a esperar-me em casa, como uma mulher querida achando lentas as horas, tendo, talvez, cochilado um instante no seu quarto,

95 *La Fugitive*, p. 522-525.
96 Ibidem, p. 524.

XI ORQUESTRA DE CATEDRAIS 447

fui afagado de passagem por uma cariciosa frase familiar e doméstica do septeto".[97]

O Jogo do Passa Anel

As páginas de *La Recherche* que mais me surprenderam foram aquelas
sobre *le furet* ou *le jeu de bague,* o jogo de passar o anel, porque me
lembraram as tantas vezes em que participei dessa brincadeira, quando
adolescente, no meu povoado nos sertões de Minas. Reuníamos oito,
dez moças e moços em roda nas tardes de domingo, ou mesmo em
algumas noites de lua (não havia iluminação elétrica), para "passar o
anel". Formada a roda, escolhia-se um jogador ou jogadora para passar
o anel de mão em mão e deixá-lo na mão do jogador ou jogadora que
quisesse; no fim, perguntava-se a um jogador: "Onde está meu anel?"
Se adivinhasse, seria o jogador a passá-lo em seguida; se não, seria
penalizado com o castigo escolhido por todos. O jogador ou jogadora
sempre procurava deixar o anel na mão de quem estava paquerando.

Esse é o jogo do qual participou o narrador com as raparigas em
flor, as três já conhecidas, acrescidas de outras para formar a roda.

Essas páginas são importantes porque revelam, mais do que outras,
o caráter do narrador. Suas vacilações, seu ar sonhador, seus medos,
sua desastrada timidez e, em consequência, suas fracassadas iniciativas.

> Quanto à harmoniosa coesão em que se neutralizavam desde há
> algum tempo, pela resistência que cada um causava à expansão
> dos outros, as diversas ondas sentimentais propagadas em mim por
> essas jovens, ela foi rompida em favor de Albertine, numa tarde em
> que brincávamos de passar anel. Era num pequeno bosque junto
> do penhasco. Colocado entre duas jovens estranhas ao pequeno
> bando e que este tinha levado porque devíamos ser nesse dia mais
> numerosos, olhava eu com inveja o vizinho de Albertine, um moço,
> achando que, se eu estivesse no seu lugar, talvez pudesse tocar as
> mãos de minha amiga durante esses minutos inesperados que talvez
> não mais voltassem, e me conduzir muito longe. Já o simples contato

97 *La Prisonnière,* p. 291.

das mãos de Albertine, sem pensar nas consequências que causasse, sem dúvida, me seria delicioso. Não que eu não tivesse jamais visto mais belas mãos que as suas. Vi, mesmo no grupo de suas amigas, as de Andrée, delgadas e bem mais finas, tinham como que uma vida particular, dócil ao seu comando, mais independente, e se distanciavam muitas vezes diante dela como magníficos lebréus, preguiçosos, de longos sonhos e bruscos estiramentos de uma falange, com base nos quais Elstir fizera diversos estudos daquelas mãos. E num deles, em que se via Andrée a esquentá-las diante do fogo, elas tinham sob a luminosidade a diafaneidade dourada das folhas do outono. Porém, mais grossas, as mãos de Albertine cediam um instante, e depois resistiam à pressão da mão que as encerrava, dando uma sensação toda particular. A pressão da mão de Albertine tinha uma suavidade sensual em harmonia com a coloração rósea, ligeiramente pálida, de sua pele. Essa pressão parecia fazer a gente penetrar na jovem, na profundeza dos seus sentidos, como na sonoridade de seu riso, indecente como um arrulho, ou certos gritos. Ela era dessas mulheres a quem temos o grande prazer em apertar a mão, ficando gratoso à civilização por ter feito do shake hand um ato permitido entre rapazes e moças que se encontram. Se os hábitos arbitrários da polidez tivessem substituído esse tipo de cumprimento por outro gesto, eu teria contemplado todos os dias as mãos intangíveis de Albertine, com tão ardente curiosidade em conhecer o seu contato, qual fosse aquela de saber o sabor de seu rosto. Mas, no prazer de reter suas mãos entre as minhas por muito tempo, se eu fosse seu vizinho no jogo do anel, eu não veria senão esse prazer mesmo: quantas confidências, quantas declarações, caladas até então por timidez, eu teria podido confiar a certos apertos de mão; de sua parte, como lhe teria sido fácil responder do mesmo modo, mostrando-me que me aceitava; que cuplicidade, que começo de volúpia! Meu amor podia fazer mais progresso em alguns minutos, passados assim ao lado dela, do que desde que a conhecia. Sentindo que esses momentos duravam pouco, estariam em breve chegando ao fim, pois, sem dúvida, esse pequeno jogo não continuaria por muito tempo, e, uma vez terminado, seria muito tarde, eu não me manteria no lugar. Deixei-me, de propósito, que me tomassem o anel e, uma vez no meio da roda, fiz que não o percebia passar e o seguia com olhos, esperando o momento em que ele chegasse às mãos do vizinho de Albertine, a qual, rindo com todas as suas forças e com a animação e a alegria do jogo, estava toda rósea.

"Estamos justamente no bosque bonito" –, disse-me Andrée, apontando-me as árvores que nos circundavam, com um olhar risonho que era só para mim, e que parecia passar por cima dos jogadores, como se nós dois fôssemos os únicos bastante inteligentes para nos desdobrarmos e fazermos, a propósito do jogo, uma observação de caráter poético. Ela chegou até a levar a delicadeza de espírito ao ponto de cantar, sem vontade, o "Ele passou por aqui, o furão do bosque bonito, senhoritas, passou por aqui o furão do bosque bonito", como as pessoas que não podem ir ao Trianon sem aí dar uma festa à Luís XVI, ou que muitas vezes se encontram desejosas de cantar uma canção no ambiente para o qual foi escrita. Eu, ao contrário, estaria entristecido por não encontrar encanto nessa realização, se tivesse o lazer de pensar nisso. Mas meu pensamento estava em outras paragens. Jogadores e jogadoras começaram a se espantar com a minha estupidez, ao ver que eu não pegava o anel. Eu contemplava Albertine tão bela, tão indiferente, tão contente, que, sem o prever, ia ser minha vizinha quando enfim eu apanhasse o anel das mãos de quem o retinha, graças a uma manobra de que ela não suspeitava e que, se soubesse, muito a iritaria. Na febre do jogo, os longos cabelos de Albertine ficaram meio desfeitos e, em mechas encrespadas, caíam no seu rosto, que, por sua secura morena, mais bem ressaltavam o rosado de sua pele. "Você tem as tranças de Laura Dianti, de Eleonora de Guyenne, e de sua descendente, tão amada por Chateaubriand. Você deveria sempre usar os cabelos um pouco caídos" –, disse-lhe eu ao ouvido para me aproximar dela. De repente, o anel passou para o vizinho de Albertine. Lancei-me sobre ele, abri-lhe bruscamente as mãos, apanhei o anel; ele foi obrigado a ocupar o meu lugar no centro da roda e eu tomei o seu ao lado de Albertine. Poucos minutos antes, invejava esse moço quando via suas mãos roçando no barbante para se reencontrar a todo momento com as de Albertine. Agora que chegara a minha vez, muito tímido para procurar esse contato, muito emocionado para saboreá-lo, eu não senti mais do que o batimento rápido e doloroso de meu coração. A um momento, Albertine inclinou para mim seu rosto róseo, com uma expressão de cumplicidade, fazendo assim parecer que estava com o anel, a fim de enganar o furão e impedir que ele olhasse para do lado onde o anel estava sendo passado. Compreendi toda a sequência que era a esta astúcia que se aplicavam os subentendidos do olhar de Albertine, mas eu me perturbei ao ver assim passar nos seus olhos a imagem, puramente simulada pelas necessidades do jogo, de um segredo, de um entendimento que não existia entre nós, mas que desde então me pareceram possíveis e me seriam divinamente doces. Como esse pensamento me exaltasse, senti uma ligeira pressão da mão de Albertine na minha, e seu dedo acariciante que deslizava sob o meu, e vi que ela me lançava ao mesmo tempo uma olhadela que procurava tornar imperceptível. Num só instante, uma multidão de esperanças, até então invisíveis a mim mesmo, cristalizara-se: "Ela aproveita o jogo para me fazer sentir que bem me ama"–, pensei no auge de uma alegria de que logo decaí quando ouvi Albertine dizer com raiva: "Mas pegue logo o anel, puxa! Faz mais de uma hora que o estou passando a você." Aturdido de mágoa, afrouxei o barbante, e quem estava de furão com o anel atirou-se sobre ele, e tive que voltar para o centro do círculo, desesperado, olhando a ronda desenfreada que continuava em torno de mim, alvo dos motejos de todos os jogadores, a responder-lhes e a rir quando eu disso tão pouca vontade tinha, enquanto Albertine não parava de reclamar: "Quando a gente não quer prestar atenção, que não jogue, para não fazer os outros perderem. Ou a gente não o convida mais nos dias em que formos brincar de passar o anel, Andrée, ou sou eu que não virei mais." Andrée, superior ao jogo e que continuava cantando o seu Bois joli [Bosque Bonito][98] [...], quis desviar as censura de Albertine, dizendo-me: "Estamos a dois passos desses Creuniers que você queria tanto ver. Venha, vou levá-lo até lá por uma bela trilha, enquanto essas loucas fazem-se de crianças de oito anos." Como Andrée era extremamente gentil comigo, no caminho eu lhe disse de Albertine tudo o que me parecia próprio para me fazer amar por ela. Andrée me respondeu que também a estimava muito, achava-a encantadora; entretanto, meus elogios endereçados à sua amiga não pareciam dar-lhe prazer. De repente, no pequeno caminho profundo, eu me detive, tocado no coração por uma doce lembrança de infância: eu acabava de reconhecer, nas folhas recortadas e brilhantes que avançavam para a clareira, uma moita de espinheiros sem flores, ali desde o fim da primavera. Em torno de mim flutuava uma atmosfera dos antigos meses de Maria, de tardes de domingo, de crenças, de erros esquecidos. Desejaria apreendê-la. Eu parei po um segundo e Andrée, com uma adivinhação encantadora, me deixou conversar um instante com as folhas do arbusto. Pedi-lhes novas flores, aquelas flores do espinheiro semelhantes a a alegres jovens estouvadas, faceiras e piedosas.[...].[99]

---

98 Na França, o jogo de passar o anel é acompanhado de uma canção típica : "Il court, il court, le furet/ Le furet du bois, Mesdames/ Il court, il court, le furet. Le furt du bois joli/ Il a passé par ici/ Il repassera par là…"

99 *À l'ombre des jeune filles en fleurs.*

"La Petite Phrase"

Ao se lerem os comentários da obra de Proust, não raro se depara com a referência a *uma pequena frase*, sem se explicar do que se trata. Jean-Pierre Richard, por exemplo, diz que conhece em "Um Amor de Swann" não menos de seis fontes sucessivas, com seis motivos diferentes de sua vida, mostrando em sequência como isso ocorre[100]. Mas não se informa que tipo de frase é, nem se refere a outras hipóteses que aparecem em *A Prisioneira* e em *A Fugitiva*.

De fato, o leitor de "Um Amor de Swann", a certa altura, descobre que se trata de uma frase musical constante da sonata de Vinteuil. Foi quando o narrador informou que, numa noite do ano precedente, Swann ouvira uma peça musical executada ao piano e ao violino.

> Primeiro, só lhe agradara a qualidade material dos sons empregados pelos instrumentos. E depois fora um grande prazer quando, por baixo da linha do violino, tênue, resistente, densa e dominante, vira de súbito tentar erguer-se num líquido marulho a massa da parte do piano, multiforme, indivisa, plana e entrechocada como a malva agitação das ondas que o luar encanta e bemoliza.[101]
>
> [...]
>
> As notas que então ouvimos já tendem, segundo sua altura e quantidade, a cobrir ante nossos olhos superfícies de dimensões variadas, a traçar arabescos, a dar-nos sensações de largura, de tenuidade, de estabilidade, de capricho.

As notas se expandem, e a memória não permite reter essas frases fugitivas. Uma frase, no entanto, "se elevava por um instante acima das ondas sonoras. Ela logo lhe insinuara particulares volúpias, que nunca lhe ocorreram antes de ouvi-la, [...] e sentiu por aquela frase como que um amor desconhecido". Swann recorda então da frase que ele ouvira em certa sonata. E a *pequena frase* de que Swann tanto gosta, ele a ouve agora no salão da sra. Verdurin, quando pela primeira vez lá foi levado por Odette.

---

100 J.P. Richard, *Proust et le monde sensible*, p. 129-145.
101 Ibidem, 183.

E ali, sentados juntos,

> o pianista tocava para os dois a pequena frase de Vinteuil, que era como o hino nacional do seu amor. Começava tenuta dos trêmulos de violino, que era só o que se ouvia durante alguns compassos, ocupando todo o primeiro plano; depois, de súbito, pareciam afastar-se e, como nessas telas de Pieter de Hooch, cuja perspectiva é aprofundada pelo quadro estreito de uma porta entreaberta ao longe, numa outra cor, no aveludado de uma luz interposta, a pequena frase aparecia, dançante, pastoral, intercalada, episódica, pertencente a um outro mundo. Passava em ondulações simples e imortais, distribuindo aqui e ali os dons de sua graça, com o mesmo inefável sorriso; mas Swann julgava distinguir-lhe agora um certo desencanto[102].

Estavam numa prosa animada o dr. Cottard, a sra. Verdurin, o sr. de Forcheville, e o pianista que disse que ia tocar a frase da sonata para o sr. Swann.

> Calaram-se: sob a agitação dos trêmulos de violino que a protegiam com o seu leve frêmito a duas oitavas de distância – e como numa região de montanhas, por trás da imobilidade aparente e vertiginosa de uma cascata, se avista, duzentos pés abaixo, o vulto minúsculo de uma passeante – a pequena frase acabava de aparecer, longínqua, graciosa, protegida pelo longo fluir da cortina transparente, incessante e sonora. E Swann, do fundo de seu coração, dirigiu-se a ela como a uma confidente de seu amor, como a uma amiga de Odette que deveria dizer-lhe que não se importasse com aquele Forcheville.[103]

A pequena frase se tornara um símbolo referente do amor de Swann por Odette sempre que estava no sarau da sra. Vedurin, no meio daquela gente que, no fundo, ele desprezava, cujas bobagens e ridículos o atingiam tanto mais dolorosamente quanto ignoravam seu amor. Aí o concerto começava. E se ela era tocada, após a reunião dos Verdurin, "procurara saber de que modo ela o aliciava e envolvia, como

102 *Du côté de chez Swann*, p. 190-191.
103 Ibidem, p. 226.

XI ORQUESTRA DE CATEDRAIS

um perfume, uma carícia, e averiguara que era ao leve afastamento das cinco notas que a compunham e ao retorno constante de duas dentre elas que se devia aquela impressão de retraída e trêmula doçura[104].

O concerto recomeçou e Swann compreendeu que não poderia retirar-se antes do fim daquele novo número do programa. Odette estava ausente.

> Mas de súbito foi como se ela tivesse entrado, e essa aparição foi para ele uma dor tão dilacerante que teve de levar a mão ao peito. É que o violino subira a notas altas onde permanecia como para uma espera, uma espera que se prolongava sem que o instrumento cessasse de as sustentar, na exaltação em que estava de já perceber o objeto da sua espera que se aproximava, e com um desesperado esforço para durar até sua chegada, acolhê-lo antes de expirar, manter-lhe ainda um momento com todas as suas derradeiras forças o caminho aberto para que ele pudesse passar, como se sustenta uma porta que sem isso se fecharia. E antes que Swann tivesse tempo de compreender e dizer consigo: "É a pequena frase da sonata de Vinteuil, não escutemos!", todas as lembranças do tempo em que Odette estava enamorada dele e que até aquele dia conseguira manter invisíveis nas profundezas de seu ser, iludidas por aquela brusca revelação do tempo de amor que lhes parecia ter voltado, despertaram e subiram em revoada para lhe cantar apaixonadamente, sem piedade para com seu atual infortúnio, os refrões esquecidos da felicidade.[105]
> [...]

Há no violino [...] acentos que lhe são tão comuns com certas vozes de contralto, que se tem a ilusão de que uma cantora veio juntar-se ao concerto.

> [...]
> Como se os instrumentistas estivessem, mais que tocando a frase, executando os ritos por ela exigidos dela aparecer, procedendo aos sortilégios necessários para conseguir e prolongar por alguns instantes o prodígio da sua evocação. [...] Swann a sentia presente, como uma deusa protetora e confidente do seu amor. Ela que se dirigia a ele, lhe falava, à meia voz de Odette. Pois já não tinha, como

104 Ibidem, p 419.
105 Ibidem, p. 288; *No Caminho de Swann*, p. 414-415.

454

outrora, a impressão de que Odette e ele eram desconhecidos da pequena frase. Tantas vezes fora ela testemunha da alegria de ambos! [...] Quando era a pequena frase que lhe falava da inconsistência de seus sofrimentos, Swann achava até certa doçura naquela mesma sabedoria que, no entanto, momentos antes lhe parecera intolerável quando julgava lê-la no rosto dos indiferentes que consideravam o seu amor como uma divagação sem importância.[106]

Uma vez mais Swann sentiu a frase da sonata de Vinteuil. Ele sempre a esperava, porque sabia que ela surgiria no último movimento, depois de um longo trecho que o pianista da sra. Verdurin saltava sempre. Então, ouviu o belo diálogo entre o piano e o violino no começo do último trecho.

Primeiro o piano solitário se queixou, como um pássaro abandonado da sua companheira; o violino escutou-o, respondeu-lhe como de uma árvore vizinha. [...] Era um pássaro? Era a alma ainda incompleta da pequena frase, era uma fada, esse ser invisível e choroso, cuja queixa o piano em seguida ternamente redizia? Seus gritos eram tão súbitos que o violino devia precipitar-se sobre o seu arco para os recolher.

Maravilhoso pássaro! O violinista parecia querer encantá-lo, amansá-lo, capturá-lo. Já havia passado para a sua alma, já a pequena frase evocada agitava, como a de um médium, o corpo verdadeiramente possuído do violinista. Swann sabia que ela ia falar ainda uma vez. [...] Ela reapareceu, mas, desta vez, para ficar suspensa no ar e mostrar-se um instante apenas, como que móvel, e expirar.[107]

Como se pode notar, é um texto rico em metáforas, em que a pequena frase é uma alegoria do amor de Swann por Odette, constituindo o conteúdo simbólico de "Um Amor de Swann".

A pequena frase vai ainda aparecer em duas outras oportunidades: em *A Prisioneira* e em *A Fugitiva*, não mais para Swann, que já tinha morrido, mas para o narrador, no salão da sra. Verdurin, desta vez, sob a

---

106 *Du côté de chez Swann*, p 419; *No Caminho de Swann*, p. 290.
107 Ibidem, p. 293; na tradução brasileira, p. 422.

XI ORQUESTRA DE CATEDRAIS   455

batuta de Morel, exímio violinista. O narrador nos informa que Morel
já havia subido ao estrado, os artistas se agrupavam. Não só Morel e
um pianista, mas outros instrumentistas. O narrador acreditou que
começariam pelas obras de outros músicos que não Vinteuil, porque
achava que não possuíam dele senão a sonata para piano e violino.
O concerto começou. O narrador não conhecia o que estava sendo
tocado, ele se encontrava em região desconhecida. Estava perdido. De
repente, num momento de incertezas, surgiu um gênio para revelar o
que ele queria saber. Imediatamente se reconheceu no meio daquela
música, nova para ele, a plena sonata de Vinteuil; e mais maravilhado
que um adolescente, a pequena frase, envolvida, iluminada de sonori-
dades brilhantes, leve e doce, veio a ele, reconhecível sob esses novos
ornamentos. Sua alegria de a ter reencontrado acrescida do acento
amigavelmente conhecido que ela tomava para se dirigir a ele, tão
persuasiva, tão simples, não sem deixar de brilhar, esta beleza cinti-
lante de que ela resplandece. Sua significação, além do mais, não era
desta vez senão a de lhe mostrar o caminho, e que não era aquele da
sonata, porque essa era uma obra inédita de Vinteuil, em que somente
se divertia por uma ilusão que justificava, nesse lugar, uma palavra
do programa que deveria ter, ao mesmo tempo, sob os olhos, a fazer
aí aparecer um instante a pequena frase.[108]

A pequena frase, como visto, surgiu em "Um Amor de Swann", ligada
ao amor dele com Odette. Lá não havia o narrador de primeira pessoa
do romance, porque, como visto também, essa segunda parte de *No
Caminho de Swann* é uma narrativa de terceira pessoa.

Em *A Fugitiva*, a pequena frase veio à mente do narrador num
dia em que invocava com tristeza o retorno de Albertine vindo a seu
encontro no Trocadero. De saudade dela, cantarolou a pequena frase
da sonata de Vinteuil.

Quando a pequena frase, antes de desaparecer completamente, se
desfez em seus diversos elementos e neles flutuou ainda um instante,

108 *La Prisonnière*, p. 203-204.

dispersos, não foi para mim, como para Swann, a mensageira de Albertine que desaparecia. Não foi inteiramente a mesma associação de ideias em mim e em Swann que a elaboração, aos ensaios, às retomadas, ao vir a ser de uma frase que se fizera durante minha vida. E agora, sabendo quanto, cada dia, novo elemento de meu amor se ia embora, o aspecto do ciúme, depois qualquer outro, em suma voltando pouco a pouco numa vaga lembrança ao fraco atrativo do início, era o meu amor que parecia desagregar-se diante de mim na pequena frase.[109]

Há algumas coisas interessantes a observar aqui. A primeira é que a pequena frase surgiu para Swann num sarau musical no salão da sra. Verdurin, ligada à sua relação amorosa com Odette no contexto de "Um Amor de Swann", narrado em terceira pessoa, portanto não pelo narrador do romance. A segunda é que, não obstante isso, o narrador conta pormenores sobre a pequena frase que bem mostra que ele estava presente naquele sarau. Terceira, a pequena frase foi um símbolo do amor de Swann e Odette, mas não foi a mesma coisa para o amor do narrador com Albertine. Ao contrário, seu amor desagregava-se em seus diversos elementos que se esfumavam como os elementos da pequena frase.

"Les Souliers Rouges"

Uma das cenas bonitas do romance é a que encerra *O Caminho de Guermantes*. Bonita não só pela forma, mas pelo sentido, porque envolve o problema da morte, e da morte de uma das personagens mais marcantes do livro: Swann, como noticia Bernard Raffalli: "É a cena dos sapatos vermelhos, uma das mais belas de todo o maciço proustiano, onde o mundo desafia de maneira tão espetacular, força dominante do livro: a derradeira aparição de Swann, um Swann muito modificado, atingido por um câncer e que anuncia ele mesmo seu próprio fim, é a ocasião de uma palavra cruel em que voa em alarde tudo

109 *La Fugitive*, p. 451-452.

XI ORQUESTRA DE CATEDRAIS

o que podia subsistir de mito e aristocracia: "Você está firme como a Ponte Nova. Ainda nos enterrará a todos."[110]

"Mas como é que você pode saber" – perguntou-lhe a duquesa –, "com dez meses de antecedência, que não poderá ir à Itália?"

[...]

"Mas minha cara amiga, é que então estarei morto há vários meses. Segundo os médicos que consultei, no fim do ano, o mal que tenho [...] não me deixará mais de três ou quatro meses de vida, no máximo", respondeu Swann sorrindo, enquanto o criado abria a porta envidraçada do vestíbulo para deixar passar a duquesa. "Que é que me está dizendo?!" –, exclamou a duquesa, parando um segundo na sua marcha para o carro e erguendo seus belos olhos azuis e melancólicos, mas cheios de incerteza. Colocada pela primeira vez na vida entre dois deveres tão diferentes como subir ao carro para ir jantar fora e testemunhar piedade a um homem que vai morrer, não encontrava nada no código das conveniências que lhe indicasse a jurisprudência a seguir e, não sabendo a qual dar preferência, julgou que devia fingir que não acreditava na segunda alternativa, obedecendo assim à primeira, que demandava naquele momento menos esforço, e pensou que a melhor maneira de resolver o conflito seria negá-lo. "Está gracejando?" –, perguntou ela. "Se fosse um gracejo, seria de um delicioso bom gosto" –, respondeu ironicamente Swann. "Não sei por que lhe digo isso. Até agora, nunca lhe havia falado na minha doença. Mas como me perguntou e agora posso morrer de um dia para outro... Mas, antes de tudo, não quero que se atrase, vai jantar fora" –, acrescentou ele, que bem sabia que, para os outros, as suas próprias obrigações mundanas têm primazia sobre a morte de um amigo, e que se punha no caso deles, graças à sua polidez. Mas a da duquesa lhe permitia também aperceber-se confusamente de que o jantar aonde ia devia contar menos para Swann do que a sua própria morte. Assim, enquanto continuava o caminho para o carro, deu de ombros dizendo: "Não se preocupe com esse jantar. Não tem a mínima importância!".

Mas essas palavras puseram de mau humor o duque, que exclamou:

Mas essas palavras puseram de mau humor o duque, que gritou:

"Vamos, Oriane, não fique a tagarelar assim e a trocar as suas jeremiadas com Swann [...]".

[110] B. Raffalli, Préface, *À la recherche du temps perdu*, v. I, p. 5.

A sra. de Guermantes avançou resolutamente para o carro e deu um último adeus a Swann:

"Bem, falaremos nisso; não creio numa palavra do que você diz, mas temos de conversar a esse respeito. Com certeza andaram a assustá-lo; venha almoçar, quando quiser (para a sra. de Guermantes tudo se resolvia sempre em almoços), você marcará o dia e a hora." E, erguendo a saia vermelha, pousou o pé no estribo. Ia entrar no carro quando, ao ver aquele pé, o duque exclamou com voz terrível: "Oriane, o que é que você vai fazer, infeliz?! Você ainda está de sapatos pretos! Com um vestido vermelho! Suba depressa para pôr os seus sapatos vermelhos", ou melhor –, disse ele ao lacaio –, "vá depressa dizer à camareira da senhora duquesa que traga uns sapatos vermelhos".

"Mas meu amigo" –, respondeu brandamente a duquesa, constrangida ao ver que Swann, que saía comigo, mas quisera deixar passar o carro à nossa frente, tinha ouvido tudo –, "já que estamos atrasados…"

"Não; temos tempo. São apenas oito menos dez, não levaremos dez minutos para ir até o parque Monceau. Afinal, que quer? Ainda que fossem oito e meia, eles esperariam, mas o que você não pode é ir com um vestido vermelho e sapatos pretos. Aliás, não seremos os últimos… Há os Sassenage… Você bem sabe que eles nunca chegam antes das vinte para as nove…"

A duquesa voltou ao seu quarto.

"É" –, nos disse o sr. de Guermantes –, "coitados dos maridos… Zombam deles, mas ainda assim têm alguma coisa de bom… Se não fosse por mim, Oriane ia jantar de sapatos pretos".

"Não fica feio" –, disse Swann –, e eu já notara os sapatos pretos, que absolutamente não me haviam chocado.

"Não digo que não" –, respondeu o duque –, "mas é mais elegante que sejam da mesma cor do vestido. E depois, não se alarme, logo ao chegar ela o teria notado e eu é que me veria obrigado a vir buscar os sapatos. E teria de jantar às nove horas. Adeus, meus filhos" –, disse ele, afastando-nos brandamente –, "tratem de ir antes que Oriane desça. Não é que ela não goste de ver vocês dois. Pelo contrário, é que gosta demais. Se ela os encontra ainda aqui, vai recomeçar com a tagarelice, já está muito cansada e chegará morta ao jantar. E depois, confesso-lhes francamente que estou morrendo de fome. Almocei muito mal esta manhã ao desembarcar do trem. É verdade que havia um tal de molho bearnês, mas, apesar disso, não me incomodaria em sentar-me de novo à mesa. Cinco para as oito! Ah!, as mulheres! Ela vai estragar o estômago de nós dois. Ela é muito menos forte do que julgam".

O duque não se constrangia, em absoluto, de falar dos incômodos de sua mulher e dos seus a um moribundo, porque os primeiros, como lhe interessava mais, lhe pareciam mais importantes. Assim foi apenas por educação e galhardia, que, depois de nos ter despachado gentilmente, gritou da porta, com voz estentórea, para Swann, que já se achava no pátio:

"E depois, não se deixe impressionar com essas tolices dos médicos, que diabo! São umas toupeiras. Você está firme como a Ponte Nova. Ainda nos enterrará a todos!"

DÉCIMO SEGUNDO CAPÍTULO

Fenomenologia da Figura do Narrador

1. COLOCAÇÃO DO TEMA

Para a colocação do tema, irei me servir do texto de uma tabuleta encontrada no parque da Água Branca, de São Paulo:

> No princípio era voz. Aí a figura dos narradores orais era de extrema importância, já que eles levavam as histórias para grupos de ouvintes ou mesmo multidões. Os griôs foram importantes para a manutenção e preservação de culturas africanas. Por meio da fala, esses contadores de histórias, levavam hábitos, canções, brincadeiras e lendas dos povos africanos.

2. A FIGURA DO NARRADOR

Meu tio João Afonso da Silva era um grande contador de histórias; histórias que ele narrava com graça e espírito. E lá vinham os reis, os príncipes, as princesas, que me cativavam muito, aos meus sete e oito anos. Era a arte de narrar por via oral, que se vai extinguindo. Eram narrativas tradicionais com acréscimos e cortes do narrador. Sim, aí a figura do narrador desponta como um contador de histórias, se não um recriador de histórias. Mas não foi só daí que essa figura veio. "A experiência que passa de boca em boca é a fonte a que recorreram todos os narradores", e as "histórias orais contadas pelos inúmeros narradores anônimos" contribuíram para a construção de boas narrativas escritas[1], observa Walter Benjamin, que acrescenta: "A figura do narrador só se torna plenamente tangível se tivermos presentes ambos esses grupos. 'Quem viaja tem muito a contar', diz o povo, e com isso imagina o narrador como alguém que vem de longe. Mas também escutamos com prazer o homem que ganhou honestamente sua vida sem sair do seu país e que conhece suas histórias e tradições."[2] Assim era meu tio João.

Mas Walter Benjamin parece só considerar "narrativas" essas formas de contos orais. Por isso, até afirma que o ocaso da narrativa se deve ao surgimento do romance. "O que separa o romance da narrativa (e da epopeia no sentido estrito) é que ele está essencialmente vinculado ao livro" e que ele não procede da tradição oral nem a alimenta[3]. Ora, nessa perspectiva, se o romance não é narrativa, então, por óbvio, também não tem narrador.

A posição deste ensaio não se harmoniza com esse entendimento, porque, desde o início, considera o romance um tipo de *narrativa*, o que, por óbvio também, pressupõe um *narrador*, aquele que conta a história e suas peripécias, de acordo com certo *ponto de vista*. Nessa perspectiva, a figura do narrador é, por assim dizer, a alma do romance, seja que se coloque fora da história que ele narra, seja que se coloque no interior da história que conta. No primeiro caso, não é parte da história; no segundo, é parte da história, seja como protagonista, personagem principal, seja como simples relator ou testemunha, encarnado numa personagem diferente do protagonista, do herói ou da heroína.

O narrador, qualquer que seja, é o elemento de ficção mais especificamente romanesco, bem o diz María del Carmen Bobes Naves, ou seja, "é o elemento que define o gênero narrativo perante o dramático e

---

1   Suponho, sem afirmativa peremptória, que boa parte das *Lendas e Narrativas* de Alexandre Herculano se formaram assim.

2   W. Benjamin, *Magia e Técnica, Arte e Política – Obras Escolhidas I*, p. 214; alguma coisa sobre o narrador pode-se ler também em Theodor Adorno, La Situation du narrateur dans le roman contemporain, *Notes sur la littérature*, p. 37s.

3   Ibidem, p. 217.

XII FENOMENOLOGIA DA FIGURA DO NARRADOR

o lírico. O narrador organiza todas as relações com a matéria narrativa e com a linguagem em que a expressa: repete diretamente a linguagem das personagens ou utiliza a sua própria, aproxima ou afasta os fatos, apresenta-os a uma luz direta ou a partir de visões críticas, repete os fatos quando considera que são relevantes na história, estabelece metáforas para definir condutas ou atitudes de algumas personagens etc. e, em resumo, manipula a 'realidade' convencional que nos apresenta para que a acatemos de modo que leve incorporada uma valoração ética, artística, social, cultural"[4]. Ou na expressão de Antônio Cândido: "O narrador fictício não é sujeito real de orações, como o historiador ou o químico; desdobra-se imaginariamente e torna-se manipulador da função narrativa (dramática), como o pintor manipula o pincel e a cor; não narra *de* pessoas, eventos ou estados; narra pessoas (personagens), eventos e estados."[5]

Há, assim, uma duplicação de emissores da mensagem: o *autor*, emissor real, cria um emissor textual ou narrador que atua como intermediário entre os leitores e o texto[6]. Quer dizer, se houver uma linguagem, há de haver quem a emite, e, se essa emissão linguística constitui um texto narrativo, haverá um narrador, um sujeito que narra[7]. Mostra isso que o narrador é uma criação do autor, que deste se torna independente e que tem por missão contar a história, apresentando-a na forma mais adequada para que se apresente clara ou difusa, imediata ou distante, como intermediária entre o enunciado e o autor[8].

3. TIPOLOGIA DOS NARRADORES

A consideração anterior, de que o narrador se coloca ora fora da história ora dentro dela, permite elaborar uma tipologia dos narradores, sob duas perspectivas.

4 M.C. Bobes Naves, *Teoría General de la Novela*, p. 11 e 12.
5 A. Candido, *Literatura e Personagem*, em A. Candido et al., *A Personagem de Ficção*, p. 26.
6 Ibidem, p. 240.
7 M. Bal, *Teoría de la Narrativa*, p. 127.
8 São expressões ainda de M.C. Bobes Naves, op. cit., p. 232.

A. *Narrador na perspectiva do ponto de vista*, segundo a terminologia de Frédéric Calas[9]. A terminologia se constrói com base na palavra *diegese*, que significa o espaço-tempo no qual se desenvolve a narrativa ficcional ou também a duração real de um filme. E, por extensão, é empregada como sinônima de narrativa, porque é palavra grega que significa narrativa, narração. É, portanto, um conceito narratológico da literatura, da dramaturgia e do cinema. Daí falar-se em *espaço diegético* e *tempo diegético* como espaço e tempo em que decorrem dentro da trama, com suas particularidades, limites e coerências determinadas pelo autor. Daí se compõem tipos de narradores, com uma terminologia que me permito adotar, porque não encontrada nos nossos dicionários, tal como *narrador extradiegético* e *narrador intradiegético*; *narrador homodiegético* e narrador *heterodiegético*.

Narrador extradiegético é precisamente aquele que está fora da narrativa, não é parte da história, que é o tipo de narrador do romance de terceira pessoa, enquanto o *narrador intradiegético* é aquele que está dentro da narrativa, é parte da história, porque é uma das personagens da trama, o que é próprio do romance de primeira pessoa.

A.1. *Narrador extradiegético.* Embora ele não seja objeto deste ensaio, parece, apesar disso, ser de interesse dar alguma ideia do narrador de terceira pessoa. Quem é o narrador do romance de terceira pessoa? A resposta poderia ser simplesmente: o narrador do romance de terceira pessoa é o seu autor. Essa seria uma resposta simplista demais, e se perde o sentido mimético do narrador, pois ele é parte do processo ficcional. O escritor, no ato de escrever um romance, como que se despersonaliza numa atmosfera hipnótica, senão exotérica, de sorte que, nesse processo, ele se metamorfoseia em narrador, que não é personagem do romance, mas uma entidade estética com vida própria, dotada de *onisciência* sobre os eventos narrados e até sobre o pensamento das personagens. Essa onisciência é a principal característica que distingue o narrador de terceira pessoa do narrador de primeira pessoa, que se caracteriza pela *onipresença*.

---

9 Frédéric Calas, *Le Roman épistolaire*, p. 124s.

XII FENOMENOLOGIA DA FIGURA DO NARRADOR

Não cabe avançar mais aqui. O leitor encontra um bom estudo sobre o narrador de terceira pessoa em Marcos Rogério Cordeiro[10], onde ele analisa os narradores dos primeiros romances de Machado de Assis, romances de terceira pessoa, quais sejam, *Ressurreição*, *A Mão e a Luva*, *Helena* e *Iaiá Garcia*, mostrando o comportamento do narrador e sua lógica metamórfica. Basta, como ilustração, este trecho introdutório: "os narradores dos primeiros romances de Machado de Assis apresentam uma disposição mimética de narração próxima à dos narradores dos romances posteriores, embora não se assemelhem a eles. Existe, como se sabe, uma diferença básica entre um e outro conjunto: os romances iniciais apresentam narradores em terceira pessoa, enquanto os posteriores apresentam alternadamente narrativas em primeira e em terceira pessoa"[11].

A.2. *Narrador intradiegético*. É aquele que está dentro da narrativa, é parte da história que ele mesmo narra, seja como personagem principal, protagonista, que conta a sua própria história – ou *narrador homodiegético*, em que o "eu" autobiográfico requer que as outras personagens sejam meros coadjuvantes, lhe prestem vassalagem, porque, de certo modo, sujeitos à sua vontade e pensamento, como é o caso do narrador das *Memórias Póstumas de Brás Cubas*, ou o narrador de *Dom Casmurro*, ou ainda o de *Um Homem Dentro do Mundo* –, seja como personagem secundária, testemunha, relator de acontecimentos pertinentes ao protagonista – ou *narrador heterodiegético*, em que o "eu" conta a vida de outra personagem, caso do narrador de *Vida e Morte de M.J. Gonzaga de Sá* e de *Esaú e Jacó*.

Por aí já se percebe que os *narradores homodiegéticos* e *heterodiegéticos* são espécies de *narradores intradiegéticos*. Ao *narrador heterodiegético* também se contrapõe o *narrador autodiegético*, como variedade do *narrador homodiegético*, ou seja, aquele que conta sua própria histórica[12]. Quem conta a própria história faz autobiografia,

---

10 M.R. Cordeiro, Metamorfoses do Narrador nos Romances Iniciais de Machado de Assis, em M. Fantini (org.), *Machado e Rosa*, p. 113s.

11 Ibidem, p. 113.

12 F. Calas, op. cit., p. 4, 41 e 74, além do glossário.

mas não se trata aqui de autobiografia de uma vida real, do escritor do romance, mas de autobiografia do narrador que, em si, é uma figura fictícia. Tenho mencionado essa distinção ao longo deste ensaio. A autobiografia, como memórias da vida de uma personalidade do mundo real, é escrita por aquele cuja vida real se conta, ou seja, o autor da obra é um narrador real, não fictício, porque não é narrador de obra de ficção. O narrador de uma obra de ficção é também uma ficção, uma criação ficcional do escritor, autor real da obra, distinto do autor fictício, caso de *Brás Cubas* e *Dom Casmurro*. Só a respeito desse narrador ficcional se pode falar em *narrador intradiegético, narradores homodiegético, heterodiegético* e *autodiegético*.

B. *Narrador na perspectiva do "Eu".* Essa é uma perspectiva que precisa ser construída, e vou fazê-lo com base nas lições de María del Carmen Bobes Naves e de Mieke Bal.

B.1. *"Eu" e "ele" somos ambos "eu".* Primeiro tenho que referir a uma passagem de Mieke Bal. Passo em seguida a demonstrar essa equação a partir da indagação que traduzo: "A que se refere a distinção entre romance de primeira e terceira pessoas?"

Para demonstrá-lo, apresento a seguinte frase: *O baixo profundo de Steyn retumbou no vestíbulo,* que analiso e, a partir dessa análise, concluo que está subentendido o "eu narro". Se houver uma narrativa, haverá um sujeito que narra. "De um ponto de vista gramatical [conclui Bal com destaque] SEMPRE será uma 'primeira pessoa'." De fato, afirma, "o termo 'narrador de terceira pessoa' é absurdo: um narrador não é um 'ele' ou uma 'ela'." O equívoco aqui está no falar em "narrador de terceira pessoa". O narrador não é nem de terceira nem de primeira pessoa. O que é na primeira ou na terceira pessoa é a narrativa, daí romance de primeira pessoa e romance de terceira pessoa. O artifício apresentado por Bal com o "eu narro" entre parênteses não prova nada, porque, depois do "eu narro", a narrativa segue em terceira pessoa. Mostramos isso na análise de *Dom Quixote*[13].

13 M. Bal, op. cit., p. 127.

B.2. *"EU=autor" e "EU=Narrador".* Primeiro, consideremos o "EU=autor", de estilo autobiográfico, que, no entanto, não é literário, mas histórico.

> Se não é um discurso verificável, quer dizer, se se utiliza o eu e não se segue a realidade, então esse EU é um índice literário, uma manipulação que cria um sentido determinado. A identificação EU=Narrador pode apresentar-se por meio de uma personagem observadora, ou de uma personagem que participa na ação, como protagonista, ou em papel secundário. No primeiro caso, produz-se uma manifestação da enunciação no enunciado: "eu conto que", no segundo caso se cria o chamado "estilo autobiográfico aparente".[14]

4. AS DISTÂNCIAS DO NARRADOR

É um tema que se refere à posição do narrador face ao autor, ao texto, aos acontecimentos, às personagens, ao leitor.

O narrador é sempre uma criação do autor do romance. Se o romance for de terceira pessoa, o narrador é a própria projeção do autor no texto, porque ele é o próprio autor, embora transfigurado, como já observei antes. Se o romance é de primeira pessoa, que é também criação do autor, dele se afasta, se distancia, porque tem autonomia própria, com capacidade para contar a história.

O narrador é parte do *texto*, do processo de enunciação do texto. É dele a responsabilidade da enunciação textual e da formação do enunciado. É ele quem dá a dimensão do texto, o modo de narrá-lo.

Os acontecimentos são aqueles que o narrador apresenta.

A distância do narrador em relação aos *fatos* que conta (distância *espacial*); a relação de tempo entre o enunciado e a enunciação (distância *temporal*), enfim, a apresentação dos fatos em visão cênica ou em visão panorâmica é um domínio estético que o narrador manobra nos limites da conveniência da história. Os acontecimentos são narrados em blocos cênicos que se encadeiam segundo exigências da coerência e do ritmo da história. As visões panorâmicas são próprias

14 M.C. Bobes Naves, op. cit., p. 240.

das descrições externas. Aqui, as possibilidades de contar, de matizar, de dramatizar e de refletir do narrador são muito amplas e geram sentidos que se objetivam em indícios textuais, abrindo grandes possibilidades para a interpretação[15].

No romance de primeira pessoa, o narrador sempre se identifica com uma *personagem*, e sua visão é mais ampla do que a de qualquer outra personagem, pois, além de viver a ação como personagem, pode comentar a participação das demais, sobretudo se o narrador for o *protagonista*. Se o narrador não for a personagem principal, o protagonista, ainda assim tem ele o domínio da história e de seus elementos, como *narrador-testemunha* ou *narrador-relator*. Mas nesse âmbito, ou seja, do romance de primeira pessoa, o narrador tem conhecimento praticamente total do espaço e do tempo romanescos, julga e comenta, para o amável leitor, oculto ou expresso, as condutas e as relações das personagens, dispõe de um sistema moral que impõe às personagens e que compartilha com o leitor, que é o alvo de sua narrativa[16]. "Esta última circunstância lhe permite ser irônico em ocasiões [...], condenar expressamente em outras, louvar o que está acorde com os cânones aceitados e rechaçar o que é refutável socialmente."[17] Mostra isso tudo que o narrador, nesse caso, é dotado de onipresença, mas não de onisciência, vale dizer, o narrador do romance de primeira pessoa, em princípio, não dispõe da faculdade de penetrar no interior das outras personagens, porque a onisciência é uma qualidade do narrador do romance de terceira pessoa, chamado "narrador olímpico"[18].

5. PERSONAGEM, PROTAGONISTA E NARRADOR

Narrador e protagonista são os elementos substanciais do romance. Nos romances de primeira pessoa não raro as duas figuras se concentram

15   Ibidem, p. 232 e 233.
16   Ainda aqui, com base em María del Carmen Bobes Naves, mas não integralmente, op. cit., p. 233.
17   Ibidem.
18   Ibidem.

numa mesma personagem. Quando, como no romance epistolar, há mais de um narrador, a definição do protagonista é mais difícil, podendo supor a existência de mais de um protagonista. Isso quer dizer que precisamos fazer considerações mais amplas sobre a figura do protagonista.

O protagonista é uma personagem, a personagem principal e, portanto, uma personagem complexa, por isso de difícil caracterização, considerada esta a soma de todas as qualidades de um ser humano. Sim, personagem é um ser humano ou um ser humanizado, vive, age, sofre, faz sofrer... Caso contrário, carece de verossimilhança. Não é crível. O leitor não o aceita, deixa-o. Personagem complexa é aquela que Forster chama de personagem redonda, em oposição às personagens planas, aquelas que são construídas ao redor de uma única ideia ou qualidade[19].

O protagonista é uma personagem complexa. Difere das demais personagens porque tem um papel central e essencial, "ele encarna todos os aspectos da personagem em termos absolutos"[20]. O comum é que o protagonista seja único no romance, mas, "[p]ara que dois ou mais personagens formem um pluriprotagonista, duas condições devem ser respeitadas: primeiro, todos os indivíduos do grupo dividem o mesmo desejo. Segundo, na batalha para alcançar esse desejo, eles devem sofrer e beneficiar-se mutuamente. Se um alcança o sucesso, todos se beneficiam. Se um sofre um revés, todos sofrem. Em um pluriprotagonista, motivação, ação e consequência são de todos"[21].

O protagonista é, por assim dizer, o dono da história. Toda história romanesca coerente tem início, meio e fim. Isso marca a trajetória do protagonista, que desenvolve um arco ao longo da narrativa[22], no qual sua natureza interna sofre mutações para melhor ou para pior, na perseguição de sua meta, *um objeto de desejo*, consciente ou inconsciente. O protagonista necessita de uma combinação crível de qualidades, no

---

19 E.M. Forster, *Aspectos do Romance*, p. 54.
20 R. McKee, *Story*, p. 136s. O autor está definindo o protagonista de peças teatrais ou cinematográficas, mas numa dimensão bastante ampla que, com certeza, se aplica também a protagonistas romanescos em geral.
21 Ibidem.
22 Ibidem, p. 108.

equilíbrio certo, para alcançar seu desejo, para que o leitor acredite que ele é capaz de realizar os passos necessários a atingir seu desejo [23].

Tudo isso vale para qualquer protagonista. Mas o protagonista, narrador de primeira pessoa, tem mais responsabilidade, pois, além de ser a personagem principal da trama, ele é o dono da história e o maestro que rege a orquestra romanesca. Se ele for bom, as demais personagens lhe prestam vassalagem e o ajudam a realizar o objeto de desejo, e sua força conduz a todos, e nesse "todos" se inclui o leitor exigente, até o desfecho, nesse caso, coroado de êxito. Caso da narradora de *Jane Eyre*, de Charlotte Brontë. Se não for bom, tudo se desmantelará pelo caminho e o leitor, até o menos exigente, o abandonará, e nada mais triste do que um protagonista abandonado.

23 Ibidem, p. 238.

Bibliografia

OBRAS ANALISADAS

ALENCAR, José de. *Diva*. São Paulo: Escala, [s.d.]

____. *Lucíola*. São Paulo: Escala, [s.d.]

ALMEIDA GARRET, João Baptista da Silva Leitão de. *Viagens na Minha Terra*. 3. ed. São Paulo: Martin Claret, 2012.

ALVES, Oswaldo. *Um Homem Dentro do Mundo*. 2. ed. São Paulo: Global, 1985.

AMADO, Jorge. *Tenda dos Milagres*. São Paulo: Martins, 1969.

____. *Os Velhos Marinheiros: Novelas*. São Paulo: Martins, 1961.

ANJOS, Cyro Versiani dos. Dois romances: *O Amanuense Belmiro* e *Abdias*. 5. ed. Rio de Janeiro: José Olympio, 1957.

____. Anne. *Agnes Grey*. Tradução de Paulo Cézar Castanheira. São Paulo: Martin Claret, 2015.

____. Charlotte. *Jane Eyre*. Tradução de Carlos Duarte e Ann Duarte. São Paulo: Martin Claret, 2014.

____. Emily Jane. *O Morro dos Ventos Uivantes*. Tradução de Oscar Mendes. São Paulo: Abril Cultural, 1971.

CAMUS, Albert. *L' Étranger*. Paris: Gallimard, 1942.

____. *O Estrangeiro*. Tradução de António Quadros. São Paulo: Abril Cultural, 1972.

CARDOSO FILHO, Joaquim Lúcio. *Crônica da Casa Assassinada*. Rio de Janeiro: Nova Fronteira, 1979.

CAROLINA DE JESUS, Maria. *Quarto de Despejo, Diário de uma Favelada*. 2. ed. São Paulo: Paulo Azevedo, 1960.

CERVANTES, Miguel de. *Don Quijote de la Mancha*. Edición del IV Centenario de la Real Academia Española. São Paulo: Associación de Academias de la Lengua Española, 2004.

____. *O Engenhoso Fidalgo Dom Quixote de la Mancha*. Tradução dos Viscondes de Castilho e de Azevedo. São Paulo: Edigraf, 1960. 3 v.

CHATEAUBRIAND, François-René de. *Mémoires d'Outre-Tombe*. Paris: Flammarion, 1982. 4 v. (Édition du Centenaire.)

_____. *Mémoires d'Outre-Tombe*. Paris: Larousse, 1933. (Extraits.)

DEFOE, Daniel. *As Aventuras de Robinson Crusoé*. Tradução de Albino Poli Jr. Porto Alegre: L&PM, 2014.

_____. *Venturas e Desventuras da Famosa Moll Flanders*. São Paulo: Abril Cultural, 1971.

DIDEROT, Denis. *Diderot: Obras III – O Sobrinho de Rameau*. São Paulo: Perspectiva, 2000.

_____. *Oeuvres – Le Neveu de Rameau*. Édition d'André Billy. Paris: Bibliothèque de la Pléiade, 1935.

DOSTOIÉVSKI, Fiódor Mikháilovitch. *Memórias da Casa dos Mortos*. Tradução de Natália Nunes e Oscar Mendes. Porto Alegre: L&PM, 2013.

_____. *Memórias do Subsolo*. Tradução de Boris Schnaiderman. 6. ed., 1ª reimpressão. São Paulo: Editora 34, 2012.

_____. *O Adolescente*. Rio de Janeiro: José Olympio, 1967.

_____. *Humilhados e Ofendidos*. Tradução de Rachel de Queiroz. Rio de Janeiro: José Olympio, 1944.

FIELDING, Henry. *Tom Jones: A História de um Enjeitado*. Tradução de Octavio Mendes Cajado. São Paulo: Abril Cultural, 1971.

GORE, Vidal. *Lincoln: Romance*. Tradução de Manoel Paulo Ferreira. Rio de Janeiro: Rocco, 1986.

GUIMARÃES ROSA, João. *Grande Sertão: Veredas*. 8. ed. Rio de Janeiro: José Olympio, 1972.

HATOUM, Milton. *Cinzas do Norte*. São Paulo: Mediafashion, 2012. (Coleção Folha Literatura ibero-americana, v. 21.)

HEMINGWAY, Ernest. *Adeus às Armas*. Tradução de Monteiro Lobato. 8. ed. Rio de Janeiro: Bertrand Brasil, 2012.

LACERDA, Rodrigo. *Carlos Lacerda/A República das Abelhas/Romance*. São Paulo: Companhia das Letras, 2013.

LAMARTINE, Alphonse de. *Raphaël: Pages de la vingtième année*. Paris: Gallimard, 2011.

LIMA BARRETO, Afonso Henriques de. *Recordações do Escrivão Isaías Caminha*. São Paulo: Companhia das Letras, 2010.

_____. *Vida e Morte de J.M. Gonzaga de Sá*. Rio de Janeiro: Mérito, 1949.

MACHADO DE ASSIS, José Maria. *Memorial de Aires*. 3. ed. São Paulo: Martin Claret, 2013.

_____. *Esaú e Jacó*. São Paulo: Companhia das Letras, 2012.

_____. *Dom Casmurro*. São Paulo: Abril Cultural, 1971.

_____. *Obra Completa, Volume I – Romances – Memórias Póstumas de Brás Cubas*. Rio de Janeiro: José Aguilar, 1962.

_____. *Memórias Póstumas de Brás Cubas*. São Paulo: Abril Cultural, 1971.

MAISTRE, Xavier de. *Viagem à Roda do Meu Quarto*. Tradução de Marques Rebelo. São Paulo: Estação Liberdade, 2008.

NABUCO, Joaquim. *Minha Formação*. Rio de Janeiro: José Olympio, 1957.

NAVA, Pedro. *Balão Cativo: Memórias 2*. 4. ed. Rio de Janeiro: Nova Fronteira, 1986.

_____. *Baú de Ossos: Memórias 1*. 7. ed. Rio de Janeiro: Nova Fronteira, 1984.

_____. *O Círio Perfeito: Memórias 6*. Rio de Janeiro: Nova Fronteira, 1983.

_____. *Galo das Trevas: Memórias 5*. 3. ed. Rio de Janeiro: José Olympio, 1981.

_____. *Beira-Mar: Memórias 4*. Rio de Janeiro: José Olympio, 1978.

_____. *Chão de Ferro: Memórias 3*. Rio de Janeiro: José Olympio, 1976.

POMPEIA, Raul. *O Ateneu*. Rio de Janeiro: Zahar, 2015.

_____. *O Ateneu*. São Paulo: Companhia das Letras, 2013.

_____. *O Ateneu: Crônica de Saudades*. 8. ed. Rio de Janeiro: Francisco Alves, 1956.

PROUST, Marcel. *À la recherche du temps perdu*. Paris: Robert Laffont, 1987. 3 v.

_____. *Em Busca do Tempo Perdido, v. 7: O Tempo Redescoberto*. Tradução de Lúcia Miguel Pereira. São Paulo: Globo, 2013.

_____. *Em Busca do Tempo Perdido, v. 6: A Fugitiva*. Tradução de Carlos Drummond de Andrade. São Paulo: Globo, 2012.

_____. *Em Busca do Tempo Perdido, v. 5: A Prisioneira*. Tradução de Manuel Bandeira e Lourdes Sousa de Alencar. 13. ed. São Paulo: Globo, 2011.

_____. *Em Busca do Tempo Perdido, v. 4: Sodoma e Gomorra*. Tradução de Mario Quintana. 3. ed. São Paulo: Globo, 2008.

_____. *Em Busca do Tempo Perdido, v. 3: O Caminho de Guermantes*. Tradução de Mario Quintana. 3. ed. São Paulo: Globo, 2007.

_____. *Em Busca do Tempo Perdido, v. 2: À Sombra das Raparigas em Flor*. Tradução de Mario Quintana. 3. ed. São Paulo: Globo, 2006.

_____. *Em Busca do Tempo Perdido, v. 1: No Caminho de Swann*. Tradução de Mario Quintana. 3. ed. São Paulo: Globo, 2006.

QUEIRÓS, Eça de. *A Cidade e as Serras*. Cotia: Ateliê, 2007.

RAMOS, Graciliano. *S. Bernardo*. 97. ed. Rio de Janeiro: Record, 2015.

_____. *Infância*. Rio de Janeiro: Record, 1995.

_____. *Angústia*, 33. ed. Rio de Janeiro: Record, 1987.

_____. *São Bernardo*. 46. ed. Rio de Janeiro: Record, 1986.

_____. *Memórias do Cárcere*. Rio de Janeiro: José Olympio, 1953. 4 v.

_____. *Caetés*. Rio de Janeiro: Record, [s.d.].

REGO, José Lins do. *Meus Verdes Anos*. 2. ed. Rio de Janeiro: José Olympio, 1957.

_____. *Doidinho*. 6. ed. Rio de Janeiro: José Olympio, 1956.

_____. *Pureza*. Rio de Janeiro: José Olympio, 1956.

_____. *Eurídice*. 4. ed. Rio de Janeiro: José Olympio, 1956.

_____. *Banguê*. 4. ed. Rio de Janeiro: José Olympio, 1956.

_____. *Menino de Engenho*. 6. ed. Rio de Janeiro: José Olympio, 1954.

RIBEIRO, Aquilino. *O Malhadinhas*. Lisboa: Bertand, 2011.

ROUSSEAU, Jean-Jacques, *Le confessioni*. Trad. de Andrea Calzolari. Milano: Mondatori, 1990.

_____. *Les Confessions*. Paris: Classiques Garnier Poche, 2011.

Santo Agostinho. *Confessions*. Trad. de Arnauld d'Andilly. Paris: Gallimard, 1993.

SARAMAGO, José. *Viagem a Portugal*. São Paulo: Companhia das Letras, 1997.

SEBALD, W.G., *Austerlitz*. Tradução de José Marcos Macedo. São Paulo: Companhia das Letras, 2008.

STERNE, Laurence. *The Life and Opinions of Tristram Shandy, Gentleman*. London: Harper Collins, 2012.

_____. *Viaje Sentimental por Francia e Italia*. Tradução de Max Lacruz Bassols. Madrid: Funambulista, 2006.

_____. *A Vida e as Opiniões do Cavalheiro Tristram Shandy*. Tradução de José Paulo Paes. 2. ed. São Paulo: Companhia das Letras, 1998.

_____. *La vita e le opinioni di Tristram Shandy, gentiluomo*. Trad. di Antonio Meo Milano: Garzanti, 1987.

SWIFT, Jonathan. *Viagens de Gulliver*. São Paulo: Abril Cultural, 1971.

TORRES, Fernanda. *Fim*. São Paulo: Companhia das Letras, 2013.

VALLÈS, Jules Louis Joseph. *L'Enfant*. Paris: Garnier-Flammarion, 1968.

YOURCENAR, Marguerite. *Memórias de Adriano*. 4. ed. Rio de Janeiro: Nova Fronteira, 1980.

OBRAS DE APOIO

ABBAGNANO, Nicola. Confissão. *Dicionário de Filosofia*. Tradução de Alfredo Bosi. São Paulo: Martins Fontes, 2003.

_____. Sublime. *Dicionário de Filosofia*. Tradução de Alfredo Bosi. São Paulo: Martins Fontes, 2003.

ADORNO, Theodor. *Notes sur la littérature*. Tradução do alemão por Sibylle Muller. Paris: Flammarion, 1984.

ALAS "CLARÍN", Leopoldo. *La Regenta*. 2. ed. Barcelona: Random House Mondadori, 2007.

AMORA, Antônio Soares. *Teoria da Literatura*. São Paulo: Editora Clássico-Científica, s.d.

BAKHTIN, Mikhail. *Problemas da Poética de Dostoiévski*. Tradução de Paulo Bezerra. 5. ed. Rio de Janeiro: Forense Universitária, 2013.

BAL, Mieke, *Teoría de la Narrativa* (*Una Introducción a la Narratología*). Tradução de Javier Franco. 7. ed. Madrid: Cátedra, 2006.

BAPTISTA, Abel José Barros. O Romanesco Extravagante sobre *Memórias Póstumas de Brás Cubas*. In: GUIDIN, Maria Lígia; GRAJA, Lúcia; WEISS RICIERI, Francine (orgs.). *Machado de Assis: Ensaios Críticos Contemporâneos*. São Paulo: Editora Unesp, 2008.

BARBOSA, Alaor. *Sinfonia de Minas: A Vida e a Literatura de João Guimarães Rosa*. Brasília: LGE, 2007.

BARRETO FILHO, José. *Introdução a Machado de Assis e Outros Ensaios*. Rio de Janeiro: Topbooks, 2014.

BENHAÏM, André. *Panim: Visages de Proust*. France:Villeneuve d'Ascq/Presses Universitaires du Septentrion, 2006.

BENJAMIN, Walter. *Magia e Técnica, Arte e Política – Obras Escolhidas*. 8. ed. Tradução de Sérgio Paulo Rouanet. São Paulo: Brasiliense, 2012.

BOBES NAVES, María del Carmen. *Teoría General de la Novela*. Madrid: Gredos, 1993.

BORREL, Anne; NAUDIN, Jean-Bernard; SENDERENS, Alain. *À Mesa com Proust*. Tradução de Ana Luíza Borges, Fernando Py e Maria Cecília d'Egmont. Rio de Janeiro: Sextante, 2013.

BOSI, Alfredo. *Brás Cubas em Três Versões*. São Paulo: Companhia das Letras, 2006.

_____. *História Concisa da Literatura Brasileira*. 35. ed. São Paulo: Cultrix, 1994.

BOSI, Alfredo et al. *Machado de Assis*. São Paulo: Ática, 1982.

BRANDÃO, Carlos Rodrigues. *Memória Sertão, Cenários, Cenas, Pessoas e Gestores nos Sertões de João Guimarães Rosa e de Manuelzão*. São Paulo: Editorial Cone Sul/ Editora UNIUBE, 1998.

CALAS, Frédéric. *Le Roman épistolaire*. Paris: Armand Colin, 2005.

CALDWELL, Helen. *O Otelo Brasileiro de Machado de Assis*. Cotia: Ateliê, 2008.

CÂNDIDO, Antônio. *Ficção e Confissão*. 4 ed. Rio de Janeiro: Ouro sobre Azul, 2012.

_____. Jagunços Mineiros de Cláudio a Guimarães Rosa. In: *Vários Escritos*. Rio de Janeiro: Ouro sobre Azul, 2011.

CARPEAUX, Otto Maria. *O Iluminismo e a Revolução Por Carpeaux*. Rio de Janeiro / São Paulo: Leya/Livraria Cultura, 2012. (História da Literatura Ocidental, v. 5.) COUTINHO CAVALCANTI, Joaquim Nunes. *Um Projeto de Reforma Agrária*. Rio de Janeiro: Ministério da Educação e Cultura/Instituto Nacional do Livro, 1959.

CORDEIRO, Marcos Rogério. Metamorfoses do Narrador nos Romances Iniciais de Machado de Assis. In: FANTINI, Marli (org.). *Machado e Rosa – Leituras Críticas*. Cotia: Ateliê, 2010.

COVIZZI, Lenira Marques. *O Insólito em Guimarães Rosa e Borges*. São Paulo: Ática, 1978.

CRISTÓVÃO, Fernando Alves. *Graciliano Ramos: Estrutura e Valores de um Modo de Narrar*. 2. ed. Rio de Janeiro: Editora Brasília, 1977.

CUNHA, Euclides da. *Os Sertões*. 11. ed. Rio de Janeiro: Record, 2010.

DELEUZE, Gilles. *Proust et les signes*. 4. ed. Paris: Quadrigue/PUF, 2010.

DUCROT, Oswaldo; SCHAEFFER, Jean-Marie. *Nouveau dictionnaire encyclopédique des sciences du langage*. Paris: Seuil, 1995.

ECO, Umberto. *Interpretação e Superinterpretação*. São Paulo: Martins Fontes, 1993.

FACIOLI, Valentim. Várias Histórias Para um Homem Célebre. In: BOSI, Alfredo et al. *Machado de Assis*. São Paulo: Ática, 1982.

FANTINI, Marli (org.). *Machado e Rosa – Leituras Críticas*. Cotia: Ateliê, 2010.

FAORO, Raymundo. *Machado de Assis: A Pirâmide e o Trapézio*. 2. ed. São Paulo: Companhia Editora Nacional, 1976.

FERRATER, Jose Mora. *Diccionario de Filosofía*. Madrid: Alianza Editorial, 1988. V. 3,

FIGUEIREDO, Fidelino de. *História Concisa da Literatura Brasileira*. 35. ed. São Paulo: Cultrix, 1994.

_____. *História da Literatura Clássica*. 3. ed. São Paulo: Anchieta, 1946, v. II.

FLAUBERT, Gustave. *Madame Bovary*. Paris: Flammarion, 1986.

FORSTER, Edward Morgan. *Aspectos do Romance*. 2. ed. Porto Alegre: Globo, 1974.

GADAMER, Hans-George, *Verdade e Método*. Tradução de Flávio Paulo Maurer. 4. ed. Petrópolis: Vozes, 2002.

GALVÃO, Walnice Nogueira. *Mínima Mímica: Ensaios Sobre Guimarães Rosa*. São Paulo: Companhia das Letras, 2008.

_____. *As Formas do Falso: Um Estudo Sobre a Ambiguidade no Grande Sertão: Veredas*. São Paulo: Perspectiva, 1972.

GARBUGLIO, José Carlos. *O Mundo Movente de Guimarães Rosa*. São Paulo: Ática, 1972.

GAUTIER-VIGNAL, Louis. *Proust connu et inconnu*. Paris: Robert Laffont, 1976.

GLEDSON, John. *Machado de Assis: Ficção e História*. Tradução de Sônia Coutinho. 2. ed. São Paulo: Paz e Terra, 2003.

_____. *Machado de Assis, Impostura e Realismo*. Tradução de Fernando Py. São Paulo: Companhia das Letras, 1991.

GOMIDE, Bruno Barreto (org.). *Antologia do Pensamento Crítico Russo (1802-1901)*. São Paulo: Editora 34, 2013.

GRIECO, Agripino. *Machado de Assis*. 2. ed. Rio de Janeiro: Conquista, 1960.

GUIDIN, Márcia Lígia; GRANJA, Lúcia; RICIERI, Francine Weiss (orgs.). *Machado de Assis: Ensaios da Crítica Contemporânea*. São Paulo: Editora Unesp, 2008.

GUIMARÃES ROSA, João. *Manuelzão e Miguilim*. Rio de Janeiro: José Olympio, 1964.

_____. *Sagarana*. 39. ed. Rio de Janeiro: Nova Fronteira, 1984.

HERCULANO, Alexandre. *Lendas e Narrativas*. Lisboa/Rio de Janeiro/: Livraria Bertrand/ Editora Paulo de Azevedo, [s. d.]. 2 v.

KANT, Immanuel. *Crítica da Faculdade do Juízo*. 2. ed. Rio de Janeiro: Forense Universitária, 1995.

KAYSER, Wolfang. *Fundamentos da Interpretação e da Análise Literária*. São Paulo: Saraiva, 1948. v. 1.

KIRPÓTIN, Valiéri, *F.M. Dostoiévski*. Moskva: Sovetskij Pisatel, 1947.

LUKÁCS, Georg. *Teoria do Romance*. 2. ed., 1.ª reimpressão. São Paulo: Duas Cidades/ Editora, 2012.

LINS, Álvaro. *O Relógio e o Quadrante (1940-1960)*. Rio de Janeiro: Civilização Brasileira, 1964.

_____. *Sobre Crítica e Críticos*. Organização de Eduardo Cesar Maia. Recife: Cepe, 2012.

_____. *A Técnica do Romance em Marcel Proust*. Rio de Janeiro: José Olympio, 1956.

LOMBARDI, Bruna. *Diário do Grande Sertão*. 3. ed. Rio de Janeiro: Riográfica, 1986.

LOPES, Paulo César Carneiro. *Utopia Cristã no Sertão Mineiro*. Petrópolis: Vozes, 1997.

LOUÏCHON, Brigitte. *Romancières sentimentales*. Paris: Presse Universitaire de Vincenne, 2009.

LUCAS, Fábio. *Caros Autores*. São Paulo: RG Editores, 2013.

_____. *Ficções de Guimarães Rosa: Perspectivas*. Barueri: Amarilys, 2011.

_____. *Cadernos de Literatura Brasileira*. São Paulo, março de 1997. n. 3.

MACHADO DE ASSIS, José Maria. *O Remédio é a Crítica: Coletânea de Escritos*. Org. de Luiz César de Araújo; Jefferson Bombachim Ribeiro; Ademir Júnior Sousa Amaral. Porto Alegre: Concreta, 2015.

_____. *Eça de Queirós: O Primo Basílio. Obra Completa, Volume III – Poesia, Crônica, Crítica, Miscelânea e Epistolário*. Rio de Janeiro: José Aguilar, 1962.

MAURIAC, Claude. *Proust*. Rio de Janeiro: José Olympio, 1989.

MCKEE, Robert. *Story*. Curitiba: Arte & Letra, 2006.

MEYER Augusto. Introdução Geral. In: Machado de Assis. *Memórias Póstumas de Brás Cubas*. Rio de Janeiro: Lia, 1968.

MERQUIOR, José Guilherme. *De Anchieta a Euclides: Breve História da Literatura Brasileira*. 4. ed. São Paulo: É Realizações, 2014.

MIKHAILÓVSKI, Nikolai. Um Talento Cruel. In: GOMIDE, Bruno Barreto (org.). *Antologia do Pensamento Crítico Russo (1802-1901)*. São Paulo: Editora 34, 2013.

MILLY, Jean. *Proust et le style*. 2. ed. Genève: Stalkim Reprints, 1991.

MIRANDA, Adelaide Calhman de et al. *Protocolos Críticos*. São Paulo: Iluminuras/Itaú Cultural, 2008.

MONTENEGRO, Olívio. *O Romance Brasileiro*. 2. ed. Rio de Janeiro: José Olympio, 1953.

MOTTA, Leda Tenório da. *Proust: A Violência Sutil do Riso*. São Paulo: Perspectiva/ Fapesp, 2007.

NABOKOV, Vladimir. *Lições de Literatura Russa*. Tradução de Fredson Bowers. São Paulo: Três Estrelas, 2014.

XII FENOMENOLOGIA DA FIGURA DO NARRADOR

OLIVEIRA, Luciano de. *O Bruxo e o Rabugento: Ensaio Sobre Machado de Assis e Graci-liano Ramos*. Rio de Janeiro: Vieira & Lent, 2010.

PANICHI, Edina; CONTANI, Miguel Luiz. *Pedro Nava e a Construção do Texto*. Londrina/ Cotia: Eduel/Ateliê, 2003.

PAREYSON, Luigi. *Dostoiévski, Filosofia, Romance e Experiência Religiosa*. Tradução de Maria Helena Nery Garcez e Sylvia Mendes Carneiro. São Paulo: EDUSP, 2012.

PEREIRA, Lúcia Miguel. *Prosa de Ficção*. 2. ed. Rio de Janeiro: José Olympio, 1957.

_____. *Machado de Assis: Estudo Crítico e Biográfico*. São Paulo: Companhia Editora Nacional, 1936.

PICON, Gaëtan. *Lecture de Proust*. Paris: Gallimard, 1995.

PINO, Claudia Amigo. *A Ficção da Escrita*. Cotia: Ateliê, 2004.

PLATON. *Œuvres completes*. Traduites par M.V. Cousin. Paris: 1840.

POULET, Georges. *L'Espace proustien*. Paris: Gallimard, 1982.

PROENÇA FILHO, Domício. Capitu – Memórias Póstumas e Diálogo Intertextual. In: DINIZ, Julio (org.). *Machado de Assis (1908-2008)*. Rio de Janeiro: Editora PUC--Rio/Contraponto, 2008.

PROUST, Marcel. *Jean Santeuil*. Tradução de Fernando Py. Rio de Janeiro: Nova Fronteira, 1982.

QUEIRÓS, Eça de. *A Ilustre Casa de Ramires*. São Paulo: O Estado de S. Paulo/Klick Editora, s. d.

_____. *O Primo Basílio*. São Paulo: Abril Cultural, 1971.

QUEIROZ, Rachel de. O Fabuloso Lins do Rego. *Diário de Notícias*, Rio de Janeiro, 1947.

RABELAIS, François. *Gargântua e Pantagruel*. Tradução de David Jardim Júnior. Belo Horizonte: Itatiaia, 2009.

REGO, José Lins do. *Fogo Morto*. 4. ed. Rio de Janeiro: José Olympio, 1956.

RICHARD, Jean-Pierre. *Proust et le monde sensible*. Paris: Seuil, 1974.

RICOEUR, Paul. *Tempo e Narrativa 2– A Configuração do Tempo na Narrativa de Ficção*. São Paulo: WMF Martins Fontes, 2011.

RÓNAI, Paulo. *Rosiana*. Rio de Janeiro: Salamandra, 1983.

ROUSSEAU, Jean-Jacques. *Émile ou de l'éducation*. Paris: Flammarion, 2009.

_____.*Oeuvres Complètes: Écrits sur la musique, la langue et le théâtre*. Paris : Gallimard, 1995. Tome V.

_____. Discurso sobre a Origem e os Fundamentos da Desigualdade entre os Homens. *Rousseau (Os Pensadores)*. Tradução de Lourdes Santos Machado. São Paulo: Abril Cultural, 1983.

SARTRE, Jean-Paul. *Critiques littéraires (Situations, I)*. Paris: Gallimard, 1947.

SCHWARZ, Roberto. *O Pai de Família e Outros Estudos*. São Paulo: Companhia das Letras, 2008.

_____. *Um Mestre na Periferia do Capitalismo: Machado de Assis*. 4. ed. São Paulo: Editora 34, 2000.

_____. *Ao Vencedor as Batatas*. 4. ed. São Paulo: Duas Cidades, 1992.

SHAKESPEARE, William. *Otelo*. Porto Alegre: L&PM, 2014.

SILVA, José Afonso da. *O Constitucionalismo Brasileiro: Evolução Institucional*. São Paulo: Malheiros, 2011.

_____. *Dondé: Um Romance*. São Paulo: Paz e Terra, 2001.

SILVEIRA, Alcântara. *Compreensão de Proust*. Rio de Janeiro: José Olympio, 1959.

SOUZA, Eneida Maria de. Por Que os Rascunhos? In: PANICHI, Edina; CONTANI, Miguel Luiz. *Pedro Nava e a Construção do Texto*. Londrina/Cotia: Eduel/Ateliê, 2003.

TADIÉ, Jean-Yves. *Proust et le roman*. Paris: Gallimard, 1971.

TOLSTÓI, Liev. *Anna Kariênina*. Tradução de Rubem Figueiredo. São Paulo: Cosac--Naify, 2013.

GORE, Vidal. *Lincoln: Romance*. Tradução de Manoel Paulo Ferreira. Rio de Janeiro: Rocco, 1986.

VIGGIANO, Alan. *O Itinerário de RiobaldoTatarana: Espaço Geográfico e Toponímia em Grande Sertão:Veredas*. 3. ed. Porto Alegre: Mercado Aberto, 1993.

WILLEMART, Philippe. *Os Processos de Criação na Escritura, na Arte e na Psicanálise*. São Paulo: Perspectiva, 2009.

Este livro foi impresso na cidade de São Bernardo do Campo,
pela Paym Gráfica e Ediotra, em setembro de 2019,
para a Editora Perspectiva